Yvonne Westphal

Du und ich und dieser Frühling

für Anni ♡

22/3/24

Was ist schon perfekt?

Alle sagen, Vanessa sei perfekt: Perfekte Haare, perfekte Beine, perfektes Abi, perfekter Instagram-Account. Aber niemand ist vollkommen. Vanessa hat Dinge getan, auf die sie nicht stolz ist. So etwas darf ihr nie wieder passieren. Und dass sie sich in Sandro verliebt schon gar nicht. Sie hat ihn nicht verdient. Wird ihn nie verdienen. Egal, was er sagt.

Sandro ist nicht glücklich. Aber das ist nur gerecht. Zu viele Fehler pflastern den Weg, auf dem er hierhergekommen ist. Und deswegen verbietet er sich, an Vanessa auch nur zu denken. Alle sagen, sie sei perfekt. Doch Sandro sieht den Schmerz in ihrem Blick. Er täte nichts lieber, als ihr diesen Schmerz zu nehmen und sie glücklich zu machen. Doch dafür muss er ihr beweisen, dass sie es wert ist, geliebt zu werden. Und sich selbst auch.

YVONNE WESTPHAL wurde im April 1989 als waschechter Widder geboren und hat die zwei großen Lieben ihres Lebens bereits in ihrer Jugend gefunden: Schreiben und ihren Ehemann, mit dem sie in der Nähe von Köln lebt und als Filmproduzentin arbeitet. Sie könnte ohne Urlaub, Schlaf und Zucker leben, aber nicht ohne ihre Familie, ihr Macbook und die Farbe rosa.

Ihre Romane sind perfekt für alle, die an die große Liebe glauben und das laute, bunte Leben lieben. Mal verspielt, mal dramatisch, mal sexy – und (fast) immer über Bad Boys mit Herz und classy Girls mit Biss.

Yvonne Westphal

Du und ich und dieser Frühling

Roman

Du bist mehr als die Summe deiner Fehler

FOREVER

Forever by Ullstein
forever.ullstein.de

MIX Papier FSC® C083411

Originalausgabe bei Forever
Forever ist ein Verlag der Ullstein Buchverlage GmbH, Berlin September 2020
(1)

Umschlaggestaltung:
zero-media.net, München
Titelabbildung: © FinePic®
Innengestaltung: deblik Berlin
Gesetzt aus der Quadraat Pro powered by pepyrus.com
Druck- und Bindearbeiten: CPI books GmbH, Leck

ISBN 978-3-95818-597-5

Für alle, die immer wieder Fehler machen.
Ihr seid perfekt so, wie ihr seid.
Gebt jedem Tag die Chance, der beste eures Lebens zu werden.

Playlist

Unfaithful – Rihanna
Rescue Me – OneRepublic
Bonfire – Felix Jaehn feat. Alma
Rooftop – Nico Santos & Samantha Harvey
Hold It Together – Nico & Vinz feat. Willy Beaman
What Now – Rihanna
Satellite – Rise Against
Sucker – Jonas Brothers
Breathe – Astrid S
With Me – Sum 41
Bring Me Back to Life – Ht Bristol, Charlie Bannister, Vincent Steele & Nine One One
New Day – Nico Santos
Your Song – Rita Ora

http://bit.ly/duundich-Fruehling-Playlist

1 Brave Mädchen kommen in den Himmel

Vanessa

Ich hatte nie vor, meiner großen Liebe das Herz zu brechen.

Ich wollte auch nie die Träume meiner Mutter zerstören oder meine beste Freundin hintergehen. Genauso wenig, wie ich die elfte Klasse wiederholen, zwei Studiengänge abbrechen und meinen Vater an dreihundert Tagen im Jahr vermissen wollte.

Den Großteil meiner Kindheit und Jugend hatte ich die erste Geige gespielt, aber am Ende unfreiwillig festgestellt, dass das Leben nun mal kein Wunschkonzert war. Man bekam nicht, was man sich wünschte, sondern was man verdiente. Und Tatsache war, ich war einfach kein guter Mensch.

Ich verdiente es, seit Jahren Single zu sein, während manche Freunde aus meiner Schulzeit mit dreiundzwanzig schon heirateten oder Kinder hatten. Und ich verdiente es wohl auch, auf Hochzeiten eingeladen zu sein, die mir das Herz brechen würden.

»Oh mein Gott, wie wunderschön ist bitte diese Karte?«, rief in dem Augenblick Isabella aus der Küche, als hätte sie meine Gedanken gelesen. Als ich ihre beschwingten barfüßigen Schritte auf den Dielen hörte, tat ich so, als wäre ich völlig in meinen Laptop vertieft. Es gelang mir ganze zehn Sekunden, in denen ich deutlich spürte, wie sie mich von der Küchentür aus ansah. »Hast du die gesehen?!«

Ich hob den Blick, hin- und hergerissen zwischen zweifelnder Sorge und liebevollem Spott, was darin endete, dass ich eine Augenbraue hob und gleichzeitig grinste.

»Nein, Isabella, ich hab die Karte blind aus dem Umschlag gezogen und auf den Küchentisch gelegt«, zog ich sie auf, woraufhin sie eine Grimasse schnitt, die ihr ovales Gesicht wie das eines niedlichen Meerschweinchens aussehen ließ. Das Sofa sank neben mir ein, als sie sich mit der Selbstverständlichkeit einer Hauptmieterin darauf fallen ließ und die mit getrockneten Blumen beklebte Karte mehrfach wendete.

»Gehst du hin?«

Mit einem tiefen Seufzer klappte ich den Laptop zu und befreite meine nackten Beine von der Kunstfelldecke, zupfte an dem weiten Ausschnitt meines Oversize-Pullis. Mir war plötzlich heiß.

»Ich denke schon.« Was blieb mir anderes übrig?

Isabella warf mir einen liebreizenden Wimpernschlag ihrer schokoladenbraunen Augen zu. »Also, falls du eine Begleitung brauchst, sag Bescheid! Ich wollte schon immer mal eine Hochzeit auf Mallorca erleben. Und was ist mit der hier?«

Während ich noch mit mir haderte, ob ich es wirklich ertragen konnte, dabei zuzusehen, wie mein Dad eine andere Frau heiratete und neben mir zwei weitere erwachsene Kinder bekommen würde, hatte Isabella die zweite Einladungskarte hervorgezogen. Sie inspizierte das roségolden geprägte Kraftpapier, befühlte die aufgeklebte Spitze und betrachtete das perfekte Paar auf dem Foto mit geradezu aufdringlicher Neugier.

»Krass, dass er dich einlädt.«

Mein Kopf ruckte herum, obwohl ich wusste, dass sie es nicht so herablassend meinte, wie es geklungen hatte. Ich hatte ihr nicht erzählt, was damals geschehen war, sondern nur, dass Milias und ich unsere jeweils erste Beziehung gewesen waren. Oh Gott, das war so lange her, und trotzdem erinnerte ich mich noch genau an den Tag, an dem wir uns endlich getraut und unsere Verliebtheit gestanden hatten – mit sechzehn auf der Skifreizeit unserer Klasse! Wie wir auf der Rückbank im Bus knutschend Schulgeschichte geschrieben hatten und fast zwei Jahre lang das Traumpaar der gesamten Schule gewesen waren.

Tja. Dann hatte ich alles kaputtgemacht und jetzt heiratete meine erste und einzige große Liebe eine andere.

»Ich meine, wenn ich mich von Sandro trenne, würde ich ihn bestimmt nicht zu meiner Hochzeit einladen«, nahm Isabella den Gesprächsfaden wieder auf, in dem sich meine Gedanken verstrickt hatten.

Ich hing noch einen winzigen Moment der Erkenntnis nach, dass Milias eben ein Traummann war, den man nur einmal im Leben fand. Dann wurde sein geistiges Abbild von einem anderen Mann abgelöst, dessen bronzefarbene Haut im Sommer nur geringfügig heller war als Milias' italienische Bräune, aber einen geradezu hypnotisierenden Kontrast zu olivgrünen Augen und aschblonden Haaren bildete. Seine Statur war drahtiger und sein Gesicht schärfer geschnitten, aber sein Grinsen war genauso gewinnend, sein charmantes Selbstbewusstsein genauso anziehend.

Doch ich schob das Bild und alle Vergleiche mit Milias weit von mir. Denn dieser Typ war Isabellas Freund, und zwar seit fast einem Jahr. Und Isabella war nicht nur meine Mitbewohnerin, die mich in ihrer Wohnung aufgenommen hatte, sondern mangels Alternativen auch so etwas wie meine beste Freundin. Entschieden schüttelte ich den Kopf und konzentrierte mich auf Isabellas letzte Aussage, um endlich auch etwas zu diesem einseitigen Dialog beizutragen:

»Wenn du dich von Sandro trennen würdest, würde zu allererst deine Mutter ausrasten.«

Isabella lachte lahm. Unsere von Perfektion besessenen Mütter waren die erste Gemeinsamkeit gewesen, die wir im ersten Psychologie-Semester entdeckt hatten, als wir den Einfluss der Eltern auf die Psyche und Entwicklung ihrer Kinder untersucht hatten. Bei einer nahezu geisteskrank fanatischen Mutter, die heimlich die Pille abgesetzt hatte, um ihren Traummann festzuhalten, und einem nie erwachsen gewordenen Peter Pan, der sich seit zehn Jahren verzweifelt aus ihren Fängen zu lösen versuchte, hatte aus mir ja gar kein normaler Mensch werden können.

»Oh Mann, darüber hab ich noch gar nicht nachge– Scheiße!« Plötzlich saß Isabella aufrecht neben mir auf dem Sofa, sah hektisch auf ihre elegante Armbanduhr und strich sich mit beiden Händen die dunkelbraunen Haare aus dem Gesicht. »Sie wollte ja gleich vorbeikommen! Oh Gott, und ich hab total vergessen, ihre Bluse aus der Waschmaschine zu holen. Die ist jetzt bestimmt total …«

»Keine Sorge«, unterbrach ich ihre Panikattacke, indem ich beruhigend eine Hand auf ihren Oberschenkel legte. »Ich hab die Wäsche heute Morgen rausgeholt und aufgehängt. Die Bluse ist bestimmt sogar schon trocken.«

Isabella blinzelte mich kurz an, strich sich dann erneut das Deckhaar aus dem Gesicht, diesmal erleichtert. »Krass, du bist echt die Beste, Vanessa.« Ich zwang mich die Mundwinkel zu heben, sagte jedoch nichts. »Moment, wie lange bist du denn schon wach?« Wieder sah sie auf ihre Uhr und diesmal tat ich es ihr aus Reflex gleich. Es war halb elf an einem grauen Samstag im Januar. Aber als ich gegen acht Uhr aufgestanden war, hatte noch die Morgensonne geschienen.

»Egal, ich muss mich anziehen«, entschied Isabella und erhob sich, ohne meine Antwort abzuwarten. »Und ich muss frühstücken. Hast du schon was gegessen?«

Ich schüttelte den Kopf, stand aber ebenfalls auf, um die Kunstfelldecke wieder zwischen die champagnerfarbenen Kissen zu drapieren und meinen Laptop in mein Zimmer zu bringen. »Nee, ich brauch nix.«

Ich hörte, dass Isabella hinter mir stehen blieb und sich auf den nackten Fußballen umdrehte. Als ich den Kopf hob, hatte sie das missbilligende Gesicht aufgesetzt, das sie von ihrer Mutter geerbt hatte. »Ist es wieder so weit, ja?«

Ich rollte mit den Augen, wütend auf ihre herablassende Anschuldigung, aber noch wütender auf mich selbst. Sie sorgte sich halt um mich. »Nein, ich hatte einfach keinen Hunger. Ehrlich! Aber ich hatte zwei Kaffee mit Hafermilch und einen Apfel«, führte ich Beispiele an, die eindeutig nicht auf jemanden mit Essstörung hinwiesen. Hoffentlich.

Isabella schien nicht ganz überzeugt und ließ noch einen kritischen Blick über meinen Körper wandern, wie um Bestätigung für meine Worte zu suchen – oder mich zu verhöhnen. Dann zuckte sie mit den Schultern und ging in die Küche, um sich einen Kaffee und eine Schüssel Cornflakes zu machen, womit sie im Bad verschwand. Und so lange brauchte, dass ich keine Chance mehr hatte, wenigstens meine Haare zu kämmen, bis es an der Tür klingelte.

»Vanessa, was für eine Überraschung!«, flötete Constanze mit maskenhaft versteinerter Miene, als ich die Tür öffnete.

Wer sonst? Ich wohne schließlich hier.

Aber ich versteckte meine Gedanken hinter einem Lächeln, während Isabellas Mutter meine Schultern festhielt, um mich mit zwei Wangenküssen in ihre Duftwolke einzuhüllen.

»Oh, du hast ein tolles Parfüm an dir«, sagte sie mit Gönnermiene, während sie in unsere Wohnung stolzierte wie ein Pfau. »Aber du zeigst immer noch zu viel Haut.« Jetzt ließ sie fast denselben missbilligenden Blick über mich gleiten wie ihre Tochter, und ohne dass ich es wollte, fühlte ich mich plötzlich unwohl mit der entblößten Schulter in Oversize-Pulli und den nackten Beinen in Kuschelsocken. »Du wohnst hier schließlich nicht alleine, und andere junge Frauen haben Beziehungen. Und damit meine ich *echte*, tief verbundene Beziehungen.«

Ich hätte sie vermutlich in dem Glauben lassen sollen, dass sie mir überlegen wäre, aber wie gesagt: Ich war einfach kein guter Mensch und ich war auch nicht sonderlich gut darin, mir Freunde zu machen. Also fragte ich sarkastisch: »Und ist jetzt mein Beziehungsstatus das Problem oder glaubst du ernsthaft, dass ein unförmiger Strickpullover eine *echte, tief verbundene* Beziehung gefährden könnte?«

Constanze blinzelte. Schloss den Mund, ließ dezent den Blick schweifen und sagte dann versöhnlich: »Nein, natürlich nicht. Das war nur ein gut gemeinter Rat.«

Ich tat mein Bestes, versöhnlich zurückzulächeln. Sie konnte nichts dafür, dass sie mich hasste, das war einfach die normale Reaktion der meisten Frauen auf mich. Es gibt nur sehr wenige von uns, die hübschen Geschlechtsgenossinnen ohne Ablehnung oder Neid gegenübertreten können. Deswegen machte ich ihr nicht wirklich einen Vorwurf, auch wenn ich mich selbst nach so vielen Jahren immer noch nicht vollständig gegen die nagende Kränkung wehren konnte.

Ich hatte nicht darum gebeten, in eine Welt von Äußerlichkeiten geboren zu werden, in der mich alle Jungs vergötterten und alle Mädchen verachteten. Ich hatte immer viele Bewunderer gehabt, aber nie wirklich Freundinnen, daher war ich Isabella unendlich dankbar für ihre Freundschaft. Und deswegen würde ich mich nicht mit ihrer Mutter anlegen. Und erst recht nicht über ihren Freund nachdenken.

»Willst du einen Kaffee?«

Constanze nahm mein Friedensangebot an, und während ich unsere Maschine bediente, kam endlich Isabella aus dem Bad, woraufhin ich mich wieder ins Wohnzimmer zurückziehen und in das Konzept für den Onlineshop vertiefen konnte, den ich im Moment betreute.

Als ich nach einer Stunde wieder in der Küche auftauchte, um mir etwas zu essen zu holen, rief Isabellas Mutter gerade in voller Lautstärke: »Papperlapapp!« Ich blieb irritiert neben dem Kühlschrank stehen, eine Hand untätig am Griff, und wechselte einen Blick mit meiner Mitbewohnerin, die höchst unglücklich aussah. »Nichts für ungut, mein Kind, aber Sandro ist mit Abstand der beste Fang, den du jemals gemacht hast! Er muss bloß aus dieser asozialen Schlägerszene raus, das ist alles. Glaub mir, Bella ...«

Mir entglitt ein Schnauben, während ich jetzt doch die Kühlschranktür öffnete und den spärlichen Inhalt betrachtete, mir einen Sojajoghurt nahm und einen Löffel aus der Schublade zog. Als ich mich umdrehte, sah Constanze mir direkt in die Augen.

»Ist was, Vanessa?«

Ich erwog kurz, die Küche einfach wieder zu verlassen, aber alles an dieser Frau erinnerte mich so sehr an meine eigene Mutter, dass ich geradezu instinktiv zum Widerspruch anhob, um Isabella und ihrem Freund beizustehen: »Kickboxen ist ein ganz normaler Sport.«

»So wie Poledance?«, fragte sie spitz zurück und warf einen sehr eindeutigen Blick auf mein nacktes Bein, das ich aus Gewohnheit gegen den linken Oberschenkel gestemmt hatte wie in der Yoga-Baumposition. Ich verdrehte die Augen und stellte den Fuß wieder auf den Boden.

»Vanessa ist doch Ballerina, Mama«, ergriff nun Isabella ihrerseits Partei für mich, auch wenn das nicht stimmte. Ich hatte seit meiner Kindheit kein Ballett mehr getanzt, aber ich korrigierte Isabella nicht, um sie nicht vor ihrer Mutter bloßzustellen. Und, weil es Constanzes Meinung ohnehin nicht ändern würde.

Isabella warf mir einen mitleidigen Blick zu, aber ich versicherte ihr stumm, dass ich mich nicht beleidigt fühlte. Ich hatte ja genug Erfahrung mit chronisch unzufriedenen Müttern. »Außerdem geht es darum gar nicht! Ich weiß einfach nicht, ob wir noch lange zusammen sein werden«, lenkte Isabella das Gespräch schließlich wieder auf sich.

Moment mal, sprach sie gerade wirklich davon, ihre perfekte Beziehung hinzuschmeißen?

Ich sah sie verstört an, fing dabei aber erneut den finsteren Blick ihrer Mutter auf, die tonlos fragte: »Wieso, ist er fremdgegangen?«

Fuck it, das musste ich mir nicht geben! Und während Isabella noch empört »Nein, natürlich nicht!« rief, ließ ich die beiden einfach sitzen und verschanzte mich mit voll aufgedrehten Kopfhörern in meinem Zimmer.

2 Kein Sex ist auch keine Lösung

❖

Vanessa

Ich kehrte erst wieder aus dem Musiktunnel zurück, als Isabella den Kopf durch die Tür steckte.

»Sorry, wenn du mich nicht klopfen hörst, ist deine Musik vielleicht ein bisschen zu …« Sie verstummte, als ich bereits abwinkte und den Kissenberg von meinem Bett auf den Boden schob, um ihr Platz zu machen. Sie setzte sich auf die Bettkante. »Sorry wegen meiner Mom.«

»Ach, nicht so schlimm«, wich ich aus und zog ein Bein in einen halben Schneidersitz. Ich wollte noch etwas ergänzen, aber da redete sie schon weiter.

»Kannst du mir einen Gefallen tun und Sandro nicht sagen, dass wir über ihn geredet haben?«

Ich stutzte, zuckte aber sofort zustimmend mit den Schultern. »Klar.« War ja nicht so, als würden wir viel miteinander reden. Sandro fiel wohl in die Kategorie verschlossener Bad Boy, der meistens eher stumm observierte als viel redete. Aber seine Augen bekamen immer einen warmen Glanz, wenn er Isabella ansah – die daran dachte, ihn zu verlassen. »Alles okay bei euch?«, fragte ich vorsichtig.

Jetzt zog sie auch ein Bein aufs Bett, legte das Kinn aufs Knie und wiegte sich sanft vor und zurück. »Keine Ahnung, Vanessa. Ich hab …« Sie unterbrach sich kurz, ersetzte den Rest des Satzes durch einen unwilligen Laut und setzte noch mal an. »Das klingt total bescheuert. Ich hab irgendwie das Gefühl ...« Wieder eine Pause, in der ich deutlich sah, dass sie nicht auszusprechen wagte, was sie eigentlich sagen wollte.

»... dass er fremdgeht?«, stellte ich behutsam dieselbe Frage wie ihre Mutter.

»Nein, natürlich nicht! Wir reden hier immer noch über Sandro Stavaros, okay? Nicht über Tiago oder so.«

Da hatte sie recht, musste ich einräumen. Sandro gehörte zu der Sorte Mann, der jede Frau haben konnte. Aber ich hatte in den zehn Monaten, die er jetzt mit meiner Mitbewohnerin zusammen war, nicht ein einziges Mal erlebt, dass er eine andere Frau auch nur angesehen hätte. Und das machte die Beziehung der beiden in meinen Augen nur noch bewundernswerter und Isabellas Zweifel umso tragischer.

»Dass du Abwechslung brauchst?«, tippte ich also auf die nächstwahrscheinlichste Option. Ich sagte es vorsichtig, doch sie fuhr herum wie von der Tarantel gestochen, sodass ich sofort abwehrend die Hände hob und mich entschuldigen wollte.

»Merkt man das?« Ich wollte verneinen, aber da ließ sie schon die Schultern hängen und den Fuß von meinem Bett baumeln. »Wir hatten seit über einem Monat keinen Sex mehr.«

»Autsch!«, kommentierte ich. »Das ist ja fast länger als ich, und ich bin Single.«

»Danke, Arschkuh!«, schnaubte sie. »Und das ist länger als du, weil ich mich nämlich ziemlich gut daran erinnere, dass Nico vor drei Wochen abends um zehn vor der Tür stand.«

Ich verzog ertappt das Gesicht. Nico war damals mit achtzehn mein erster Freund nach Milias gewesen. Unsere Beziehung hatte ganze drei Monate gehalten, weil ich meinen ersten Freund einfach noch nicht überwunden hatte, aber na ja ... hin und wieder verabredeten Nico und ich uns trotzdem noch. Wir redeten uns beide ein, dass wir nur nett plaudern wollten, aber eigentlich wussten wir jedes Mal ziemlich genau, wie der Abend enden würde. Immerhin musste ich mich so nicht durch Clubs knutschen, um ein passables Date zu finden.

»Okay«, nahm ich die Schuld auf mich und den Faden wieder auf. »Und geht das von deiner oder Sandros Seite aus?«

Sie warf mir einen sehr eindeutigen Blick zu, bei dem ich mit aller Kraft gegen die Hitze auf meinem Gesicht ankämpfen musste. Natürlich nicht von seiner Seite, denn dieser Typ verbrachte den Großteil seines Tages in testosterongeladenen Faustkämpfen.

»Bist du schwanger?«

»Vanessa!« Ihr Gesicht glich mittlerweile mehr einem runzligen Maulwurf, so sehr hatte sie die Augen zusammengekniffen und die spitze Nase gekräuselt. »Nein, ich hab ... einfach keine Lust!«

Ich war froh, dass sie in diesem Moment Löcher in meinen flauschigen Hochflorteppich starrte, denn ich konnte nicht verhindern, dass mir die Gesichtszüge entgleisten. Sandro war so ziemlich der heißeste Typ, den ich kannte, dessen Körper wie aus Bronze gemeißelt aussah und dessen scharf geschnittenes Gesicht eine olympische Medaille zieren könnte – und sie hatte keine Lust?

»Vielleicht solltest du die Pille wechseln?«, schlug ich vor, um meine Gedanken abzulenken. Ich hatte schon vor Jahren aufgehört, diese künstliche Hormonschleuder zu nehmen, aus genau dem Grund, dass sie schleichend die Kontrolle über unseren Körper und unsere Gefühle übernahm – ganz zu schweigen von der Belastung für unser Abwassersystem.

Isabella warf mir einen vorwurfsvollen Blick zu, seufzte dann aber. »Ich weiß nicht. Vielleicht hab ich im Moment einfach nur zu viel Stress mit der Bachelorarbeit und der Entscheidung für einen Master-Studiengang und meiner Mom und dem Nebenjob ...«

Ich hatte vergessen, dass sie schon den Bachelor machte – weil sie im Gegensatz zu mir Dinge durchzog und das Psychologiestudium nicht nach zwei Semestern abgebrochen hatte. Aber ich hatte nicht vergessen, dass ihr Studium und Nebenjob als Nachhilfelehrerin alles andere als anstrengend waren. Zumindest nicht, wenn man wie ich seit dem Abi gewohnt war, Nebenjob und ein eigenes Gewerbe neben dem Studium zu jonglieren. Doch ich verkniff mir jeden Kommentar darüber, zumal sie schon weitersprach.

»Vielleicht muss ich einfach mal wieder einen draufmachen. Die Jungs gehen heute Abend ins *Ace*, hast du Lust mal wieder mitzukommen? Vielleicht lernst du ja einen süßen Typen kennen.«

Ich schnaubte. In meiner Jugend war ich fast jedes Wochenende in Clubs unterwegs gewesen, hatte unzählige Kerle abgeschleppt und noch mehr Alkohol getrunken. Heute blieb ich lieber zu Hause, arbeitete an Blogartikeln und Konzepten und rief vielleicht Nico an.

»Bitte, bitte?«, fragte Isabella und fiel plötzlich gegen meine Schulter, zog einen Schmollmund und setzte einen Hundeblick auf. »Lena und Marc kommen auch.«

»Wow, Pärchenabend«, kommentierte ich wenig begeistert, woraufhin sie sich wieder aufrichtete und einen Finger hob.

»Santiago kommt übrigens auch! Und der scheint ja ziemlich scharf auf dich zu sein. Hattet ihr mal was?«

Ich starrte sie fassungslos an. »Nein! Santiago hat eine Freundin!«

So wie verdammt noch mal jeder in unserem Alter in der Lage war, eine funktionierende Beziehung zu führen. Jeder außer mir. Isabella zuckte bloß mit den Schultern, als wäre das ja kein Hindernis. Oder, als würde sie mir genau wie ihre Mutter zutrauen, ihn trotzdem abzuschleppen. Aber so war ich nicht!

Während ich noch mit mir selbst beschäftigt war, vibrierte Isabellas Handy. »Oh, das ist Sandro. Noch mal, das bleibt unter uns, ja?«

Ich zog eine Grimasse. Natürlich blieb das unter uns, warum sollte ich denn ihrem Freund erzählen, dass sie keine Lust mehr auf ihn hatte? Das musste sie ihm schon selbst sagen.

Strahlend nahm sie das Telefonat entgegen. »Hey Schatz!«

Ich stöhnte innerlich und gestikulierte zur Tür. »Könnt ihr das wenigstens draußen machen?«

Sie streckte mir die Zunge raus. »Nee, das ist Vanessa. Ich bin grad in ihrem Zimmer. – Grüße«, richtete sie mir aus.

Ich schüttelte den Kopf und ließ zurückgrüßen, aber das hörte Isabella wie immer nicht mehr, während sie in meinem Zimmer herumtigerte und unzusammenhängende Worte sprach:

»Nö ... Ja ... Na klar ... Doch ... Hm.«

Wow, was für ein tiefsinniges Gespräch. Ich schwang gerade das Bein vom Bett, um sie aus meinem Zimmer zu schieben, als Isabella flötete: »Klar kommt sie mit!«

»Nein, tut sie nicht!«, widersprach ich so laut, dass er es am anderen Ende hören musste.

»Hör nicht auf sie, sie kommt mit. Grüß Tiago von mir ... Klingt super ... Was, zwei Stunden?! Sagen wir drei? ... Ich mich auch, ciao!«

»Santiago kann mich mal am Arsch lecken«, projizierte ich meinen Frust unfairerweise auf Sandros südamerikanischen Machokumpel und sah auf die Uhr. »Und in drei Stunden bin ich definitiv nicht fertig, weil ich um vier Kurs habe.«

»Oh ja, richtig. Yoga«, spottete sie.

»Pilates«, korrigierte ich. Bei meinem ersten Yogakurs wäre ich fast eingeschlafen. Am liebsten hätte ich weiter Ballett getanzt, aber in der Nähe gab es leider keine guten Studios, und irgendwas Körperliches musste ich einfach machen, sonst drehte ich durch.

Sie gab mir einen vergnügten, wenn auch etwas zu harten Klaps auf den Po. »Dann schnell, schnell! Heute Abend wird Party gemacht.«

Ich war mir immer noch nicht sicher, ob ich es allein zwischen all den Pärchen aushalten würde.

»Kann ich wen mitbringen?«, fragte ich in einem spontanen Impuls, wartete ihre Antwort jedoch gar nicht ab, sondern zog bereits mein Handy hervor, um der einzigen Frau zu schreiben, mit der ich das durchstehen konnte: Valeria Schwarzer, der kleinen Schwester meines Ex-Freunds.

Sandro

»Und?«, fragte Santiago, immer noch voller Adrenalin davon, dass er im

Übungskampf gegen Marc gleich viele Punkte geholt hatte. »Was hat sie gesagt?«

Ich zog den Reißverschluss meiner Sporttasche zu. »Hat sich angehört, als würde sie mitkommen.«

»Geil«, kommentierte er, aber ich war mir da nicht so sicher. In zehn Monaten hatte ich Vanessa noch nicht ein einziges Mal auf einer Party gesehen. Santiago zog sich seinen Sweater über. »Die hat grad keinen Freund, oder?«

Ich fuhr mir beherrscht über das Gesicht. Ich liebte Tiago, aber heute machte er mich fertig. Andererseits konnte ich es ihm kaum verdenken: Seine Freundin Eva hatte vor drei Tagen fast ein Jahr Beziehung hingeschmissen.

»Ich glaube nicht. Frag sie doch einfach selber. Wir treffen uns in drei Stunden bei Ella. Ich fahre.«

Damit schulterte ich die Tasche und verließ die Umkleide, um draußen zu Marc aufzuschließen. Tiago holte uns schneller ein, als mir lieb war, drängte sich zwischen uns und hängte die Arme über unsere Schultern.

»Hey, Marc, mal ganz objektiv: Wie stehen meine Chancen bei Vanessa?«, fragte Tiago.

Mein engster Freund gluckste. »Vanessa, die Freundin von Bella? Ich schätze mal, so bei minus zehn?«

»*Qué cabrón*, so schlecht bin ich auch nicht!«

Das stimmte, Santiago war eigentlich ganz cool, wenn er nicht gerade Trennungsschmerz zu kompensieren versuchte, und sein südamerikanischer Latino-Charme ließ ihm die Herzen geradezu zufliegen. Aber Vanessa war nun mal ...

Ich hielt meine Gedanken auf, bevor sie weiter wandern konnten – bloß, um sie eine Sekunde später aus Marcs Mund zu hören.

»Das sagt ja auch keiner! Aber *sie* ist einfach ultrakrass. Zehn von zehn, Mann. Frauen wie sie können sich jeden aussuchen, und ganz ehrlich: Wäre ich sie, würde ich dich nicht nehmen.«

Ich schüttelte belustigt den Kopf, mischte mich aber nicht ein. Gedanken über Vanessa Kaiser erlaubte ich mir nicht, aus reinem Selbstschutz. Denn Marc hatte recht, sie *war* verdammt heiß, und sie war intelligent genug, um zu wissen, wie sie auf Männer wirkte. Aber irgendwie … legte sie es überhaupt nicht darauf an, bewundert zu werden. Sie ging kaum aus, trug keine sexy Kleidung und nicht halb so viel Make-up wie andere Frauen – und das machte sie noch attraktiver. Himmel, sie war vermutlich die einzige Frau in meinem Umkreis, die mich noch nicht ein einziges Mal angeflirtet hatte – obwohl es auch zwischen uns hin und wieder diese irrationale Anziehung gab, wie eben zwischen Männern und Frauen, die einander attraktiv fanden. Eine Anziehung, die ich manchmal geradezu mit Händen greifen konnte, mit Fingern erkunden und Lippen kosten wollt–

Stopp! Ich hatte definitiv zu lange keinen Sex mehr gehabt. Entschlossen schob ich jeden Gedanken weit von mir und widmete meine Aufmerksamkeit wieder meinen beiden Sportpartnern, die sich immer noch lachend Beleidigungen zuriefen. Mochte sein, dass Vanessa überdurchschnittlich attraktiv war. Mochte sein, dass sie mich beeindruckte, seit ich sie zum ersten Mal gesehen hatte. Fakt blieb, dass das drei Tage gewesen war, nachdem ich eine Beziehung mit Isabella begonnen hatte. Und ich würde keinen Rückzieher machen, nie mehr. Wenn ich etwas anfing, dann zog ich es durch. Das war ich mir schuldig. Das war ich Jamie schuldig.

»Tiago«, warnte ich, als der gerade immer noch lachend die Linke vorschnellen ließ. Aber Marc war schneller, duckte sich und ich sah förmlich, wie sein Arm im Reflex zum Konter zucken wollte. Doch er bremste sich, bevor ich dazwischen gehen musste.

»Komm schon«, lachte Marc versöhnlich. »Das sind wir halt: Straßenjungs. Wir haben uns alle hochgearbeitet, aber wir werden trotzdem nie eine wie Vanessa kriegen. Die ist einfach drei Ligen über uns.«

Und jemand wie Vanessa würde nie einen Typen wie uns nehmen, fügte ich in Gedanken hinzu und hakte das Thema ab.

Tiago war anderer Ansicht: »Hast du nie *Aladdin* geguckt, Mann? Der kommt auch von der Straße und kriegt die Prinzessin.«

Marc konnte sich ein Lachen nicht verkneifen. »Der hat auch 'nen Geist in der Flasche und ist keine Flasche ohne Geist.«

»Ihr guckt beide zu viele Disneyfilme«, beendete ich das Thema und verdrängte dabei jeden Gedanken an kleine Geschwister.

Tiago murrte eine spanische Beleidigung. »Dann halt nicht Vanessa, ist mir voll egal. Irgendwen muss ich heute Abend abschleppen, sonst sterbe ich. Ich hatte über eine Woche keinen Sex mehr, Mann!«

Ich schnaubte, sagte aber nichts dazu, zumal ich damit beschäftigt war, nachzurechnen, wie viele Monate es bei mir her war.

»Also um halb zehn im *Ace*?«, vergewisserte ich mich in Marcs Richtung, um mich endlich auf das Hier und Jetzt zu fokussieren. Er streckte den Daumen nach oben, dann stieg er in seinen neuen BMW und ich in meinen verbeulten Volvo. Der alte Kombi war keine Augenweide, weil sein Vorbesitzer ein kurzsichtiger Rentner gewesen war, aber er hatte einen großen Kofferraum, überall Airbags und eine erstaunlich gute Ausstattung – und vor allem war er günstig gewesen.

Ich startete den Motor, nachdem Santiago endlich eingestiegen war.

»Wusstest du, dass sie mit achtzehn eine Misswahl gewonnen hat?«

Ich blinzelte, weil es einen Moment dauerte, bis ich begriff, dass er von Vanessa sprach. Mein Blick streifte die aufblinkende Warnleuchte. »Nein, wusste ich nicht. Schnall dich an.«

»Total krass«, laberte Tiago weiter, tat aber wie geheißen, und die Warnleuchte samt Ton erlosch. »Sie hat elftausend Fans auf Instagram, aber vor zwei Jahren hat sie plötzlich aufgehört Modelbilder zu posten und 'nen Blog über gesunden Lifestyle gestartet. Dann hat sie bei irgend'ner Modemarke eine Kollektion rausgebracht und jetzt schreibt sie Konzepte für andere Blogs und Onlineshops. Alles neben dem Studium! Ganz schön viele Talente, oder?«

»Oder ganz schön inkonsequent«, kommentierte ich, bevor ich mich daran erinnerte, dass ich eigentlich nicht über Vanessa sprechen oder nachdenken wollte. Trotzdem musste ich mir die nächsten zehn Minuten lang anhören, wie perfekt sie in Santiagos Augen war – und was sie alles so in den letzten Jahren gemacht hatte.

»Alter«, realisierte ich plötzlich, als wir vor dem Wohnblock seines Vaters anhielten, spürte ein vertrautes Lodern im Bauch und spannte unwillkürlich die Muskeln. »Stalkst du sie etwa?«

»Wenn alles im Internet steht, ist es kein Stalken«, antwortete er mit seinem sonnigen Grinsen, schnallte sich ab und machte Anstalten seine Tasche aus dem Kofferraum zu holen.

Ich war schneller aus dem Wagen als er, hielt die Kofferraumklappe fest und schob mich dicht vor ihn, sah ihm finster in die Augen. Er war vielleicht schwerer als ich, aber ich war einen Kopf größer.

»Halt dich von ihr fern, Tiago.«

Eine Sekunde lang blitzte Kampfgeist in seinen braunen Augen, dann grinste er unverfänglich, ging rückwärts auf das schmucklose Mehrfamilienhaus zu und streckte dabei die Arme aus.

»Klar, aber ich kann nicht versprechen, dass *sie* sich von *mir* fernhält. Was soll ich machen, ich bin halt heiß.«

Das entlockte mir ein unwillkürliches Glucksen. Er war einfach unverbesserlich, erinnerte mich manchmal an einen Pitbull: gedrungener Körper, große Klappe und gefährliche Ausstrahlung, aber ein Herz aus Gold.

»Ich komme übrigens selbst zum Club, du kannst also den Nachmittag mit deiner Süßen verbringen.« Er grinste so breit, dass seine Augen zu Schlitzen wurden. »Vielleicht hast du ja Glück und Vanessa ist nicht da, dann habt ihr ein paar Stunden für euch. Für Sex zum Beispiel.«

Ich schüttelte belustigt den Kopf. Sex wäre in der Tat grandios, aber mit Glück hatte das nichts zu tun, höchstens mit Glücklichsein. Und dieses Recht hatte ich schon vor langer Zeit verspielt.

3 Neue Blickwinkel

Sandro

Vanessa war tatsächlich nicht da, aber Sex hatten wir trotzdem nicht. Stattdessen half ich Ella beim Abwasch, sah ihr dabei zu, wie sie sich die Fingernägel lackierte, und schaute eine ganze Folge irgendeiner Mädchenserie auf Netflix mit ihr, bis sie entschied, dass der Lack nun trocken genug war.

»Perfekt. Jetzt brauche ich nur noch ein Outfit. Ich bin gleich wieder da, ja?« Damit gab sie mir einen flüchtigen Kuss auf den Mund und verschwand in ihrem Zimmer.

Ich blieb irritiert auf der Couch sitzen, starrte auf den Fernseher und überlegte, ob das eine Art versteckter Code für eine Einladung gewesen war. Zog sie gerade Reizwäsche an? Wie lange hatte ich Isabella nicht mehr in sexy Spitzenwäsche gesehen?

Ich blieb volle drei Minuten auf der Couch sitzen, bis ich den automatisch durchlaufenden Trailer der ausgewählten Serie nicht mehr sehen und meine Gedanken nicht mehr zügeln konnte. Dann stand ich auf, ging zu ihrer Zimmertür, die nur angelehnt war – ein gutes Zeichen! –, und hielt einen winzigen Moment inne, bevor ich sie langsam aufdrückte.

Ella trug keine Spitze, aber der schwarz-lila Push-up-BH war trotzdem extrem sexy. Allerdings war das hier scheinbar keine spontane Überraschung, denn auf dem Bett neben ihr stapelte sich bereits ein kleiner Berg weggeworfener Kleidungsstücke in allen Farben und Formen. Trotzdem lehnte ich mich in den Türrahmen und sah ihr dabei zu, wie sie ein ziemlich enges türkisblaues Top über den knappen Minirock zog. Es stand ihr gut, betonte ihr volles Dekolleté und schmiegte sich wie eine zweite Haut um ihre Taille.

Isabella sah das offenbar anders. Sie kniff die dunklen Augen zusammen und zog ihrem Spiegelbild eine Schnute, bevor sie sich wieder herausschälte, dabei aber halb stecken blieb und ein niedliches Bild der Verzweiflung abgab, das mich leise lachen ließ.

»Kann man dir helfen?«, fragte ich und löste die Arme von der Brust, um auf sie zuzugehen. Ella erschrak und wich zurück, wollte das Top ausziehen, kam aber nicht weiter und zog es wieder halb herunter, um mich anzusehen.

»Was machst du hier?«

Ich grinste. »Dir dabei zusehen, wie du dich ausziehst.«

Sie wollte protestieren, aber ich sah an ihren Mundwinkeln, wie ihr Tadel unter meinem Blick schmolz. Und ihre Augen verrieten, wie sie auf meine Nähe reagierte. Fast alle Frauen reagierten so, aber ich hielt seit dreihundertfünfzehn Tagen jede auf Distanz. Jede außer Isabella – die seit ein paar Wochen *mich* auf Distanz hielt. Ich nahm es sportlich, trat ganz an sie heran und legte die Hände auf ihre Taille.

Fast automatisch stellte sie sich auf die Zehenspitzen. Isabella war fast zwei Köpfe kleiner als ich, aber das machte mir nichts aus. Und als ich sie küsste, ließ sie es zu. Augenblicklich zog ich sie enger an mich, da schob sie mich weg.

»Warte! Vanessa ist gleich vom Sport wieder da und ich hab immer noch kein Outfit! Und ich muss noch duschen und –«

»Ella«, unterbrach ich sie leise, sah ihr in die Augen. »Das Outfit ist toll.«

»Nein!« Jetzt klang ihre Stimme fast verzweifelt. »Also, ja, aber nicht toll genug! Die anderen sollen nicht ... Ich meine, Vanessa ...«

»Hey«, machte ich immer noch ruhig und völlig ernst, strich ihr die Haare aus dem Gesicht. »Vergiss Vanessa und vergiss die anderen. Es geht nicht darum, was andere von dir denken, sondern, was du wirklich willst, okay?«

Isabella blinzelte, als hätten meine Worte eine Tür in ihrem Innersten aufgeschlossen, und sah mich geradezu erleuchtet an. Ich verlagerte meinen Blick von ihren Augen auf ihre Lippen und verstärkte meinen Griff leicht, um ihr zu zeigen, was *ich* wirklich wollte. Sie musterte mein Gesicht einen schier endlosen Moment lang, sah mir dann direkt in die Augen. Öffnete den Mund, um etwas zu sagen. Schloss ihn jedoch wieder. Und entzog sich meinen Händen.

»Ich muss mich jetzt umziehen ...«

Ich fuhr mir mit der Hand übers Gesicht, hob die Hände zum Zeichen meiner Kapitulation und trat einen Schritt zurück. Wahrscheinlich war das einfach ein Teil meiner höheren Strafe, vielleicht sogar eine Prüfung. Ich war fest entschlossen, sie zu bestehen. Ich würde nicht wieder kneifen.

Eine Minute später verschwand Ella mit einem Haufen Klamotten unter dem Arm im Bad. Ich öffnete den Kühlschrank, fand nichts Proteinreiches außer einem veganen Quark, der garantiert Vanessa gehörte, und füllte mir stattdessen ein Glas am Wasserhahn. Setzte mich zurück auf die Couch und startete irgendeine Folge irgendeiner Serie. Hielt es ganze zwei Minuten untätig auf der Couch aus, stand wieder auf und ließ die Schultern kreisen. Als die Rastlosigkeit nicht aus meinen Gliedern weichen wollte, ließ ich mich auf den Teppich fallen und wollte gerade Liegestütze machen, als mir zum ersten Mal die abstrakt geometrisch zulaufenden Beine des Beistelltischs ins Auge fielen. Ich blinzelte kurz, konnte mich aber nicht von dem eleganten Stangengewirr lösen. Setzte mich wieder auf und musterte den Raum mit neuem Interesse. Wie sehr die beigen Kissen auf der Couch zusammenpassten, obwohl sie alle unterschiedliche Formen und Bezüge hatten. Wie perfekt die Kunstfelldecke dazu drapiert war. Wie harmonisch die scheinbar gewürfelte Glasdeko auf dem Fensterbrett aussah. War das Ellas oder Vanessas Stil? Hatte Ellas Zimmer überhaupt einen bestimmten Stil? Mir fiel auf, dass ich noch nie in Vanessas Zimmer gewesen war.

Dann fiel mir auf, was mir da auffiel, und ich zwang meine Aufmerksamkeit wieder von der geweißten Tür mit dem aufgeklebten Ornamentrahmen weg.

Stattdessen betrachtete ich zwei Klappkarten auf dem Wohnzimmertisch und griff danach. Eine mit getrockneten Blumen und in geschlungener Handschrift verfasst, die ich gerade zu anstrengend zum Entziffern fand. Die andere mit Goldprägung, aufgeklebter Spitze und dem Foto eines so glücklich strahlenden jungen Pärchens, dass ich kurz überlegen musste, ob das als Platzhalterbild bei der Karte dabei gewesen war. Dann realisierte ich, dass niemand ein fremdes Foto auf seine Hochzeitseinladung drucken würde, und ich musterte die zwei erneut. *Sie* war ein süßer blonder Engel wie eine niedliche Miniaturausgabe von Vanessa, *er* ein braun gebrannter Sonnyboy mit Casanova-Lächeln. Ich drehte die Karte um, gerade als sich der Haustürschlüssel im Schloss drehte.

Immer noch auf dem Boden sitzend, sah ich nichts als endlose Beine in hautengen Leggins.

»Pass auf, ich sag dir Bescheid, sobald ich mich entschieden habe, okay? Ich wi–« Vanessa brach mitten im Satz ab und hörte frustriert zu, während sie die Tür leise hinter sich schloss und die Stirn dagegen drückte. Ich nahm den Blick von ihrem wohlgeformten Hintern und stand lautlos vom Boden auf. »Keine Ahnung, ich weiß auch ni–« Wieder wurde sie unterbrochen, atmete die hilflose Wut jedoch genauso weg, wie ich es immer tat. Als sie wieder sprach, war ihre Stimme ganz ruhig: »Ich sag dir Bescheid, Mama.« Sie drehte sich um – und unsere Blicke schienen sich für einen Sekundenbruchteil ineinander zu verhaken. Ihre rehbraunen Augen blinzelten kurz, dann sah sie weg. »Ich muss jetzt auflegen. Ich ruf dich morgen an.«

Sie beendete das Telefonat, ohne eine Antwort abzuwarten, blieb stehen, ohne sich zu rühren, und sah für einen Moment so verloren aus, dass ich den Impuls verspürte, sie zu trösten.

Dann setzten sich ihre schlanken Glieder wieder in Bewegung, ließen die Sporttasche zu Boden gleiten und schälten sich aus der Daunenjacke. Ihre Mundwinkel hoben sich zu einem Lächeln, das ihre Augen nicht erreichte.

»Hi.«

»Hi«, antwortete ich und sah ihr dabei zu, wie sie die Winterboots gegen Plüschsocken tauschte und einen Kleiderbügel von der Garderobe angelte. Alles an ihr war so ... biegsam. Jede ihrer Bewegungen war geschmeidig wie die einer Katze, selbst als sie sich einen halben Meter neben mir auf die Couch plumpsen ließ und ein Bein anzog. »Stress mit deiner Mom?«, fragte ich unverfänglich, um ihr anzubieten, darüber zu reden – wenn sie wollte.

Sie verdrehte die Augen und schüttelte den Kopf, legte ihn dann schräg auf die Lehne und sah zum Fernseher. »Nicht so wichtig. Was ist das?«

Ich blinzelte, löste meinen Blick von ihrem fast symmetrischen Gesicht und sah ebenfalls auf den Bildschirm, zuckte ertappt mit den Schultern. »Keine Ahnung, um ehrlich zu sein.«

Ihre hellbraunen Augen wanderten zu mir. Es sah nicht aus, als wäre sie geschminkt, aber ihre Wimpern waren so dicht, dass ich unwillkürlich daran denken musste, wie besessen Ella von Mascara war.

»Wo ist Isabella?«, fragte Vanessa in dem Augenblick, als hätte sie meine Gedanken gelesen. Ich nickte verschwörerisch in Richtung Badezimmertür und sie lachte leise. »Ah. Wie lange schon?«

Jetzt musste auch ich lachen. Sie wusste vermutlich besser als ich, dass meine Freundin immer übertrieben lang im Bad brauchte.

»Und, wie geht's dir?«, fragte Vanessa jetzt, wie nur sie es konnte, und sah mich dabei aufrichtig an. Die meisten Leute nutzten diese Frage als Gesprächseinstieg, wollten aber eigentlich nur »Gut« hören und weitermachen. Aber wenn Vanessa diese Frage stellte, dann war sie wirklich interessiert, und zwar an der echten Antwort.

Ich hob die Mundwinkel. »Ganz gut«, wiegelte ich trotzdem ab, denn ich wollte im Augenblick nicht über den ganzen Müll sprechen, der mich beschäftigte. »Und dir?«

Ihr Blick huschte zu meinem, überprüfte kurz, wie ernst ich die

Frage gemeint hatte, bevor auch sie sich für die gesellschaftlich taugliche Antwort entschied: »Auch ganz gut. Mein Dad heiratet, *yay*.« Sie schwenkte das Handgelenk in einer erfolglosen Jubelbewegung, aber das Lächeln konnte ihre Augen immer noch nicht erreichen.

»Shit«, seufzte ich, denn ihre Mutter war sicherlich nicht die künftige Braut. »Das tut mir leid.«

»Ach Quatsch, nicht deine Schuld.« Vanessa kräuselte die Stirn, woraufhin sich ihre Nasenflügel auf eine Weise verengten, die ich irgendwie sexy fand. Dann seufzte sie. »Ich weiß noch nicht, ob ich hingehe.«

Darum war es also im Telefonat gegangen. Ich fragte mich kurz, ob sich ihr Vater getrennt hatte oder ihre Mutter, dann entschied ich, dass mich das nichts anging – und dass ich Vanessa aufheitern wollte.

»Und was ist mit der Hochzeit deiner Schwester?«

Ihr Blick kehrte aus einer anderen Welt zurück zu mir, ihre schmalen Augenbrauen hoben sich fragend. Ich drehte bedeutend die Fotokarte in der Hand, hielt aber augenblicklich inne, als sich ein Schatten über ihr Gesicht legte, der weit mehr zu verdunkeln schien als nur ihre hellbraunen Augen.

»Sie ... ist nicht meine –«, setzte sie gerade an, als Isabella sich auf meiner anderen Seite auf die Couch fallen ließ und einen triumphalen Laut ausstieß.

»Ja, oder?«, rief sie begeistert und schnappte sich die Karte aus meiner Hand. »Ich hab schon immer gesagt, wie ähnlich ihr euch seht! Fast wie ein jüngeres, süßeres 2.0-Modell! Hast du gehört, Vanessa?«

Ich lächelte schwach als Reaktion auf die Aussage meiner Freundin, während ich immer noch Vanessa ansah, hinter deren schönem Gesicht zum zweiten Mal innerhalb einer Viertelstunde ein Sturm der Gefühle tobte.

»Ja«, bändigte sie den Orkan jetzt und lächelte uns an, ließ den Blick wohlwollend über Ella gleiten. »Du siehst toll aus!«

Endlich folgte ich ihrem Blick und sah meine Freundin an. Vanessa hatte recht, Ellas dunkle Augen waren aufreizend geschminkt, ihre Lippen tiefrot und ihre Haare sinnlich gelockt. Unwillkürlich lächelte ich und lehnte mich vor, um sie zu küssen. Sie ließ es geschehen.

»Okay, ich bin dann auch mal im Bad«, verkündete Vanessa, bevor sie in ihrem Zimmer verschwand.

Ich sah Ella an, mein Blick fiel auf ihre Lippen. »Wie lange braucht Vanessa im Bad?«

Sie erkannte meine Absicht und grinste tadelnd. »Nicht lange genug.«

Da kam ihre Mitbewohnerin auch schon wieder aus ihrem Zimmer, ein kleines Bündel unter dem Arm, und öffnete die Tür zum Bad. »Fünfzehn Minuten und dann können wir los, wenn ihr wollt«, versprach Vanessa. Ihre Stimme klang heiter, aber ich hatte immer noch das Gefühl, ihr Geist wäre von Regenwolken umgeben.

»Gefällt sie dir?«, fragte Isabella aufgeregt, während ich geradezu ein Loch in die geschlossene Badezimmertür starrte.

»Was?« Ich überlegte schon, wie ich ihr erklären konnte, dass ich mir nur Sorgen um Vanessa machte, als ich Ellas auffordernd ausgestrecktes Bein wahrnahm.

»Na, die Strumpfhose, Dummerchen!«

Ich lächelte matt, nickte zustimmend. Die schwarz glänzende Strumpfhose sah toll aus, genau wie der Rest von Ellas aufregendem Outfit. Aber jetzt gerade war ich zu beschäftigt mit Vanessas innerem Kampf, um meine Freundin gebührend zu bewundern.

Vanessa

Ich schloss die Badezimmertür, drehte den Schlüssel um und lehnte mich dagegen, drückte den Hinterkopf in die flauschigen Morgenmäntel, die an der Innenseite hingen.

Warum tat ich mir das eigentlich an? Was hatte ich verbrochen, dass ich eine so penetrante Mutter, einen so untreuen Vater und eine so verletzende Mitbewohnerin verdiente?

Ach … vergiss einfach, dass ich gefragt habe.

Mein Handy vibrierte, aber ich ignorierte es, während ich vier tiefe Atemzüge lang mit mir rang, ob ich wirklich mit in den Club gehen sollte. Beim Sport hatte ich das noch für eine gute Idee gehalten, mich sogar ein bisschen darauf gefreut und genau gewusst, was ich anziehen würde. Jetzt wollte ich einfach nur einen XXL-Becher Eiscreme mit extraviel Schokosauce essen und mich im Bett vergraben.

Mein Handy vibrierte noch mal. Und noch mal. So penetrant schrieben nur zwei Personen auf der Welt Nachrichten. Und mit einer davon hatte ich seit mindestens fünf Jahren nicht mehr getextet.

Ich zog mein Handy aus dem Kleiderhaufen in meinen Armen, entsperrte und las:

Valeria: Was ziehst du an?

Valeria: Was ziehe ich an? Gelbes Top oder lieber kleines Schwarzes?

Valeria: Schreib jetzt sofort!

Valeria: Oder ich ruf an.

Valeria: Los!

Valeria: Bei 3!

Noch während ich ein Grinsen unterdrückte, klingelte das Handy in meiner Hand.

»Hat dir schon mal jemand gesagt, dass du genauso nervig bist wie dein Freund?«, begrüßte ich sie wohlwollend, löste mich endlich von der Tür und trat ans Waschbecken. Während ich mein Gesicht im Spiegel musterte, dachte ich darüber nach, wie verrückt es war, dass sie jetzt wirklich wieder mit ihrer Jugendliebe Raphael zusammen war, dem heißesten Typen und größten Aufreißer, den ich je gekannt hatte. Raphael, der vor vielen Jahren mein Nachbar und vor noch mehr Jahren mein bester Freund gewesen war. Bis ich mit *seinem* besten Freund zusammengekommen war. Ein winziger Teil von mir fragte sich, ob seine Beziehung zu Valeria diesmal halten würde, aber der größere Teil freute sich einfach nur für sie.

»Krass, ich finde immer, Milias ist viel nerviger als Raphael«, antwortete Valeria quirlig wie immer und riss mich aus den Erinnerungen an meine Jugend, bloß um mich in andere, noch schmerzlichere zu werfen. Ich presste die Lippen aufeinander, woraufhin sie scheinbar durchs Telefon meine Bedrückung wahrnahm und das Thema wechselte: »Egal! Wie geht's dir?«

Ich erwog eine heitere Lüge, aber Valeria war immer noch meine beste Freundin, auch wenn sie vor drei Jahren zum Studium nach Italien gezogen und seitdem quasi unerreichbar für mich war. Also warf ich meinem Spiegelbild ein schiefes Lächeln zu. »Beschissen.«

»Shit«, reagierte sie genau wie Sandro vorhin. »Ein Kerl oder deine Mama?« Ich wog kurz ab. Zählte mein Dad als Kerl? Doch Valeria plapperte schon weiter. »Ach, egal wer. Weißt du was? Dann eben das kleine Schwarze! Wir betrinken uns so richtig und schleppen irgendeinen heißen Typen ab! Also ... *du* schleppst einen ab«, ergänzte sie dann, als wäre ihr gerade erst wieder eingefallen, dass sie schon einen der heißesten Typen der Stadt zu Hause hatte.

Ich musste gegen meinen Willen lachen und konnte nicht anders, als mich von ihrer guten Laune anstecken zu lassen. »Also, ich habe auf jeden Fall vor, das kleine Schwarze anzuziehen«, grinste ich. Wobei ich damit kein schickes Kleid meinte, sondern ein an den Hüften gerafftes Longtop mit geschlitzten Fledermausärmeln, das ich gerne mit einem breiten Taillengürtel und Cowboystiefeln kombinierte, weil es dadurch die perfekte Mischung aus elegant, sexy und casual war.

»Ich liebe dieses Teil!«, schwärmte Valeria inbrünstig. »Okay, dann ziehe ich kein Kleid an. Hashtag Gegensätze und so. Apropos Hashtag

– ist es okay für dich, wenn ich dich verlinke? Du magst den Rummel ja nicht mehr so …«

Sie klang jetzt weiter weg, als hätte sie mich auf Lautsprecher gestellt, während ich energische Bürstenstriche hörte. Ich rollte wohlwollend mit den Augen und verbrannte mich prompt am Lockenstab. »Natürl– Autsch!«

»Lockennn«, trällerte Valeria, die mich einfach immer noch viel zu gut kannte und genau wusste, was ich tat. »Wie lange habe ich dich nicht mehr mit Locken gesehen?«

»Keine Ahnung, drei Jahre?«, fragte ich zurück, obwohl ich mich lieber nicht daran erinnern wollte. »Eine von uns ist ja nach Italien gezogen, und ich war's nicht.«

»Aber jetzt bin ich wieder da!«, frohlockte sie, während ich Sprühstöße hörte, und erst in dem Moment fiel mir auf, wie sehr ich sie vermisst hatte. Ich war froh, dass sie seit zwei Monaten wieder mit Raphael zusammen war und gerade zum dritten Mal innerhalb weniger Wochen wieder in Deutschland.

»Wie lange bleibst du diesmal?«

»Ich bin vorgestern komplett eingezogen!«

Mein Herz machte einen derartigen Sprung, dass ich es buchstäblich in meinem Hals spüren konnte. »Was? Im Ernst?«

»Ja! Fernbeziehungen sind einfach nur schrecklich«, antwortete Valeria und hätte mich mit keinem Satz der Welt glücklicher machen können. Eine kurze Pause entstand, in der ich dem Himmel dafür dankte, dass meine beste Freundin wieder da war, und aufsteigende Freudentränen unterdrücken musste. Dann hörte ich Stoff rascheln, gefolgt von einem kurzen Kichern und leisem Gemurmel. Schlagartig wurde mir heiß, während Valeria vergnügt »Vany« raunte.

»Oh Gott«, stöhnte ich. »Bitte leg auf, bevor ihr weitermacht.«

Ein leises – und eindeutig männliches – Glucksen, das mir mehr Hitze ins Gesicht trieb als mein Lockenstab. Dann: »Bist du sicher, dass du das willst?« Das war Raphael, und der süffisante Bass in seiner Stimme ließ mein Rückgrat kribbeln.

Ich schüttelte den Kopf und alle ungebetenen Gedanken ab. »Sorg dafür, dass Valeria nicht zu spät …« Nein, das würde sich falsch anhören. »Vergiss es. Halb zehn!«, erinnerte ich Valeria, dann legte ich auf und löste vorsichtig meine Haarsträhnen auf, bis sie genau die richtige lockere Wellenform hatten.

Entgegen meinen Erwartungen kam Valeria fast pünktlich. Wofür ich ihr mehr als dankbar war, weil ich zwischen den zwei Pärchen Isabella, Sandro, Marc und Lena buchstäblich das fünfte Rad am Wagen war.

Wir standen gerade in der Schlange eines türkischen Imbissladens, der nur ein paar Häuser neben dem Club lag, als ich Valeria sah. Genauer gesagt sah ich zwei Typen, die sich nach einem Mädchen umdrehten, das mit energisch klackenden Absätzen, wippendem schwarzem Zopf und gegen den Januarwind aufgestelltem Mantelkragen zügig die Straße entlangkam.

»Val!«, rief ich fröhlich, löste mich aus unserer Gruppe und lief auf sie zu.

Sie war völlig fokussiert darauf, nicht von irgendwelchen Typen angequatscht zu werden, und hatte den Blick so eisern geradeaus gerichtet, dass ich mich ihr geradezu in den Weg stellen musste. Kurz sah ich das ärgerliche italienische Temperament in den dunklen Augen blitzen, die ich so schmerzlich liebte, dann erkannte sie mich und brach in jubelndes Kreischen aus.

Wir umarmten uns so fest, dass mir fast die Luft wegblieb, aber ich wollte nicht loslassen, vergrub meine Nase an ihrer Schulter und atmete ihr exotisches Parfüm tief ein. Ihres – und das von Raphael. Mein Bauch verkrampfte sich, aber das könnte auch der Hunger sein.

»Ohhh, ich freu mich so, dich zu sehen!«, sprach sie meine Gedanken aus, während wir uns von einem Bein auf das andere wiegten wie Betrunkene.

»Ich mich auch!«, rief ich und ließ einen bewundernden Blick über sie wandern. Sie hatte die glatten schwarzen Haare zu einem hohen, strengen Pferdeschwanz zurückgebunden, der ihre Gesichtszüge und dunklen Augenbrauen immer so toll zur Geltung brachte, trug eine glänzende Lederhose und Ankle Boots. »Sexy!«, grinste ich.

»Das sagt die Richtige!«, kicherte sie und ihre Augen leuchteten auf, als sie vorsichtig meine voluminösen Haare betastete, die mir selbst leicht gelockt bis über die Brust fielen. »Oh Gott, ich liebe einfach deine Haare, Vany!«

Ich lächelte, als mir warm ums Herz wurde. Valeria war die einzige echte Freundin, die ich jemals gehabt hatte. Aber bevor ich sentimental werden und ihr das sagen konnte, hakte sie sich aufgeregt bei mir unter und ließ sich von mir zu den anderen führen.

»Also, lass uns Party machen! Wo sind die anderen? Und gibt es irgendwas, was ich – uh, wer ist *er*?« Valerias unbeschwertes Geplapper brach ab, während sie unwillkürlich neben mir Haltung annahm, den Blick direkt auf Sandro gerichtet.

»Er ist vergeben«, raunte ich ihr zu. »Und du auch!«

Ihre dunklen Augen wanderten zu mir. Einen Sekundenbruchteil fürchtete ich, darin den Reiz des Verbotenen zu lesen, dann lächelte sie, nein strahlte geradezu, und ich sah nur noch Glück und Liebe – was mir einen weitaus größeren Stich versetzte als ihre vorherige Versuchung.

In dem Moment legte Sandro einen Arm um Isabella, um sie aus der Schlange zu ziehen, und Valeria zog die Oberlippe hoch wie eine angewiderte Katze. »An *die*?!«

Oh Gott, hoffentlich machte sie keine Szene! Aber bevor ich Valeria anflehen konnte, löste sich ein untersetzter Latino aus der Gruppe und trat auf uns zu.

»Da ist ja Miss Germany!«, strahlte Santiago mit sonnigem Gewinnergrinsen und begrüßte mich mit einer parfümschweren Umarmung und einem Luftkuss neben meiner Wange. Ich wollte den Titel dementieren, doch da war sein Blick schon auf Valeria gefallen: »Oh, und wer ist Ariana Grande hier? Ich bin Santiago. Warte mal, kennen wir uns?«

Valeria, die gerade noch die Augen verdreht hatte, obwohl ich den Vergleich ziemlich passend fand, ging nahtlos in ein amüsiertes Glucksen über und auf seine letzte Frage gar nicht erst ein. »Wirklich? Wie Santiago de Compostela?«

Er zog die kleine Nase kraus, grinste aber gleich darauf dieses einfach anziehende südländische Grinsen. »Eher wie Santiago de Chile. Da wurde ich gezeugt.«

Jetzt prusteten wir beide los, aber sein Grinsen war so selbstsicher, dass wir schnell wieder aufhörten. »Im Ernst jetzt?«, fragte Valeria. Er nickte gewichtig.

»Zumindest behauptet er das, seit ich ihn kenne«, ergänzte Marc, wechselte seinen Döner in die Linke und wischte sich die Hand an der Jeans ab, bevor er sie Valeria hinstreckte. »Hi, ich bin Marc.«

»Valeria«, antwortete sie, während sich auch die anderen dazugesellten und sich reihum vorstellten. Alle bis auf Sandro, der damit beschäftigt war, seinen gerollten Dürüm-Fladen auslaufsicher einzuwickeln, um sich die Hände nicht zu sehr zu beschmieren. »Und ... hast du auch einen Namen, oder bist du eher der stumme Hüne?«, fragte Valeria in seine Richtung.

Sandro hörte auf zu kauen, blinzelte sie an und sah dabei für einen Sekundenbruchteil beinahe niedlich überrumpelt aus, bevor er sich wieder fing, herunterschluckte und die Mundwinkel zu einem geradezu unwiderstehlichen Halblächeln hob.

»Sandro«, antwortete er schließlich, wischte sich die Rechte an seiner grauen Stone-Washed-Jeans ab und hielt sie ihr hin.

Valeria schüttelte sie mehr als erfreut und mir entging nicht das entzückte Lächeln, das sie ihm dabei zuwarf. Ich folgte ihrem Blick zu seinem Gesicht, um mir vorzustellen, was sie gerade dachte. Ich brauchte nicht einmal viel Vorstellungskraft.

Ich hatte mir nie wirklich erlaubt, ihn so zu betrachten, aber man konnte es nicht anders sagen: Sandro war – einfach – heiß. Seine zimtblonden Haare standen eigensinnig in alle Richtungen ab und bildeten einen faszinierend weichen Kontrast zu seinen kantigen Gesichtszügen. Genauso faszinierend wie der Gegensatz seiner olivgrünen Augen zu leicht getönter Haut, von der ich keine Ahnung hatte, welchen ethnischen Wurzeln er sie zu verdanken hatte. Osteuropäisch? Griechisch? Überhaupt wusste ich ziemlich wenig über den Freund meiner Mitbewohnerin. Aber was ich wusste, war, dass mir heiß wurde, als sein Blick mich streifte, auf mir haften blieb und sich mit meinem verhakte. Genau wie heute, als ich vom Sport zurückgekommen war. Und noch intensiver als vorhin, als ich gestylt aus dem Bad gekommen war.

Eilig sah ich weg und unterdrückte jede Gefühlsregung. Ich würde das nicht tun, nicht schon wieder.

4 Unter der harten Schale

Vanessa

»Können wir dann langsam rein?«, drängte Isabella, und ich war ihr dankbar, dass sie damit Sandros Blick auf sich zog.

»Erst wenn die Herren aufgegessen haben«, kicherte Lena, die gerade vorsichtig vom Döner ihres Freunds abgebissen hatte, während Marc aus der Colaflasche trank. Isabella rollte mit den Augen und warf einen ungeduldigen Blick auf Sandros halb gegessenen Wrap.

»Wir zwei können definitiv schon mal vorgehen, Bella«, beschloss Santiago, legte den Arm um ihre Schulter und schob sie vorwärts. Sie lachte ihn begeistert an und schien dabei sogar ein paar Zentimeter größer zu werden.

Sandro schüttelte belustigt den Kopf, während Marc die Flasche wieder zudrehte und beäugte. »Was meinst du, dürfen wir Flaschen mit reinnehmen?«

Jetzt gluckste Sandro und antwortete so laut, dass Santiago es hören konnte: »Klar, sonst müsste Tiago ja draußen warten.«

Der drehte sich mit spielerisch erhobener Faust um, während Marc und Lena in ein Lachen ausbrachen, gegen das auch ich nicht ankam. Wir alle setzten uns in Bewegung.

»Warst du wirklich Miss Germany?«, fragte Lena leise, als wir knapp zwanzig Meter weiter Santiago und Isabella wieder eingeholt hatten und in der nächsten Schlange standen, diesmal in der zum Club. Ich spürte deutlich den Blick der anderen auf mir und wollte erst nicht antworten, bis mich Valeria auffordernd in die Seite stieß.

»Nein«, antwortete ich also, während die Gruppe vor uns von den beiden Türstehern durchsucht wurde. »Ich war nur Finalistin der Bundesländer.« Santiago gluckste ein ironisches »Nur«, während Isabella unzufrieden die Gruppe vor uns beäugte. Ich warf ihr ein verschwörerisches Zwinkern zu. »Meine Mom wollte unbedingt, dass ich da mitmache.« Isabellas Gesichtsausdruck wechselte von Skepsis zu einem verschwörerischen Grinsen, als sie verstand, und das freundschaftliche Band zwischen uns schlang sich einen Moment lang wohlig fest um meine Seele. Gut gelaunt zuckte ich mit den Schultern. »Unser Deal war, dass ich eine Runde mitmache und dafür von zu Hause ausziehen darf, also ...« Ich zuckte nochmals mit den Schultern. Das war keine große Sache und ich war nicht stolz darauf.

Lena klappte trotzdem der Mund auf und Santiago setzte zu einer Folgefrage an, doch dann kamen wir glücklicherweise bei den Türstehern an, die ihn und Isabella durchwinkten, aber Sandro und Marc zu verstehen gaben, draußen essen zu müssen. Widerstrebend traten wir neben die Absperrung, um die Leute hinter uns vorbeizulassen.

»Ausziehen ist genau mein Stichwort«, verkündete Santiago von der anderen Seite der Absperrung her und schälte sich aus seiner dicken Daunenjacke, unter der er ein schwarzes Muskelshirt trug, das ein Tribal Tattoo auf seinem beachtlichen Bizeps entblößte. »Solange ihr da noch rumsteht, such ich schon mal die Bar. Der Abend ist jung und die Frauen viel zu hübsch. Heute Nacht geht keiner von uns nüchtern nach Hause, klar?«

»Ich komme mit«, beschloss Isabella nach kurzem Zögern und zog ebenfalls ihre Jacke aus, woraufhin sich auch Lena mit einem Wangenkuss von Marc löste. Valeria setzte sich in Bewegung, und Santiagos dunkle Augen blieben an mir hängen, luden mich geradezu ein. Aber ich schüttelte den Kopf.

»Wenn ihr vorhabt euch zu betrinken, muss ich doch erst mal was essen.«

»Wieso? Auf leeren Magen brauchst du doch viel weniger«, frohlockte Santiago, hielt aber sofort inne, als Sandro den Kopf wandte und »Tiago« knurrte. Mir wurde ein bisschen heiß bei dem finsteren Klang seiner Stimme und dem noch finstereren Ausdruck seiner Augen.

Isabella stöhnte kaum hörbar und ging weiter, Valeria blieb stehen und sah mich alarmiert an. »Aber du hast heute schon was gegessen, oder?«

»Ja«, antwortete ich wahrheitsgemäß, ohne zu sehr über den einen Apfel, den Joghurt zu Mittag und einen Müsliriegel ins Detail zu gehen, und suchte in meiner Clutch nach einem Geldschein. »Ich geh mir kurz was holen.«

»Willst du meine Hälfte?«, fragte Sandro wie aus dem Nichts und hielt mir seinen Dürüm hin. »Keine Sorge, da ist kein Fleisch drin.«

Valeria stieß einen Laut aus wie jemand, der gerade ein niedliches Tierbaby betrachtet, während ich auf den Wrap blinzelte und danach in Sandros Gesicht.

»Ehrlich?«

»Ja.« Er nickte so aufrichtig, dass es mir für einen Moment außerordentlich schwerfiel, mir vorzustellen, wie er jemanden mit Schlägen und Tritten bearbeitete. Zögerlich nahm ich den gerollten Wrap entgegen und wickelte die Alufolie enger.

»Danke ...«

Sandro zuckte bereitwillig mit den Schultern. »Essen ist wichtig«, sagte er nur, während ich in den Wrap biss und den Inhalt inspizierte. Falafel, Salat und Tomaten. Gute Wahl für einen Mann!

Warte mal ... und Feta! Ich schnitt eine Grimasse und zog mit spitzen Fingern den Schafskäse aus dem Wrap, was Sandro zu einem amüsierten Kopfschütteln verleitete und mir wortlos die Serviette hinhalten ließ, damit ich die Käsestücke hineinlegen konnte.

»Danke«, sagte ich noch mal. Er nickte nur.

»Und außerdem ist Essen verdammt geil«, ergänzte Marc Sandros letzte Aussage, nachdem er auch den Rest seines Döners verdrückt hatte. Valeria grinste mich indes über Sandros Schulter hinweg breit an und nickte genüsslich wie ein Wackeldackel auf Dope.

Ich warf ihr ein sehr eindringliches Kopfschütteln zu, woraufhin sich beide Jungs zu Valeria umdrehten und sie augenblicklich den fragenden Blick eines Unschuldlamms aufsetzte. Milias hatte diesen Blick auch ziemlich gut drauf…

»Willst du auch was essen?«, interpretierte Sandro unsere stumme Konversation falsch, woraufhin Valerias Augen wieder strahlten. Sie legte den Kopf schief, sodass ihr langer dunkler Zopf zur Seite fiel.

»Du bist echt so viel süßer als du aussiehst, weißt du das? Danke. Aber um meine Ernährung musst du dir keine Sorgen machen.«

Sandro schien unsicher, ob sie ihn verarschte, und hob eine Augenbraue samt Mundwinkel zu einem Halblächeln, das Skepsis ausdrücken sollte, aber ebenso gut ein sexy verträumtes Plattencover zieren könnte.

Ich atmete ein Stück Krautsalat ein und musste mich halb wegdrehen, konnte mein Husten gerade noch in einem Räuspern tarnen. Marc hielt mir seine Colaflasche hin, aber ich verneinte.

»Geht schon, danke. Lieb von dir, aber ich hasse Cola.«

Jetzt gluckste Sandro erneut und dieser hinreißende Gesichtsausdruck galt eine Sekunde lang mir, bis er Marc mitteilte: »Hör auf das Mädchen, dann lebst du länger.«

Ich blinzelte. Normalerweise bekam ich regelrecht Anfälle, wenn mich jemand herablassend als »Mädchen« bezeichnete, aber aus seinem Mund klang es irgendwie ... anerkennend. Sexy. Himmel, ich musste dringend auf andere Gedanken kommen.

»Oh Gott, bitte sag nicht, dass du auch so ein Wellfood-Fanatiker bist wie Vany«, lachte Valeria, aber ich redete einfach dazwischen:

»Wie sieht's aus, gehen wir rein?« Zum Zeichen des Aufbruchs wischte ich mir mit der Serviette die Finger ab und warf sie in den Mülleimer. »Ich brauch jetzt 'nen Drink.«

»Vany«, wiederholte Sandros raue Stimme und jagte einen ungebetenen heißen Blitz durch meinen Körper, der mich wie angewurzelt stehen bleiben und zu ihm umdrehen ließ. Er hob einen Mundwinkel. »Die Abkürzung klingt cool.«

Ich verfluchte mich für die Sekunde, die es dauerte, bis ich mich wieder unter Kontrolle hatte und das überhebliche Lächeln meines früheren Ichs aufsetzen konnte. »Tja, leider muss man sich den Namen erst verdienen.«

»Ach so?« Er drehte den Kopf, und ich sah dabei zu, wie der Blick seiner olivgrünen Augen über mein Gesicht wanderte, bis er auf meinen eigenen Augen haften blieb. Sandro schaute mir geradezu in die Seele – und für einen Sekundenbruchteil dachte ich, meine eigenen Fehler und Selbstzweifel würden sich in seinem Blick spiegeln.

Dann blinzelten wir beide und der Moment war vorbei.

»Genau«, antwortete ich, um die unangenehme Stille zu überbrücken, und flüchtete mich erneut in die unantastbare Arroganz, die mich früher umgeben hatte wie ein Schutzschild.

»Und damit wäre die Schlange wieder einen Kilometer lang«, stöhnte Marc, der die wartenden Menschen neben uns früher wahrgenommen hatte als ich. »Ich hoffe, euch ist warm, Ladys.«

Während wir uns einreihten, lehnte ich mich über das Absperrband, um die Leute vor uns zu zählen.

»Das dauert ja mindestens eine halbe Stunde«, kam Valeria ächzend zum selben Schluss wie ich. »Bis dahin bin ich definitiv erfroren. Kannst du die nicht irgendwie bequatschen, Vany?«

Ich zog unwillig die Brauen zusammen. So was hatte ich seit mindestens drei Jahren nicht mehr gemacht.

»Glaubst du, die lassen uns einfach so durch, nur weil ihr euch auszieht oder so was?«, kicherte Marc, während ich die zwei Türsteher betrachtete. Sie sahen beide arabisch aus und schauten grimmig drein, wirkten aber nett.

»Das wird niemals passieren«, entgegnete Sandro und die absolute Überzeugung in seiner Stimme weckte meinen Kampfgeist. Das und die Tatsache, dass gerade einer der beiden Türsteher meinen Blick auffing.

»Na, dann pass mal auf«, prophezeite ich Sandro und lächelte den

Türsteher an, schenkte ihm einen Augenaufschlag über zehn Meter Entfernung. Als er grinsend in meine Richtung nickte, hob ich die Hand, um leicht zu winken. Er grüßte gut gelaunt zurück, überprüfte dann die nächste Gruppe. Es dauerte zwei Minuten und fünfmal Blickkontakt, dann machte er eine seitliche Kopfbewegung, um mich heranzuwinken.

Ich warf Sandro einen vielsagenden Blick zu, drehte mich um und schlenderte mit jahrelang perfektioniertem Charme an der Schlange vorbei. Bei den beiden Türstehern angekommen, belohnte ich meinen Wohltäter, indem ich seine Frage nach meinem Namen wahrheitsgemäß beantwortete. »Danke dir! Meine Freundin und ihre Brüder passen da drinnen auf mich auf, okay?«, schmuggelte ich auch die anderen drei hinein.

Keine zwei Sekunden später ließen sie uns durch, ohne Sandro und Marc auch nur durchsucht zu haben. Valeria hakte sich fröhlich bei mir ein.

»Krass, es hat immer noch Vorteile, mit Vanessa Kaiser in einen Club zu gehen!«

Marc schloss völlig von der Rolle zu uns auf. »Verstehe ich das richtig, du kanntest die nicht?«

»Nö.« Ich grinste. Aber manche Dinge verlernte man einfach nicht. Türsteher um den Finger zu wickeln, zum Beispiel. Oder sich inmitten einer ausgelassenen Partymenge zu lauter Musik zu bewegen.

Zugegeben, es war toll, mal wieder feiern zu gehen. Mal wieder zu lachen, zu flirten und zu trinken. Und vor allem, endlich wieder meine beste Freundin um mich zu haben. Ich liebte es, aufreizend mit Valeria zu tanzen, aus voller Kehle mitzusingen und die Aufmerksamkeit fremder Typen auf uns zu ziehen. Ich genoss es, wie die braven Jungs meinem Blick auswichen und die bösen Buben ihn festhielten, und ich ertrug es ganz gut, wie die überschminkten Tussis die Nase rümpften und tuschelten. Ich mochte sogar, wie Santiago mich antanzte. Und er tanzte echt gut! Er war ein bisschen zu klein für meinen Geschmack, fast einen ganzen Kopf kleiner als ich auf meinen High Heels. Aber er war witzig, charmant – und verdammt gut gebaut. Seine dunklen, muskulösen Arme glänzten und sein Körper bewegte sich genauso dynamisch wie meiner. Ich ließ zu, dass wir enger tanzten, als seine Freundin vielleicht gut finden würde, aber ich hielt seine Hände jedes Mal auf, wenn sie zu weit von meiner Taille abwichen.

Immerhin hielt er mir die notgeilen Typen vom Leib, die es in jedem Club zu später Stunde gab. Wenn eine Frau mit einem Mann tanzte, wagten sich nur noch die Mutigen heran, pirschten sich in immer engeren Kreisen an und testeten Grenzen aus wie Schakale, bis sie irgendwann zum Angriff übergingen. Früher hatte ich diesen Typen eine Chance und vielleicht sogar eine Nacht gegeben – wenn sie sich nicht als aufgepumpte Macho-Ärsche entpuppten. Der Kerl, dessen Präsenz ich jetzt eher spürte als sah, war anscheinend ein solcher Pirscher, und seine entschlossene Männlichkeit machte mich genauso an wie früher. Sogar noch mehr, als er Santiago buchstäblich zur Seite schob.

»Das reicht jetzt.«

»Ey, *¡Cálmate, tío!*«, empörte sich mein Tanzpartner, hob den Blick – und überlegte es sich dann doch anders. Wow, ich hätte Santiago nicht für einen solchen Feigling gehalten. Aber hey, ich brauchte keinen Mann, um mich gegen aufdringliche Typen zu wehren. Oder mich ihnen in die Arme zu werfen, je nachdem.

Und noch während Santiago mit erhobenen Händen einen Schritt zurücktrat, drehte ich mich um, um den Kerl zu konfrontieren, der – Sandro war! Der lockere Spruch auf meinen Lippen und der Kampfgeist in meiner Brust verpufften augenblicklich, als ich das Lodern in seinen Augen sah.

»Alles in Ordnung?«, fragte ich sofort und hätte um ein Haar eine Hand auf seinen Arm gelegt, besann mich aber eines Besseren.

Sein Blick wanderte zu mir und sein Zorn wich jener Skepsis von vorhin, die eher süffisant aussah als kritisch. »Die Frage ist, ob bei dir alles in Ordnung ist. Brauchst du Hilfe?«

Ich konnte ihn nur anstarren, während Wärme, Schmerz und Scham in meiner Brust miteinander rangen wie Wölfe. Das hatte mich noch nie jemand gefragt, obwohl ich ein paar echt nette Jungs gekannt und gedatet hatte. Aber ausgerechnet ein professioneller Kickboxer mit Muskeln aus Stahl und einer Miene aus Stein stellte mir diese Frage? Mitten in einem überfüllten, ausgelassenen Nachtclub?

Sandro schien die Frage überhaupt nicht fehl am Platze zu finden. Er stand wie ein Fels in der wogenden Brandung aus Menschenleibern, die mich frisch ans Ufer gespült hatte und mir nun stetig den Sand unter den Füßen wegzog. Ich blinzelte, während sich auch Valerias Bewegungen neben uns allmählich verlangsamten.

»Alles super!«, fand ich endlich meine Stimme wieder und hob das Kinn, sodass es sich fast anfühlte, als wären wir gleich groß. »Vielleicht ist es dir noch nicht aufgefallen, aber ich bin ein großes Mädchen«, grinste ich.

Ich knuffte ihn, um zu betonen, dass die Worte freundschaftlich gemeint waren, und er hob einen Mundwinkel, ließ seine faszinierenden Augen abermals über mein Gesicht wandern. Ignorierte völlig, dass uns ständig Leute antanzten.

»Glaub mir, das *ist* mir aufgefallen.«

Mir wurde heiß. Oh Gott, seine raue Stimme, seine Tonlage, sein Blick ... Ich musste weg.

»Na dann«, sagte ich fröhlich und zog Valeria am Arm. »Wollen wir was trinken? Hier ist es so voll.«

»Was? Klar! Ich glaube, Santiago und die anderen sind da hinten.« Valeria hob eine Hand, um den anderen zu winken, aber ich zog sie zur entgegengesetzten Bar. Jetzt gerade konnte ich Isabella nicht in die Augen sehen. Nicht, wenn ich mich fühlte, als hätte ich ihren Freund angeflirtet. Dabei hatte ich das gar nicht! Oder doch?

Wir hatten es kaum von der überfüllten Tanzfläche und an den Rand des Tresens geschafft und ich hatte mich halbwegs vom Gegenteil überzeugt, als mich ein heißer Blitz in den Arm traf. Sandro zog mich beiseite, seinen Blick auf einen Punkt in der Ferne gerichtet. Mein Herz setzte einen Schlag aus, als er mir kurz darauf fest in die Augen sah.

»Ich will dir nichts vorschreiben oder so, nur ... Santiago ist diese Woche etwas ... unausgelastet.«

Ich zog fragend die Brauen zusammen, gerührt von seiner Fürsorge und gleichzeitig erheitert von dem Gedanken, dass mich ein Typ wie er vor einem seiner besten Freunde warnte. Mein Grinsen gewann die Oberhand, als ich Sandros Worte wiederholte: »Glaub mir, das ist mir aufgefallen. Und das sagst du mir, weil ...?«

Ich warf ihm einen belustigten Blick zu, den er eine Sekunde zu lang erwiderte. Um genau zu sein so lang, dass meine unverbindliche Spiellaune von einer Hitzewelle überrollt wurde. Himmel, ich wollte ihn doch überhaupt nicht anflirten!

»Weil Santiago auf dich steht«, erlöste Valeria mich – und Sandro. Hatte sie die ganze Zeit hier gestanden? Halt, nein. Sie hielt drei Shot-Gläser und eine Flasche zwischen den Fingern, wie es nur jemand konnte, der jahrelang hinter einer Theke gearbeitet hatte. »Tequila!«

»Wohl kaum, denn Santiago hat eine Freundin!«, belehrte ich sie, obwohl ich zugeben musste, dass ich zu demselben Schluss gekommen wäre, wenn ich nicht gewusst hätte, dass er seit fast einem Jahr in einer Beziehung war.

»Eva hat letzten Sonntag Schluss gemacht«, erklärte Sandro, und das wiederum erklärte so einiges. Oje, der Arme. Die zwei waren ja noch länger zusammen gewesen als Isabella und Sandro ...

Ich war so in die Erinnerung an Isabellas heutiges Geständnis versunken, dass ich den begeisterten Blick nicht sah, den Valeria mir zuwarf, bevor sie uns zum nächstgelegenen Stehtisch lotste, die umstehende Gruppe einfach zum Rutschen zwang und die leeren Gläser mit dem Ellenbogen zusammenschob. Dann zuckte ich leicht zusammen, als sie sich über meine Schulter hängte und Sandro frech ansah.

»Es ist echt lieb von dir, dass du dir solche Sorgen machst, Sandro, aber Vany kann wirklich auf sich selbst aufpassen. Sie hat sogar mal einem Typen die Nase gebrochen.«

»Angebrochen!«, korrigierte ich schnell, während ganz neues Interesse in Sandros Augen aufflammte.

»Das wusste ich gar nicht«, sagte er.

Gegen meinen Willen erwachte erneut mein Debattiergeist. »Du weißt so einiges nicht über mich«, antwortete ich.

Wieder traf mich sein Blick und wieder stellte ich fest, dass ich mich kaum gegen die Spannung zwischen uns wehren konnte.

»Na ja«, mischte sich Valeria ein und drückte jedem von uns ein gefülltes Shotglas in die Hand, »Dafür gibt es ja gewisse Spiele und Alkohol. *Salute!*«

Ich schaffte es immer noch nicht, den Blick von Sandro zu lösen, bis er auf das Glas in seiner Hand schaute. »Danke. Aber ich trinke nicht.«

Valeria gluckste zunächst, sah dann, wie er das Glas zurück auf den Tisch stellte, und begriff: »Warte, niemals?«

Seine Aura war geradezu überwältigend überlegen, als er antwortete. »Nie.« Sein Blick streifte mich erneut kurz, fokussierte sich dann auf einen Punkt in der Ferne, den nur er sehen konnte. »Man verliert die Kontrolle, tut Dinge, die man später bereut, und hat am nächsten Tag einen Kater. Sich zu betrinken ist für mich nur eine Ausrede für Leute, die zu feige sind, nüchtern zu tun oder zu sagen, was sie wirklich wollen.« Wieder wanderten seine Augen zu mir, aber diesmal senkte ich die Lider frühzeitig.

»Wow«, lobte Valeria und hob ihr Glas wie zum Toast auf diese Weisheit. »Ich hoffe, es macht dir nichts aus, wenn wir trotzdem trinken?«

Er schüttelte den Kopf und jetzt war sein Lächeln wieder umwerfend entwaffnend. »Nur zu, ich bin kein Prediger. Ich nehme mir da ein Beispiel an Vany.«

Ich verschluckte mich an scharfem Tequila und setzte ungewollt meine Kehle in Brand. »An mir?«

Das Brennen sickerte in meine Brust und Eingeweide, als er mich offen ansah. »Du gehörst zu den wenigen Veganern, die nicht die ganze Welt belehren wollen.«

Oh Gott, diese Augen! Ich musste Abstand zu diesem Mann gewinnen, und zwar schnell. Rasch wandte ich den Blick ab und griff nach der Flasche, um Valeria und mir nachzuschenken.

»Also«, übernahm sie dankenswerterweise die Gesprächsführung und hob charmant ihr Glas, »athletisch und vernünftig! Studierst du Psychologie oder Sport?« Ihr Blick wanderte vielsagend über seine Statur, aber Sandro lächelte bloß.

»Jura.«

Ich sah den überraschten Ruck, der durch ihren Körper ging, und ergänzte hinter gespielt vorgehaltener Hand: »Aber er ist Kickboxer.«

Jetzt blitzten Valerias schöne Augen wieder. »Das erklärt natürlich einiges. Wie lange schon?«

Ich gluckste und drehte den Kopf in Erwartung seines attraktiven Halbgrinsens. Doch stattdessen sah ich grimmige Verschlossenheit in seinem Gesicht wie eine plötzliche Wand aus Kälte.

»Nicht lange genug«, sagte er. Ich blinzelte, wechselte einen Blick mit Valeria. Sie spürte den Stimmungsumschwung ebenso wie ich, wusste aber genauso wenig, wie sie darauf reagieren sollte. »Na ja«, löste Sandro die Anspannung dann selbst auf und sah sich um. »Ich geh mir auch mal was zu trinken holen. Kann ich euch zwei alleine lassen?«

»Klar!« Wir nickten beinahe synchron.

Valeria wartete ganze fünf Sekunden, dann riss sie mich aufgeregt am Arm herum: »Hattet ihr mal was?«

»Was? Nein!«, rief ich sofort und machte meinen Arm los. »Wie kommst du denn darauf?«

»Vany! Ihr habt total geflirtet! Ein Blinder sieht, dass da was –«

»Das bildest du dir ein«, unterbrach ich sie. Sie, und meine Fantasie.

Aber Valeria ließ nicht locker: »Er hat den ganzen Abend keine zehn Sekunden die Augen von dir gelassen. Und du siehst ihn an, als wärst du irgendwo zwischen … Ich meine, er ist echt *heiß*! Und …«

Oh Gott! Mit jedem weiteren Wort von ihr sackte mein Herz tiefer in Richtung meiner Kniekehlen. Hatte man das so deutlich gespürt?

»Und er nennt dich Vany!«, schloss Valeria vielsagend und zauberte mir trotz des schlechten Gewissens ein wehmütiges Lächeln auf die Lippen. »Nur Leute, die dich mögen, nennen dich Vany.«

Wie sehr das leider stimmte, hatte ich in der Zeit meiner besten Hassfreundschaft mit Raphael erfahren: Ich hatte immer gewusst, ob er heute freundlich oder abweisend war, je nachdem, wie er mich genannt hatte.

»Ich mag Sandro ja auch«, nahm ich schnell das Gespräch wieder auf, bevor es mir vollends entgleiten konnte, griff nach der Flasche Tequila und schraubte sie energisch auf. »Aber ich will nichts von ihm! Er ist der Freund meiner Mitbewohnerin – die zufällig so was wie meine beste Freundin geworden ist, weil meine echte beste Freundin die letzten drei Jahre am Ende der Welt gewohnt hat.«

Beim letzten Halbsatz sah ich ihr eindringlich in die Augen, woraufhin ein großer Schluck Tequila neben meinem Glas landete.

Sie lachte, schmetterte mir eine italienische Beleidigung entgegen, die ich immer noch übersetzen konnte, und nahm mir mein Glas aus der nassen Hand, um es selbst herunterzustürzen. »Ich liebe dich auch, Süße!«, ergänzte sie dann auf Deutsch und drückte mir einen feuchten Kuss auf die Wange, der mich daran denken ließ, wie wir einmal auf einer Party geknutscht hatten. Vor langer Zeit, in einem anderen Leben, das genauso gut aus einer abgedrehten Teenie-Serie hätte stammen können. »Außerdem muss das nichts heißen. Jede Beziehung ist mal zu Ende. Wer weiß, vielleicht verlässt er sie ja. Ich würd's tun.«

Ich schnaubte, ließ den Blick über die Menge wandern, die zwischen bunten Scheinwerfern tanzte. »Du klingst wie Raphael.« Sie sah mich ziemlich eindeutig an, ersparte uns beiden aber, das Offensichtliche auszusprechen: dass sie schließlich mit ihm zusammen war.

»Außerdem ist Italien nicht das Ende der Welt«, antwortete sie in leichtem Singsang auf meine vorherige Aussage, was mir sagte, dass sie schon ziemlich angeheitert war – und ich vermutlich auch. Vielleicht sollte ich aufhören, Tequila zu exen.

»Trotzdem!«, knüpfte ich meinerseits an ein längst abgeschlossenes Thema an: »Es würde sich selbst dann wie fremdgehen anfühlen.«

Valeria wusste sofort, was ich meinte. Zuckte mit den Schultern, ließ den Blick ebenfalls schweifen. Und antwortete dann schon wieder, wie Raphael es getan hätte: »Selbst wenn – was es nicht ist! – Dann wärst nicht *du* diejenige, die fremdgeht, oder?«

»Ach ja?«, fuhr ich auf. »Und würdest du das auch sagen, wenn es um Raphael ginge?«

Ihre Augen verengten sich. »*Vaffanculo*«, sagte sie noch mal.

»*Altrettanto*«, antwortete ich mit ebenso gespieltem Bitch-Face, bevor ich den Frust abschüttelte und die Schultern hängen ließ. »Ich will das einfach nicht noch mal ...«

Wie auf Kopfdruck wechselte Valerias Gesichtsausdruck von Ärger zu Sorge. »Du gibst dir doch nicht immer noch die Schuld an der Sache von damals!«

Ich scheiterte an einem Lächeln. Ich musste mir nicht die Schuld daran geben, dass die Beziehung mit ihrem Bruder in die Brüche gegangen war, denn ich trug sie. Punkt. Ich hatte meine erste große Liebe betrogen. Und die Tatsache, dass ich mich bis heute dafür hasste, machte es nicht weniger schrecklich.

Um dem Thema auszuweichen, griff ich erneut nach der Flasche, schenkte uns ein, überlegte es mir dann aber doch anders. Eigentlich hatte ich gar keine Lust, mich zu betrinken. Valeria starrte einen Moment länger auf ihr Glas, bevor sie energisch den Kopf schüttelte.

»Das ist lächerlich! Ich meine, wie lange ist das her – fünf Jahre?«

Ich schüttelte den Kopf, obwohl es stimmte, und schob mein Glas von mir. Ich wollte nicht darüber reden.

»Was ist fünf Jahre her?«, ließ mich plötzlich die raue Stimme hochfahren, die ich im Augenblick am allerwenigsten hören wollte. Fassungslos starrte ich Sandro an, dann die kleine Wasserflasche in seiner Hand und schließlich Valeria. Ich beschwor sie stumm, flehte sie beinahe an, ihm nicht zu sagen, was ich damals getan hatte.

Valeria zog eine Grimasse, gab ein paar stumme Widerworte, rollte dann aber mit den Augen und gab sich geschlagen. »Dass mein Bruder mit ihr Schluss gemacht hat«, antwortete sie stattdessen.

Ich verzog das Gesicht. Das war zwar nicht weniger schmerzhaft – oder weniger wahr. Aber definitiv weniger verwerflich.

5 Mehr als Freunde

Sandro

»Okay, können wir bitte das Thema wechseln?«

Ich war immer noch damit beschäftigt, zu verarbeiten, wie jemand mit einer Frau wie Vanessa Schluss machen konnte, aber Valeria sprang erneut ein wie die gute Freundin, die sie nun einmal war. Mehr als das, sie wirkte fast wie Vanessas fehlende Hälfte, wie eine verlorene Schwester.

»Wie lange kennt ihr euch schon?«, fragte ich aus einem Impuls heraus, ohne auf Valerias plötzliche unverfängliche Frage nach unseren morgigen Sonntagsplänen einzugehen.

Die zwei sahen sich an, kniffen beinahe synchron die Augen zusammen und schienen definitiv Probleme zu haben, nachzurechnen. »Knapp sieben Jahre?«, schätzte Vanessa schließlich, woraufhin Valeria lachte: »Ja, aber die ersten zwei Jahre zählen nicht. Da konnte ich Vany nämlich auf den Tod nicht ausstehen.«

Erneut huschte ein schmerzlicher Ausdruck über Vanessas perfekte Gesichtszüge, und ich konnte mir geradezu bildlich vorstellen, dass es mit Valerias Bruder zu tun hatte. Verständnislos schüttelte ich den Kopf. Ein Kerl, der mit einer Frau wie Vanessa Schluss machte, war entweder blind oder dumm. Vermutlich beides.

In dem Moment zog Valeria ihre beste Freundin an sich und schmiegte ihre Wange gegen Vanessas. »Wie heißt es so schön? *Every Blondie needs a Brownie.*«

Ich musste unwillkürlich lächeln, als mir auffiel, dass auch Ella brünett war. Allerdings hatte ich die beiden nie so innig erlebt wie Valeria und Vanessa. Aber wie gesagt, ich hatte einfach nicht viel über Vanessa nachgedacht. Zumindest in zehn Monaten nicht so viel wie in den wenigen Stunden, seit sie heute aus dem Bad gekommen war – was auch daran liegen mochte, dass ich sie heute zum ersten Mal gestylt sah. »Zehn von zehn«, hatte Marc gesagt? Zwölf!

Ich war fasziniert davon, wie weich ihre Gesichtskonturen zuliefen, wie perfekt sich ihre Wimpern auffächerten und wie harmonisch ihre schmale Nase über vollen Lippen thronte. Aber was mich noch mehr faszinierte als ihr Äußeres war der Witz in ihrer Stimme, der Intellekt in ihren Worten und der Frohsinn in ihren Augen ... wenn er nicht gerade von quälenden Schatten verhüllt wurde, die ich selbst nur allzu gut kannte.

»Hey! Bist du noch bei uns?«, fragte Vany jetzt. Ich blinzelte, sah sie keck das Kinn recken und tat es ihr unwillkürlich gleich, hob meinerseits einen Mundwinkel, ohne zu antworten. Also übernahm sie das Reden: »Wollen wir die anderen suchen gehen?«

Sie war auf ihren High Heels fast so groß wie ich, buchstäblich auf Augenhöhe. Es war erfrischend anders, zur Abwechslung mal nicht einen steifen Nacken zu riskieren, wenn ich mit einer Frau sprach. Es war überraschend sexy.

Okay, du hattest zu lange keinen Sex mehr. Kein Grund, dich in Fantasien über die Mitbewohnerin deiner Freundin zu verlieren.

Wie um mir das selbst zu bestätigen, schlang ich meinen Arm um Isabellas Taille, kaum dass wir bei den anderen angekommen waren, und küsste sie, als sie mir das Gesicht zuwandte. Sie schmeckte nach Kirsche und Amaretto, genau wie an dem Samstagabend im vorletzten September, an dem ich sie zum ersten Mal geküsst hatte. Damals hatte ich den Geschmack geliebt. Jetzt verfluchte ich ihn, denn er erinnerte mich an die zweitschlimmste Nacht meines Lebens.

Aber als Ella mich anstrahlte, verdrängte ich alle negativen Gedanken und besann mich einzig auf das Hier und Jetzt.

»Also, wie sieht es aus mit uns beiden, *guapa?*«

Ich wollte nicht, aber bei diesen Worten musste ich einfach den Kopf drehen und Santiago ansehen. Der lehnte sich gerade lässig neben Vanessa gegen das Geländer, das den Aufenthaltsbereich von der Tanzfläche abgrenzte. Instinktiv spannten sich meine Muskeln an, während sich auch Ella in meinem Arm drehte, um die beiden zu beobachten und einen langen Zug aus ihrem tiefroten Glas zu nehmen. Ich tauschte einen raschen Blick mit Marc, dann mit Valeria, die ein beschwichtigendes Kopfschütteln andeutete, das mich nicht wirklich beruhigte. Ich liebte Tiago und gönnte ihm jedes Glück der Welt, aber aus irgendeinem Grund fand ich den Anblick alles andere als erbaulich.

Einzig Vanessas helles Lachen löste die Anspannung ein wenig. Sie war ein großes Mädchen, sie konnte auf sich aufpassen. Unwillkürlich musste ich daran denken, wie sie mir vorhin genau das gesagt hatte. An den hinreißenden Aufschlag ihrer rehbraunen Augen und den – gewollt oder ungewollt – sinnlichen Klang ihrer Stimme. Denselben Klang, den sie jetzt hatte, als sie sich Santiago zuwandte und den Kopf schief legte, sodass ihre blond gelockte Mähne in goldenen Kaskaden über eine Schulter fiel.

»Ich weiß nicht, *guapo?*«

Ich beschloss, dass mich das nichts anging, und richtete meinen Blick auf meine Freundin, die unzufrieden in den Eiswürfeln ihres Drinks herumstocherte. Sie schien genauso rastlos wie ich. Ich stupste ihr Kinn an und zwinkerte ihr zu, um ihre Gedanken abzulenken, schaffte es aber nicht einmal bei mir selbst, als Vany aufreizend weiterfragte: »Was stellst du dir denn so vor?«

Ich spürte, wie sich mein Kiefer anspannte, und nahm einen raschen Schluck aus der kleinen Wasserflasche, die knapp fünf Euro gekostet hatte. Das ging mich nichts an. Trotzdem konnte ich nicht wegsehen. Tiago grinste breit und rutschte näher an sie heran. Ich bekämpfte eisern den Drang, ihm eine reinzuhauen, als er die Hände an ihre Hüfte legte.

»Im Moment stelle ich mir so einiges vor. Aber für alles davon solltest du dich besser anschnallen, denn es könnte ... *kurvenreich* werden.«

Vanessa, die beim ersten Satz schon fast die Hände auf seine breite Brust gelegt hatte, drehte sich kichernd halb weg.

»Okay, das hat mich jetzt ein bisschen abgetörnt«, lachte sie, und ich gluckste unwillkürlich mit, beeindruckt von ihrer ungezwungenen Ehrlichkeit. Als ich sah, dass auch Valeria und Marc grinsten, grinste ich mit. Aber es verflog sofort, als Tiago einen zweiten Versuch wagte und Vanessa eng an sich zog. Aufmerksam nahm er ihre Rechte und wiegte sie in einem sinnlich rhythmischen Tanz, der aussah, als würde man ihn normalerweise barfuß im kubanischen Sand tanzen, aber trotzdem unsinnigerweise zur basslastigen Musik im Hintergrund passte.

»Und das hier?«

Vanessas Körper glitt beinahe augenblicklich in denselben Rhythmus, die fließenden Bewegungen ihrer schlanken Kurven in diesem schwarzen Oberteil-Kleid waren geradezu hypnotisierend. Ich nahm noch einen Schluck und stellte fest, dass meine Wasserflasche leer war.

Langsam legte Vanessa die Arme um Santiagos Hals – es sah so falsch aus, dass sie ihn um mehr als zwanzig Zentimeter überragte! – und legte erneut den Kopf schief. Ich zwang meinen Blick von ihrer nackten Schulter weg.

»Das könnte was werden«, gestand sie ihm zu.

Ich fühlte mich wie paralysiert. Ich wollte nicht zusehen, aber ich konnte einfach nicht wegsehen. Ich wollte mich nicht einmischen, aber ich konnte mich kaum zurückhalten. Dann verschmolz der Song glücklicherweise mit einem anderen, schnelleren, und Vanessa löste die Arme von Santiagos Hals. Er reckte den Hals, aber sie drückte die Hand gegen seine Brust, schüttelte fast entschuldigend den Kopf und sagte etwas, das ich in der Musik nicht hören konnte.

Santiago leckte sich über die Lippen und verlagerte sein Körpergewicht wie nach einer verlorenen Kampfrunde. Aber schon kurz darauf grinste er wieder und griff nach seiner Bierflasche auf dem Tisch, drückte im Vorbeigehen kurz Marcs Schulter.

»Ich geh mal wohin, *chicos.*«

Marc öffnete den Mund, schaffte es aber nicht, eine Frage zu formulieren, bevor Tiago davonschlenderte. Mein Blick glitt kurz zu Vany zurück, die bereits wieder strahlend Valeria zuhörte und dabei auf eine Weise an dem Geländer lehnte, die gleichzeitig sexy und unschuldig wirkte. Aber ich sah schnell weg, als sich Ella neben mir regte. Sie zog sich die Umhängekette ihrer Handtasche über den Kopf.

»Ich muss mal auf die Toilette. Kannst du kurz für mich darauf aufpassen?« Die Frage konnte genauso gut an Lena wie an mich gerichtet sein, also nickten wir einfach beide.

»Was war denn das?«, gluckste Marc, als sich Vany und Valeria vom Geländer lösten und zu uns gesellten. Vany lächelte ihn bloß breit an, dann fiel ihr Blick auf die Wasserflasche in meiner Hand.

»Ist da noch was drin?« Ich schüttelte den Kopf, also inspizierte sie die halb geschmolzenen Eiswürfel in Ellas Glas. »Gehört das Isabella?«

Lena bejahte und unterdrückte dabei ein niedliches Gähnen, und Vanessas Lippen schlossen sich um den Strohhalm. Das Bild brannte sich in meine Netzhaut, bis mich das kratzende Geräusch des luftziehenden Strohhalms erlöste. Ich schlug vor, noch etwas zu trinken zu holen. Marc schlug vor, nach Hause zu fahren.

Die Rückfahrt war ein bizarrer Mix aus Party und Stille. Nachdem wir fast zwanzig Minuten auf Santiago hatten warten müssen und Lena sogar losgegangen war, um Ella zu suchen, wurden draußen alle von dem Hammer frischer Sauerstoffzufuhr getroffen und torkelten mehr schlecht als recht die Straße entlang.

»Wehe, einer von euch kotzt in mein Auto«, warnte ich, bevor sich Tiago, Vany und Valeria auf die Rückbank drängten und Ella auf der Beifahrerseite einstieg.

Die Rückbank begann sofort angeregt zu schnattern, die erste Reihe blieb stumm. Ich warf einen Blick zu Ella, aber sie sah reglos aus ihrem Fenster. Ich wollte die Hand ausstrecken und auf ihr Bein legen, als Valeria ungefähr zwanzig Dezibel lauter als nötig fragte:

»Ist das ein Bluetooth-Radio? Bestätige mich mal!«

»Hä?«, fragte ich völlig verwirrt, aber da hatte Ella schon einen Knopf an meinem Radio gedrückt und stützte den Ellenbogen gegen das Beifahrerfenster.

Valeria tippte begeistert auf ihrem Handy herum, kurz darauf erfüllte geballte Frauenpower in Musik meinen Wagen, die nicht minder beat- und basslastig war wie im Club vorhin. Augenblicklich verwandelte sich die Rückbank in eine Partyzone.

Ich hatte noch nie so wenig auf die Straße vor mir geachtet wie in den nächsten zwanzig Minuten. Immer wieder wanderte mein Blick zum Rückspiegel, wurde geradezu magnetisch von wippenden blonden Locken und im Sitzen tanzenden Frauenkörpern angezogen. Zum Glück waren um die Uhrzeit kaum andere Autos unterwegs.

Vanessas Gesicht blieb größtenteils im Schatten und wurde nur sporadisch von den Straßenlaternen beleuchtet, aber ihre Lippen bewegten sich unablässig, genau wie ihr wogender Oberkörper. Die zwei kannten wirklich jeden Songtext, und zwar von vorne bis hinten, inklusive aller Zweitstimmen und Rap-Passagen. Egal, ob Pop, House oder Rock, egal ob Beyoncé, Avicii oder Ed Sheeran – bei Letzterem sogar inklusive britischem Akzent.

»Kein Wunder, dass du dir keine Geburtstage merken kannst, Vanessa«, mischte sich irgendwann Ella ein und warf einen vielsagenden Blick über die Schulter. Ihr Blick verharrte noch einen Moment länger auf der Rückbank, dann sah sie wieder nach vorne, und ich freute mich über das unterdrückte Lächeln auf ihren Lippen.

»Wie ging dieser Spruch noch mal?«, rief Valeria. »*Mein Gehirnspeicher besteht zu neunzig Prozent aus Songtexten?* Vany hat dazwischen immerhin irgendwie auch noch Platz für Strebersachen wie das zweitbeste Abi und so!«

Zum wiederholten Mal an diesem Abend war ich verblüfft und ärgerte mich sofort darüber. Hatte ich Vanessa für ein einfältiges Püppchen gehalten, nur weil sie blond und hübsch war? Definitiv nicht, trotzdem überraschte es mich jedes Mal, wie klug und witzig sie war.

Vorurteile und Schubladendenken waren ein krankes Geschwür unserer Gesellschaft, und kaum jemand konnte sich davon befreien, selbst wenn er wollte. Kein Mensch war nur schwarz oder weiß. Aber jeder tat gerne so, als ob andere es wären.

»Zweitbestes Abi!« Tiago pfiff durch die Zähne und zählte lachend an den Fingern ab: »Perfektes Aussehen, perfekter Blog, perfektes Abi, perfektes Leben – was kannst du eigentlich nicht?«

Vany stockte kurz. Sie grinste breit, aber ich sah, dass ihre unbeschwerte Fassade für den Bruchteil einer Sekunde gebröckelt war. Valeria und sie sahen sich an, und dann antworteten drei Stimmen wie aus einem Mund: »Singen.«

Verwirrt sah ich zu Isabella, deren trockene Antwort ich am lautesten gehört hatte. Sie schüttelte den Kopf, während Valeria und Vanessa auf der Rückbank lauthals kicherten und dann einfach aus voller Kehle weitersangen. Jetzt, wo sie es gesagt hatten, hörte ich es: Vany traf nicht immer jeden Ton, aber es klang nicht unmelodisch. Eher wie eine freie Improvisation. Es hatte trotzdem Leidenschaft, genau wie ihre Bewegungen. Ich zwang mich, den Blick auf die Straße zu richten.

Ich mochte Vanessa. Mehr nicht.

Ich hatte eine Freundin, und ich war glücklich. Zumindest so glücklich, wie ich eben sein konnte. Und ich freute mich, dass die beiden so gute Freundinnen waren, sogar mehr als das. Seelenverwandte. Jeder Mensch brauchte jemanden, der ihn bedingungslos liebte. Jeder Mensch brauchte jemanden wie Jamie.

6 Schuldgefühle

Vanessa

»Vorsicht!«

Adrenalin schoss mir in die Adern, als Sandro ruckartig abbremste. Ein Marder war über die Fahrbahn gehuscht, aber die Straße war leer und Sandro ein wachsamer Autofahrer – auch wenn ich schwören könnte, dass er nicht zu einhundert Prozent da war.

»Alles okay?«, fragte ich sinnloserweise, denn auf die eigentliche Frage nach seinen Gedanken würde ich bestimmt keine Antwort kriegen.

»Er wollte nur testen, ob wir alle noch wach sind, was, *chico*?«, lachte Santiago und umfasste von hinten Sandros Schultern.

Zwei Minuten später verabschiedete er sich mit zwei Wangenküssen von mir und mit Luftküssen von den anderen.

»Morgen um zwei?«, fragte er Sandro noch, und als der nickte, schlug er die Tür zu und winkte.

Es wurde ruhiger im Auto, vor allem, als wir auch vor Valerias – das heißt, Raphaels – achtstöckigem Neubau ankamen und die Bluetooth-Verbindung ihres Handys abbrach. Ihre Party-Playlist wurde abgelöst von dem, was Sandro offenbar sonst hörte: Alternative Hardrock, soweit ich das beurteilen konnte. Ich glaubte, die Stimmen von Rise Against, 3 Doors Down und Fall Out Boy zu erkennen, aber es waren auch einige Bands dabei, die ich nicht kannte. Viele Songs waren aggressiv, doch unter den rohen Gitarrenriffs und harten Drums waren sie alle irgendwie gefühlvoll, häufig melancholisch und manchmal sogar schmerzerfüllt.

Ich wurde still und betrachtete Sandros Gesicht im unsteten Licht der vorbeiziehenden Straßenlaternen, versuchte mir vorzustellen, was diese Musik in ihm auslöste – oder therapierte, falls er sie wie so viele Menschen einsetzte, um seine Gefühle zu verarbeiten.

Er sah mich an.

Es fiel mir erst auf, als ich die Mundwinkel hob, um ihm ein mitfühlendes Lächeln zuzuwerfen. Als sich seine Mundwinkel ebenfalls hoben. Und ein warmes Kribbeln durch meine Glieder sandten.

Oh Gott …

Ich war beinahe dankbar, als wir vor unserer Wohnung ankamen und Isabella ihn nicht zum Bleiben einlud, sondern sich mit einem flüchtigen Kuss von ihm verabschiedete.

Auf dem Weg in den dritten Stock konnte ich ihr nicht in die Augen sehen. Oben angekommen torkelte sie ein wenig und ich stützte sie, aber wir kicherten nicht. Stumm schlossen wir die Wohnungstür auf, kickten unsere Schuhe weg und ich ließ ihr den Vortritt ins Badezimmer, bevor wir schweigend in unsere entgegengesetzten Zimmer gingen, wo ich die halbe Nacht wach lag.

Ich hatte ein schlechtes Gewissen, weil ich ihren Freund heiß fand. Wenigstens hatte ich nichts Verwerfliches getan – oder? War unser lockeres Flirten schon zu viel gewesen? War das überhaupt Flirten gewesen oder nur Valerias Wunschvorstellung?

Es dauerte die halbe Nacht, mich selbst davon zu überzeugen, dass ich kein schlechtes Gewissen zu haben brauchte. Aber es dauerte fast eine ganze Woche, mir einzureden, dass ich Isabellas Freund nicht heiß fand. Und es gelang mir keine Sekunde lang.

Sandro

Eine Woche. Morgen war es eine Woche her, dass ich Vanessa das letzte

Mal gesehen hatte. Ella übrigens auch. Ihre letzten Klausuren vor der Bachelorarbeit standen an und ich ließ sie lernen, zumal auch ich nächste Woche zwei Klausuren schrieb, für die ich mich aber gut vorbereitet fühlte.

Nicht ganz so gut vorbereitet fühlte ich mich auf den Freundschaftskampf nächsten Samstag gegen das *Alpha Gym*, dessen Halbschwergewichts-Kämpfer Karsten vor sechs Monaten beinahe Marcs Sprunggelenk zertrümmert hätte. Seitdem übernahm ich auch seinen Trainerjob mit, obwohl nicht nur Marcs Fußstapfen so groß waren, dass ich sie wohl niemals vollständig würde ausfüllen können.

Ich machte mir auch weniger Sorgen um Marc, der nach der Verletzung ein paar Kilo abgenommen hatte und ins Mittelgewicht gerutscht war, wo der *Alpha*-Konkurrent deutliche technische Schwächen hatte. Ich machte mir Sorgen um den Kampf im Leichtmittelgewicht, den Tiago bestreiten würde. Er war klein, flink und stark, aber nachlässig in der Technik und schlampig in der Ausführung.

Anders als beim Boxen ging es beim Kickboxen nicht nur um Stärke und Kondition, sondern vor allem um Technik. Insbesondere bei den beiden Wettkampftypen Semikontakt und Leichtkontakt kämpfte man nicht um das berühmte K. o., sondern um Punkte durch korrekte Ausführung und Kombination verschiedener Schlag-, Tritt- und Sprungtechniken. Kickboxen war Präzision, Disziplin und Fokus. Tiago war selten so unfokussiert gewesen wie in dieser Woche.

»Was war das, ein Front- oder Sidekick?«, motzte ich, als sein Fuß in einer gefühlten Viertelvor-zurück-irgendwas-Drehung gegen Bennys Brustkorb prallte, den Jungen zurücktaumeln und auf dem Boden landen ließ.

»Ist doch scheißegal, Mann! Sein Gleichgewicht ist gebrochen, das ist ein Punkt!«, keifte Santiago zurück.

»Das kommt auf die Richter an und ich will mich nicht auf deren Gunst verlassen, okay?«, zischte ich und hielt Benny die Hand hin, um ihn auf die Füße zu ziehen. Wir drei und Marc waren die Letzten im Studio.

»Weil du dich ja nie auf fremde Gunst verlässt, was?«

Ich zog eine Grimasse. »Was? Wovon sprichst du?«

»Vergiss es.« Santiago trippelte vor und zurück, sein eiserner Blick sprang zwischen Benny und mir hin und her, gerade so, als wären wir beide seine Gegner.

Marc, der die Arme lässig über die Seile des Boxrings hängen ließ, warf einen theatralischen Blick auf die Uhr. Halb neun an einem Freitagabend.

»Mach doch bitte einfach eine schöne, saubere Dreier-Kombo und lass uns endlich nach Hause fahren«, stöhnte er. »Ich hab heute noch was vor.«

»Ich auch«, kommentierte ich, als Santiago immer noch nicht zum Angriff ansetzte.

»Ach wirklich? Was denn?«, fragte er gereizt. Marc stöhnte erneut, ich fuhr mir mit der Hand über das Gesicht. Benny ließ unsicher die Deckung sinken, aber ich stieß ihn sofort gegen die Schulter, damit er sie wieder aufnahm. »Fährst du zu Bella?«, fragte Tiago. Ich gluckste innerlich bei dem Namen. Meine Freundin war weder ein Hund noch eine Vampirbraut. »Grüß Vanessa von mir!«

Daher wehte also der Wind! »Im Ernst?«, ächzte ich. »Bloß weil sie dir letzte Woche einen Korb gegeben hat?«

Santiago lachte höhnisch auf. Dann stürzte er vor, brachte Benny mit einem Fußfeger aus der Balance und platzierte einen Sprungkick an seiner Schläfe, der Bennys gepolsterten Kopf zurückwarf.

Marc klatschte in die Hände, Tiago riss sich seinen eigenen Kopfschutz herunter.

»Das waren fünf Punkte und jetzt kannst du mich mal am Arsch lecken, Sandro! Scheiß auf Vanessa und scheiß auf dich!«

»Hey!« Ich stieg zwischen den Seilen hindurch in den Ring, um Benny auf die Schulter zu klopfen und Santiago zu beruhigen. »Kratzt es so sehr an deinem Ego, dass sie dich hat abblitzen lassen? Sei froh, dass sie überhaupt mit dir geredet hat. Hast du nicht selbst noch gesagt, zehn von zehn?«

»Nein, das war ich«, warf Marc vom Rand aus ein, während er Benny durch die Seile half und ihm die Schutzausrüstung abnahm. »Und was das angeht, hab ich's mir anders überlegt. Zwölf von zehn.« Ich verdrehte die Augen. »Ich meine, habt ihr diese Augen gesehen?«

Jetzt stahl sich das bekannte Grinsen zurück auf Tiagos Gesicht. »Sorry, ich war zu beschäftigt mit ihren Kurven. Findest du nicht, dass das Wort ›Sanduhr‹ plötzlich eine völlig neue Bed–«

»Leute!«, ging ich dazwischen. »Was soll das? Könntet ihr aufhören, über Vanessa zu reden, als wäre sie ein beschissenes Poster oder so was?«

Tiago blinzelte. »Also, *wir* sind hier bestimmt nicht das Geschlecht, das sich in knapper Kleidung wie auf Postern präsentiert und mit Kussmund und Wimpern klimpert«, kommentierte er trocken.

»Das hat sie doch überhaupt n–« Ich brach ab, bevor ich etwas sagte, was mich vielleicht in Schwierigkeiten bringen könnte. »Hast du schon mal daran gedacht, dass sie dich hat abblitzen lassen, weil du nicht checkst, dass sie mehr ist als nur ein hübsches Gesicht?«

Tiago verengte die Augen und breitete provozierend die Arme aus. »Willst du mir irgendwas sagen, *cabrón*?«

Ich hielt seinem Blick mühelos stand. »Nur, dass Eva vielleicht geblieben wäre, wenn du ein bisschen mehr Respekt vor ihr als Frau gehabt hättest.«

»Okay, Leute, das reicht jetzt«, ging Marc dazwischen, aber ich ignorierte ihn, weil ich Santiago keine Sekunde aus den Augen lassen würde, in dessen Gesicht es arbeitete wie in einem Funken sprühenden Stahlwerk. »Kommt ihr wenigstens aus dem Ring raus?«, drängte Marc.

Ich sah abwechselnd Wut, Scham und Schmerz in Tiagos Augen und wollte mich schon für meine vielleicht etwas zu harten Worte entschuldigen.

Als er eisig entgegnete: »Ich glaube, *Bella* hat sich ziemlich als Frau respektiert gefühlt, als sie mir letzte Woche die Zunge in den Hals gesteckt hat.«

Vanessa

»Du hast was?!«

Ich merkte, wie mir der Mund offen stand, und schloss ihn eilig. Isabella und Santiago hatten sich geküsst?

Sie machte eine undefinierbare Geste zwischen hilflos und frustriert und ließ den Blick durch unser Wohnzimmer schweifen. Das letzte Licht des Februartages fiel durch die hohen Altbaufenster, vor denen ich nach Weihnachten mauvefarbene Samtgardinen drapiert hatte.

»Hast du es Sandro schon erzählt?«

»Hast du sie noch alle?!«, fuhr sie auf. »Natürlich nicht.« Sie seufzte tief und rutschte auf der Couch so weit herunter, dass ihr Kinn auf die Brust kippte.

»Findest du nicht, dass er es verdient, dass du ehrlich zu ihm …« Ich hielt inne, brach ab. Ich konnte ihr nicht ernsthaft die Fehler vorhalten, die ich selbst begangen hatte.

»Ich finde, *wir beide* haben es verdient, *glücklich* zu sein«, entgegnete sie, dankenswerterweise, ohne auf meinen unausgesprochenen Satzteil einzugehen. Mein Hals war plötzlich trocken und mein Herz bleischwer. Ich traute mich kaum, sie anzusehen.

»Bist du es denn?«

Isabella blieb lange stumm. So lange, dass ich doch den Kopf vorlehnte, um zu sehen, ob sie nicht eingeschlafen war.

»Ich glaube, ich weiß nicht mal, woran man erkennt, dass man glücklich ist«, sinnierte sie dann.

Plötzlich verspürte ich den vertrauten Drang, sie in die Arme zu nehmen. Erkannte den Impuls, rutschte an sie heran und tat es einfach. Ihr schokoladenbraunes Haar war weich an meiner Wange, ihre Haut zart und warm, als sie den Kopf gegen mich sinken ließ.

Dann lächelte ich: »Wenn ich nicht mehr weiß, ob ich gerade glücklich bin, denke ich immer an die Momente, in denen ich unumstößlich glücklich war, und rufe die Gefühle von damals wach. Diese Vorfreude auf einen bestimmten Augenblick, dieses Kribbeln im Bauch, dieses unbezwingbare Lächeln, das du einfach nicht abstellen kannst. Wenn ich das fühle, weiß ich, dass ich glücklich bin.«

Auch wenn ich all diese Gefühle ehrlich gesagt lange nicht mehr gespürt hatte. Unwillkürlich glitten meine Gedanken ab, spannen leuchtende Fäden durch mein Gedächtnis auf der Suche nach einer glücklichen Erinnerung. Sie glitten weit zurück. Zu diesem einen schneereichen Weihnachten, an dem Papa mit mir einen Schneemann gebaut hatte. Zu dem allerersten Szenenapplaus, den ich während einer Ballettaufführung bekommen hatte. Zu dem Gefühl von Milias' Lippen auf meinen. Mein Herz zog sich zusammen.

Ich hörte Isabella dicht neben mir ausatmen. Meine Wange lag auf ihrem Scheitel, ihr vanilliger Duft kitzelte in meiner Nase.

»Kein Wunder, dass Leute dich dafür bezahlen, Blogartikel für sie zu schreiben.« Sie regte sich, und ich richtete mich wieder auf, um ihr Raum zu geben. Isabella sah mich an. »Ich meine, kann jemand wie du überhaupt unglücklich sein? Jemand mit deinem perfekten ...«

Sie sprach den Rest des Satzes nicht aus, aber das musste sie auch nicht. Mit meinem perfekten Leben? Aussehen? Sie war wie meine Freundinnen in der Schulzeit: Sie alle beneideten meine langen blonden Haare, die viel zu teuren Klamotten und meine früh entwickelten Kurven. Aber keine von ihnen wusste, was es wirklich hieß, überdurchschnittlich hübsch zu sein – schlimmer noch: überdurchschnittlich hübsch und gleichzeitig klug. Alle denken immer, hübsche Menschen haben es leichter im Leben. Aber die traurige Wahrheit ist: Die meisten Mädchen hassen dich und die meisten Jungs haben Angst vor dir. Und die Jungs, die keine Angst haben, sind Arschlöcher. Bis auf einen, aber na ja. Mädchen sind eben auch manchmal Arschlöcher.

Keine von meinen Freundinnen wusste, dass ich mich manchmal extra dumm stellte, um nicht noch mehr anzuecken. Dass ich mich meistens nicht schminkte, um nicht aufzufallen. Dass ich angefangen hatte, den Körper zu hassen, den alle Welt so beneidete. Mobbing funktionierte in zwei Richtungen.

Aber all das konnte ich Isabella nicht sagen. Das konnte ich niemandem sagen, weil es niemand verstand. Weil jeder nur sah, was er sehen wollte. Und das war die erfolgreiche Beautyqueen, Bloggerin und Designerin, der die Welt zu Füßen lag. Es war, als würde jeder durch einen Spiegel auf mich schauen, der die Welt um mich herum in überirdisches Märchenlicht tauchte. Niemanden interessierte, dass meine Seite des Spiegels voller Scherben lag.

Du weißt, was Glück ist, wenn es dir körperlich wehtut, dass du es einmal hattest und nie wieder zurückbekommst.

Ich lächelte wehmütig bei dieser Erkenntnis und stützte das Kinn auf ein Knie, sagte aber nichts mehr. Also redete Isabella einfach weiter, wie immer. Sie war kein Mensch, der die Stille lange ertrug.

»Findest du, dass wir gut zusammenpassen?«

Mein Kinn verrutschte leicht auf meinem Knie, aber ich versuchte mir nichts anmerken zu lassen. Kurz flackerte die Erinnerung an Valerias negative Reaktion letzte Woche auf, aber ich wusste es einfach besser. Langsam nickte ich.

»Ja.« Es tat mir beinahe weh, das zuzugeben, aber: »Sandro liebt dich.« *Mit all deinen Fehlern und Macken*, dachte ich, aber das sagte ich nicht laut, damit sie keinen Anfall bekam. Stattdessen nickte ich weiter, wie um mir das einzutrichtern. »Und er ist einer von den Guten.«

Isabella gab erneut einen Laut von sich. »Ja, vielleicht ist das einfach das Problem. Vielleicht will ich gar keinen von den Guten.«

Ich sah sie wehmütig an. Keine Frau will einen von den Guten, aber jede Frau braucht sie. »Die Bösen bringen nichts als Ärger«, sagte ich.

Isabella seufzte erneut tief, dann stemmte sie sich vom Sofa und sah auf die Uhr. Ein klares Zeichen, dass das Gespräch beendet war.

»Okay, ich mach mich mal auf. Ich will heute in der Bib noch mindestens ein Kapitel zusammenfassen. Soll ich uns was zu essen mitbringen? Nein, warte. Du sagst eh Nein. Ich bring einfach was mit!«

Sie zwinkerte mir zu und ich hätte sie küssen können für die Unbeschwertheit, die sie plötzlich wieder in die Wohnung brachte. Und in mein Herz. Ich sah ihr nach, wie sie in ihre Ankle Boots schlüpfte, und überlegte, ob ich die Zeit nutzen sollte, um die Wohnung mal wieder zu putzen.

»Ich denke, ich bin so um zehn zurück. Wollen wir dann noch einen Film gucken? Du suchst aus, okay?«

Ich nickte begeistert.

7 Hinter dem perfekten Spiegel

❖

Vanessa

Ich putzte tatsächlich die Wohnung, saugte sogar kurz das Sofa ab. Dann widmete ich mich meinem Laptop, schrieb den letzten Blogartikel fertig und machte mir eine Tasse Tee.

Das Wasser begann gerade zu kochen, als mein Handy klingelte. Der Name auf dem Display ließ mein Herz kurz aussetzen.

»Sandro!«, begrüßte ich ihn erschrockener als geplant.

»Hey«, antwortete er. Seine Stimme war genauso rau wie in meiner Erinnerung, aber sein Tonfall war nicht so ruhig wie sonst. Da war noch etwas anderes. »Sorry, dass ich dich anrufe, Ella geht nicht an ihr Handy. Ist sie da?«

»Isabella?«, echote ich. Mein Herz klopfte noch schneller, denn plötzlich wusste ich, was ich in seiner Stimme erkannt hatte: Er wusste es! Er wusste, dass Isabella Santiago geküsst hatte, und der Gedanke daran, wie er sich jetzt fühlen musste, übergoss mich mit so heftigen Schuldgefühlen, als wäre ich diejenige, die fremdgeküsst hatte. Bevor ich darin ertrinken konnte, schob ich jeden Gedanken weg und konzentrierte mich auf das Gespräch. »Nein, leider nicht ...«

Er atmete beherrscht aus. »Okay.« Pause. »Hat sie dir ... irgendwas gesagt in letzter Zeit?«

Ich hielt die Luft an. Oh Gott, was sollte ich jetzt tun? Ich konnte ihn nicht einfach anlügen, aber ich durfte ihm unmöglich sagen, was Isabella mir im Vertrauen gestanden hatte – über ihre Zweifel an der Beziehung und über den Kuss.

»Nein …?« Wow, sehr überzeugend. Ich glaubte mir ja selbst kaum. »Warum?«

Mir fiel auf, wie still es geworden war, und ich warf einen kurzen Blick auf das Display. Die Verbindung stand noch. Dann hörte ich Sandro seufzen. »Nur so. Nicht so wichtig. Bist du zu Hause?«

»Äh …« Ich blickte auf den Wasserkocher, klemmte mir das Handy zwischen Schulter und Ohr und holte eine Tasse aus dem Schrank. »Ja …?«

»Kannst du die Tür aufmachen?«

»Was?« Das Handy rutschte mir fast von der Schulter und ich musste es schnell festhalten.

»Eure Wohnungstür«, erklärte Sandro. »Ich stehe davor.«

Scheiße! Mucksmäuschenstill bog ich den Oberkörper zurück, um die Wohnungstür zu beobachten, gerade so, als wäre er ein Serienkiller in einem schlechten Horrorfilm.

»Na klar«, setzte mein Verstand endlich wieder ein, »warte.«

Sandro stand tatsächlich vor der Tür. Und, Himmel –

»Was ist denn mit dir passiert?« Meine Stimme echote aus dem Handy in seiner Hand. Er beendete das Gespräch und der Bildschirm meines eigenen Handys wurde ebenfalls schwarz.

»Kann ich reinkommen?«

Augenblicklich trat ich zur Seite, konnte aber den Blick immer noch nicht von seiner linken Augenbraue nehmen, an der noch etwas verkrustetes Blut klebte.

»Du hast eine Platzwunde«, teilte ich ihm erschrocken mit, was er höchstwahrscheinlich selbst wusste, während er sich auf das Sofa fallen ließ und dabei unmerklich das Gesicht verzog. »Was ist passiert?«, fragte ich noch mal, obwohl ich es mir ziemlich genau vorstellen konnte. »Und komm bloß nicht mit diesem Spruch, dass ich mal den anderen sehen müsste!«

Ein kurzes Grinsen erhellte seine kantigen Züge, ließ ihn aber sofort wieder das Gesicht verziehen. Er fuhr sich mit einer Hand durch die Haare und schüttelte den Kopf.

»Nicht so wichtig.« Seine Finger betasteten die verletzte Augenbraue. »Hast du Diclo oder so was?«

Diclofenac – klar! Ich hatte regelmäßig muskelbedingte Schmerzen, das blieb einfach nicht aus, wenn man viel Sport machte. »Salbe oder Tabletten?«

Ich holte einfach beides. Als ich den verspiegelten Badezimmerschrank wieder schloss, fiel mir auf, dass ich mich heute noch nicht gekämmt hatte. Meine Haare ragten überall aus dem aufgetürmten Messy Bun heraus und fielen teilweise sogar in ganzen Strähnen auf meine Schulter, die halb freigelegt in dem zu großen Putzshirt offenbarte – *dass ich keinen BH trug!*

Scheiße! In Windeseile angelte ich aus dem Korb für dreckige Wäsche den BH, den ich vor zwanzig Minuten erst hineingeworfen hatte, und zog ihn mir mit Verrenkungen unter dem T-Shirt an. Meine Haare ließ ich, wie sie waren, damit es nicht aussah, als hätte ich mich herausgeputzt. Was ich ja auch nicht hatte, ganz im Gegenteil!

Als ich wieder aus dem Bad kam, traf mich fast der Schlag. Ich hatte ein Kleidungsstück mehr an, aber Sandro ein Teil weniger!

»Okay?!«, überspielte ich meinen Schock. »Wer hat dir erlaubt, dich auszuz– Auaah!« Ich zog eine Grimasse beim Anblick seiner lädierten Rippenpartie und ließ mich neben ihn sinken, dankbar, eine Stelle zu haben, auf die ich meinen Blick fokussieren konnte.

Sein Oberkörper war wie gemeißelt! Obwohl er saß, konnte ich nicht nur acht definierte Bauchmuskelpakete erkennen, sondern sogar die diagonalen Stränge der seitlichen Muskeln über den Rippen. Seine Brust ragte wie ein glatt geschliffener Felsvorsprung darüber, der mittig von einer tiefen Schlucht geteilt wurde. Sandro war nicht breit oder aufgepumpt, sondern ganz im Gegenteil drahtig und schlank. Trotzdem – oder gerade deswegen – sah ich jeden einzelnen Muskelstrang, der sich zu den definierten Schultern emporwand und in Oberarme überging, die selbst ein Bildhauer nicht atemberaubender hätte modellieren können. Es gab nur einen einzigen Makel auf diesem perfekten Oberkörper, und das war eine helle, leicht gezackt verlaufende Linie unter seinem linken Schlüsselbein, an die sich ein tintenschwarz verschnörkeltes Wort schmiegte, das kaum länger als mein kleiner Finger war, aber auf die Entfernung schwer zu entziffern.

»Ehrlich!«, bekräftigte Sandro und ließ mich blinzeln. Hatte er vorher schon etwas gesagt? »Ich hab schon Schlimmeres überlebt.«

Mein Blick huschte noch mal über die Narbe und das Wort, aber ich traute mich nicht, danach zu fragen. Stattdessen hielt ich ihm Tube und Tablettenpackung hin und stand auf.

»Für jemanden, der sich professionell schlägt, siehst du ganz schön mitgenommen aus«, zog ich ihn auf, um mich abzulenken. »Trägt man beim Kickboxen nicht Schutzausrüstung? Willst du auch Tee?«

»Nein, danke. Nur bei Übungs-, Leicht- und Semikontakt-Kämpfen, nicht bei Vollkontakt«, antwortete er zerknirscht, während er die Salbe einrieb. »Das sollte eigentlich keiner werden …«

Dann stand er auf und zog sich den Pullover wieder über den Kopf. Es würde trotzdem eine Weile dauern, bis ich die definierten Hügel und Täler seiner Muskeln vergaß.

»Weißt du, wann Ella zurückkommt?«

Plötzlich stand er direkt neben mir. Seine Nähe raubte mir fast den Atem, sein holziges Parfüm benebelte meine Sinne. Ich trat einen Schritt zur Seite, damit er das Glas am Wasserhahn auffüllen und eine Tablette schlucken konnte.

»Spätestens um zehn.«

Eine Pause, in der Sandros Blick zur Uhr glitt. Dann ließ er die linke Schulter kreisen und lehnte sich neben mir gegen die Küchenzeile. »Stört es dich, wenn ich warte?«

Ich spielte einige Sekunden lang in meinem Kopf verschiedenste Szenarien durch, in denen ich ihn wahlweise vor die Tür schob oder gegen den Türrahmen drückte, vor den Kopf stieß oder auf mein Bett.

Schließlich nahm ich wortlos meine Teetasse und ging zurück ins Wohnzimmer.

»Wenn es dich nicht stört, dass ich arbeite?« Ich bemühte mich, möglichst unverbindlich zu klingen.

»Nein, überhaupt nicht«, antwortete er hinter mir. »Lass dich von mir nicht ablenken.«

Ich gluckste und wünschte mir dabei viel Glück.

Sandro

Ich blieb noch einen Moment an der Küchenzeile stehen, füllte das Glas noch mal nach und vermied es, die geschmeidigen Kurven ihres Körpers zu betrachten.

Als ich mir sicher war, dass ich mich unter Kontrolle hatte, setzte ich mich in gebührendem Abstand neben ihr auf die Couch, sah mich im Raum um und rührte mich nicht. Ich schaffte es ganze vierzig Sekunden lang, meinen Körper ruhig und meine Gedanken unter Kontrolle zu halten, bevor die Rastlosigkeit zurückkehrte.

Vanessa sah mich eindringlich an. Ihre hellbraunen Augen waren so offen und ihr Blick so unendlich tief, dass ich für einen Moment vergaß zu atmen. Fokus, Sandro!

»Was machst du?«, fragte ich und sah auf ihren Laptopbildschirm, um sie nicht weiter anzustarren. Ich sah quadratisch gerasterte Bilder einer hübschen Brünetten. »Ist das Valeria?«

»Ja. Ich überprüfe ihr Instagram-Profil, weil ihre Interaktionsraten stagnieren.«

Ich hatte mich nie ernsthaft mit Social Media auseinandergesetzt, besaß nicht ein einziges Profil und nutzte fast ausschließlich die E-Mail-Adresse meiner Uni. Trotzdem betrachtete ich aufmerksam die Bilder. Sie sahen alle makellos aus wie von einem Magazin oder dem Cover einer Illustrierten. Dann fiel mir etwas auf und ich rutschte näher.

»Darf ich?«

Sie drehte mir den Laptop zu, als ich die Hand ausstreckte, um zu scrollen. Ich verlor mich kurz in den Bildern, schob Reihe um Reihe nach oben und verstand zum ersten Mal ansatzweise, warum so viele Menschen täglich Stunden damit verbrachten, Fotos über ihren Handybildschirm zu schieben. Ich erinnerte mich an Santiagos Worte und wollte plötzlich wissen, welche Fotos Vanessa mit elftausend Menschen auf der ganzen Welt teilte.

»Du hast das auch mal gemacht, oder?«

Fokus Sandro! Darum ging es doch im Moment überhaupt nicht.

Aber zu spät, sie seufzte bereits. »Das ist lange her.«

Ich sah Vanessa an. Sie hatte ja Sommersprossen! Eine kleine Handvoll fast durchscheinender Sprenkel zierte ihre schmale Nase. Ihr Gesicht passte perfekt in die Welt von Instagram und Modemagazinen, selbst so ungeschminkt wie in diesem Moment.

»Warum hast du aufgehört?«

Wieder seufzte sie, schob den Laptop ganz auf meinen Schoß und bewegte sich, schlug ein Bein unter den Körper.

»Ich ...« Sie zögerte. »Es kam mir falsch vor, der Welt das perfekte Leben vorzuspielen.«

Ich gluckste. »Vorspielen? Ist es das denn nicht?«

Für einen Moment flackerte ihr Blick vor Schmerz und Resignation. »Niemand hat ein perfektes Leben«, antwortete sie fest, machte eine Pause, in der ihre Worte in meinem Kopf widerhallten, und fuhr dann umso energischer fort: »Jeder hat Probleme, jeder macht Fehler und jeder trifft falsche Entscheidungen. Jeden Tag. Die meisten Leute hassen ihre Fehler – ich auch –, aber in sozialen Medien lassen sie ihr Leben trotzdem perfekt aussehen. Perfekte Wohnung, perfekter Job, perfekte Beziehung, perfekter Schoßhund. Dabei macht das doch jeden nur viel trauriger. Wusstest du, dass Instagram-Nutzer fast doppelt so anfällig für Depressionen sind wie andere Menschen, weil sie denken, sie seien die Einzigen auf der Welt, die ein langweiliges Leben und einen unförmigen Körper haben?«

Ich starrte sie an, bewunderte ihre Energie und Leidenschaft beim Reden, hing förmlich an ihren Lippen. Nein, buchstäblich. Rasch sah ich weg.

»Wow.« Diese ganze Social-Media-Welt war völlig an mir vorbeigegangen, aber Vanessa hatte recht. Wie viele Leute in unserem Alter wussten überhaupt noch, was es bedeutete, eine echte Beziehung zu führen? Dass es Höhen und Tiefen gab und nicht nur Sonnenschein? Wie viele waren wirklich bereit, hart für etwas zu arbeiten? Und wie viele ließen es zu, dass man hinter ihre perfekte Fassade blickte?

Wie geläutert schüttelte ich den Kopf, stieß einen fassungslosen Laut aus. Auch ich hatte mich blenden lassen in dem, was ich über Vanessa gedacht hatte. »Wow«, sagte ich noch mal im Anflug einer Entschuldigung. Ich hatte tatsächlich gedacht, ihr Leben sei perfekt, dabei sprach so viel Verzweiflung aus ihren Worten und so viel Schuld aus ihren Augen, dass ich den Impuls verspürte sie in den Arm zu nehmen. »Ich schätze, hinter der Fassade ist immer alles anders.«

Sie senkte die Lider, hob kraftlos die Schultern. »Ich schätze, wir machen eben alle Fehler.«

Jetzt war ich es, der alle Mühe hatte, die Woge der aufsteigenden Verzweiflung zu glätten, so sehr, dass ich ihr nicht in die Augen sehen konnte. Wie verdammt recht sie damit hatte! Und das Beschissene an Fehlern war, man konnte sie nicht rückgängig machen. Ich schüttelte den Kopf, um die Erinnerungen abzuschütteln, richtete meinen Fokus dann auf den Laptop, deutete dann auf das zweite und vierte Bild.

»Der Typ ist das Problem.«

Vanessa

Ich erstarrte bis ins Mark. Er zeigte auf Raphael.

»Was?«

Woher wusste er …?

»Wenn du ihr folgst«, redete Sandro über meine Gedanken hinweg und nickte auf Valerias Profilbild, »dann willst du sie sehen. Wenn du ein Kerl bist, dann, weil du sie heiß findest, und wenn du ein Mädchen bist, weil du dir vorstellen willst, du wärst sie. Der Typ stört einfach.

Was soll das, wer ist er und was hat er da zu suchen? Ich kenne den ja nicht, also denke ich automatisch, der drängt sich zwischen mich und sie. Na ja, zumindest könnte ich mir vorstellen, dass manche so denken.«

Mein Puls beschleunigte sich wieder, aber jetzt aus einem anderen Grund: Er hatte recht!

»Oh Gott, du bist genial!«, rief ich aus und holte meinen Laptop von seinem Schoß, um den Gedanken festzuhalten. Er hob eine Augenbraue und den darunterliegenden Mundwinkel und schaffte es dabei erneut, gleichzeitig unschuldig süß und verboten sexy auszusehen. »Du solltest echt Psychologie studieren und nicht Jura!«

Jetzt gluckste er. »Für Psychologie bin ich nicht verkorkst genug – nichts für ungut.« Er lachte mit mir, wurde dann wieder ernst. »Eigentlich wollte ich Polizist werden.«

Jetzt war ich es, die grinsend die Brauen hob, während mein Kopfkino verrücktspielte.

»Was grinst du so? Traust du mir das etwa nicht zu?«

»Doch!«, beteuerte ich, ließ mich von seinem fröhlichen Spott anstecken. »Ich habe mir nur gerade vorgestellt, wie du in Uniform aussiehst.« Oh Gott, hatte ich das jetzt laut gesagt? Schnell schob ich nach: »Und warum bist du es nicht geworden?«

Jetzt verzog er das Gesicht. »Sagen wir, mein polizeiliches Führungszeugnis war nicht so tadellos, wie es hätte sein müssen.«

Ich blinzelte, als der kribbelnde Reiz des Gefährlichen durch meine Glieder zuckte, und legte den Kopf schief, um ihn neu zu mustern.

»Scheinbar hast du recht«, sinnierte ich, »hinter der Fassade ist immer alles anders. Ich dachte zum Beispiel, du wärst ein netter Junge mit einem sportlichen Hobby.«

Jetzt sah er mich mit einem Blick an, der meinen gesamten Körper schlagartig in Flammen setzte.

»Du weißt eben nicht alles über mich.«

Ich war kurz davor, in diesem Blick zu ertrinken, als mein Handy klingelte. Vor Schreck katapultierte ich fast meinen Laptop von meinem

Schoß, dann zog ich es hervor – und mein Herz machte einen Satz, als ich das Bild sah.

»Hey, Valeria!«

»Hey.«

Die Euphorie in meinen Adern verwandelte sich in flüssiges Eis. Das war nicht Valerias Stimme.

»Hallo Raphael«, korrigierte ich eine Tonlage tiefer.

»Sorry, dass ich einfach so anrufe, ich hab deine Nummer nicht und ich wollte sie nicht einfach aus Valerias Handy klauen«, erklärte Raphael. »Stör ich?«

Ich sah kurz zu Sandro. Der zeigte fragend auf den blonden Adonis neben Valeria auf dem vorletzten Bild. Ich nickte und antwortete Raphael gleichzeitig: »Nein, du störst nicht. Was gibt's?«

»Ich weiß, es ist kurzfristig. Aber was machst du morgen Abend?«

8 Nette Jungs von nebenan

Sandro

Ich sah dabei zu, wie ihr unbeschwerter Gesichtsausdruck nach und nach verblasste wie die Farbe auf einem Foto, bis man das einst leuchtende Bild kaum noch erkennen konnte.

»Abschiedsparty für Angelina«, wiederholte sie resigniert. »Mit Milias. Und Nicole. Ich denke nicht.« Ihre Stimme blieb tonlos und fest, aber ihr Blick flackerte, enthüllte mir die mittlerweile vertrauten Schatten hinter ihrem hübschen Gesicht. Ich erinnerte mich an den Namen und zuckte leicht zusammen, als ich mich auch erinnerte, woher: »Das letzte Mal lief super?! Das letzte Mal hat er seiner tollen Freundin 'nen beschissenen Antrag gemacht! Und so gern ich Angie habe, ich werde mich da morgen nicht hinsetzen und den beiden zugucken, also –«

Sie hielt inne, als Valerias Freund sie unterbrach, hörte gepresst zu und blähte zusehends die Nasenflügel. »Fick dick, Raphael!«

Dann legte sie auf. Ich war immer noch mit der Erkenntnis beschäftigt, dass der Sonnyboy von der Hochzeitseinladung – der ganz nebenbei und auf den zweiten Blick ziemlich offensichtlich Valerias Bruder war – der Kerl war, der mit Vanessa Schluss gemacht hatte und jetzt auch noch die Frechheit besaß, sie zu seiner Hochzeit mit einer anderen einzuladen.

»Du solltest zu dieser Party morgen gehen«, hörte ich mich sagen.

Vanessa zog verstört die schmalen Brauen zusammen. »Was? Warum das denn?«

Je mehr ich darüber nachdachte, desto bestimmter nickte ich. »Aus zwei Gründen. Erstens ist es eine Abschiedsparty, also wird eine Freundin von dir vermutlich wegziehen und wer weiß, wann du sie wiedersiehst.«

Sie senkte betroffen den Blick, lächelte wehmütig, nickte schließlich leicht. »Und zweitens?«

Ich sah mich nach der Hochzeitseinladung um. Sie hing an der Magnetwand neben der Tür, und ich nickte in die Richtung.

»Du solltest diesem Typ zeigen, dass du über ihn hinweg bist.«

Ein empörter Laut, der in meinen Ohren irgendwie sexy klang. »Ich *bin* über ihn –«, protestierte sie energisch, brach dann ab und verschränkte die Arme wie ein störrisches Mädchen. Zugegeben, ein sehr anziehendes störrisches Mädchen. Vany schüttelte den Kopf. »Ich werde da nicht als einziger Single-Depp auftauchen.«

Ich zuckte mit den Schultern. Ich hatte morgen nichts vor. »Ich komme mit, wenn du willst. Als Ablenkungsmanöver.«

Jetzt erstarrte sie förmlich, sah mich fassungslos an. »Was? Nein!«

Wir diskutierten fast zehn Minuten, bis Vanessa die Argumente ausgingen. Es gab einfach keinen Grund, nicht zur Abschiedsparty einer Freundin zu gehen. Schließlich gab sie sich geschlagen und murmelte ein leises Dankeschön. Ich nickte. Irgendwie freute ich mich darauf, ihre Freunde zu treffen. Mal sehen, was dieser Schlussmacher-Sonnyboy wirklich drauf hatte. Ich konnte es kaum erwarten sein Gesicht zu sehen, wenn er uns sah. Er musste ja schließlich nicht wissen, dass wir nicht zusammen waren.

Weitaus weniger freute ich mich darauf, Isabella mit dem zu konfrontieren, was Santiago mir vorhin erzählt hatte. Meine Schläfe begann leicht zu pochen, als hätten meine Gedanken die kleine Platzwunde aufgeweckt, aber die Schmerztabletten wirkten noch. Und ob Vanessa es belächelte oder nicht, Santiago sah tatsächlich deutlich schlimmer aus als ich.

Isabella kam um kurz nach zehn zurück, aber ich sprach sie nicht darauf an. Denn sie streckte begeistert vegane Pizza, Gemüsechips und

Mikrowellen-Popcorn durch die Tür, und zauberte augenblicklich ein so glückliches Lächeln auf Vanessas Gesicht, dass ich es nicht über mich brachte, die Stimmung zu versauen. Als sich die zwei für einen Filmabend auf der Couch einkuschelten, verabschiedete ich mich. Doch zum ersten Mal gab ich Isabella keinen Abschiedskuss.

Knapp vierundzwanzig Stunden später holte ich Vanessa für die Party ab. Ich musste nicht einmal in eine Parkbucht fahren, denn sie stand schon am Straßenrand und sah einfach umwerfend aus. Wie immer. Von den hohen Stiefeln in Wildlederoptik über die erdfarbene Hose bis zu den blond gewellten Haarspitzen war sie einfach nur aufreizendes Understatement in Perfektion. Und das Wissen, dass sie dafür nicht einmal fünfzehn Minuten im Bad gebraucht hatte, machte sie um ein Vielfaches attraktiver. Als sie einstieg, umfing mich ihr sinnlich schweres Parfüm. Ich sah rasch in meinen Seitenspiegel und setzte den Blinker, während sie sich anschnallte.

»Kennst du den Weg?«

Jetzt bückte sie sich nach der eleganten Handtasche, die sie gerade erst in ihrem Fußraum platziert hatte. »Nein, aber Raphael hat mir die Adresse gegeben, Moment.«

Ich fädelte mich irritiert in den Verkehr ein, während sie ihr Handy durchsuchte. »Warst du etwa noch nie bei ihr?« Ich dachte, sie wären Freundinnen?

»Na ja«, wich Vanessa aus. »Angelina ist toll und wir haben uns immer gut verstanden, aber ... eigentlich war sie immer eher Milias' Freundin.«

Ich schnaubte verächtlich.

»Sandro«, sagte Vanessa und die Art, wie sie meinen Namen aussprach, ließ meinen Nacken kribbeln. »Ich weiß, was du denkst! Aber so war es nicht. So ist es nicht.«

Ihre hellbraunen Augen, deren lange Wimpern jetzt dichter und schwärzer waren als sonst, sahen mich eindringlich an. Ich musste den Blick abwenden.

»Ach ja?«, gluckste ich. »Was denke ich denn?«

Sie stemmte den Ellenbogen gegen die Beifahrertür, stützte den Kopf in die Handfläche und sah wieder geradeaus. »Dass Milias ein Arsch ist.«

Ich spürte, wie meine Mundwinkel zuckten. Das stimmte. Aber er durfte mich gleich gerne vom Gegenteil überzeugen.

»Sandro ... bitte«, flehte Vanessa, als stünden mir meine Gedanken auf die Stirn geschrieben. Wieso fiel es ihr so leicht, zu wissen, was ich dachte?

»Keine Sorge. Vergiss nicht, ich bin ein netter Junge«, versicherte ich ihr augenzwinkernd, als wir wenig später ausstiegen und auf den zweiten der vier Wohnkomplexe im Universitätsviertel zugingen. Offenbar bewohnte Angelina eine dieser winzigen Studentenbuden, gegen die ich mich damals gesträubt hatte. Die Rasenflächen waren schlicht, aber gepflegt, die Klingeln neben der Haustür so vielzählig, dass Vanessa eine Minute lang vorgebeugt mit der Handylampe nach dem richtigen Nachnamen suchen musste.

»Wir kaufen nichts«, gluckste eine eindeutig männliche Stimme und brachte Vanessa zum wohlwollenden Kopfschütteln. War das Milias?

»Mach einfach die Tür auf«, antwortete sie.

»Na gut. Elfter Stock, linker Flur«, frohlockte die Stimme, dann ging der Türsummer.

Wir nahmen den Aufzug und wurden schon auf dem Flur von einem hellen Lichtschein empfangen, der aus einer der Wohnungen fiel. Der dunkelhaarige Typ, der dort mit einer Bierflasche in der Tür stand, war allerdings nicht Milias. Er war eindeutig zu breit, zu bärtig und seine Umarmung viel zu freundschaftlich.

»Chris!«, freute sich Vanessa, die in seiner Umarmung beinahe verschwand, »Schön, dich zu sehen! Das ist Sandro.«

»Dito, Vany! Hi, ich bin Christian«, begrüßte er mich nahtlos mit einem Handschlag wie einen langjährigen Freund. »Kommt rein!«

Er ließ die Tür für uns offen und zeigte im Vorbeigehen auf die Garderobe, die Toilette und die Küche. Alles war nicht sonderlich schwer zu finden, weil die Wohnung nämlich nur einen einzigen Raum besaß und mit rund zwanzig Quadratmetern kaum größer war als ein durchschnittliches Jugendzimmer, mit dem einzigen Unterschied, dass eine Küchenzeile eingesetzt war, vor der sich ein halbes Dutzend Menschen drängte. Die Fensterseite des Zimmers wurde von einem ordentlichen Bett und einem schmalen Kleiderschrank eingenommen, die andere von einem mit Büchern überfüllten Schreibtisch und einem Sofa, von dem gerade eine untersetzte, dunkel gelockte Frau aufsprang und sich Vanessa um den Hals warf.

»Oh wow, du bist auch gekommen, wie toll ist das denn? Ich freu mich so!« Das war also Angelina. Ich machte den beiden Platz für eine Umarmung und war überwältigt von dem glückseligen Lächeln auf Vanessas Gesicht.

»Dank mir später, Angie«, mischte sich eine Männerstimme wie aus dem Nichts ein und klang dabei so selbstgefällig, dass sich automatisch meine Muskeln spannten.

Doch als ich den Kopf drehte, erkannte ich den Typen von Valerias Instagram-Profil, der mich im selben Augenblick wahrnahm und mir die Hand zum Handschlag hinhielt.

»Sandro, oder? Hi, ich bin Raphael.«

»Hi, freut mich«, antwortete ich. Er war fast so groß wie ich, gut trainiert und trug ein blaues Hemd auf Chinos. Sein Blick verlagerte sich, als sich die beiden Frauen voneinander lösten. Und als er sich vorlehnte, um Vanessa mit einem Arm lässig zur Begrüßung zu umarmen, konnte ich ihren Blick nicht deuten. Dann fiel mir die Gastgeberin um den Hals und beanspruchte meine Aufmerksamkeit:

»Ich bin Angelina. Freut mich, dich kennenzulernen! Willst du was trinken?«

»Ebenso«, gab ich zurück. »Gerne, Wasser reicht völlig.«

»Wasser?«, echote sie überrascht, führte mich aber sofort die zwei Meter zur Küche und zeigte auf die vielen Salatschüsseln und Snackteller auf der Anrichte, bevor sie den Kühlschrank öffnete und einen Haufen Bier, Wein, Säfte und Cola enthüllte. »Nimm dir einfach, was du willst, es ist reichlich da! Wasser ist hier.«

Damit holte sie eine Flasche aus einem Kasten vom Boden und schraubte sie auf. Jemand stieß uns an. Es war wirklich verdammt eng in dieser Wohnung!

»Huch, sorry –! Oh, hallo, wen haben wir denn hier?«, frohlockte Valerias Stimme neben mir. Ohne zu fragen schlang sie einen Arm um meinen Hals und grinste mir direkt ins Gesicht. »Oh, hast du dich da verletzt?«, fragte sie dann und inspizierte meine linke Augenbraue, deren verkrusteten Riss ich heute im Spiegel gar nicht mehr wahrgenommen hatte.

»Halb so wild. Hey«, grüßte ich zurück und nahm dankend mein Glas von Angelina entgegen, als auch Vanessa und Raphael dazukamen und die Schwerkraft kurz zu rotieren schien.

Angelina stieß beim Hochkommen mit Christian zusammen und kicherte leise, sagte etwas, das ich unter der Musik und den allgemeinen Gesprächen nicht verstand. Aber ich erkannte die vertraute und doch distanzierte Scheu zwischen den beiden.

»Oh Mann, haben sie immer noch nicht geredet?«, begriff Vany dasselbe wie ich. Raphael hob resignierend die Schultern, Valeria zog eine Schnute.

»Wie lange waren sie zusammen?«, fragte ich, nachdem ich den einzig sinnvollen Schluss gezogen hatte – und offenbar richtiglag.

»Oh Gott!« Valeria begann gequält zu rechnen, während Vany »Ewig« rief.

»Die zwei waren *das* Paar an der Schule!«, ergänzte Valeria. »Also, nicht wirklich *das* Paar –«, relativierte sie schnell und auch ohne ihren kurzen Blick zu Vanessa hätte ich mir problemlos vorstellen können, wer das wirkliche Traumpaar gewesen war, »– aber eindeutig das längste. Ich weiß nicht …«

»Vier Jahre und zehn Monate, ohne die Pausen«, hatte Raphael in der Zwischenzeit nachgerechnet. »Also, das war der Stand vor drei Jahren.«

»Krass!«, riefen wir drei gleichzeitig. Mit Anfang zwanzig war das schon eine Leistung.

»Danke, ich weiß!«, mischte sich ein neuer Typ ein und drängte sich ausgelassen zwischen Valeria und Raphael. Auch er war nicht Milias, denn er war blond und trug einen Ziegenbart. »Geht's um – warte mal, ist das Vany?« Augenblicklich löste er sich von den beiden, um Vanessa in die Arme zu schließen.

»Hey René, ich freu mich, dich zu sehen!«, jauchzte Vanessa, »Wie geht's dir? Wie geht's Maike und Leonie? Wo sind die zwei?«

»Auf Kreuzfahrt!« Der gut gelaunte Typ namens René klatschte in die Hände. »Ich hab sturmfrei! Leute! Ich sag euch, wenn Frau und Kind aus dem Haus sind, fühlst du dich wie neu geboren!«

Okay, er war also so alt wie wir und hatte ein Kind. Respekt. Raphael gluckste, verkniff sich aber jeden Kommentar. Dann fiel Renés Blick auf mich, und wir begrüßten uns offiziell.

»Freut mich«, schloss er, bevor er seine Bierflasche gegen mein Wasserglas stieß und sich verstohlen umsah. »Sagt mal, kommt's mir nur so vor, oder gibt's heute den nächsten *Chringeli*?«

Ich runzelte die Stirn, erkannte aber, dass das wohl eine Wortneuschöpfung aus »Chris« und »Angelina« war, als Vanessa kicherte: »Genau darüber haben wir gerade auch geredet.«

»Warum standen die eigentlich nicht in der Abizeitung bei ›Bestes Pärchen‹?«, sinnierte Valeria jetzt und legte abermals den Kopf schief.

Raphael kniff nachdenklich die Augen zusammen, grinste dann und legte einen Arm um ihre Taille. »Weil es nur drei Plätze gibt und bei einem davon *dein* Name stand.«

»Ha, stimmt«, erinnerte sich auch René. »Und Vanys!«

Seine Augen blitzten, aber Vanessa lächelte nur kurz, bevor sie mit den Schultern zuckte. »Keine Ahnung, war nicht mein Jahrgang.«

Nicht? Waren das hier nicht ihre Freunde aus der Schulzeit?

Jetzt legte René einen Arm um sie wie ein alter Freund. »Komm schon, du bist nach der Trennung vielleicht sitzen geblieben, aber trotzdem hast du bis zum Ende dazugehört.« Er trank aus seiner Bierflasche. »Also, ich hab euch jedenfalls trotzdem gewählt.«

Sie tätschelte ihm die fusselige Wange, hob dann machtlos die Schultern. »Das ist süß von dir. Tja, hat ja am Ende immerhin für Platz zwei gereicht.« Aha, sie wusste es also doch sehr genau.

»Platz zwei? In was?«, mischte sich nun auch Angelina in die Runde, wodurch wir allmählich den gesamten Küchenbereich einnahmen. In der Hand hielt sie einen Teller mit exotischem Reissalat und Rohkost, wovon sie sich einen Möhrenstift in den Mund schob. Augenblicklich griff jeder zu und leerte ihren Teller um die Hälfte. »Hey!«, protestierte sie lachend, aber René lenkte sie sofort ab.

»In Beziehungen.«

»In der Abizeitung«, korrigierte Raphael.

»Ohhh, ich hab euch auch gewählt!«, fand Angelina nahtlos den Anschluss. »Na ja, okay, ich habe euch beide gewählt. Moment mal, ich habe euch alle drei gewählt!«, fiel ihr plötzlich auf, als sie in die Runde schaute, »Sogar in der richtigen Reihenfolge: Milias und Nicole, dann Milias und Vany und dann Raphael und Valeria.«

Sie grinste wie ein Honigkuchenpferd, aber Raphael, Valeria und Vanessa wirkten eher gequält, während ich mit aller Kraft dagegen ankämpfen musste, mit den Augen zu rollen. Was war denn bitte so toll an diesem Typen? Einen endlosen Moment lang verfiel unser Kreis in Stille und überließ das akustische Feld dem Geplapper und der Musik um uns herum.

Angelina lächelte versonnen, dann streckte sie unvermittelt den Arm aus und zog Vanessa an sich. »Ich bin echt froh, dass du gekommen bist, es ist viel zu lang her! Apropos ...« Ihre Stimme wurde einfühlsamer, »Habt ihr euch schon Hallo gesagt?«

Vanessa leckte sich über die Lippen und schüttelte den Kopf. Angelina schob sich einen weiteren Gemüsestick in den Mund und reckte den Kopf, um sich umzusehen.

»Ist nicht wichtig, ehrlich«, wollte Vanessa einwenden, da formte Angelina schon die Hände zu einem Sprachrohr und rief: »Schatz?!«

Ich zog eine verständnislose Grimasse und formte mit den Lippen ein lautlos imitiertes »*Schatz?!*«. Ich dachte, der heiratete die Blonde!

»Okay.« Jetzt stellte Raphael sein Glas hinter sich auf der Anrichte ab und zog mich beiseite. »Vorwarnung: Das ist hier ein bisschen wie in einer Soap. Jeder kennt jeden seit Ewigkeiten, hat sich schon geliebt und gehasst, ist entweder verwandt oder hatte schon mal was miteinander.«

Okay, das klang einleuchtend – und verdammt witzig. Ich musste mir ein Lachen verkneifen, aber Vanessa neben uns räusperte sich hörbar. Sie warf Raphael einen eindringlichen Blick zu und ich spürte erneut die Kälte. Die beiden waren befreundet, keine Frage. Doch irgendwie war da auch eine Wand zwischen ihnen, und zwar nicht die Art von Mauer, die gebrochene Herzen zum Selbstschutz aufbauten wie bei Angelina und Christian. Eher so, als hätten sie einander den kalten Krieg erklärt und versuchten sich bei jeder Gelegenheit gegenseitig zu übertrumpfen. Wegen Valeria? Gar wegen Milias?

Raphael löste die Anspannung mit einem Grinsen und erhobenen Händen auf. »Was? Ist doch so.«

»Wirklich?«, tarnte ich meine Neugierde als Belustigung. »Und ihr zwei?«

Vanessa verlor für einen Sekundenbruchteil die Kontrolle über ihre Gesichtszüge. »Wir waren Nachbarn«, erklärte sie dann und sah mir fest in die Augen. Ich las in ihrem Blick, dass sie nicht log.

Raphael gluckste, sah sich wie beiläufig um. »Ja. Das auch.«

»Ja! Und falls es dir noch nicht aufgefallen ist: Er ist *kein* netter Junge von nebenan«, ergänzte Vanessa so unterkühlt, dass ich das Thema auf sich beruhen ließ.

Raphael hingegen gluckste erneut und wollte noch etwas sagen, als sich schon wieder jemand in unsere Runde drängte.

»Du hast mich gerufen?«

Das war Milias. Ich wusste es, noch bevor Angelina den Namen tadelnd ausstieß, weil er einen Möhrenstift von ihrem Teller stahl und dabei so entwaffnend grinste wie ein kleiner Junge. Er trug ein schwarzes Hemd zu Jeans und Sneaker, hatte ähnliche Gesichtszüge wie Valeria und dieselben kaffeebraunen Augen, die jedoch viel wärmer blickten als ihre.

Als sie empört auf den Gemüsestick in seinem Mund schaute, machte er eine unschuldige Miene und bot ihr die angebissene Hälfte wieder an. Ein Teil der Runde kicherte.

»Danke, kannst du behalten«, sagte Angelina und sein Lachen wurde ansteckend sonnig. »Hast du Vanessa schon Hallo gesagt?«

Jetzt verblasste das strahlende Lächeln auf seinem Gesicht leicht, gefror jedoch nicht, wie ich erwartet hätte. Seine dunklen Brauen zogen sich beinahe schmerzlich zusammen, dann wanderten seine Augen an Angelina vorbei. Zu Vanessa, zu mir und wieder zurück zu Vanessa. Er verstand im Bruchteil einer Sekunde, dass sie mit mir hier war.

Milias legte den angebissenen Gemüsestick nun doch zurück auf Angelinas Teller und umrundete seine beste Freundin, bis er vor Vanessa stand. Einen Moment lang sahen sie sich schweigend an. Zwischen ihnen war keine Mauer, nicht einmal Distanz. Zwischen ihnen war nur Unsicherheit und ängstlicher Schmerz, als wären sie schwankende Überlebende inmitten von Trümmern, verbrannt von einem Krieg, den jemand anders geführt hatte.

»Hey«, raunte Milias.

»Hey«, hauchte Vanessa.

Dann umarmten sie sich.

9 Schachmatt im Dreieck

Vanessa

Ich hatte das Gefühl zu ersticken. Milias' Umarmung schnürte mir buchstäblich die Luft ab, sein vertrauter Duft verkrampfte meine Eingeweide wie ein lähmendes Gas und sein warmer Körper schien meine Glieder zu verflüssigen. Meine Knie wurden weich.

Schnell löste ich die Umarmung und wich seinem Blick aus. Trotzdem spürte ich seine dunklen Augen auf meinem Gesicht und musste schier unmenschliche Kraft aufwenden, nicht doch wieder hinzusehen und mir für einen Sekundenbruchteil einzureden, der besorgte, aufgeschlossene Blick darin würde seine Liebe zu mir widerspiegeln.

»Wie geht's dir?« Seine Stimme hatte die weiche Färbung, die sie immer bekam, wenn er leise sprach. Milias besaß einfach diese Gabe, Menschen durch Charisma und Präsenz zu gewinnen, und Herzen durch Zuneigung und Vertrauen.

Vertrauen, das ich missbraucht hatte.

Ich begann auf meiner Unterlippe zu kauen, ließ es jedoch sofort wieder sein und zog sie stattdessen ein.

»Gut«, antwortete ich und nickte, wie um es mir selbst zu bestätigen. Wagte endlich, den Blick zu heben und ihn anzusehen. Sein Fünftagebart war an den Wangen lichter und um die Mundpartie und Kieferlinie dunkler, was mich unwillkürlich an Orlando Bloom oder Mats Hummels denken ließ. Seine Haare waren ein wenig kürzer als früher, aber sie hatten immer noch die Neigung, sich in den Spitzen zu wellen.

Ich unterdrückte den Drang, die Hand auszustrecken und den eigenwilligen Wirbel hinter seinem linken Ohr glatt zu streichen. »Wo ist Nicole?«

Ich wusste nicht, warum ich das fragte. Vielleicht würde er ja sagen, dass sie sich getrennt hätten. Wunder geschahen immerhin. Manchmal. Für Menschen, die sie verdienten. Doch nicht mir und nicht jetzt, als ich das liebevolle Lächeln auf seinem Gesicht sah.

»In der Spätschicht.« Milias zog sein Handy aus der Jeanstasche, um auf die Uhr zu sehen, denn er trug nie eine Armbanduhr, und ich sah für einen Sekundenbruchteil, dass der Sperrbildschirm das Bild von der Hochzeitseinladung war. »Je nachdem, wie der Verkehr ist, müsste sie innerhalb der nächsten zehn Minuten kommen«, schloss er dann grinsend. Mein eigenes Lächeln fühlte sich eher lahm an. Milias' Augen wanderten weiter. »Und wer ist dein Freund?«

Ich folgte seinem Blick zu Sandro, der bei Raphael stand und sich erstaunlich angeregt über Krafttraining und – *Körperfettwerte* unterhielt?

»Meistens zwischen sieben und acht Prozent«, antwortete Sandro gerade und kniff dabei die grünbraunen Augen auf eine Weise zusammen, die mir gleichzeitig ein Lächeln aufs Gesicht zauberte und Hitze durch die Glieder jagte.

»Respekt! Meine Bestform lag bei elf Prozent«, lachte Raphael und rief unwillkürlich Bilder seines durchtrainierten Oberkörpers in mir wach. Raphael war einer der heißesten Typen, die ich kannte. Aber wenn ich es mir jetzt im direkten Vergleich so recht überlegte: An Sandro kam er nicht heran. Er war breiter, aber seine Muskeln waren bei Weitem nicht so definiert, selbst unter dem schlichten Langarm-Shirt zeichneten sich Sandros wohlgeformte Schultern und Arme ab. »Aber ohne komplett auf die Ernährung zu achten geht das nicht, und das wurde mir irgendwann zu anstrengend. So diszipliniert bin ich nicht«, redete Raphael weiter. »Trackst du deine Makros?«

Ich sah zu, wie Sandro nickte, sein Wasserglas leerte und beiläufig mit den Schultern zuckte, als wäre das keine große Sache. »Das hält mich fokussiert. Und der Vorteil ist, dass ich keine Probleme habe, bei Turnierkämpfen in meiner Gewichtsklasse zu bleiben.«

»Kampfsport?«, fragte Milias mich jetzt und verlagerte meine Aufmerksamkeit damit zurück auf uns beide.

»Kickboxen«, antwortete ich und spürte unsinnigerweise Stolz. Ich reckte sogar das Kinn: »Er ist Trainer.«

Milias' Lächeln paralysierte mein Herz zwischen Schmerz und Scham. »Ich freu mich, ehrlich. Ihr passt gut zusammen«, sagte er dann und sprengte meine betäubte Brust in tausend Teile.

Ich öffnete den Mund, um ihm zu gestehen, dass ich nicht mit Sandro zusammen war. Aber ich konnte nicht. Also lächelte ich nur gequält und hoffte, dass der Moment entweder schnell vorbeigehen oder ich mich in Luft auflösen würde.

Beides geschah, als Angelina sich an uns vorbei zur Tür zwängte und in aufgeregtes Jubelgeschrei ausbrach, weil Nicole davorstand. Die beiden lagen sich gefühlte zwei Minuten in den Armen, bevor Chris dazukam und sie zusammen hochhob. Noch bevor Nicole ihre hellblaue Daunenjacke ausgezogen hatte, hatte ein Dutzend Leute sie umarmt. Sie verbreitete eben durch ihre bloße Präsenz gute Laune, genau wie Milias, was die beiden wohl wirklich zum perfekten Paar machte. Aber das machte meinen Schmerz keineswegs besser.

»Hast du geklingelt?«, fragte Milias überrascht, als sie sich endlich zu ihm durchgekämpft hatte und den Kopf in den Nacken legte. Gott, sie war so klein, selbst auf diesen hohen Absätzen.

»Nur dreimal!«, kicherte sie, dann fiel ihr Blick auf mich. Es gelang mir halbwegs zu lächeln, während ich ihr spitzes Kinn, ihre Stupsnase und ihre grünen Augen musterte. Ihre Haare waren heller als meine, aber nicht so lang. Einen Moment lang sahen wir uns einfach nur an. Nicht feindselig, nicht eifersüchtig. Einfach wie zwei Frauen einander ansehen, die in einem Paralleluniversum Freundinnen hätten werden können. Nicole wäre eine tolle Freundin, begriff ich, als sie warm lächelte. »Hey Vany!«

Dann brach sie mir gleich noch mal das Herz, als sie statt Milias zuerst mich umarmte. Ihr Parfüm war unbeschwert und süß, genau wie sie.

»Hey«, brachte auch ich hervor, während Milias den Arm um ihre Taille legte. Nicole sah fröhlich zu ihm hoch. Dann reckte sie das Kinn und ich wandte die Augen ab, um ihren Kuss nicht mit ansehen zu müssen. Mein Blick fiel auf Raphael, der gerade auf uns zukam, um Nicole ebenfalls zu begrüßen. Ich registrierte deutlich, wie lange die Umarmung anhielt – zumindest für Raphaels Verhältnisse – und wie freundschaftlich sie war. Mich hatte er auch mal so freundschaftlich umarmt, damals, als er mein bester Freund gewesen war. Für fast zwei Jahre, bevor ich mit Milias zusammengekommen war. Und eineinhalb Jahre später noch mal für ungefähr zwei Wochen, bevor ich ...

Ich war so in Gedanken versunken, dass ich erst registrierte, dass Raphael sich längst von Nicole gelöst und mir zugewandt hatte, als sich seine tiefblauen Augen in meine bohrten.

»Kann ich dich kurz sprechen?« Der Griff, mit dem er meinen Oberarm umfasste und mich zur Seite schob, hatte nicht viel von unserer alten Freundschaft übrig. »Was genau hast du Sandro erzählt?«

Ich zog unwirsch die Brauen zusammen und den Arm aus seinem Griff. »Was? Gar nichts!«

»Und warum sieht er dann aus, als würde er Milias jeden Moment einen Bruce-Lee-Roundhouse-Kick verpassen?«

Jetzt musste ich gegen meinen Willen lachen. »Du meinst Chuck Norris«, belehrte ich ihn, aber Raphael blieb unbeeindruckt.

»Lenk nicht ab, Vanessa. Was hast du ihm über Milias erzählt und warum sieht er aus, als würde er meinen besten Freund verprügeln wollen?«

Ich schüttelte den Kopf, verschränkte die Arme und ließ den Blick ziellos durch Angelinas kleine Wohnung wandern. Er blieb auf Milias und Nicole haften, deren Anblick ich kaum ertrug, und kurz darauf auf Sandro, der sich an der Küchenzeile entspannt mit Valeria unterhielt. Raphaels unerbittlicher Gesichtsausdruck schob sich in mein Sichtfeld und ließ mich kapitulieren.

»Okay! *Vielleicht* hat Valeria letzte Woche erwähnt, dass Milias damals Schluss gemacht hat«, antwortete ich wahrheitsgemäß. Raphael blieb unbeeindruckt, sodass ich hilflos die Arme hochwarf. »Ich konnte ja wohl schlecht ergänzen, warum.«

»Wieso nicht?«, fragte er völlig ernst. Nun war ich diejenige, die ihn entgeistert anstarrte. Machte er Witze? Scheinbar nicht, denn jetzt seufzte er tief. »Das ist fünf Jahre her und wir waren alle jung und dumm. Das interessiert heute niemanden mehr.«

Jetzt stand mir wirklich der Mund offen. Raphael hatte sich schon immer seine eigenen Regeln gemacht, aber das konnte er doch nicht ernst meinen!

»*Mich* interessiert das, okay?«

Ich hörte, wie meine Stimme vor verzweifelter Inbrunst fast versagte, und sah gleichzeitig die Ablehnung in seinem Gesicht. Raphael hatte einfach eine solche Anziehungskraft, ein solch ehrliches Interesse in den Augen, wenn er mit einem sprach, dass seine Ablehnung oder gar Ignoranz schmerzte – schon immer geschmerzt hatte. Schon damals hatte ich Raphaels Ablehnung fast noch weniger ertragen als den endgültigen Auszug meines Vaters oder Milias' fehlende Nähe. Ich wusste, dass das völlig irrational war, schon immer gewesen war, aber in diesem Moment stellte ich fest, dass ich es immer noch nicht ertragen konnte, von Raphael ignoriert oder missbilligt zu werden.

»Und deswegen lässt du Milias wie den Arsch dastehen«, fasste er zusammen.

Ich schnaubte, schüttelte den Kopf über sein zweifelhaftes Talent, schonungslose Wahrheiten zu formulieren und dabei noch wie einen Vorwurf klingen zu lassen. Ich wollte antworten, musste verneinen, aber ich brachte kein Wort heraus. Stattdessen verschränkte ich erneut die Arme vor der Brust, wie um mich selbst zu schützen. Einen Moment lang starrten wir uns gegenseitig nieder, gefangen in dieser ewigen Starre zwischen Freundschaft und Hass.

Dann atmete Raphael tief durch und ließ den Blick schweifen. Als er wieder bei mir ankam, war seine Stimme weicher als vorher, aber seine Worte immer noch hart.

»Klär das. Bitte. Sonst muss ich das aufklären.«

Ich starrte in Raphaels ernste Miene und ich wusste, dass er es wirklich tun würde. Vielleicht nicht, um mich zu verletzen, aber um Milias zu verteidigen. Und im Grunde hatte er ja recht. Milias verdiente es nicht, wie ein Arsch dazustehen, nicht mal für eine Sekunde.

Ich hielt unwillkürlich den Atem an, während ich in meinem Kopf das Szenario durchspielte.

»Hey Sandro, könntest du mir einen Gefallen tun und Milias nicht verprügeln? Er hat nämlich nur Schluss gemacht, weil ich damals –«

Ich brachte es nicht einmal über mich, den Gedanken zu Ende zu denken, wie konnte ich es da aussprechen? Ich verlor mich einen Moment lang in Erinnerungen, Schuld und Schmerz, bis ich realisierte, dass ich die ganze Zeit schon den Kopf schüttelte wie ein lädierter Roboter. Raphael betrachtete mich aufmerksam, sagte aber nichts. Also sagte ich etwas. Besser gesagt, ich krächzte.

»Bitte ...« Ich räusperte mich kurz, griff nach seinem Arm, sah mich unwillkürlich um. Ich wollte nicht, dass das jemand mitbekam. »Tu das nicht. Das ist mir wirklich wichtig, Raphael.«

Raphaels tiefblaue Augen brannten sich geradezu in meine und für einen schrecklichen Moment lang hörte ich bereits, wie er mir gleich in seiner selbstherrlichen Art vorhalten würde: *Wenn es dir wirklich wichtig gewesen wäre, hättest du deinen Traummann nicht mit seinem besten Freund betrogen.*

Aber er tat es nicht. Im Gegenteil: Er hielt meinen Blick noch genau fünf Sekunden fest, dann wurde sein Gesichtsausdruck weich. Er erwiderte sogar den Griff meiner Hand.

»Hör zu, ich sage dir das nicht, weil ich dir wehtun will, ganz im Gegenteil.« Ich war so überrascht von dieser ungewohnten Sanftheit, dass ich nicht gleich reagierte und Raphael weitersprach: »Ich will einfach nur nicht, dass mein bester Freund die Nacht im Krankenhaus verbringen muss, okay? Versteh mich nicht falsch, Sandro ist ein cooler Typ, aber ...«, er lachte erstickt auf, »... wenn der sich entscheidet, Milias eine reinzuhauen ...«

Er beendete den Satz nicht, aber das musste er auch nicht. Ich verstand, was er meinte. Und vor allem verstand ich vielleicht zum ersten Mal, dass Raphael nur seinen besten Freund beschützen wollte, damals wie heute. Früher vor meiner psychischen Instabilität nach der Trennung meiner Eltern und Papas Abreise, jetzt vor Sandros Wut aus falschen Schlüssen.

Raphael war ein toller Freund, der beste, den man sich wünschen konnte. Der beste, den ich je gehabt hatte. Aber egal, wie eng wir befreundet gewesen waren, Milias hatte immer zwischen uns gestanden. Ich lachte lautlos über die Ironie, dass letztendlich Raphael zwischen Milias und mir gestanden hatte. Die Beziehung zu Milias hatte meine Freundschaft mit Raphael zerstört. Und der Versuch, die Freundschaft mit Raphael zu retten, hatte meine Beziehung zu Milias zerstört.

Ich war einfach nicht gut darin, das Richtige zu tun.

Endlich schaffte ich es zu nicken. Ich schluckte und räusperte mich. »Ich kläre das«, versprach ich.

Raphaels Mundwinkel hoben sich zu einem Lächeln, dessen Mitgefühl beinahe wehtat. Ich lächelte schmerzlich zurück.

»Valeria tut dir wirklich gut«, stellte ich wehmütig fest und sah zu, wie sein Lächeln breiter wurde und seine Augen wärmer. Ich freute mich – das tat ich wirklich! Aber die Erkenntnis, dass selbst jemand wie Raphael, der sein Leben lang unverbindliche One-Night-Stands bevorzugt hatte, jetzt eine glückliche Beziehung führte, schnürte mir fast die Luft ab. Unwillkürlich glitt mein Blick erneut zu Milias, der auf der Couch bei Angelina, René und ihren Freunden saß und Nicole auf dem Schoß hatte, die Arme um ihre Mitte geschlungen und das Kinn auf ihren Scheitel gelegt, während er Chris zuhörte. Das Bild war unerträglich innig.

Raphael drückte sanft meine Schulter, als er sich wieder in Bewegung setzte.

Sandro

Mein Handy vibrierte. Ich nahm kurz den Blick von Valerias lebhaftem Gesicht, um die Nachricht zu checken, und verharrte einen Moment länger, als ich Isabellas Namen las.

Ella: wir müssen reden

Kein Kosename, kein Emoji, nicht mal ein Satzzeichen. Unwillkürlich schüttelte ich den Kopf. Ich redete mir ein, dass sie es meinte wie »*Melde dich bitte endlich, denn ich ertrage es nicht mehr, nicht mit dir zu reden*«, aber irgendwie klang es eher wie »*Es liegt nicht an dir, aber ich möchte unsere Beziehung beenden*«. Und während ich die Wahrscheinlichkeiten für beides abwog, fragte ich mich einfach nur, warum sie das nicht einfach genauso schrieb. Was war so schwer daran, Klartext zu reden und auszusprechen, was man wirklich wollte?

Resignierend tippte ich vier Buchstaben und drückte im selben Moment auf Senden, in dem eine neue Nachricht erschien:

Ella: Ich will eine Pause.

Ich: Okay.

Fuck. Wie ich Kommunikation über Distanz hasste! Ich war schon kurz davor, sie anzurufen und das Missverständnis aufzuklären, als sie einen Smiley zurückschickte. Einen verfluchten Smiley!

Also schrieb ich stattdessen, dass ich sie morgen anrufen würde, aber ihr Status zeigte sie schon als inaktiv. Aufgewühlt schloss ich die App und bemühte mich um einen neutralen Gesichtsausdruck.

»Schlechte Neuigkeiten?«, fragte Valeria, was bedeutete, dass meine Miene trotzdem mürrischer aussah als beabsichtigt. Ich schob das Handy zurück in die Hosentasche und schüttelte den Kopf, brachte sogar meine Mundwinkel zum Zucken.

»Nicht so wichtig. Was ist dann passiert, in diesem Schloss?«, lenkte ich das Gespräch wieder auf unser ursprüngliches Thema zurück: irgendeine Privatparty in einem Herrenhaus vor fünf Jahren, auf der Valeria Vanessa, die sie damals noch nicht hatte leiden können, übertrumpfen wollte und zusammen mit ihr auf einen Tisch geklettert war, umringt von grölenden Jungs.

»Deine Freundin?«, hakte sie mitfühlend nach, immer noch bei der Nachricht, aber ich wollte jetzt nicht über Isabella sprechen. Zumal ich dann vermutlich verneinen und meinen aktualisierten Beziehungsstatus erklären müsste, was ich noch viel weniger wollte.

»Der Tisch?«, fragte ich unbeirrt zurück, und endlich grinste sie wieder.

»Tja, dann habe ich getan, was jeder getan hätte: Ich habe Vany geküsst«, verkündete sie strahlend.

Ich hob eine Augenbraue, unsicher, ob sie mich verarschte, während ich die Vorstellung, Vanessa zu küssen, energisch beiseiteschob. »Im Ernst?«

»Im Ernst. Und dabei lief dieser Katy-Perry-Song – kein Scheiß«, antwortete Raphael, der in dem Moment dazukam und einen Arm um Valerias Taille legte. Ich musste mir ein Lachen verkneifen und tausend Bilder Kopfkino unterdrücken.

Auch Raphaels Mundwinkel zuckten, aber seine Augen musterten mich aufmerksam, beinahe lauernd. Ich kannte diesen Blick, hatte ihn schon tausendmal bei Kerlen gesehen, die entweder fürchteten, dass ich ihre Freundin verführen oder sie und ihre Kumpel in eine Schlägerei verwickeln würde. Menschen waren eben verdammt oberflächlich. Aber nicht selten hatten sie recht gehabt, manchmal sogar mit beidem, und nichts davon würde ich jemals wiederholen.

Also löste ich den Blickkontakt und sah mich stattdessen in der kleinen Wohnung um. Sofern das überhaupt möglich war, war es noch voller geworden, die Leute waren noch lauter und die Luft stickiger.

Mein Blick blieb an Vanessa haften, die einen kurzen Moment lang völlig verloren mitten im Raum stand. Sie war nicht auffällig gekleidet, ganz im Gegenteil: sie trug die blonden Haare kaum gestylt in offenen Wellen, ein schlichtes schwarzes Halbarm-Top, das eine Schulter unbedeckt ließ, und dazu erdfarbene Hosen und Stiefel. Doch unter all diesen Leuten hier stach sie völlig heraus. Sie war unbestreitbar die schönste Frau im Raum. Aber ihr Blick war der traurigste von allen, wie er wehmütig auf der völlig überfüllten Couch lag. Ich wollte ihm gerade mit den Augen folgen, als sich irgendein Typ aus der Masse löste, dem ich noch nicht vorgestellt worden war, und ihr ein Glas mit undefinierbarem Inhalt in die Hand drückte, um mit ihr anzustoßen.

Meine Muskeln versteiften sich im selben Moment wie ihre, als ich an ihrer Körpersprache ablas, dass sie den Kerl nicht kannte und seinen dilettantischen Flirtversuch auch nicht guthieß.

»Alles okay mit Vany? Worüber habt ihr geredet?«, fragte Valeria beinahe im selben Moment.

Raphael zog seine Freundin an sich und lächelte warm. »Geh ruhig hin. Ich glaube, sie könnte gerade einen Freund brauchen.«

»Ich mach schon«, antwortete ich und hatte mich in Bewegung gesetzt, noch bevor ich eine bewusste Entscheidung getroffen hatte.

Als ich ankam, machte der Typ große Augen, sah mehrmals zwischen Vanessa und mir hin und her und versuchte sich dann tatsächlich als lässig zu inszenieren.

»Hi, ich bin Jonas. Das hier ist Vanessa, wir–«

»Ich weiß«, fiel ich ihm ungerührt ins Wort und wandte mich Vanessa zu. Ihr Gesicht hellte sich bei meinem Anblick auf wie der Himmel nach einem Wolkenbruch, ihre hellbraunen Augen leuchteten geradezu. Ich war selten so gefangen gewesen wie in diesem Moment, in dem mich ihr sinnlicher Duft umhüllte und die Freude in ihren Augen mein Herz stolpern ließ.

Ich schluckte, konnte den Blick jedoch nur einen Herzschlag lang von ihrem Gesicht nehmen. »Alles okay?«, fragte ich ruhig.

Jetzt brachte sie das Kunststück fertig, gleichzeitig übers ganze Gesicht zu strahlen und vor Trauer fast zu zerbrechen, durchsetzt mit einem Hauch von Selbstzweifel. Aber sie nickte, und dann hoben sich ihre Mundwinkel und das Lächeln erreichte ihre Augen. Unwillkürlich lächelte ich zurück.

»Ja, alles okay.« Sie nickte kurz. Dann legte sie unvermittelt eine Hand auf meinen Arm und jagte damit einen heißen Blitz durch meinen Körper, während ihr Blick eindringlicher wurde. »Hör zu, ich muss dir was sagen. Nein, eigentlich muss ich dich um einen Gefallen bitten ...« Sie warf einen Blick zu dem Typen namens Jonas, der anscheinend immer noch darauf wartete, wieder am Zug zu sein, und dann zu der Couch, auf der ich jetzt dasselbe sah wie sie: ihren vergötterten Ex-Freund im siebten Himmel mit seiner Verlobten, die aussah wie eine Babykopie von Vanessa.

Die echte Vanessa atmete tief durch.

»Hör zu, Sandro ... Ich weiß, es klingt albern, und vermutlich wirst du mich für verrückt halten, aber könntest du ...«

Sie hielt inne, sortierte ihre Gedanken und schüttelte beinahe verlegen den Kopf. Doch sie musste den Satz gar nicht beenden, denn ich verstand auch so, was sie meinte. Raphael hatte recht gehabt, sie brauchte gerade einfach einen Freund. Und ich hatte nur allzu große Lust, ihrem Ex-Freund, diesem Jonas und jedem anderen Typen im Raum klarzumachen, dass Vanessa unerreichbar für sie war. Dass sie mehr wert war als sie alle zusammen. Dass sie *alles* wert war.

Ich hielt Vanessas Blick fest, nickte kaum merklich. Dann nahm ich ihr Gesicht in beide Hände und küsste sie.

10 Zu Kristall erstarrt

Vanessa

Sandros Kuss ließ meinen Körper beben und mein Herz erzittern. Ich vibrierte geradezu – und erschrak gleichzeitig bis ins Mark. Über seine unerwartete Nähe, seine warmen Hände an meinen Wangen und seine weichen Lippen auf meinen. Vor allem aber erschrak ich über die heftige Reaktion meines Körpers auf seinen Kuss. Auf *ihn*.

Bevor ich es wirklich realisierte, hatte ich die Arme um Sandros Hals geschlungen und erwiderte seinen Kuss mit der verzweifelten Heftigkeit einer Todgeweihten. Dann setzte mein Verstand wieder ein und ich legte die Hände auf seine Brust. Ein schwacher, erbärmlicher Versuch, Distanz aufzubauen, doch Sandro spürte den Druck meiner Finger und löste seine Lippen von meinen.

Augenblicklich vermisste ich sie und hätte um ein Haar wieder die Distanz überwunden, aber ich beherrschte mich. Er war der Freund meiner Mitbewohnerin!

Sandro sah mir in die Augen und sein Blick war genauso aufgewühlt, genauso schockiert wie ich mich fühlte. Eine schier endlose Sekunde lang sahen wir uns einfach nur an. Dann bewegte sich etwas am Rand meines Blickfelds und ich löste den Blickkontakt, um zu sehen, wie sich Jonas in Richtung Kühlschrank schob – wo mich Raphaels Blick geradezu hypnotisierte. Seine Fassungslosigkeit ließ einen winzigen Teil von mir tanzen, während der Rest meines Körpers in einem Tsunami aus Schuld und Chaos ertrank.

Mein Blick fand zurück zu Sandro, aber meine Lippen fanden kaum Worte. »Danke ... glaube ich?«, brachte ich schließlich heraus.

Seine Mundwinkel hoben sich schmerzlich. »Bitte, glaube ich ...« Er strich sich durch die Haare und ließ den Blick kurz schweifen, sah mich dann wieder an. »Als ich den Typen gesehen habe, hielt ich das für eine gute Idee, aber ... Bitte entschuldige, falls ich ...«

»Nein«, wehrte ich sofort ab, schaffte es sogar zu lächeln. »Das *war* eine gute Idee.« *Aber bitte, tu das nie wieder*, fügte ich in Gedanken hinzu und beschwor ihn beinahe mit meinem Blick. Dann versuchte ich uns beide abzulenken. »Du hättest Jonas' Gesicht sehen sollen.«

Er erwiderte mein Grinsen. »Ich kann es mir ziemlich gut vorstellen.«

Jetzt mussten wir beide lachen, und die Schockstarre war gebrochen. Ich war überrascht, wie leicht wir aus dem Strudel unserer Gefühle zurück an die Oberfläche fanden, und erleichtert darüber, dass wir weiterhin ungezwungen miteinander sprechen konnten. Aber ganz tief in mir drin ließ mich Sandros Kuss den ganzen Abend nicht mehr los.

Als wir auf der Rückfahrt im dunklen Auto saßen, wurde die Erinnerung geradezu überwältigend. Es war still, obwohl die Musik lief, weil jeder von uns in seinen eigenen Gedanken versunken war.

»Hör zu ...«, begann ich im selben Moment, in dem er »Wegen vorhin ...« sagte.

Wir mussten beide schmunzeln, dann ließ er mir den Vortritt.

»Nein, du zuerst«, bestimmte ich. »Du hast schließlich angefangen.« Und damit meinte ich nicht diese Unterhaltung, wie ihm im selben Moment klar wurde.

Er warf einen raschen Blick in den Rückspiegel, sah mich dann aufgewühlt an. »Es tut mir leid, dass ich dich geküsst habe. In dem Moment dachte ich, es wäre das Richtige, um all diesen Typen da zu zeigen, dass du mehr wert bist als sie alle zusammen, aber ...«

Er schüttelte den Kopf und sah wieder nach vorne, ging sachte vom Gas, als die Ampel vor uns rot wurde. Mein Herz hatte sich zu einem so dichten Knoten zusammengezogen, dass es kurz vergaß, wie es schlagen musste. Am liebsten wäre ich hier und jetzt in Tränen ausgebrochen, weil dieser Mann innerhalb von sieben Tagen zwei der süßesten Dinge gesagt hatte, die jemals jemand über mich – und zu mir – gesagt hatte. Aber ich kämpfte alle Gefühle nieder, schluckte und räusperte mich.

»Aber?«

Als seine moosgrünen Augen wieder bei mir ankamen, wäre ich am liebsten darin versunken. Und als er wehmütig die Mundwinkel hob, wäre ich fast dahingeschmolzen. Aber was mir wirklich den Boden unter den Füßen wegzog, waren seine nächsten Worte:

»Aber ich hätte nicht gedacht, dass ich so heftig darauf reagieren würde. Und jetzt weiß ich nicht, ob es falsch war.«

Ich stieß einen kehligen Laut aus. »Ja ... geht mir auch so.«

Oh Gott, ich war schon wieder dabei, mich in allen Einzelheiten dieses Kusses zu verlieren. Dabei war er der Freund meiner Mitbewohnerin. Die ich gleich zu Hause treffen würde. Oh Gott ...

Als wir in die Parkbucht gegenüber unserer Wohnung einbogen, war ich fast vollständig gelähmt.

»Vany, hey«, holte mich Sandros Stimme aus den Erinnerungen an seinen Körper. »Ich will auf keinen Fall, dass du dich schlecht fühlst oder Schuldgefühle hast, hörst du? Ich bin schuld, ich ganz allein, und ich bin derjenige, der es Isabella sagen –«

»Wie soll ich denn jetzt in unsere Wohnung gehen?«, wiederholte ich die ewig in meinem Kopf kreisenden Gedanken mit starrem Blick.

Sandro umfasste meine Schulter, zwang mich, den Kopf zu drehen und ihn anzusehen. Seine Augen waren fast grau im Dunkeln, aber die Straßenlampe beleuchtete seine kantige Wange. Und seine Lippen, Himmel, seine Lippen!

»Ella hat vor zwei Stunden mit mir Schluss gemacht.«

Mein Körper ruckte nach vorne, als hätte er eine Vollbremsung gemacht, dabei standen wir längst. Ich starrte ihn fassungslos an. »Was?«

An dem Ausdruck in seinen Augen erkannte ich, dass er die Wahrheit sagte. Sandro sagte immer die Wahrheit, fiel mir auf, bevor er ergänzte: »Ich spreche morgen mit ihr. Und ich werde ihr erklären, dass das vorhin meine Schuld war.«

Plötzlich und völlig ungebeten ging mein Geist in Verteidigungsstellung für Sandro. Eine leise Stimme meldete sich trotzig, dass Isabella immerhin zuerst mit Santiago fremdgeküsst hatte, noch bevor die zweite einfiel, dass Sandro ja gar nicht fremdgeküsst hatte, wenn sie überhaupt nicht mehr zusammen waren. Erbärmliche Versuche, mein schlechtes Gewissen zu beruhigen. Letztlich brachte eine dröhnende Stimme jede andere zum Schweigen, indem sie uns alle ermahnte, dass Isabella meine Mitbewohnerin blieb. Und dass ihr Freund, selbst wenn er jetzt ein Ex-Freund war, tabu war. Oh Gott, ich hätte ihn gar nicht erst mit zu Angelina nehmen sollen.

Als ich wenige Minuten später die Tür aufschloss, hielt ich unwillkürlich die Luft an. Aber das Wohnzimmer war dunkel, die Wohnung still. Schlief Isabella schon?

Ich schlüpfte aus meinen Stiefeln und schritt lautlos durch das stockfinstere Wohnzimmer. Ich hatte mich schon immer gut in dunklen Räumen zurechtgefunden, wusste schon nach wenigen Nächten, welche Stellen des Bodens knarrten und wo welches Möbelstück war. Nächtliche Wanderungen durch das Haus, wenn alle anderen schliefen, hatte ich schon immer geliebt, egal ob in der Stadtvilla, in der ich aufgewachsen war, oder im Ferienhaus meines Vaters auf Mallorca. Nachts allein durch Zimmer und Flure zu geistern fühlte sich schwerelos an, beinahe magisch – und das nicht erst, seit Harry die Karte des Rumtreibers entdeckt hatte.

Jetzt allerdings stieß ich gegen den kleinen Beistelltisch neben dem Sofa und warf ihn sogar beinahe um, konnte ihn aber im letzten Moment festhalten. Er stand nicht da, wo er sollte. Oder aber ich war zu geistesabwesend und unaufmerksam. Kurz erwog ich, das Licht anzumachen und nachzusehen, aber das konnte auch bis morgen warten. Ich wollte Isabella nicht aufwecken.

Knapp sechs Stunden später schien *sie* allerdings keine Probleme damit zu haben, *mich* aufzuwecken. Ich träumte groteskerweise, neben einer Flugzeugturbine zu stehen, dann erkannte ich unseren Staubsauger. Ächzend tastete ich nach meinem Handy. 7:37 Uhr. An einem Sonntagmorgen. Ich ignorierte die zwölf Nachrichten von Valeria, quälte mich aus dem Bett und schleppte mich ins Bad.

Als ich fünf Minuten später und nicht viel wacher im Wohnzimmer ankam, verstummte der Staubsauger. Isabella wünschte mir einen guten Morgen, entschuldigte sich aber nicht für die frühe Ruhestörung.

»Morgen«, lächelte ich benommen zurück. »Warum musst du denn in aller …« Ich hielt inne und sah mich um. Unser Wohnzimmer sah aus, als wäre eine Bombe explodiert. Die Couchkissen waren im Zimmer verstreut, sogar die Sitzpolster lagen auf dem Boden. Wären sie nicht mit Popcorn bestreut gewesen, hätte ich einen Einbruch befürchtet. »Was ist denn hier passiert?«

Isabella hob in übertriebener Geste die Augenbrauen wie in einem Teenagerfilm. »Wonach sieht's denn aus? Ich hab 'ne Party gefeiert.«

»Du hast … 'ne Party gefeiert«, wiederholte ich lahm, stellte aus Gewohnheit einen Fuß auf den anderen. »Mit wem?«

Zur Antwort schaltete sie den Staubsauger wieder ein, um das Popcorn aufzusaugen. Ich schüttelte resigniert den Kopf und ging in die Küche, um mir einen Kaffee zu machen. Lehnte mich gegen die Theke und genoss den aromatischen Duft. Betrachtete den unförmigen schwarzen Stoffhaufen auf dem Küchentisch. Streckte die Hand aus und hob ihn hoch. Und erstarrte.

Das war ein Sweatshirt, und es gehörte weder Isabella, noch roch es nach Sandro. Warum wusste ich so genau, wie Sandro roch? Warte mal! Plötzlich wurde mir heiß, und es lag nicht daran, dass ich mich an Sandros Nähe erinnerte.

»Santiago war hier?!«, fragte ich Isabella zwei Sekunden später, den Pullover mit dem markant-würzigen Duft in der Hand. Sie schaltete den Staubsauger wieder aus und sah unzufrieden zwischen mir und dem Sweater hin und her, sagte aber nichts. »Hast du deswegen so plötzlich mit Sandro Schluss gemacht?«

Jetzt zog sie eine heftige Grimasse, als hätte sie in eine Zitrone gebissen. »Was?! Ich hab überhaupt nicht Schluss gemacht, ich wollte nur eine Pause. Und woher willst du das überhaupt wissen?«

Ich antwortete nicht gleich, weil ich das erst mal verdauen musste. Das alles. Fassungslos schüttelte ich den Kopf. »Isabella ... das kann doch nicht dein Ernst sein, das ... das kannst du ihm doch nicht antun!«

»Wovon sprichst du?!«, fuhr Isabella auf. »Erstens will ich nicht wissen, was du mir gerade unterstellst, obwohl ich einfach nur Party mit meinen Freunden mache, und zweitens ist das ja wohl meine und Sandros Sache. Woher weißt du das überhaupt, stalkst du mein Handy? Muss ich meine PIN ändern?«

»Isabella ...« Ich seufzte und ließ die Schultern hängen. Dieses Gespräch würde in einer Katastrophe enden. Aber ich konnte sie nicht anlügen. »Sandro hat es mir gesagt.«

»Ja klar ...«, antwortete sie instinktiv, las dann meine Aufrichtigkeit an meinem Gesichtsausdruck ab und riss die Augen auf. »*Sandro hat es dir gesagt*?! Wann? Ich meine, *wie*? Textet ihr etwa?«

Mein leerer Magen rutschte mir plötzlich in die Kniekehlen, die Tasse in meiner Hand wurde schwer wie Blei. Schreckliche vierzig Sekunden lang war mein Körper wie gelähmt, während mein Kopf in Windeseile Erklärungsansätze formulierte und Gesprächsverläufe durchspielte.

Dann wurde ich buchstäblich vom Klingeln erlöst. Isabellas Handy. Sie starrte mich noch eine Sekunde lang nieder, dann angelte sie es von der Couch. Und fluchte lautlos.

»Hi«, nahm sie den Anruf an und sah mir dabei so eindringlich in die Augen, dass ich sofort wusste, dass Sandro am anderen Ende war. »Ja, ich bin zu Hause. – Zehn Minuten?!« Ich erwachte aus meiner Starre, bloß um in die nächste zu verfallen. Er würde vorbeikommen? In zehn Minuten? »Hör zu, Sandro, ich ...« Isabella brach ab und stattdessen hörte sie zu. Lange. Oh Gott, erzählte er ihr etwa gerade von gestern Abend? Ich konnte nicht aufhören, ihr Gesicht zu studieren und ihren Blick zu deuten, aber gleichzeitig fürchtete ich mich vor dem Moment, in dem sie ihn heben und mich wütend durchbohren würde. Doch irgendwann nickte sie nur und wisperte: »Okay. Ja … ja, bis gleich.«

Dann ließ sie das Handy sinken und sah mich an. Plötzlich wirkte sie wieder so verloren und hilflos wie das Mädchen in der vorletzten Reihe im Hörsaal, neben das ich mich im ersten Psychologie-Semester gesetzt hatte und das mich nur ein paar Monate später eingeladen hatte, ihre Mitbewohnerin und Freundin zu werden. »Sandro kommt in zehn Minuten. Ich muss duschen, kannst du …?« Sie leckte sich über die Lippen, ihr Blick plötzlich schuldbewusst, »Könntest du das hier …?« Sie deutete hilflos auf das Chaos und ich legte den Kopf in den Nacken, stöhnte lautlos zur Decke und nahm ihr dann das Staubsaugerrohr ab.

»Na los, geh schon.«

Zehn Minuten waren nicht genug, um mich darauf vorzubereiten, Sandro wiederzusehen und unweigerlich zwischen die Fronten ihrer Beziehung – oder Nicht-Beziehung – zu geraten. Als es an der Tür klingelte, verstand ich zum ersten Mal die Menschen, die sich in diesen Momenten lieber totstellten. Aber es half nichts. Also warf ich das letzte Kissen mehr schlecht als recht aufs Sofa, wischte mir die Hände ab – an meinen nackten Beinen! Oh Gott, ich trug ja noch mein Schlafshirt! – und öffnete entsetzt die Tür.

Sandro deutete meinen Gesichtsausdruck im Bruchteil einer Sekunde und reagierte genauso erschrocken, setzte gerade zu einer bestürzten Frage an, als auch der Rest seiner Sinne nachzog und er innehielt. Ich sah, wie sich sein Blick von meinem Gesicht löste und über meinen Körper wanderte. Nur kurz, aber ich hatte das Gefühl, als hätte er große Mühe, seine Gesichtszüge unter Kontrolle zu halten. Oder wünschte ich mir nur, dass er so auf mich reagierte? Oh Gott, ich war wirklich ein Flittchen! Unwohl setzte ich den linken Fuß auf den rechten, spürte meine kalten Füße sogar durch die dicken Socken, als seine Augen wieder bei meinen ankamen.

»Geht's dir gut?«

Sandros Stimme ließ mich entrückt blinzeln und nicken, bevor ich es merkte oder aktiv entscheiden konnte, dass ich lieber mit dem Kopf geschüttelt hätte. Genau genommen ging es mir überhaupt nicht gut. Ich war auf direktem Wege, mich in den Mann zu verlieben, den meine Mitbewohnerin bewusst hinterging. Ich hasste sie dafür, und ich hasste mich selbst noch mehr, weil ich ihr genau dasselbe antat.

»Habt ihr gestritten?«, fragte Sandro vorsichtig.

Ich hob den Blick, konnte ihm aber nicht lange in die Augen sehen. Wollte verneinen, nickte aber irgendwie und hob auch noch die Schultern wie eine kaputte Marionette. »Aber nicht wegen dir. Also, nicht wegen gestern.« Das hieß, eigentlich schon wegen gestern, aber das konnte ich ihm nicht sagen. Oje, diese ganze Situation war eine einzige Katastrophe, und dabei fühlte es sich an, als hätten wir noch nicht mal die Hälfte des Bergs erklommen. »Ich glaube, ich gehe spazieren oder so«, ächzte ich.

»Keine gute Idee, draußen wütet ein ziemlicher Wind«, antwortete Sandro. Unwillkürlich folgte ich seinem Blick aus dem Fenster, vor dem sich die kahlen Bäume im eisigen Februarwind bogen. Ich war so was von bereit für den Frühling. Aber wie gesagt, man bekam nicht, was man sich wünschte, sondern, was man verdiente.

Ich seufzte schwer. »Hier drin wird's gleich vermutlich auch ziemlich stürmisch.«

Sandro fuhr sich mit der Hand durch die zimtblonden Haare und wirkte dabei gleichzeitig verwegen und verloren. »Na ja, aber Stürme hinterlassen meistens gutes Wetter, wenn sie vorbei sind, also ... besser, sich ihnen früher als später zu stellen.«

Ich lächelte schwach und er hob wieder einen Mundwinkel zu diesem hinreißenden Halblächeln. Da fiel mir auf, dass er immer noch im Hausflur stand und ich die Tür festhielt, als wollte ich unsere Wohnung vor ihm beschützen. Augenblicklich machte ich den Weg frei. »Sorry, komm rein. Willst du Kaffee?«

Er schüttelte den Kopf und ich fragte mich kurz, ob er überhaupt jemals etwas anderes trank als Wasser, während ich in die Küche ging und meine leere Tasse neben Isabellas Cornflakes-Schüssel in die Spüle stellte.

»Milch? Wasser? Tee?«

»Nichts, danke.« Seine Stimme war deutlich näher als erwartet, ließ meinen Nacken ungebeten prickeln. Ich ging rasch auf Abstand und verschränkte die Arme vor der Brust, als er sich gegen die Küchenzeile lehnte und den Fliesenboden musterte. Er sah frustriert aus, vielleicht sogar wütend, aber vor allem gequält.

»Wegen gestern«, begann er erneut und hob den Kopf. »Ich will nicht, dass du denkst …«

Ich hielt unwillkürlich den Atem an. Aber ich würde wohl niemals erfahren, was ich nicht denken sollte, weil in diesem Moment die Badezimmertür aufging. Und ich schleunigst die Flucht in mein Zimmer ergriff, wo ich mich hinter Arbeit und schallschluckenden Kopfhörern verstecken wollte, aber stattdessen doch die ganzen zwanzig Minuten Gespräch mit anhörte. Na gut, mindestens sechzehn Minuten davon konnte man kaum überhören. Und die letzten vier ließen mir schier den Atem stocken.

11 Gute Absichten, schlechte Entscheidungen

Sandro

»Warum nennst du mich eigentlich nie Bella?«

Ich stutzte. Dieser Satz war völlig zusammenhanglos, hatte überhaupt nichts mit unserer bisherigen Diskussion zu tun. Vielleicht, weil ihr allmählich die Vorwürfe ausgingen. Vielleicht auch, weil sie sich immer noch davor drückte, mir die Wahrheit zu sagen.

»Wie bitte?«

»Du sagst immer nur Ella, aber ich will Bella genannt werden. Alle meine Freunde nennen mich Bella, nur du nicht!«

Ich registrierte, dass sie Vanessa offenbar nicht als ihre Freundin ansah, die sie Isabella nannte, – oder diesen Umstand gerade einfach leugnete, um ihre Argumentation nicht zu untergraben. Aber ich wies sie nicht darauf hin. Ich wollte nicht streiten.

»Das hast du nie gesagt«, sagte ich stattdessen. Leise, aber aufrichtig.

»Ich dachte, das wäre offensichtlich!«, rief sie aufgebracht.

Ich legte den Kopf schief und betrachtete geduldig ihr Gesicht, bis sie sich beruhigen würde. Musterte ihre kastanienbraunen Haare und dunklen Augen. Sie hatte vielleicht kein typisches Covermodel-Gesicht, ihre Lippen waren ein bisschen zu schmal, die Augen zu klein und ihr Gesicht eine Spur zu oval. Aber sie war schön, so, wie sie war, und wäre ich noch derselbe Typ aus der Bar von damals, würde ich sie wieder anquatschen, ungeachtet der zwei Gorillas neben ihr auf einen Drink einladen und dreißig Minuten später im Innenhof leidenschaftlich gegen die Wand drücken.

Ich hatte diesen Abend, der so unverfänglich begonnen und so schrecklich geendet hatte, schon so oft in meinem Kopf abgespielt, dass er zu einem Filmstreifen geworden war, den ich nach Belieben vor- und zurückspulen, pausieren und sogar beenden konnte wie einen Horrorfilm, bevor der Jumpscare kam. Das Einzige, was ich nicht konnte, war, ihn ungeschehen zu machen. Oder die Ereignisse zu ändern. Die Horrorszenen herausschneiden wie in einer zensierten Fassung mit Jugendfreigabe. Ich hatte Scheiße gebaut.

Und deswegen würde ich verdammt noch mal mit den Konsequenzen leben. Mit allen davon.

»Weißt du«, knüpfte ich wieder an unseren eigentlichen Gesprächsinhalt an, »es ist nicht wichtig, nichts davon. Wir machen alle Fehler, und das ist okay. Du hast Santiago geküsst und ich Van–«

»Habe ich gar nicht!«, fiel sie mir schockiert ins Wort. Ich bedauerte eine Sekunde lang, dass sie es immer noch leugnete, dann legte ich endlich alle Karten auf den Tisch. »Er hat es mir gesagt, Ella.« *Bella*, korrigierte ich in Gedanken, sprach es aber nicht aus, als ich sah, wie sie innerlich zusammenbrach.

»Was?«, hauchte sie fassungslos. Ihr Blick huschte erneut zu meiner linken Augenbraue und das Licht der Erkenntnis flackerte über ihr Gesicht. »Ihr habt euch ... geschlagen.«

Ich verzog einen Mundwinkel zu einem halben Lächeln. »Na ja, Tiago sieht eher aus, als wäre er gegen seinen Schrank gelaufen, aber ... ja.«

Jetzt musste sie kichern und nickte sogar, als könnte sie sich sein Gesicht bildhaft vorstellen. Dann verblasste ihr Lächeln wie das Licht im Raum, wenn eine Wolke vor die Sonne zog.

»Vielleicht sollten wir ...«

Ich hob den Blick. Hoffte, sie würde nicht weitersprechen, damit wir das alles einfach vergessen und weitermachen konnten, und wollte gleichzeitig, dass sie den Satz und die Beziehung beendete. Denn ich würde sie auf keinen Fall beenden. Ich konnte nicht, nicht nach allem, was ich dafür zerstört hatte.

Isabella seufzte tief, dann fasste sie sich ein Herz.

»Ja! Ja, ich habe Santiago geküsst, okay? Tut mir leid, dass ich nicht so perfekt bin wie du und Vanessa und alle anderen Menschen auf der Welt! Tut mir leid, dass ich ständig Fehler mache und du nie! Vielleicht ist ja auch diese ganze Beziehung ein Fehler, und wir ... und wir ...« Sie begann zu hyperventilieren, redete sich selbst in Hysterie. Ich fasste sie beruhigend an den Schultern, und als sie sich nicht wehrte, zog ich sie in meine Arme, wo ihr Stakkato-Luftholen allmählich in ein Wimmern überging.

»Es ist okay, Isabella. Es ist nicht deine Verpflichtung, keine Fehler zu machen«, wiederholte ich die Worte, die Jamies Stimme in mein Gedächtnis gebrannt hatte. »Deine einzige Verpflichtung ist, jeden Tag ein besserer Mensch zu sein, als du gestern warst. Und ich finde, du bist ein toller Mensch, Ella – *Bella*«, korrigierte ich ihr zuliebe und verzog sofort das Gesicht. Das hörte sich so schrecklich falsch an.

Jetzt musste sie gegen ihren Willen kichern und zog die Nase wieder kraus wie eine Maus, schniefte und richtete sich wieder auf. »Aber du machst nie Fehler.«

Ich schnaubte, wich ihrem Blick aus. »Wie ich schon sagte, wir machen alle Fehler. Jeder Einzelne von uns, jeden Tag.« Ich erzählte ihr nicht von meinen vielen früheren Fehlern, die uns überhaupt erst hierhergebracht hatten. Aber ich zwang mich, ihr fest in die Augen zu sehen und wenigstens meinen jüngsten Fehler zu gestehen. »Gestern Abend habe ich Vanessa geküsst.«

Isabellas Kopf ruckte nach vorn, ihr Mund klappte auf und ihre Augen weiteten sich vor Entsetzen. Vor Schmerz. Und endloser Trauer. Ich hob entschuldigend die Schultern.

»Ich bin nicht stolz darauf und ...« Ich wollte sagen, dass es nichts bedeutet hatte, aber das wäre falsch gewesen. »Und ich weiß, dass du das gegen mich verwendest, wenn du gleich die Beziehung beendest, aber es war mir wichtig, dass du es von mir erfähr–«

»Papperlapapp!«, fiel sie mir ins Wort und hörte sich dabei exakt so an wie ihre Mutter. Sie machte sogar dasselbe Gesicht, diese manisch lächelnde Maske, als wäre ich nicht mehr ganz bei Verstand. Oder sie. »Wieso sollte ich denn Schluss machen???«

Ich runzelte die Stirn. Ich hatte schon viele ihrer Gefühlsschwankungen mitbekommen, aber die hier war eine glatte Hundertachtzig-Grad-Wende.

»Weil du gestern Abend geschrieben hast, dass du eine Pause brauchst?«

Das Gesicht ihrer Mutter löste sich glücklicherweise wieder in Ellas auf, deren Lippen zuckten und Augen glasig wurden.

»Ja«, bestätigte sie so inbrünstig, als hinge ihr Leben davon ab. »Das habe ich geschrieben. Und ich bereue es. Ich habe selten so schlecht geschlafen wie heute Nacht, und ich musste die ganze Zeit an dich denken und ...« Sie rutschte an mich heran und schlang die Arme um meinen Hals, vergrub das Gesicht an meiner Schulter. »... es tut mir leid. Du hast recht, lass uns bessere Menschen werden. Ich will es noch mal versuchen, ich will, dass wir das schaffen. Ich ... ich liebe dich, Sandro.«

Sie hob den Kopf und sah mir tief in die Augen.

Ich lächelte schwach.

Vanessa

Ich saß eine gefühlte Stunde lang reglos auf meinem Bett, mit angehaltenem Atem und angewinkelten Beinen. Ich wollte nicht lauschen, aber ich konnte nicht anders. Doch ich hörte nichts mehr. Gar nichts. Kein Streiten, kein Murmeln, kein Lachen. Aber auch nicht die Tür. Waren sie tot? War *ich* tot?

Wenn ich nicht bald etwas aß, würde ich es auf jeden Fall irgendwann sein. Aber ich traute mich nicht mein Zimmer zu verlassen und vergrub mich stattdessen in der Hausarbeit, die ich schon viel zu lange vor mir herschob. Bis mein Magen so heftig knurrte, dass ich meine

Schockstarre überwand und mein Zimmer der passiv-akustischen Isolationstherapie verließ.

Isabella saß am Küchentisch und aß Pasta mit Käsesauce direkt aus dem Topf, während sie ein farbexplosives Spiel auf ihrem Handy spielte, das garantiert nicht für Epileptiker geeignet war.

Danke, dass du mich gefragt hast, ob ich mit dir essen möchte, dachte ich sarkastisch und hätte es unter normalen Umständen auch ausgesprochen, aber ... seit dieser Party im *Ace* war irgendwie nichts mehr normal.

»Äh ...«, machte ich mich gleichzeitig bemerkbar und meiner Verwirrung Platz, sah mich unwillkürlich zum Wohnzimmer um.

»Sandro ist weg«, beantwortete Isabella meine ungestellte Frage und schob den Topf von sich. »Und wir sind noch zusammen! Also, genau genommen: *wieder*. Nur falls du dich ihm noch mal an den Hals werfen willst.«

Ihr Blick wanderte von meinem Gesicht bis zu meinen Knöcheln und wieder zurück, und sah dabei genauso aus wie der ihrer Mutter. Ich unterdrückte jeden Impuls schnippischer Widerworte und seufzte stattdessen tief, ließ mich auf den Stuhl ihr gegenüber sinken. Das Holz war kalt an meinen nackten Oberschenkeln.

»Hör zu, es tut mir wirklich leid. Ich hätte es dir –«

»Nein, du hörst zu«, unterbrach sie mich und schloss die Spiele-App auf ihrem Handy, um mir ihre volle Aufmerksamkeit zu widmen. »Es ist völlig egal, was gestern passiert ist. Vergessen wir einfach, dass es den gestrigen Abend jemals gab, und sprechen nie wieder darüber.«

Ich fragte mich kurz, ob sie damit nur meinte, was in Angelinas Wohnung passiert war, oder auch in dieser, aber da sprach sie bereits weiter. »Lass uns einfach für die Zukunft ein paar Regeln aufstellen, okay? So, wie normale WGs das auch machen.« Sie lachte leise. »Und ich mache die Regeln, weil das hier meine Wohnung ist. Erstens ...«

Sie erklärte mir, was ich von nun an wann und wo tun oder nicht tun durfte, insbesondere, wenn Sandro da war, was von nun an öfter sein würde, wie sie selbstgefällig verkündete. Und ich sah, wie sich ihr Mund bewegte, hörte aber nur meine eigenen protestierenden Gedanken. Mehrfach war ich kurz davor, ihr zu sagen, dass sie dann im Gegenzug in *ihrer* Wohnung ruhig ein bisschen öfter den Hausputz oder Abwasch erledigen konnte. Aber angesichts der jüngsten Ereignisse und meiner nicht gerade hohen Gunst ... tat ich einfach gar nichts, sondern nickte nur gepresst. Akzeptierte ihre Bedingungen für ein harmonisches Miteinander, weil ich das Alleinsein nicht ertrug.

»Ich meine, ich kann auch ausziehen, wenn dir das lieber ist! Dann hast du gar keinen Stress mehr«, versuchte ich ihr durch die Blume zu sagen, dass ich diejenige war, die unsere gemeinsame Wohnung auf Vordermann hielt. Auch wenn ich nichts weniger wollte, als aus dieser Wohnung ausziehen und alleine wohnen zu müssen – oder schlimmer noch: in eine WG mit irgendwelchen Fremden einziehen zu müssen.

Entweder wirkte es, oder Isabella erinnerte sich gerade an das, was ich als unsere Freundschaft bezeichnet hatte, denn ihr Gesichtsausdruck wechselte wie auf Knopfdruck von überheblich zu übertrieben fröhlich. »Papperlapapp!«, rief sie energisch, zog sogar eine Grimasse, als wäre der bloße Gedanke absurd. Ich fragte mich gerade, ob sie mir nur etwas vorspielte, als sie ihre Hand ausstreckte und meine warm umschloss. »Ich will natürlich weiterhin, dass du hier wohnst, Vanessa. *Vany*! Wir sind doch Freundinnen.«

Sie lächelte. Und ich ... lächelte zurück. Mein Lächeln tat weh und fühlte sich eher an wie Seelenschmerz als Freude, aber ich konnte mich nicht dagegen wehren. Ich hing an dieser Freundschaft, so oberflächlich sie auch sein mochte. Ich brauchte die Nähe eines anderen Menschen, so erbärmlich das auch war. Und ich mochte diese Wohnung, so unordentlich und fies meine Mitbewohnerin auch sein konnte.

Es tat weh, all das zu erkennen und trotzdem machtlos gegen die innersten Instinkte zu sein. Es tat weh, aber ich lächelte. Und nickte.

Ich hatte mich innerlich gewappnet, aber die nächsten vier Tage wurden schlimmer, als ich mir je hätte vorstellen können. Stubenarrest war nichts dagegen, in seinem Zimmer eingepfercht zu sein und wie gebannt dem kleinsten Geräusch zu lauschen.

Ich wollte nicht lauschen – nicht, dass ich viel hörte außer dem, worauf Isabella es in vier Tagen fünfmal angelegt hatte –, aber ich konnte einfach nicht weghören. Es war nicht so, dass ich Isabella noch nie beim Sex gehört hatte – genau wie umgekehrt, denn unsere Wohnung war leider weder groß noch massiv genug, um jedes Geräusch über Gesprächslautstärke zu schlucken. Aber es war etwas völlig anderes, jemandem einfach nur beim Sex zuzuhören, oder beim Sex mit jemandem, für den ich vielleicht so etwas wie Gefühle hatte.

Ich hatte zwei Tage lang nichts gegessen und drei Tage lang kaum geschlafen, als ich mich an diesem Donnerstagmorgen aus dem Bett quälte. Deswegen wanderte ich direkt zum Kühlschrank. Selbst wenn Sandro in der Küche sitzen und mich in diesem Zustand sehen sollte – was mich tatsächlich mehr besorgte als die Tatsache, dass ich damit gegen die erste Regel verstoßen würde, und zwar, mein Zimmer zu verlassen, wenn er da war – so sei es!

Isabella konnte mich nicht einsperren, und ich hatte mich lang genug versteckt. Jetzt war Schluss damit! Wenn Sandro noch einmal durch diese Tür kommen würde, würde ich ihn zur Rede stellen. Und wenn Isabella noch einmal etwas sagen würde, würde ich meine Sachen packen und ausziehen, wenn es sein musste, sogar zu meiner Mutter! Die war als Gefängniswärterin zwar genauso psychotisch, aber wenigstens hatte ich dort ein dreihundertfünfzig Quadratmeter großes Luxusgefängnis mit beheiztem Whirlpool auf der Terrasse.

Aber Sandro war nicht da und Isabella schien nicht auf Krawall gebürstet. Sie saß mit einer Schüssel Cornflakes vor dem Fernseher und sah sich einen Actionfilm an, was erklärte, warum ich von Dschungelkämpfen mit Maschinengewehren geträumt hatte. Missmutig schüttete ich Hafermilch auf Müsli und setzte mich neben sie. Sie roch nach Sandro.

Fünf konversationslose Minuten später konnte ich den Film und den Duft nicht mehr ertragen und ging ins Bad. Eine heiße Dusche war zwar kein Jacuzzi, aber sie würde mich hoffentlich die Welt für eine Weile vergessen lassen, und ein kalter Guss zum Schluss würde mich ganz wach machen.

Beides geschah, aber eher unfreiwillig. Als ich mich auf die Kante unserer Duschwanne setzte, um den Hahn für die Brause aufzudrehen, spritzte das Wasser nach allen Seiten und tränkte nicht nur mich, sondern das gesamte Bad in Eisregen.

»Ach ja, das wollte ich dir noch sagen: Die Duschbrause ist kaputt«, teilte Isabella mir mit, als ich zitternd aus dem Bad kam. »Ich wollte noch meinen Stiefvater anrufen, ob er vorbeikommen und sich darum kümmern kann.« Sie sah auf die Uhr. »Aber jetzt muss ich mich fertig machen, ich bin zum Lernen verabredet.« Sie stand auf, stellte ihre Schüssel in die Spüle und zog auf dem Weg in ihr Zimmer noch im Gehen ihren Pulli aus. Sie trug einen roten Spitzen-BH. Dinge, die ich nicht wissen und an die ich nicht denken wollte!

»Ach, und könntest du übermorgen woanders sein? Valentinstag und so. Dafür hast du die Wohnung heute den ganzen Tag für dich«, erklärte sie, während sie einen Strickpulli über den Kopf zog.

Ich sah ihr fassungslos zu, wie sie vor dem Garderobenspiegel Lippenstift auftrug und in ihren Daunenmantel schlüpfte. Und als sie die Wohnung verlassen hatte, sank ich vollkommen erschöpft zur Seite und schlief mitten auf dem Sofa ein. Schlechte Idee, wie ich knapp zwei Stunden später feststellte, als ich mit steifen Gliedern erwachte.

Ich musste duschen, aber vorher musste ich die Dusche reparieren. Mit einer Tasse Kaffee in der Hand inspizierte ich die Brause, googelte im Internet nach dem Problem und passendem Werkzeug, setzte das Bad noch mal unter Wasser bei dem Versuch, es doch so zu lösen, und rief dann Valeria an.

»Hey, sorry, falls ich störe«, begann ich, aber sie verneinte sofort.

»Tust du nicht, ich war gerade eh nur dabei, vor Langeweile zu sterben. Ich sollte an meiner Bachelorarbeit schreiben, aber stattdessen prokrastiniere ich sinnlos auf Instagram.«

»Instagram ist in deinem Fall ja kein Prokrastinieren«, widersprach ich. »Gehst du jetzt unter die Foodblogger?«

»Sieht gar nicht so schlecht aus, oder?«, frohlockte sie jetzt und meinte damit ihre jüngsten kulinarischen Arrangements, vorzugsweise von Nachspeisen mit Kaffee auf wundervollem Walnussholz. Bislang hatte sie die allerdings nur in ihren Stories gepostet, weil sie nicht zum Rest ihres persönlichen Model-Feeds passten. »Aber ich habe einfach nicht so kreative Ideen wie du. Vielleicht tun wir uns ja irgendwann zusammen und bringen ein Buch raus oder so. Ich backe!«, lachte sie. Sie meinte es im Scherz, aber der Gedanke gefiel mir, und ich ertappte mich dabei, wie ich im Kopf schon Layout, Fotos und Inhalte plante, anstatt ihr zu antworten.

»Aber egal«, wechselte Valeria das Thema, weil nichts mehr von mir kam. »Wie geht's dir? Wie geht's Sandro? Ist er immer noch mit deiner Mitbewohnerin zusammen? Wie heißt sie noch mal, Katharina?«

»Isabella«, gluckste ich.

»Ah. Sorry, ich hatte mir nur gemerkt: ›Name einer Adligen‹ und ›Kann ich nicht leiden‹.«

Jetzt musste ich lachen. Raphaels Ex-Freundin hieß Catarina, und Valeria hatte die letzten fünf Jahre ihres Lebens damit verbracht, den Namen zu hassen.

»Jaah ...«, machte ich trotzdem einen Bogen um das Thema, denn ich wollte ihr weder zustimmen noch schlecht über meine Mitbewohnerin sprechen, über die es allerhand Schlechtes zu sagen gäbe. »Es ist kompliziert. Aber deswegen rufe ich nicht an. Hör zu, ich weiß, es klingt komisch, und bitte lach nicht, aber kann ich vielleicht bei euch duschen kommen?« Ich hoffte inständig, dass Raphael das nicht hören konnte, da fiel mir ein, dass Donnerstag war und er vermutlich arbeitete.

Valeria prustete tatsächlich los. »Wieso, sind die beiden gerade im Bad beschäftigt?«

»Valeriaaa«, quengelte ich. »Du verbringst eindeutig zu viel Zeit mit deinem Freund!«

Jetzt stöhnte sie. »Eher zu wenig! Im Prinzip sitze ich bis auf freitags, wenn ich zum Feedbackgespräch in seiner Firma bin – wo ich ihn übrigens auch nicht sehe –, den ganzen Tag in seiner Wohnung und schreibe an meiner Bachelorarbeit oder instagramme, bis er endlich abends nach

Hause kommt. Wird Zeit, dass ich mit dem Studium fertig werde und auch anfange zu arbeiten.«

Ein winziger Stich durchzog meine Brust. Valeria war zwei Jahre jünger als ich, würde aber früher ihr Studium beenden, weil ich zuerst Psychologie und dann Grafikdesign abgebrochen hatte. Mit BWL war ich zwar auch nicht wirklich glücklich, aber mein Dad hatte recht, das hielt mir einfach die meisten Möglichkeiten offen.

»Also, wann kommst du? Soll ich was backen? Ich hab ein cooles Rezept für Cantuccini gefunden. Die gibt's bestimmt auch vegan, ich guck mal nach!«

Ich lachte, aber Widerrede war wohl sinnlos. Also packte ich meine Sachen samt Duschzeug, Klamotten und Laptop in eine Sporttasche und nahm den nächsten Bus zu Raphaels Wohnung. Nachdem ich geduscht hatte, half ich ihr die fertigen Cantuccini zu arrangieren und nicht nur auf dem massiven Esszimmertisch abzulichten – das also war der tolle Walnussholz-Untergrund, den sie immer benutzte! –, sondern machte auch Fotos mit ihr selbst, damit sie ihre neueste Leidenschaft endlich in ihren echten Feed posten konnte. Ich liebte die Fotos, in denen sie in einem karamellfarbenen Oversize-Pulli auf dem Tisch saß, ihre nackten, gebräunten Beine auf dem dunklen Walnussholz ausgestreckt.

Dieser Tisch musste ein Vermögen gekostet haben, aber um ehrlich zu sein, war alles in Raphaels Wohnung ziemlich beeindruckend. Tja, manche Leute hatten ihr Leben einfach im Griff.

Nachdem wir die Bilder gemeinsam bewundert und auf ihren Laptop übertragen hatten, fläzten wir uns auf die Couch – und verquatschten uns. Über ihr Studium und meins, über Raphaels Wohnung und meine, und immer wieder über meine Beziehung zu Sandro, die nur in Valerias Kopf existierte, und Isabellas höchst penetrant zur Schau getragene angebliche Verliebtheit.

»Das macht sie doch mit Absicht!«, explodierte Valeria plötzlich und verschüttete dabei beinahe ihren Kaffee. »Ich kann nicht verstehen, wie du sie noch in Schutz nehmen kannst! Boah, ich würde so ausrasten!«

Ich lachte, weil sie das im Grunde genommen gerade tat. Aber ich kam nicht dazu, ihr das mitzuteilen, weil sie schon weiterschimpfte: »War sie nicht diejenige, die zuerst fremdgeküsst hat? Die, die *Schluss gemacht* hat? Und jetzt ist sie plötzlich wieder im siebten Himmel?! Ich bitte dich!«

Jetzt, wo sie es so aussprach, kamen mir tatsächlich Zweifel.

Aber andererseits, wer war ich, über Isabella zu urteilen? Sie war auch nur ein Mädchen, das zu sehr unter dem Wahn ihrer Mutter gelitten hatte und zu viele Selbstzweifel mit sich herumtrug, genau wie ich. Also hob ich bloß unglücklich die Schultern. Valeria schüttelte immer noch den Kopf.

»Und was ist mit Sandro? Hat der gar nichts dazu gesagt? Warum macht *er* nicht einfach Schluss?«

»Weil ihre Beziehung vielleicht wirklich toll ist und nur in deinem Kopf die Wurzel allen Übels?«, fragte ich zurück, obwohl ich leider überhaupt nicht wusste, was Sandro darüber dachte, denn seit den neuen Regeln hatte ich ihn nicht mehr gesehen. »Kannst du jetzt bitte aufhören, mich mit jemandem verkuppeln zu wollen, der in einer funktionierenden Beziehung ist?«

»Funktionierend«, schnaubte Valeria und stand auf, um die Wasserkaraffe nachzufüllen. Ich wappnete mich für eine erneute Hasstirade gegen meine Mitbewohnerin, aber glücklicherweise schien Valeria genug von ihr zu haben.

»Weißt du, Vany, wenn ich in den letzten Monaten etwas gelernt habe, dann, dass es zwar für eine Beziehung gute rationale Gründe geben kann, wie gleiche Wellenlänge, gleicher Humor, gleiche Attraktivität – von denen übrigens alles auf dich und Sandro viel mehr zutrifft als auf die beiden, nur mal so am Rande.« Ich spürte die Hitze auf meinem Gesicht, schaffte es aber nicht zu protestieren, bevor sie weitersprach: »Dass es aber vor allem die irrationalen Gründe sind, die eine einfache Beziehung von echter Liebe unterscheiden. Diese unerklärliche Anziehung, dieses Vibrieren in der Luft, wenn man im selben Raum ist. Dieser tiefe Blick, mit dem man den anderen ansieht.« Eine Sekunde lang war ich wie gefangen in ihrem verträumten Blick und ihren Worten, die so weise waren – und so wahr, dass es mich fast zerriss. Ausgerechnet Raphael hatte sie das alles erkennen lassen? »Genau das sehe ich bei euch, Vany. Und solange ich das sehe, werde ich nicht aufhören, davon zu sprechen«, endete Valeria und ließ sich wieder neben mir auf das Sofa plumpsen, sodass ihr Zopf fröhlich umherschwang.

Ich nickte, äußerlich gefasst, aber innerlich zerstört. In Valerias Kopf war das vielleicht einfach, aber das echte Leben war nun einmal nicht einfach. Wenigstens schafften wir es endlich, das Thema zu wechseln und einfach mal unbeschwert zu quatschen. Zumindest bis Raphael nach Hause kam und ich mich verabschiedete, zumal ich ohnehin noch in den Baumarkt wollte, um unsere Dusche zu reparieren.

Ich hatte mit vierzehn meine erste Schrankwand montiert, bisher jede Waschmaschine selbst angeschlossen und sogar schon eine komplette Küche aufgebaut. Ich würde auch mit dieser Dusche fertig werden. Die Brause selbst war auch gar nicht das Problem. Das Problem war das Verbindungsstück vom Schlauch zum völlig verkalkten Wasserhahn. Heißes Wasser, Zitronensäure und Essig hatten knapp eine halbe Stunde später den Kalk größtenteils abgelöst, aber entweder war die Rohrzange zu läppisch, das Gewinde zu abgenutzt – oder ich schlichtweg zu schwach. Mein Bauch knurrte längst wieder und erinnerte mich daran, dass ich seit dem Müsli am Morgen und vier Cantuccini bei Valeria nichts mehr gegessen hatte. Aber ich war so kurz davor, das Gewinde endlich zu lösen, dass ich die zehn Minuten auch noch überleben würde. Und dann würde ich mir zur Feier des Tages Couscous kochen. Okay, hauptsächlich, weil der besonders schnell ging und ich wirklich fast verhungerte.

Die Kante der Badewanne drückte sich unangenehm hart in meinen linken Oberschenkel, auf den ich mich stemmte, um mit beiden Händen die Rohrzange zu drehen. Gut, dass niemand da war, denn ich klang allmählich, als hätte ich schlimme Verstopfungen.

Endlich fühlte es sich an, als bewegte sich das Gewinde. Dann hörte ich hinter mir ein Glucksen, das mir einen heißen Schauer durch die Glieder jagte, und zwar nicht nur aus Überraschung.

»Kann man dir irgendwie helfen?«, fragte eindeutig Sandros Stimme.

Ich verlor das Gleichgewicht, rutschte mit der Rohrzange ab und hätte mir um ein Haar den Zeigefinger im Griff eingeklemmt.

»Scheiße!«, entfuhr es mir statt einer Antwort. »Diese verdammten Dinger sind ja reinste Mordwaffen! Kein Wunder, dass es die bei Cluedo gibt.«

Sein Glucksen mündete in das schönste Lachen, das ich je gehört hatte. »Es war Fräulein Kaiser mit der Rohrzange im Badezimmer«, löste er stilecht auf und lehnte den Kopf dabei so zwanglos gegen den Türrahmen, dass mir beinahe das Herz zersprang. Er trug bloß ein schlichtes weißes T-Shirt zu Used-Look-Jeans, aber kein Model im Maßanzug hätte ihm in diesem Augenblick das Wasser reichen können. Seine zimtblonden Haare standen wie immer in alle Richtungen ab und es sah nicht aus, als hätte er bei diesem perfekten Messy-Look nachgeholfen. Er war einfach ... von Natur aus perfekt.

Ich starrte ihn an, erwiderte sein Lächeln, und da wusste ich, dass Valeria recht hatte: Ich hatte mich verliebt. In den Freund meiner Mitbewohnerin.

12 In der Rohrzange

Sandro

Einen Moment lang sahen wir uns einfach nur an, ohne Worte, ohne Erwartungen. Es war das fünfte Mal, seit sie sich vor drei Wochen neben mich auf die Couch gesetzt hatte, und ich erinnerte mich an jeden einzelnen dieser kurzen Augenblicke mit Vanessa, die so schlicht waren und mich doch nicht mehr losließen.

Ich hob einen Mundwinkel, da wandte sie jäh den Blick ab und angelte stattdessen die Mordwaffe aus der Badewanne. Unwillkürlich verschränkte ich die Arme vor der Brust und nahm das Bild in mich auf.

Der Anblick war geradezu hypnotisierend. Vanessa saß wie eine Katze auf der Badewannenkante, ein Bein für die Balance daraufgestellt, das andere als Gegengewicht über dem Boden baumelnd, während sie mit der Rohrzange hantierte. Ihr weites T-Shirt war wie so oft über eine Schulter gerutscht und verhedderte meine Gedanken kurz in ganz anderen Fallstricken, bis ich mich zwang, den Blick von ihrer nackten Schulter abzuwenden. Keine Frage, sie war schön. Sexy. Selbst wenn sie so schlichte Kleidung trug und sich ihre Haare aus einem unordentlichen Dutt lösten. Aber es war der Ausdruck in ihren Augen, der mich so fesselte. Schiere Willenskraft, gepaart mit Überraschung und einem Hauch Kampfgeist, als ich näher kam.

»Was machst du hier?«, fragte ich. Ich hatte nicht damit gerechnet, sie hier vorzufinden. Und ich hatte vergessen, wie es sich anfühlte, mit ihr im selben Raum zu sein. Ich hasste mich augenblicklich selbst für diesen Gedanken.

»Dasselbe könnte ich dich auch fragen«, entgegnete Vanessa belustigt und warf mir einen Seitenblick zu, der einen Mann tagelang verfolgen konnte – und mich so unvorbereitet traf, dass ich einen Moment lang keine Antwort geben konnte, nicht einmal an eine Antwort *denken*. Aber Vanessa übernahm bereitwillig das Gespräch: »Wie du siehst, repariere ich unsere Dusche«, erklärte sie mit erhobenem Kinn und zeigte mit der Rohrzange auf mich. »Und bevor du denkst, dass ich das nicht hinkriege, weil ich eine hübsche und folglich dumme Blondine bin: Ich habe die komplette Küche gestrichen *und* aufgebaut.«

Ich verkniff mir ein Grinsen, ging vor der Badewanne in die Hocke und schob sachte das Mordwerkzeug aus meinem Sichtfeld. »Keine Sorge, das denke ich nicht. Es wäre mir trotzdem lieber, wenn du mich dir helfen lassen würdest.«

Damit wollte ich ihr die Rohrzange aus der Hand nehmen, aber Vanessa hielt sie von mir weg. »Damit es der Boxer mit der Rohrzange im Bad war? Sorry, aber was dieses Cluedo-Spiel angeht, habe ich leider die besseren Karten auf der Hand.«

Das hatte sie in der Tat. Mein Blick verfing sich in ihren unordentlich hochgesteckten blonden Haarsträhnen, während sie sich wieder vor dem Wasserhahn in Position brachte.

»Keine Sorge, in zwei Minuten bin ich fertig. Wäre ich auch jetzt schon, wenn du nicht plötzlich in meiner Wohnung gestanden hättest. Wie kommst du überhaupt rein, hast du neuerdings einen Schlüssel?«, fragte sie, während sie die Rohrzange wieder ansetzte. Die Legierung des Wasserhahns war bereits an einigen Stellen abgeplatzt, das Gewinde zerkratzt.

Ich zog die Brauen zusammen und wunderte mich abermals darüber, dass sie gerade hier war. »Ja … deinen.« Isabella hatte ihn mir letzte Woche gegeben, als Vanessa zu ihrem Vater gefahren war.

»Meinen?!«, echote sie atemlos, stemmte sich kurz gegen den Wasserhahn und prüfte erneut den Sitz der Verschraubung. »Kann nicht sein, den habe ich noch.«

Ich runzelte die Stirn, sagte aber nichts dazu. »Wie war Mallorca?«

»Mallorca?« Jetzt legte sie die Stirn vollends in Falten, maß den Durchmesser des Gewindes erneut und justierte den Abstand der Greifer. »Wie kommst du darauf? Ich fahre erst über Ostern zu meinem Vater.«

Ich blinzelte, jetzt vollständig aus dem Konzept gebracht. »Und wo warst du dann die letzten vier Tage?«

»Hier?!«

Vanessas Worte ließen meinen Körper erstarren, aber ihr Blick versteinerte mein Herz. Dieser Blick, der mir sagte, dass sie alles mitgekriegt hatte. Alles. Eine Mischung aus ohnmächtiger Fassungslosigkeit und schlechtem Gewissen übergoss mich wie heißes Pech. Sie war die ganze Zeit hier gewesen?

»Ich dachte ... aber ... wie ...« Ich verfluchte mich dafür, dass ich nicht fähig war, mehr als zusammenhangslose Worte zu stammeln, und ich verfluchte Isabella dafür, dass sie mich angelogen hatte. Sie hatte gesagt, Vanessa sei in den Urlaub zu ihrem Vater gefahren, damit wir etwas Zeit für uns hatten.

»Warum hast du nie was gesagt?«, schaffte ich es endlich, einen sinnvollen Satz zu bilden.

Vanessa stieß ein kurzes Lachen aus. »Wie was? ›Hey Sandro, cool, dass du wieder mit Isabella zusammen bist. Kümmere dich nicht um mein Herz, das lag eh schon vorher zertrampelt am Boden‹ ?«

Ich starrte sie entsetzt an, während mein Herz gleich neben ihres stürzte, und sie erkannte offenbar im selben Augenblick, was sie da gesagt hatte. Und während ich das ganze Ausmaß dessen begriff, was Isabella getan hatte, schüttelte Vanessa kaum merklich den Kopf, als zweifelte sie an ihrer eigenen geistigen Gesundheit, und dann heftiger, um den Moment abzuschütteln und weiterzumachen, als wäre nichts gewesen. Aber ich wollte nicht so tun, als wäre nichts gewesen.

»Warum hast du nicht ›Hallo‹ gesagt?«, formulierte ich meine Frage neu und hoffte, dass sie versöhnlich statt anklagend klang.

Jetzt setzte Vanessa die Rohrzange wieder ab und seufzte lang gezogen, hob vielsagend die Schultern. »Weil deine Freundin, meine Mitbewohnerin, letzten Sonntag Regeln aufgestellt hat. Unterm Strich, dass ich mich weder im selben Raum mit dir aufhalten noch mit dir reden darf und am besten einfach so tue, als wäre ich nicht da, wenn du hier bist.«

»Wie bitte?« Das konnte doch nicht ihr Ernst sein. »Und das hast du dir einfach so gefallen lassen?«

Wieder hob sie die Schultern, und diesmal sah sie so verloren und verletzlich aus, dass ich sie um ein Haar in meine Arme gezogen hätte. Als sie wieder sprach, war nichts mehr von der selbstbewussten Toughness zu spüren, die vermutlich der Grund dafür war, dass die ganze Welt sie für perfekt und arrogant hielt. Als sie wieder sprach, war ihre Stimme voller Schmerz und Schuld. »Das hier ist schließlich ihre Wohnung.«

Jetzt schnaubte ich. »Weißt du, dass du zwei Drittel der Miete bezahlst? Ich habe vorgestern die Kontoauszüge gesehen.«

Vanessa ließ die Schultern hängen und wich meinem Blick aus. Sie wusste es also wirklich. Warum tat sie das? »Es ist trotzdem ihre Wohnung. Und ich habe ihren Freund geküsst, also ...«

»Ihr Freund hat dich geküsst!«, stellte ich klar. »Und zu dem Zeitpunkt war er nicht einmal ihr Freund, weil sie Schluss gemacht hatte.« Ich fing an, mich wirklich über Isabella aufzuregen.

»Aber danach ist er gleich wieder zu ihr zurückgegangen!«, schoss Vanessa jetzt plötzlich zurück. Doch anders als bei Isabella funkelte in ihren Augen kein Zorn, sodass jede meiner hitzigen Erwiderungen einfach verpuffte.

»Hör zu, es ...« Ich suchte eine Weile nach den richtigen Worten, aber die gab es einfach nicht. »Es ist kompliziert.«

»Du könntest versuchen, es mir zu erklären?«, forderte sie mich heraus. »Oder du könntest dich einfach wie ein anständiger Kerl benehmen und eine Armlänge Abstand halten«, fügte sie halb ernst, halb lachend hinzu und drückte mit dem ausgestreckten Arm gegen meine Schulter. »Also, was darf's sein, Wahrheit oder Pflicht?«

Ich konnte mich nicht gegen die Verblüffung und das Lachen wehren, gefangen zwischen ihrer erfrischenden Intelligenz, ihrem ungezwungenen Charisma – und den Geistern meiner Vergangenheit. Langsam schüttelte ich den Kopf. Wie konnte ich ihr erklären, dass ich Isabella zwar nicht mehr liebte, sie vielleicht sogar nie geliebt hatte, aber eher sterben würde, als mit ihr Schluss zu machen? Immerhin hatte ich wegen ihr das Beste verloren, was mir jemals passiert war.

Eine schreckliche Sekunde lang war ich wieder gefangen in dem Horrorfilm meiner eigenen Fehler, bis Vanessa eine kühle Hand auf meinen Arm legte und sich mein Herz so schmerzlich zusammenzog, dass ich mir einbildete, die alten Narben zu spüren. Die fast vollständig verheilten auf meiner Haut, und die viel tieferen in meiner Seele.

Ich sah in Vanessas unfassbar schöne Augen, scheiterte aber an einem Lächeln, also erwiderte ich den Druck ihrer Finger, um meine Entschuldigung in diese Berührung zu legen. Am liebsten hätte ich ihre Wange berührt und ihr diese perfekt unperfekten Strähnen aus dem Gesicht gestrichen, aber das verbot ich mir. Das verdiente ich nicht, und das verdiente sie nicht. Sie verdiente so viel mehr, und ich viel, viel weniger.

»Es tut mir leid, dass ich dich da mit reingezogen habe.« Ich hörte das schuldige Flehen in meiner eigenen Stimme und hasste mich umso mehr. Hasste mich, hasste Isabella und hasste die ganze Welt. Aber wenn das meine Strafe war, dann würde ich auch das ertragen. Ich würde alles ertragen.

Für einen Sekundenbruchteil sah es so aus, als würden sich Vanessas hellbraune Augen mit Tränen füllen. Dann lächelte sie und wand den Arm zaghaft aus meiner Berührung.

»Hast du nicht.« Sie zuckte mit den Schultern. »Es ist wirklich nicht so schlimm für mich. Ehrlich! Isabella hätte mich auch rauswerfen können, aber das hat sie nicht, und dafür bin ich dankbar.«

Ich betrachtete Vanessas Gesicht und versuchte hinter ihre Stirn in ihre Gedanken zu sehen. Warum tat sie sich das an?

»Und wenn sie dich nur benutzt?«, fragte ich, nickte jedoch im selben Augenblick in grimmiger Erkenntnis. Isabella benutzte Vanessa, um sich die Wohnung leisten zu können. Und sie benutzte mich, um Vanessa zu bestrafen. Ich wusste, dass es stimmte, denn die unbestreitbare Logik erfüllte mich mit derselben grimmigen Genugtuung wie eine lückenlose Beweiskette in Gerichtsverfahren. Und sie machte mich genauso wütend auf meine Freundin wie auf die überführten Täter.

Doch jetzt gerade ging es nicht um Isabella oder um längst gesprochene Gerichtsurteile. Jetzt ging es um Vanessa, die mit zusammengesunkenem Körper und leerem Blick vor mir auf dem Badewannenrand saß. Endlich streckte ich eine Hand aus, um sie vorsichtig auf Vanessas Bein zu legen, damit sie mich ansah. Sie sah so unfassbar traurig aus.

»Du bist die beeindruckendste Person, die ich kenne«, sagte ich und meinte es ernst. »Warum lässt du das mit dir machen?«

Da verzog sich Vanessas Gesicht zu einer gequälten Grimasse. »Vielleicht benutze ich sie ja auch?«, rief sie zurück, so hoch, dass ihre Stimme beinahe versagte. »Vielleicht akzeptiere ich ihre Regeln, weil ich einfach nicht alleine wohnen will? Ich bin nicht blöd, ich weiß, dass in meiner eigenen Wohnung vieles besser wäre, aber ich will nicht. Ich *kann* nicht. Ich kann es nicht ertragen, allein zu sein, okay? Lieber bin ich umgeben von Menschen, die mich hassen, als …« Sie hob hilflos die Schultern. »Ich weiß, dass das bescheuert ist, aber so ist es nun mal. Und an Menschen, die mich hassen, bin ich wenigstens gewöhnt und kann damit umgehen. Damit alleine zu sein, nicht.«

Der Schmerz in ihrer Stimme schnürte mir fast die Luft ab. Abermals wünschte ich mir, ich könnte sie trösten und all ihre Seelenqualen lindern. Aber ich konnte ja nicht einmal meine eigenen Qualen lindern.

Ich schluckte trocken, nickte stumm. Vanessa hob erneut die Schultern, erinnerte sich dabei an die Rohrzange in ihrer Hand und machte sich kopfschüttelnd wieder an die Arbeit.

»Kannst du jetzt bitte gehen, bevor du noch mehr kaputtmachst?«

Ich steckte den Stich wortlos ein, denn ich hatte ihn verdient. Widerwillig kam ich auf die Beine und sah Vanessa zu, wie sie die Rohrzange wieder an das Gewinde der Brause ansetzte und einmal kurz ruckartig zog. Sie drehte zum Test die Wasserhähne auf, erst den blauen bis zum Anschlag, dann den roten. Nichts geschah.

Ich konnte mir das nicht ansehen. »Sorry, Vany, ich glaube dir wirklich, dass du das kannst. Aber bitte, lass mich dir helfen.«

Ungefragt schob ich den Duschvorhang weiter zur Seite, um mich neben sie auf die Kante zu setzen. Ich drehte die Wasserhähne vorsorglich halb zu und löste das Werkzeug behutsam aus Vanessas kämpfenden Fingern. Sie stemmte sich jetzt nicht nur gegen die Armatur, sondern auch gegen mich.

»Lass mich, Sandro, ich k-aaah!«

Ihr Schrei ging in meinem unter, als sich das Gewinde mit einem plötzlichen Knall löste und uns mit heißkalten Fontänen bespritzte.

Vanessa drehte den Oberkörper kreischend weg vom wild spritzenden Wasser und wäre dabei fast vom nassen Wannenrand gerutscht. Ich hielt sie fest und griff blind nach den Drehknöpfen, drehte erst in die falsche Richtung, sodass der Wasserstrahl stärker und heißer wurde und Vanessa noch mal kreischte. Einen Sekundenbruchteil wurde das Wasser eiskalt, dann war es aus.

Keuchend und durchnässt starrten wir uns an. Erschrocken, verstört und geradezu paralysiert – und nur eine Handbreit voneinander entfernt. Plötzlich war das Verlangen sie zu küssen übermächtig. Mir fiel auf, dass ich Vanessas Mitte immer noch umschlungen hielt, und ich löste meinen Arm von ihrem nassen T-Shirt, nicht ohne den starken Widerwillen meines Körpers zu registrieren. Erneut spürte ich das Prickeln ihrer schieren Nähe auf der Haut, erneut sah ich die vereinzelten Sommersprossen auf ihrer Nase, und erneut konnte ich nichts tun, als in ihr Gesicht zu starren und gegen jede Zelle meines Körpers anzukämpfen.

Dann verebbte das Adrenalin, und ich spürte mein Herz beinahe schmerzhaft hart in meiner Brust. Mein Atem ging genauso stoßweise wie ihrer. Und als ihr Blick auf meine Lippen fiel, musste ich den überwältigenden Impuls bekämpfen, sie doch zu küssen.

Vanessa stöhnte.

Und ich Idiot erkannte erst einen Sekundenbruchteil später, dass ihr Gesicht dabei schmerzverzerrt war – und die verbliebenen Rinnsale in der Badewanne rot!

»Du blutest!«, rief ich aus.

Wie um sich mit eigenen Augen davon zu überzeugen, drehte sie die rechte Handfläche nach oben. Der Daumenballen hatte eine halbmondförmige Wunde, aus der so viel Blut sickerte, dass ich um ein Haar in Panik verfallen wäre.

»Ich bringe dich ins Krankenhaus!«

»Ach was, das sieht durch das Wasser schlimmer aus, als es ist«, wiegelte sie ab. »Obwohl es schon ziemlich wehtut, jetzt wo ich darüber nachdenke. Oh Scheiße!«

Sie lachte hilflos, zog eine gequälte Grimasse, die auch mich unwillkürlich zum Schmunzeln brachte. Ich sah zu, wie sie den blauen Drehknauf vorsichtig aufdrehte, und dann, wie das Wasser erneut rot in den Abfluss lief. Entschieden schüttelte ich den Kopf. Nein, das war keine einfache Verletzung, das war eine Fleischwunde, und die musste versorgt werden. Jetzt.

Schon lehnte ich mich vor, um den Hahn wieder zuzudrehen, damit sie nicht noch mehr Blut verlor. Dann angelte ich das Handtuch vom Haken und wickelte es vorsichtig, aber fest um ihre Handfläche.

Vanessas Wimmern verkrümmte meine Eingeweide.

»Entschuldigung«, murmelte ich.

»Entschuldigung angenommen«, kapitulierte sie und erhob sich von der Badewannenkante.

Ich löste den Blick von ihrem durchnässten T-Shirt und musterte aufmerksam ihr Gesicht. Sie sah blasser aus als normal, aber das konnte auch das kalte Wasser sein, das von ihrer Nasenspitze tropfte. Als sie sich mit dem Handrücken über das Gesicht wischte, taumelte sie leicht und setzte sich wieder auf die Badewannenkante. Ich stützte sie vorsorglich.

»Vany …«

»Mir geht's gut«, beteuerte sie, hielt sich aber trotzdem im Sitzen an meiner Schulter fest. »Ich muss nur was essen, sonst kippe ich um.« Sie sammelte sich kurz, dann stand sie auf. Und strauchelte erneut.

»Ich fahre dich ins Krankenhaus«, beschloss ich. »Wo sind dein Handy und dein Geldbeutel?«

»In der Küche, Moment. Ich …«

Weiter kam sie nicht, denn in diesem Moment versagten sowohl ihre Beine als auch ihre Zunge.

Vanessa fiel einfach um.

Vanessa

Der Boden vibrierte.

Ich stellte mir vor, wie sich Daddys wuchtiges Handy auf dem Küchentisch drehte, während der Anruf ins Leere ging. Das sah ich natürlich nicht wirklich, weil ich in meinem Bett lag und den Kopf im Kissen vergraben hatte. Trotzdem konnte ich unten meine Eltern streiten hören. Seltsam, dass diesmal meine Mutter so ruhig war und mein Vater so aufgeregt.

»Sie brauchen keinen beschissenen Krankenwagen zu schicken, wir sind schon auf dem Weg!«, rief seine Stimme. Ich liebte Daddys sonore Stimme über alles. Sie gab mir das Gefühl von Geborgenheit. »Sorgen Sie einfach dafür, dass in der Notaufnahme gleich jemand ist!«

Ich hörte nicht, was meine Mutter darauf erwiderte, aber Sekundenbruchteile später schreckte ich aus dem Bett –

Und saß neben Sandro im Auto. Mit einem pochenden Herz in der Hand und einem Loch in der Brust.

Sandro sah flüchtig zu mir, dann noch einmal richtig, und stöhnte erleichtert. »Oh Gott, danke!« Augenblicklich lehnte er sich über mich hinweg zum Handschuhfach und ich zog die Beine an, damit er es öffnen konnte.

»Alles klar bei dir?«, fragte ich amüsiert, als er höchst umständlich darin herumtastete.

Sandro gab einen undefinierbaren Laut von sich, den ich als eine Art hysterisches Lachen identifizierte, bevor er mir einen Eiweißriegel vor die Nase hielt. »Das fragt die Richtige! Hier. Der ist nicht vegan, aber das ist mir scheißegal.«

Ich musste kichern. »Wahrheit oder Pflicht: ›Iss einen Eiweißriegel, elende Veganerin‹?«

Er schüttelte den Kopf, aber ich sah das Lächeln in seinen Mundwinkeln. »Dann wohl eher: ›Wahrheit – Es war doch Fräulein Kaiser mit der Rohrzange im Badezimmer‹ «, erwiderte er.

Schlagartig erinnerte ich mich daran, was passiert war. Und wie auf Knopfdruck meldete sich mein Magen mit so überwältigendem Hunger, dass mir kurz schwarz vor Augen wurde.

»Oh Gott!«

»Das kannst du laut sagen! Geht's dir gut?«

Ich spürte eine warme Hand an meiner Wange, dann an meiner Stirn, und diese kleine Berührung wärmte meinen ganzen Körper. Die Berührung, und die Sorge in seiner Stimme. Ich lächelte schmerzlich, während sich das Loch in meiner Brust weiter dehnte.

»Iss jetzt bitte den verdammten Riegel«, forderte Sandro, und ich gehorchte.

13 Man kann nicht alles reparieren

Vanessa

Als am nächsten Morgen um sieben Uhr das Licht anging, fühlte ich mich beinahe ausgeschlafen. Krankenhausbetten waren immer noch das unkomfortabelste Möbelstück der Welt, aber die Kombination aus Kochsalzlösung und Medikamenten hatte mal wieder wahre Wunder gewirkt. Okay, und vielleicht auch der Abstand von meiner Wohnung, Isabella und Sandro.

Sandro, der gestern den ganzen Tag nicht von meiner Seite gewichen war. Nicht, während ich in der Notaufnahme versorgt worden, mit drei Stichen genäht und mit dreihundert Fragen gelöchert worden war. Nicht, als sie mich zur Rehydrierung an den Tropf angeschlossen hatten. Und auch nicht, als sie mich danach auf ein Zimmer verlegt hatten, um mich über Nacht zur Beobachtung hierzubehalten. Ein Einzelzimmer mit Ausblick auf den Park, weil ich immer noch über die Privatversicherung meines Vaters versichert war.

Erst als Sandros Handydisplay um halb neun einen Anruf von Isabella angezeigt hatte, hatte er sich verabschiedet, zumal die Besuchszeit ohnehin seit einer halben Stunde überschritten gewesen war.

Seitdem redete ich mir ein, nicht an ihn zu denken, was eigentlich ganz gut klappte. Außer eben, wenn ich doch an ihn dachte. Oder an meine dumpf pochende Hand, die mich an ihn erinnerte, oder ans Duschen, Essen oder meine Wohnung. Also praktisch immer.

Ich ging in das kleine Bad – und dachte schon wieder an Sandro, der gestern sogar noch Valeria angerufen und Wechselsachen organisiert hatte. Sie hatte mir einfach ihre komplette Notfall-Reisetasche vorbeigebracht, inklusive eines kakigrünen Kurzpyjamas, schwarzen Leggins, Tanktop und cremefarbenem Pullover. Ich drückte die Nase in den weichen Stoff, während ich ihn mir überzog, und Valerias Duft, der immer noch nach ihrem früheren Zuhause roch, hüllte mich in tausend Erinnerungen, die meine Seele streichelten, und zehntausend, die mir schier das Herz herausrissen.

Mit Valerias Pulli bekleidet, der mir ein bisschen zu groß war, war ich gerade zurück auf mein Bett gekrabbelt, als die Tür aufging – und ihr Bruder hereinkam. Ich glotzte Milias an wie einen Geist, der sich gerade aus meinen Gedanken materialisiert zu haben schien, und schoss so plötzlich in die Höhe, dass mir kurz schwindelig wurde.

»Was machst du denn hier?«

Er umarmte mich behutsam und lächelte genauso warm wie immer. »Dasselbe könnte ich dich auch fragen. Wie geht's dir?«

»Gut, aber ...« Ich schüttelte immer noch den Kopf, konnte einfach nicht glauben, dass er hier war. Dass er mich im Krankenhaus besuchte. Mich! »Woher weißt du ...?«

»Valeria hat mich gestern angerufen. Und Nicole heute Morgen«, ergänzte er und zog sich einen Stuhl heran.

Richtig, Nicole war Krankenschwester. Oh Gott, hatte sie mich gesehen? Oder einfach nur meinen Namen in der Patientenliste gelesen? Ich ließ mich wieder aufs Bett sinken und eine Weile sahen wir uns einfach nur schweigend an, weil keiner von uns wusste, was er sagen sollte.

»Wirklich alles in Ordnung?«, fragte Milias schließlich, und bevor ich nicken konnte, ergänzte er: »Du siehst traurig aus.«

Jetzt musste ich doch wegsehen, weil ich fürchtete, sonst in Tränen auszubrechen, die ich nicht erklären konnte.

»Sag nicht, dass Sandro Schluss gemacht hat ...«, interpretierte er meine Reaktion falsch. Woher sollte er es auch besser wissen?

Ich schloss die Augen und verschränkte die Arme vor der Brust, wie um mir selbst Halt zu geben. Schüttelte den Kopf und schluckte gegen den dicken Kloß in meinem Hals an. Zweimal. Dreimal. Dann gestand ich endlich: »Sandro und ich sind nicht zusammen. Wir waren nie zusammen. Er ist ...«, ich lachte kurz und hilflos auf, »... der Freund meiner Mitbewohnerin.« Milias musste mich jetzt für vollkommen unrettbar halten. Menschen tendierten dazu, dieselben Fehler immer wieder zu machen, oder? Um meine Schuldgefühle zu mindern, ergänzte ich: »Sie hatte Schluss gemacht, nachdem sie jemand anders geküsst hatte, aber jetzt sind sie wieder zusammen und ...«

Ich schüttelte den Kopf und zuckte mit den Schultern, weil ich nicht weiterwusste – in diesem Satz und dieser ganzen Situation. Ich hatte mir das nicht ausgesucht, es war einfach passiert. Warum war das Leben eigentlich immer so kompliziert?

Milias zog mitfühlend die Brauen zusammen, und der Anblick brachte mich fast schon wieder zum Weinen. Würde diese irrationale Sehnsucht nach der ersten großen Liebe jemals nachlassen?

Ängstlich hob ich den Blick. »Ich hab schon wieder Mist gebaut, oder? Vielleicht bin ich einfach nicht gut darin, das Richtige zu tun, und mache immer alles kaputt.«

Sichtlich gegen seinen Willen musste Milias grinsen, und er sah dabei immer noch genauso hinreißend aus wie früher. »Selbst wenn du nur einen Wasserhahn reparieren willst.« Ich stieß ihn leidend an, konnte mich aber auch nicht gegen ein schwaches Lächeln wehren. »Nein, im Ernst«, sagte Milias dann, »ich glaube, manche Dinge kann man einfach nicht reparieren. Ich meine, was nicht zusammengehört, wird immer wieder kaputtgehen, weißt du? Und nichts gegen deine Mitbewohnerin, aber wenn jemand das Bedürfnis hat fremdzugehen, dann ist die Beziehung definitiv nicht das Richtige. Versteh das nicht falsch, das meine ich nicht auf uns bezogen oder so, einfach ...« Er hob machtlos die Schultern und sah aus dem Fenster, hinter dem die Bäume noch kahl waren, aber bereits vereinzelt Vögel zwitscherten. Der Frühling kam, aber er kam quälend langsam.

Ich starrte diesen Inbegriff meines Traummanns immer noch an und hatte plötzlich einen so schweren Kloß im Hals, dass ich glaubte daran ersticken zu müssen. Wie konnte er sagen, dass er nicht der Richtige gewesen war, wenn sich seitdem nichts mehr so richtig angefühlt hatte?

Ich schluckte trocken, versuchte mich an den Gedanken zu gewöhnen, und nickte langsam. Da lächelte Milias, nein, strahlte geradezu, und wandte mir wieder das Gesicht zu.

»Aber andererseits wird auch immer zusammenfinden, was zusammengehört. Es gibt kein Richtig oder Falsch, Vany, es gibt nur die Abzweigungen, die wir in unserem Leben nehmen. Die Entscheidungen, die wir treffen. Du solltest dich nicht für deine Entscheidungen hassen, selbst wenn du heute denkst, dass sie falsch waren. Morgen könnten sie sich als richtig herausstellen. Und selbst wenn sie nicht richtig waren: Hättest du sie nicht getroffen, wärst du heute nicht der Mensch, der du bist. Und ich finde, du bist ein toller Mensch.« Er lächelte breit. »Das fand ich schon immer.«

»Milias ...«

Ich konnte nicht anders, ich musste ihm einfach um den Hals fallen. Meine Augen hatten sich mit Tränen gefüllt, die ich tapfer zurückblinzelte. Milias legte die Arme um mich, und ich umarmte ihn so fest, dass meine frisch genähte Hand wieder zu pochen begann. Es tat so unendlich gut, seine Umarmung zu spüren, an seiner Schulter zu lehnen, und für einen winzigen Augenblick alles zu vergessen. Es tat unendlich gut und unendlich weh. Und in diesem Augenblick, in dem ich seinen vertrauten Duft einatmete und seinem Herzschlag lauschte, erkannte ich zwei Dinge. Erstens: Ein Teil von mir würde ihn immer lieben. Und zweitens: Ich wollte, dass er glücklich war. Und das war er mit Nicole.

»Danke«, brachte ich schließlich heraus. »Danke, dass du das sagst. Und danke, dass du hier bist. Das bedeutet mir wirklich viel.«

Milias lächelte breit, grinste beinahe, und hatte für einen Sekundenbruchteil wieder diesen unwiderstehlich selbstzufriedenen Schalk in den Augen. Dann warf er einen Blick auf die Wanduhr und stand auf. »Hab ich gern gemacht, Vany. Ich muss jetzt los, aber du passt auf dich auf, ja? Keine Rohrzangen mehr. Und auch kein Komafasten.« Ich hätte um ein Haar die Augen verdreht, nickte aber. »Denk daran, was dein Vater immer gesagt hat. Essen ist das halbe Leben! Ach, da fällt mir ein, was ich dich noch fragen wollte ...« Ungebeten sprang mir mein Herz in den Hals, als Milias kurz zögerte. »... Das ist bestimmt ein Fehler, aber ich habe eine ...«

Ich erfuhr nicht, was Milias hatte, weil in diesem Moment erneut die Tür aufging – und Sandro hereinkam. Er stockte kurz, als er Milias sah, und einen Herzschlag lang schien die Luft vor Anspannung zu vibrieren. Dann nickten sich die beiden zu und Milias umarmte mich noch mal zum Abschied.

»Mach's gut, Vany! Pass auf sie auf, in Ordnung?«, trug er Sandro auf und nahm seine Jacke. Dann war Milias verschwunden, und Sandro und ich waren allein.

Der Mann, dessen Herz ich nicht haben konnte, setzte sich auf den Stuhl, auf dem vor einer Minute noch der Mann gesessen hatte, dessen Herz ich weggeworfen hatte. Sandro stützte die Ellenbogen auf die Oberschenkel, und wieder begann das Gespräch in verlegener Stille, in der ich daran dachte, wie gut sich Milias' Freundschaft anfühlte. Wie viel mehr eine Freundschaft wert war als eine Liebesbeziehung. Und wie viel weniger sie kaputtmachte. Warum konnte ich nicht einfach mit Sandro befreundet sein? Warte mal, warum stellte ich mir eigentlich immer so dämliche Fragen und tat es nicht einfach? Ich sollte mir wirklich ein Beispiel an Valeria nehmen und mein Leben einfach selbst in die Hand nehmen. Und ich würde jetzt gleich damit anfangen!

»Wie geht's dir? Was macht die Hand?«, fragte Sandro.

»Gut, beides.« Ich nickte, brachte sogar ein halbes Grinsen zustande. »Ziemlich gut sogar. Ich konnte ausschlafen, und kein einziges Geräusch hat mich geweckt.«

Das schlechte Gewissen überschattete seine Züge, aber ich gab ihm mit einem freundschaftlichen Klaps zu verstehen, dass es dafür keinen Grund gab. Wir würden von nun an Freunde sein.

Er schüttelte den Kopf, und dann hob er wieder einen Mundwinkel und die darüber liegende Augenbraue zu diesem ironisch amüsierten

Ausdruck, bei dem mein frisch gefasster Entschluss gleich auf die Probe gestellt wurde.

»Vielleicht fällt es dir ja doch leichter, allein zu wohnen, als du denkst?«, zog er mich auf.

»Vielleicht kann ich ja nur nicht mit dir in derselben Wohnung schlafen?«, stichelte ich zurück.

Er gluckste, kratzte sich am Hals und murmelte etwas, das klang wie »Ja, schlafen könnte ich dann auch nicht«. Zumindest redete sich meine Wunschvorstellung ein, dass er das gesagt hatte. Bis mir auffiel, dass ich mir ja vorgenommen hatte, von nun an nur mit ihm befreundet zu sein.

»Was?«, fragte ich trotzdem, bevor ich mich daran hindern konnte.

»Nichts.« Er lehnte sich zurück. »Also, hattet ihr hier schon Frühstück?«

»Lenk nicht ab, Sandro!«, befahl ich lachend, »Was hast du gesagt?«

»Nur, dass ich nicht mehr in eurer Wohnung schlafen werde.«

»Was? Nein!«, rief ich sofort. »Das ist ausgeschlossen, morgen ist doch Valentinstag!«

Er stöhnte wie jemand, dem gerade eingefallen war, dass er den Herd angelassen hatte, und fuhr sich mit einer Hand übers Gesicht.

»Das geht nicht.«

Ich lachte. »Klar geht das! Ich meine, ihr könntet ruhig ein bisschen öfter bei dir sein, dann hätte ich mehr von meiner Wohnung, von der ich ja zwei Drittel zahle«, scherzte ich, wurde aber sofort ernst, als ich sein Gesicht sah. »Hey ...«, machte ich unwillkürlich und streckte die Hand nach seiner aus, überlegte es mir auf halbem Wege aber doch anders.

»Ich kann Isabella nicht mit in meine Wohnung nehmen.«

Ich sah die Schatten auf seinem Gesicht, die Regenwolken über seiner Seele, und beschloss sie zu vertreiben. »Wieso, versteckst du etwa eine heiße Mitbewohnerin?«, kicherte ich. Er hob den Kopf, und sein Blick ließ meinen Nacken kribbeln und mein Herz flattern. Ich überspielte die ungebetenen Gefühle, so gut es ging. »Oder etwa einen heißen Mitbewohner?«, lenkte ich mich ab und lockte ihn weiter aus der Reserve. Und endlich: Sein Drang zur Widerrede gewann die Oberhand.

»Ich wohne alleine«, stellte er klar. »Aber ich kann sie einfach nicht in meine Wohnung lassen. Ich ... *will* nicht. Erst recht nicht am vierzehnten Februar.« Er schüttelte den Kopf. »Sie würde es nicht verstehen.«

Ich nickte und eine Weile schwiegen wir beide. »Würde ich es denn verstehen?«

Er sah mich an und entzündete ein wohliges Feuer in meiner Brust, als er einen Mundwinkel hob. »Vielleicht. Aber ich würde es dir nicht sagen.«

Das weckte meinen Kampfgeist. Kokett legte ich den Kopf schief und warf ihm einen herausfordernden Augenaufschlag zu. »Wahrheit oder Pflicht?«

Er grinste breiter, schüttelte aber immer noch den Kopf. »Sorry, keine Chance. Ich war ohnehin schon immer eher der ›Pflicht‹-Typ.«

»Weil du eben ein netter Junge bist«, erklärte ich.

Für einen Moment sah es so aus, als wollte er es mir doch erzählen, nur um mir das Gegenteil zu beweisen. Aber dann öffnete sich die Tür und eine sehr große und sehr schlanke Ärztin trat ein, die mich mit geradezu entrückt seligem Lächeln und festem Händedruck begrüßte. Und ich wusste, was sie war, noch bevor sie sich vorstellte, weil sie mich auf diese vertrauensselige Art duzte, die mir Geborgenheit signalisieren sollte.

»Guten Morgen, Vanessa. Ich bin Christina Weiß, die Krankenhauspsychologin. Ich habe deine Patientenakte bekommen. Ist es okay, wenn ich dir ein paar Fragen stelle?«

Sie warf einen kurzen Blick zu Sandro, der eindeutig fragte, ob er dabei sein durfte, aber ich hob schon in beschwichtigender Geste die Hände und beteuerte: »Ich habe das nicht mit Absicht gemacht, mir geht es gut. Ehrlich!«

Sie nickte verständnisvoll, ihre grauen Augen sahen mich aufgeschlossen an. »Natürlich nicht. Hast du in letzter Zeit regelmäßig gegessen? Was ist zurzeit dein Lieblingsgericht?«

Ich stöhnte. »Hören Sie, ich bin nicht ... mir geht es gut, okay?« Ich sah sie flehentlich an, beschwor sie geradezu, mir nicht noch mehr solcher Fragen zu stellen. Aber ich wollte Sandro auch nicht wegschicken.

Wieder lächelte sie aufmerksam und nickte. »Das freut mich. Und wann hast du das letzte Mal mit deinen Eltern geredet?«

Mehr aus Reflex als allem anderen wich ich ihrem Blick aus und verschränkte die Arme vor der Brust. Ich wusste, dass das ein Fehler war, noch bevor sie mitleidsvoll den Kopf schief legte. Warum stellten Psychologen ihre Fragen eigentlich immer so, dass ich sofort an die Antwort denken musste, selbst wenn ich mir fest vornahm, es nicht zu tun?

Mit meiner Mutter hatte ich vor drei Wochen telefoniert und wie sogar Sandro wusste, war das nicht besonders harmonisch verlaufen. Ich hatte sie entgegen meinem Versprechen nicht am nächsten Tag angerufen, weil ich immer noch nicht wusste, ob ich zu Daddys Hochzeit gehen würde. Mit meinem Vater hatte ich seit dem letzten Herbst nicht mehr persönlich gesprochen. Er hatte mir zu Weihnachten zwar einen überwältigenden Teil meines Wunschzettels frei Haus geliefert, aber nicht angerufen, und zu Silvester nur eine dieser Massen-WhatsApp-Nachrichten mit albernem Bild geschickt. Dafür zeigte ihn sein Profilbild jetzt sonnengebräunt mit Poloshirt und Sonnenbrille neben einer lachenden Frau und zwei erwachsenen Töchtern, die nicht seine waren. Es gab nicht ein einziges Bild von unserer Familie, auf dem er jemals so glücklich ausgesehen hatte.

»Es geht ihr gut und sie isst genug«, hörte ich Sandros Stimme, und die ruhige Entschlossenheit darin ließ die Risse meines Herzens noch weiter aufbrechen. Denn beides war eine glatte Lüge, und das wussten wir beide. »Ihr Kreislauf ist gestern einfach kurz kollabiert«, erklärte Sandro, als wäre es das Normalste der Welt, spontan umzukippen.

Wenigstens wandte die Psychologin jetzt den Blick von mir ab und lächelte ihn an. »Das freut mich zu hören. Bist du ihr Freund?« Ich konnte es nicht ertragen hinzusehen, aber ich spürte förmlich, wie Sandro die Kiefermuskeln anspannte und seine grünbraunen Augen in ihre bohrte. Frau Weiß lächelte verständnisvoll. »Wir alle brauchen jemanden, der uns Halt gibt.«

Ich hatte mittlerweile einen solchen Kloß im Hals, dass mich die kleinste Bewegung ersticken würde. Meine Tränen saßen so dicht hinter meinen Augen, dass ich nicht zu blinzeln wagte und mich einfach darauf konzentrierte zu atmen. In dem Moment ging die Tür abermals auf und das Frühstück wurde hereingeschoben – zum Glück nicht von Nicole. Das nahm Frau Weiß scheinbar endlich zum Anlass, sich optimistisch zu verabschieden.

»Tja, Vanessa, das war's auch schon. Danke für deine Zeit, ich lasse euch dann wieder alleine. Ich habe dir zwei Nachsorgetermine eingebucht, aber das hat keine Eile. Du siehst so weit gesund aus, und ich denke, sobald der Oberarzt hier war, darfst du auch schon wieder nach Hause. Erstmal guten Appetit!«

Sie hob lächelnd die Hand, dann verließ sie das Zimmer. Und Sandro und ich schwiegen uns an. Ich mied seinen Blick, bis ich mir sicher war, dass mich die Tränen nicht mehr hinterrücks überfallen würden. Dann versuchte ich mich an einer Erklärung.

»Hör zu ...«

»Kaffee oder Tee?«, fragte die Krankenschwester.

Ich sah sie an, brachte irgendwie ein Lächeln zustande und bestellte Kamillentee, weil Krankenhauskaffee grausam war, selbst für Privatpatienten. Sie stellte den Becher neben das Tablett und wünschte mir ebenfalls guten Appetit.

Ich beäugte das Menü. Ein hart gekochtes Ei, zwei Scheiben Graubrot und ein Brötchen mit eingepackter Butter, Honig und je einer Scheibe Käse und Salami, dazu ein Fruchtjoghurt und eine Banane. Ein Festmahl verglichen mit normalem Krankenhausfrühstück, aber vegane Küche zählte anscheinend nicht zur Grundausstattung. Ich spürte Sandros Blick auf mir, wappnete mich innerlich und sah ihn offen an. Er saß immer noch seelenruhig auf seinem Stuhl, lediglich seine Hände waren rastlos und schlossen sich rhythmisch, als knetete er einen unsichtbaren Stressball – oder einen dieser Handmuskeltrainer. Er hatte schöne Hände, fiel mir auf. Die Handrücken waren sehnig und die Adern tanzten unter seinen Bewegungen. Die Knöchel hatten leicht verschorfte Kratzer, und ich verdrängte den Gedanken daran, dass er sich mit seinem Freund geschlagen hatte, weil der seine Freundin geküsst hatte.

»Worauf wartest du?«, fragte er jetzt und zog meinen Blick von seinen Händen zu seinem Gesicht.

»Darauf, dass du gehst?«, überspielte ich mein Gefühlschaos mit Keckheit, fand überraschend schnell zu der oft eingeübten Rolle der Überheblichen zurück und sah ihn auffordernd an.

Er gluckste. »Nicht, bevor du nicht aufgegessen hast.«

Ich verdrehte die Augen, verzichtete aber auf eine Diskussion über Ernährungsgewohnheiten, gerade als er großzügig erklärte: »Die Salami und die Butter darfst du liegen lassen.«

Ich gluckste. »Wie nett von dir.«

»Ja, manchmal bin ich nett.«

Jetzt musste ich lachen, während ich widerwillig den Joghurtdeckel abzog. Sandro hielt meinen Blick so lange fest, dass mir schon wieder heiß wurde, sagte aber nichts.

»Und deswegen sind wir Freunde«, erklärte ich entschlossen – ihm und dem begeisterten Frauenchor in meinem Kopf, der mir kein Wort glaubte.

14 Unter Freunden

Sandro

»Du warst nicht da«, hielt mir Vanessa zwei Wochen später vor, kaum dass ich die vollgepackte Einkaufstasche auf dem Küchentisch in ihrer Wohnung abgeladen hatte. Ich hob verwirrt die Brauen und gestand mir einen Moment lang zu, ihre perfekte Erscheinung zu betrachten.

Sie lehnte im Türrahmen, einen Fuß gegen das Knie des anderen Beins gestellt wie eine Ballerina, die Arme lässig verschränkt. Sie trug blickdichte, glänzende Strumpfhosen unter einem weinroten Pulloverkleid mit breitem Taillengürtel, das absolut schlicht war, ihre Figur aber keineswegs weniger atemberaubend machte.

»Wo?«

Jetzt löste sie die Arme und betrat die kleine Küche, um mir beim Auspacken zu helfen. Heute feierte Isabella ihren Geburtstag von vorgestern nach.

»Am Valentinstag.«

Ich ächzte, während ich ein halbes Dutzend Baguettestangen auf die Anrichte lud. Vanessa klaubte vereinzelte Tüten Chips und Gummibärchen aus der Tragetasche.

»Ich dachte, wir hätten ausgemacht, dass du den Valentinstag mit deiner Freundin verbringst. Oh!«, unterbrach sie sich, als sie die veganen Gummibärchen entdeckte. »Sind die für mich?«

»Nein, ich habe neuerdings gelatinefreie Zuckerbomben für mich entdeckt«, entgegnete ich und schnitt eine Grimasse. »Natürlich. Da stand ›vegan‹ drauf und ich musste an dich denken.«

Nicht, dass ich das nicht auch so die meiste Zeit tat. Aber ich verbot mir genauso darüber zu sprechen wie es vor mir selbst zuzugeben.

»Danke!« Das Leuchten in ihren Augen war unbezahlbar.

Ich zuckte bloß mit den Schultern. »Nur damit du keine Ausrede hast, deinen Zuckerspiegel oben zu halten, und ich dich nicht wieder ins Krankenhaus fahren muss.«

»Hey!« Sie stieß mich empört lachend an und die Bewegung trug einen Hauch ihres sinnlichen Parfüms in meine Nase. »Also, was hast du zu deiner Verteidigung zu sagen?«

»Ich habe ihr einen ziemlich großen Blumenstrauß liefern lassen?«

Vanessas Blick glitt zum Wohnzimmertisch, auf dem der Strauß immer noch thronte, und neigte großzügig den Kopf. »Ja, der ist wirklich toll«, räumte sie ein, »Aber Blumen ersetzen einen Freund nicht. Also, bist du immer noch sauer wegen der kurzen Trennung? Oder warst du ernsthaft bei deiner Familie, wie sie behauptet?«

Ich seufzte. Das würde ich jetzt nicht weiter erörtern. »Ich habe dir schon vorletzte Woche gesagt, der vierzehnte Februar ist reserviert. Und das hat nichts mit Isabella zu tun und erst recht nichts mit dieser Trennung.«

Vanessa sah mich noch einen Moment länger an, nickte dann aber und drängte mich nicht weiter. »Isabella zeigt es vielleicht nicht, aber sie wird dir das noch ziemlich lange nachtragen.«

Ich schüttelte den Kopf, verärgert über meine Freundin, die unfähig war auszusprechen, was sie wirklich wollte, und über mich, der unfähig war zu beenden, was er wirklich *nicht* wollte. Aber es nützte nichts. Also atmete ich die Unzufriedenheit einfach weg und wechselte das Thema: »Und was hast du so gemacht?«

»Am Valentinstag?«, fragte Vanessa überrascht. »Ich glaube nicht, dass dich das was angeht.«

»Aha?« Ich hielt mit der Falafelpackung in der Hand inne und lehnte mich interessiert gegen die Theke. »Und wieso nicht? Wir sind doch jetzt Freunde«, hielt ich ihr vor, was sie selbst seit unserem unfreiwilligen Ausflug ins Krankenhaus ständig predigte. »Also?«

Sie verdrehte die Augen und packte weiter Gemüse, Snacks und Rohzutaten aus. »Ich war bei einem Freund.«

»Einem *Freund*«, wiederholte ich vielsagend, während ich mit aller Kraft dagegen ankämpfte, mir vorzustellen, was ich mir nicht vorstellen wollte. War sie an Isabellas Geburtstag auch bei diesem Typ gewesen, um die Wohnung für ihre Mitbewohnerin zu räumen?

Vanessa nahm mir die Falafelpackung aus der Hand und platzierte sie neben den anderen Zutaten für die Wraps.

»Ja, einem Freund.«

Ich gab mich geschlagen und stand einen Moment nutzlos in der Küche herum, bis Vanessa Schneidebrett und Messer aus der Schublade zog. »Wie geht's deiner Hand?«, fragte ich versöhnlich.

»Gut, danke.« Sie nickte, lächelte sogar halb. »Und könntest du jetzt vielleicht –«

Sie legte die flache Hand gegen meine Brust und drückte, bis ihr Arm ausgestreckt war. *Eine Armlänge Abstand*. Ich blickte an mir hinab auf ihre schlanken Finger, folgte ihrem Arm bis zu ihrem Gesicht. Und da war er wieder, dieser elektrisierende Moment der Anziehung, dieses Gefühl, dass die Welt kurz stehen blieb, wenn ich in ihre rehbraunen Augen sah.

Sie erwiderte meinen Blick, und das unbeschwerte Grinsen auf ihrem Gesicht wich genau derselben Erkenntnis. Dann löste sie die Hand von meiner Brust und widmete sich wieder dem Schneidebrett.

Ich folgte ihren Bewegungen, wie sie etwas umständlich – und nicht gerade vertrauenerweckend, weil sie noch keinen Druck auf Daumen und Handfläche ausüben konnte – die Paprika aufschnitt. Es fiel mir schwer, das mit anzusehen.

»Sorry! Emanzipation und kluge Blondinen in allen Ehren, aber …«

Behutsam legte ich meine Hand auf ihre und löste das Messer aus ihren Fingern, damit sie sich nicht auch noch die Linke verletzte. Die Berührung jagte ein ungebeten starkes Prickeln meinen Arm hinauf und hielt uns beide eine Sekunde lang in der schrecklichen Schwerelosigkeit zwischen Freundschaft und Anziehung gefangen. Ich widersetzte mich dem Drängen jeder Faser meines Körpers und ging mit Messer und Schneidgut wieder auf Abstand.

Fuck ...

Ich hatte mir das nicht ausgesucht, es war einfach passiert. Ich wusste sogar tief in mir drin, dass meine Beziehung am Ende war, selbst wenn das mit Vanessa nie passiert wäre. Aber auch wenn der Valentinstag mir nichts bedeutete, war das einfach keine Zeit, um Schluss zu machen. Genauso wenig wie Isabellas Geburtstag. Oder irgendein anderer beschissener Tag vom Rest meines Lebens, das sich anfühlte, wie von jemand anderem geborgt. Was es in gewisser Weise auch war, weswegen ich keinen einzigen Atemzug davon verdiente.

Und so waren wir nun hier, Vanessa und ich, gefangen zwischen dem, was vielleicht fast gewesen war, was sein könnte und niemals sein würde. Und ich würde verdammt noch mal akzeptieren, dass wir nur Freunde waren. Es funktionierte besser, als wenig später auch Marc und Lena dazustießen, um mit uns zusammen die Geburtstagsparty meiner Freundin vorzubereiten, die noch beim Friseur war.

Während die Mädels in der Küche angeregt plauderten, sollten Marc und ich das Wohnzimmer aufräumen und die Getränke bereitstellen, aber irgendwie lehnten wir jetzt beide gegen die Rückwand der Couch und beobachteten die zwei. Das hieß, eigentlich beobachteten wir Vanessa. Es gibt einfach diese Menschen, die alle Blicke auf sich ziehen, und sie war einer davon, selbst wenn sie es nicht darauf anlegte. Früher hatte ich immer gedacht, diese Menschen hätten es so verdammt leicht im Leben, mit ihrem perfekten Lebenslauf, unkomplizierten Charakter und charismatischen Lächeln. Aber seit ich Vanessa kannte, wusste ich, dass das nur eine Ausrede war, mit der man anderen die Schuld an seiner eigenen Unzufriedenheit geben konnte. Seit ich Vanessa kannte, war ich sicher, dass es diese Menschen viel schwerer hatten. Weil man einfach mehr von ihnen erwartete, weil man ihnen mehr Aufmerksamkeit schenkte, und weil man ihnen zu oft mit zu viel Neid begegnete.

Wer ständig im Rampenlicht steht, darf keine Fehler machen. Aber jeder Mensch macht Fehler.

»Wann hast du Lena das letzte Mal so viel reden gehört?«, fragte Marc leise, und die Wärme in seiner Stimme ließ auch mich lächeln, während ich entrückt betrachtete, wie Marcs stille Freundin aufblühte.

»Vanessa scheint ein guter Einfluss zu sein«, sagte ich.

Ich sah, wie er mir das Gesicht zuwandte, aber ich zwang mich, ihn zu ignorieren. Ich wusste, was er dachte, weil es förmlich auf seiner Stirn geschrieben stand: *Nicht nur auf Lena*. Aber es stimmte einfach nicht. Vanessa war kein guter Einfluss auf mich – wie konnte sie, wenn sie mich dazu brachte, meine eigene Beziehung infrage zu stellen?

»Kann ich dich was fragen?«, fragte er stattdessen.

Ich brummte, verschränkte unwillkürlich die Arme vor der Brust.

»Alles okay mit dir und Isabella?«

Jetzt legte ich den Kopf in den Nacken und löste die Arme wieder. Das einzige Thema, über das ich nicht reden wollte.

»Ja«, antwortete ich automatisch, obwohl wir wohl beide wussten, dass das gelogen war. Isabella war schon immer ein sehr sprunghafter, innerlich zerrissener Mensch gewesen, konnte himmelhoch jauchzen und im nächsten Moment todtraurig sein. Aber in den letzten Wochen, genauer gesagt, seit sie die Pause gefordert hatte, war sie entweder geradezu penetrant anhänglich gewesen oder kalt wie ein Frosch. Aber ich hatte es wohl verdient. Ich seufzte tief, was Marc als Geständnis nahm, also konnte ich auch gleich einräumen: »Es ist kompliziert.«

»Nett ausgedrückt«, gluckste er. »Nichts für ungut, aber deine Freundin ist zurzeit echt anstrengend. Und wäre sie nicht die beste Freundin, die Lena hat, und heute ihre Geburtstagsparty, wäre ich wahrscheinlich sogar lieber bei den schmierigen Typen im *Alpha Gym* als hier.«

Ich hob einen Mundwinkel. »Was soll's? Wir alle haben unsere Macken«, verteidigte ich meine Freundin. Das war eben ihr Weg, mit ihren Geistern fertigzuwerden. Wir alle bekämpften unsere eigenen Dämonen, büßten für unsere eigenen Fehler. Und egal, wie anstrengend es war und wie recht er haben mochte: »Hauptsache, sie ist glücklich.«

Damit befand ich das Thema für beendet, aber Marc schnaubte bloß. »Die Frage ist, bist *du* glücklich, Mann?«

Ich schüttelte den Kopf, während ich durch das Parkett hindurch ins Leere starrte. »Ich habe kein Recht darauf, glücklich zu sein.«

Die Couch neben mir bewegte sich, als Marc sich empört abstieß und begann, vor mir auf und ab zu gehen. »Jeder hat das Recht darauf, glücklich zu sein.« Ich schüttelte abermals den Kopf, bis Marc mich an beiden Schultern fasste und eindringlich ansah. »Es ist keine Schande festzustellen, dass es in der Beziehung nicht mehr läuft. Das passiert! Menschen ändern sich und Gefühle auch. – Obwohl ich ehrlich gesagt nie ganz verstanden habe, warum ihr überhaupt zusammen seid. Ich meine, sie ist echt ganz süß, aber dieses ständige –«

»Marc«, unterbrach ich ihn, bevor er sich weiter in einen Redeschwall steigern konnte, wie er es manchmal tat, bis seine Augen groß wurden und sich seine Stimme beinahe überschlug. Ich wollte das nicht hören.

Er hielt inne, wartete darauf, dass ich unsere Beziehung erklärte. Aber als er sah, dass ich stumm blieb, erkannte er die Antwort von selbst. Sein Eifer erlosch, während seine Hände von meinen Schultern rutschten.

»Sag nicht, wegen Jamie ...«

Ich ertrug es nicht, ihm in die Augen zu sehen, zuckte stattdessen kraftlos mit den Schultern. Und sagte es eben nicht.

»Scheiße«, machte Marc und lehnte sich wieder neben mich, starrte jetzt in dieselbe Leere wie ich und schüttelte genauso ohnmächtig den Kopf. »Jetzt weiß ich, wo du am Vierzehnten warst ... Was sagt *sie* denn dazu?«

Ich seufzte, löste die Arme erneut – wann hatte ich sie wieder verschränkt? – und schüttelte abermals den Kopf. »Sie sagt, sie will, dass ich glücklich bin.«

Marc stieß ein hohles Lachen aus. »Ha ... da hast du es. Und sie wäre die Erste, die dir Vorwürfe machen könnte. Tut sie aber nicht. Sie will, dass du glücklich bist.«

Wieder schüttelte ich den Kopf. »Mag sein, aber ich kann einfach nicht. Nicht, solange sie nicht wieder glücklich ist.«

Jetzt wurde Marc wieder still, und eine Weile lang sagten wir gar nichts. Ich ertrug die Stille und meine Gedanken nicht mehr, stieß mich von der Couch ab und ging zur Anlage, um Musik anzumachen.

»Und wie hat Isabella es aufgenommen, dass du eine andere Frau am Valentinstag getroffen hast – Geburtstag hin oder her? Ich stelle mir vor, sie ist ausgeflippt?«

Ich schüttelte erneut den Kopf, wollte dieses ganze Gespräch eigentlich gar nicht führen. Unwillkürlich flogen meine Augen zur Wohnungstür, durch die meine Freundin jeden Moment hereinkommen könnte. »Wäre sie vermutlich auch. Aber Isabella weiß nichts von ihr. Und sie auch nicht von Isabella, zumindest nicht, woher wir uns kennen. Sonst würde *sie* nämlich ausflippen, und das würde ...«

Ich konnte den Satz nicht beenden, weil mir plötzlich bei der bloßen Vorstellung Angst den Hals zuschnürte und Schuld die Brust. Das würde ich einfach nicht ertragen.

Aber Marc verstand auch so, was ich meinte. Er nickte wehmütig. »Wie geht's ihr?«

Ich überlegte kurz, ihm etwas vorzumachen, verwarf den Gedanken aber sofort und hob gequält die Schultern. »Scheiße«, gestand ich und zog unwillkürlich mein Handy aus der Hosentasche, um zu überprüfen, ob sie mir geschrieben hatte. Sie wollte heute Abend auf eine Party gehen. Zum ersten Mal seit fast eineinhalb Jahren. Keine Nachricht. Es ging ihr gut.

»Scheiße«, echote Marc stöhnend und fuhr sich mit einer Hand übers Gesicht, während ich mein Handy vorsorglich ausschaltete, bevor es noch ein Drama mit meiner Freundin gab. Und hoffentlich kein zweites Drama außerhalb dieser Wohnung.

»Können wir jetzt das Thema wechseln?«, bat ich. »Jetzt, da du weißt, warum ich diese Beziehung nicht beenden werde?«

Marc nickte, schüttelte gleichzeitig betrübt den Kopf und stieß sich von der Couch ab, um in der Küche mit anzupacken – oder, was wahrscheinlicher war, um Snacks zu stehlen. Wenn er nicht aufpasste, würde er bald wieder ins Halbschwergewicht rutschen. Auf halbem Wege hielt er bei mir an und legte mir eine Pranke auf die Schulter. »Es ist nicht deine Schuld, Sandro.«

Ich hob einen Mundwinkel. Ich wünschte, er hätte recht.

Vanessa

»Sag mal, Vanessa, so rein unter Freunden …«, grinste Santiago zwei Stunden später.

»Wir sind keine Freunde, ich kenne dich noch nicht mal wirklich!«, protestierte ich lachend.

Ich war nicht so betrunken wie die anderen, aber ich passte mich einfach der ausgelassenen Stimmung an und umklammerte mein halbes Glas Wein, das immer noch mein erstes war. Eigentlich hatte ich gar keinen Alkohol trinken wollen, weil Sandro auch niemals trank, aber ich konnte es einfach nicht ertragen, wieder mal der einzige Single im Raum zu sein – Tiago nicht mitgezählt, dem es überhaupt nichts auszumachen schien, von glücklichen Paaren umringt zu sein. Was vielleicht auch daran liegen mochte, dass eines dieser Paare lesbisch war. Gina und Theresa waren im selben Tutorium wie Isabella. Sie standen auf Frauen, also konnten sie ihre Beziehung nicht bedrohen, und sie waren beide nicht so hübsch wie sie, also konnten sie ihr Ego nicht bedrohen. Was vermutlich die Gründe dafür waren, dass sie sie eingeladen hatte. Und jetzt, wo ich so darüber nachdachte, war vermutlich das Gegenteil von beidem der Grund dafür, dass Isabella heute wieder so abweisend zu mir war wie eine Pfanne mit Antihaftbeschichtung. Aber heute war ihre Geburtstagsparty, also gab ich mir Mühe, ihr nicht den Abend zu versauen.

»Das kann man ja ändern!«, verkündete Santiago jetzt mit strahlend weißen Zähnen. »Kennst du ›Wahrheit oder Pflicht‹?«

Unwillkürlich musste ich an die scherzhaften Aufgaben denken, die Sandro und ich im Krankenhaus erfunden hatten, und warf Isabellas Freund einen kurzen Blick zu, den er stumm auffing und amüsiert festhielt. So lange, bis ich wegsehen musste.

»Das spiele ich nicht mit euch«, bestimmte ich dann.

»Das ist ja auch ein Kackspiel«, pflichtete mir Marc bei und zog seinen Arm hinter Lenas Rücken hervor, um sich eine Handvoll Erdnüsse aus der Schale auf dem Wohnzimmertisch zu genehmigen. »Spielen wir lieber ›Ich habe noch nie‹, dabei kann man sich wenigstens wirklich kennenlernen.«

»Ja, und gleich die finstersten Geheimnisse seiner potenziellen Freunde herausfinden«, ergänzte Lena trocken und stahl ihm ein paar Nüsse aus der Hand.

»›Ich habe noch nie‹?«, fragte Gina, entknotete ihre sommersprossigen Arme aus Theresas und rutschte an den Tisch heran. Die beiden saßen auf dem Boden, weil die Couch nicht groß genug für uns alle war, und ich saß bei ihnen, weil ich die Nähe der zwei Pärchen dort oben nicht ertrug. »Wie geht das?«

Marc wischte sich die Hände an der Jeans ab und stellte alle zwölf Schnapsgläser nebeneinander. Hielt kurz inne, um uns mit dem Finger abzuzählen: acht. Und rechnete dann laut nach, dass wir vierzig Schnapsgläser brauchen würden, fünf für jeden.

»Fünfunddreißig«, korrigierte Sandro mit einer erhobenen Augenbraue, was ihn so unfassbar attraktiv machte. Ich sah, wie Isabella neben ihm die Augen verdrehte, ihm aber gleich darauf um den Hals fiel und etwas säuselte, das zwei Oktaven zu hoch war, als dass es das menschliche Ohr hätte verstehen können.

Schnell wandte ich den Blick ab, bevor sie ihn küsste, und sah stattdessen stirnrunzelnd Santiago an, der mit unserem halben Tassen- und Glassortiment aus der Küche zurückkam.

»Sorry, ihr habt nicht genug Schnapsgläser«, verteidigte er sich und reihte vor jedem von uns fünf Trinkgefäße auf.

»Wir sind ja auch keine Destillerie!«, entgegnete ich glucksend.

»Desti-*was*?«

»Schnapsbrennerei«, erklärte Isabella großspurig und lehnte sich ebenfalls zu den Snacks vor. »Vanessa imponiert mal wieder mit Fremdwörtern. Streber halt.«

»Ich sehe nicht, was schlecht an klugen Menschen ist«, kommentierte Marc, während ich die Hände zum Zeichen meiner friedfertigen Kapitulation hob.

»Marc«, warnte Sandro, und sein dunkles Knurren jagte mir einen heißen Schauer über den Rücken. Ich streifte seinen finsteren Blick – da warf mir Isabella ein verschwörerisches Grinsen zu und zwinkerte sogar, sodass ich nicht anders konnte, als ihr Lächeln zu erwidern, auch wenn es sich ein wenig steif auf meinem Gesicht anfühlte.

»Also«, übernahm sie wieder die Gesprächsführung ihrer Party, lehnte sich zurück und legte eine Hand auf Sandros Oberschenkel, »Lasst uns dieses Spiel spielen, klingt witzig!«

Marc gluckste. »Na ja, kommt drauf an, aber …«

»Aber das ist meine Party, und ich bestimme, also los!«

Wieder kreuzten sich Sandros und mein Blick, wenn auch unfreiwillig, während Marc erklärte: »Ziemlich einfach. Du beginnst eine Aussage mit ›Ich habe noch nie‹ und beendest sie –«

»Lass mich raten, mit etwas, das ich noch nie gemacht habe«, fiel Isabella ihm überlegen ins Wort, woraufhin die Mädchen und Santiago kicherten wie zu Schulzeiten, wenn die Anführerin der Clique einen Witz gemacht hatte. Marc, Sandro und ich kicherten nicht, sondern wechselten nur stumme Blicke.

»Wäre besser, ja«, räumte Marc dann ein. »Zumindest wenn du gewinnen willst. Ziel ist es, am Ende als Einziger noch Leben, also volle Gläser übrig zu haben. Deshalb versuchst du, mit einer Aussage so viele wie möglich zu treffen.«

»Indem ich zum Beispiel sage: ›Ich habe noch nie mit einer Frau geschlafen‹, und alle außer Vanessa, Lena und mir trinken müssen?«, vergewisserte sich Isabella.

Während Marc überrascht den Mund aufklappte und von einem »Naturtalent« sprach, erkannte ich erneut, wie verdammt clever Isabella sein konnte, wenn sie nicht gerade zwischen überbordender Liebesbedürftigkeit und neidischer Missgunst umhertitschte. Wer weiß, vielleicht wäre sie ein völlig anderer Mensch geworden, wenn ihre Mutter nicht genauso einen an der Waffel hätte wie meine.

Also hielt ich mich zurück, während sie mit den Mädels kicherte, und sah stattdessen dabei zu, wie Santiago die letzten Becher füllte. Mir entging nicht, dass meine Tassen deutlich höher gefüllt waren als seine, und ich tauschte sie mit einem warnenden Lächeln aus.

Versuch es nicht mal – chico!

»Warte mal«, rief Lena da. »Was ist mit Sandro?«

»Sandro trinkt Wasser«, entgegnete der glucksend in der dritten Person und schenkte sich die erste Tasse ein.

»Nix da!«, beschwerten sich Isabella, Lena und Marc gleichzeitig in unterschiedlichen Ausführungen. »Am Arsch!«, gewann Marc die Oberhand. »Kein Alkohol *und* kein Zucker zählt nicht, klar?«

»Orangensaft?«, versuchte Sandro zu verhandeln, aber da war ich schon aufgestanden und kam mit einer angebrochenen Flasche Cola zurück. Er starrte mich finster an. Ich hatte nicht vergessen, dass er diesen überhypten und überzuckerten Softdrink genauso hasste wie ich.

»Auf keinen Fall, Vanessa!«

»Wahrheit oder Pflicht, Kampfsportler«, imitierte ich seine Attacke auf meine Ernährungsgewohnheiten von neulich, »Du trinkst jetzt diese zuckrigen Kohlenhydrate. Aber weil ich nett bin, erlaube ich dir eine kleine Portion.«

Und um zu verdeutlichen, dass ich keine Widerrede duldete, füllte ich seine fünf Tassen höchstselbst bis zur Hälfte auf. Sandro sah mir skeptisch zu, was Isabella dazu veranlasste, mitfühlend seinen Oberschenkel zu tätscheln, auf dem ihre Hand seit zwanzig Minuten festgewachsen zu sein schien.

»Oooh, mein Armer. Keine Sorge, ich versteh dich. Wenn du mehr Eiweiß willst, kann ich dir auch Käsespieße oder so was holen.«

Sie lächelte, aber er schüttelte beinahe sofort den Kopf.

»Zu viele gesättigte Fette«, entgegnete er im selben Augenblick, in dem ich exakt dasselbe sagte.

Ich blinzelte, hob verwundert den Kopf in seine Richtung und hatte erneut das Gefühl, als würden sich unsere Blicke ineinander verhaken. Sandro hatte die schönste Augenfarbe auf der Welt, wie nebelverhangene Baumwipfel in einem verwunschenen Tal kurz vor Sonnenaufgang.

Isabellas misstrauischer Blick huschte von ihm zu mir, dann wieder zurück, und ich wollte gerade ablenkend erklären, was es mit Fett und Kohlenhydraten auf sich hatte, als sie wie aus heiterem Himmel ein breites Grinsen aufsetzte und ihren Kopf gegen seine Brust schmiegte.

»Also los, dann fang mal an«, ermunterte sie von dort aus Marc und streckte sogar die Hand aus, um ihm den Rücken zu tätscheln.

Der sah uns alle der Reihe nach an, die Augen nachdenklich zusammengekniffen. »Ist natürlich schwierig, wenn man nicht jeden kennt.«

»Gerade das macht es doch spannend«, antworteten Isabella und Santiago beinahe gleichzeitig, sahen sich an und grinsten.

Ich versuchte ihren Blickkontakt zu deuten, wurde aber abgelenkt, als Marc wie eine Ziege lachte. »Erinnert mich eher daran, blind Karten zu erraten und auf drei Richtige zu hoffen.«

Sandros Glucksen erregte meine Aufmerksamkeit. »Kaiser, Rohrzange, Badezimmer«, sagte er leise, und ich musste einen großen Schluck aus meinem Weinglas nehmen, um mein Grinsen zu verbergen. Die Hitze aus meinen Wangen lief mit dem Alkohol in meine Brust und sickerte in meinen Bauch.

»Wie bitte?«, lachte Marc, aber Sandro schüttelte bloß den Kopf und schaffte es dabei irgendwie, mich direkt anzusehen und doch an mir vorbei.

»Ist ein Insider.«

Ich würde gleich vor verkniffenem Grinsen und überwältigendem

Hochgefühl platzen, also widmete ich meine volle Aufmerksamkeit Marc. »Sagst du jetzt mal was?«

»Immer langsam, meine Liebe!«, lachte der. »Ah, ich hab was! Ich habe nicht in einem Monat Geburtstag, der auf ›R‹ endet.«

Ich musste mein Gehirn kurz umpolen und kam zu dem Schluss, dass ich mit April nicht trinken musste. Umso faszinierter war ich, dass neben Isabella auch Santiago, Sandro, Lena und sogar Gina tranken. Marc kannte seine Freunde wirklich gut! Nur Theresa und ich blieben verschont.

»Echt?«, fragte Marc überrascht in meine Richtung. »Krass, ich hätte gedacht, du hast im September Geburtstag.«

Ich hob die Brauen. »Lass mich raten, weil es wahnsinnig lustig wäre, wenn ich Jungfrau wäre?«

Der Witz war seit Jahrzehnten lahm, aber Santiago, Isabella und die Mädels prusteten trotzdem los. Marc hingegen hob abwehrend die Hände. »Nein, das meinte ich nicht. Ich dachte nur ... du bist so ordentlich, durchgeplant, diszipliniert und ...«

»Diszipliniert?« Ich musste lachen. »Ich?! Ich habe zwei ...« *... Studiengänge abgebrochen*, hatte ich sagen wollen, aber Isabella fiel mir einfach ins Wort.

»Durchgeplant?! «

Alle sahen sie erwartungsvoll an, aber sie ließ das Wort bloß in der Luft hängen, kommentierte es mit einem höhnischen Laut und äußerte sich nicht weiter dazu. Das musste sie auch nicht, denn gemessen an den vielen umwerfenden Lebenswegen, die ich nach der Meinung meiner Mitschüler mit dem perfekten Leben als perfektes Mädchen hätte einschlagen können, war die unspektakuläre Sackgasse, in der ich mich jetzt in allen Lebensbereichen befand, wohl Beweis genug.

»Nein, ich habe im April Geburtstag«, erklärte ich, um die unangenehmen Gedanken abzuschütteln und die Stille zu überbrücken. Einen Tag vor meiner besten Freundin. Eine Zeit lang hatten wir unsere Geburtstage zusammen gefeiert, aber dann war sie nach Italien gezogen. Ich vermisste diese Zeit. Ich vermisste das Gefühl, Freunde zu haben.

»Trotzdem voll gut, Hase!«, freute sich Lena für ihren Freund, woraufhin sich die zwei kurz küssten. Sie waren ein ungleiches Paar, er ein großer Muskelmann mit Militärhaarschnitt und sie ein zartes Mäuschen mit unsicherem Blick, aber irgendwie passten sie zusammen. Dann richtete sich Lena wieder auf und grinste uns an. »Aber meiner ist besser: Ich hatte noch nie Sex mit jemandem, mit dem ich nicht zusammen war.«

Ich starrte sie an, und ich spürte förmlich alle Vorurteile, die jeder jemals gegen mich gehabt hatte, als ich meine erste Tasse in die Hand nahm. Dann allerdings sah ich, dass buchstäblich jeder trank: Santiago, Marc, die zwei Mädels, Isabella und Sandro. Vielleicht war ich doch nicht so verkorkst, wie ich dachte. Unwillkürlich stellte ich mir Sandro mit einer gesichtslosen Frau in einer dunklen Ecke vor, dann verdrängte ich alle Gedanken, während ich meinen Kurzen herunterstürzte und die Tasse umdrehte, wie es die anderen auch taten. Vermutlich, damit man besser sehen konnte, wer wie viele Leben übrig hatte.

»Das war verdammt gut, Hase«, lobte Marc, während alle Augenpaare weiter zu Tiago wanderten.

Der streckte sich theatralisch. »Das war vor allem langweilig! Was ist hiermit? Ich hatte noch nie einen spontanen One-Night-Stand im Club.«

»Was, im Ernst?!«, stutzte Marc, während ich erneut fassungslos darüber war, was ich alles schon getan hatte – und mich sogar ziemlich genau an ein paar dieser Typen erinnern konnte, die mich heute nur den Kopf schütteln ließen. Oh Gott, vielleicht hatten die Leute recht. Ich war wirklich nicht normal. Einen Moment lang waren wir alle irritiert versteinert, dann hob ich wohl oder übel die zweite Tasse – und sah abermals, dass es mir fast alle gleichtaten:

Gina, Theresa, Marc.

Sandro!

Und Isabella?!

Ich konnte es nicht fassen. Spontaner Sex in einem Club – Isabella?

Ich hatte sie für prüde gehalten, beinahe langweilig. Und hatte sie mir nicht immer meine One-Night-Stands vorgeworfen?

Und Sandro? Okay, er war ein Mann, sah verdammt gut aus und hatte sicherlich vor Isabella kein Samariterleben geführt. Vielleicht war ja doch etwas dran an seiner ständigen Aussage, dass er kein netter Junge war. Andererseits ... wer konnte es ihm verdenken?

»Okay, jetzt mal im Ernst, Tiago ... wirklich?! Und was ist mit dieser Blonden von neulich?«, wunderte sich Marc und verzog dabei das Gesicht zu einem runzligen Ball, was ihn aussehen ließ wie eine Bulldogge.

»Natürlich nicht, Mann!«, löste Tiago jetzt lachend auf und stürzte seinen Kurzen herunter, zuckte gut gelaunt mit den Schultern. »Ich wollte nur die Antwort wissen.«

Sein Blick streifte Isabella, die Runde und dann mich, und ich hätte ihm am liebsten eine reingehauen.

»Warte mal«, schlussfolgerte Gina, »man darf lügen?«

Tiago stellte die leere Tasse zurück auf den Tisch. »Es ist ja keine Lüge, wenn du selber trinkst. Es ist halt nur nicht so klug, wenn du gewinnen willst. Kommt halt wie immer im Leben darauf an, was du willst und was du bereit bist, dafür zu tun, *no es asi?*«

Ich blinzelte. So wenig ich es einräumen wollte, so recht hatte Santiago mit dieser Aussage. Und ich erkannte vielleicht zum ersten Mal, wie wenig ich bisher für das getan hatte, was ich wirklich wollte. Ich hatte nicht versucht, meinen Vater aufzuhalten, meiner Mutter nie wirklich die Meinung gesagt, nicht um meine große Liebe gekämpft und auch nicht um meine beste Freundschaft. Nicht einmal um ein Studium, das mir wirklich Spaß machte.

»Vanessa«, sagte Lena und berührte mich sanft an der Schulter. »Du bist dran!«

Ich löste meinen Blick von Tiagos Gesicht und meine Gedanken von seinen Worten, und blickte nachdenklich in die Runde. Lena lag ungeschlagen mit vier verbliebenen Leben in Führung, aber es würde wohl unmöglich werden, sie zu besiegen, zumal ich sie dafür auch nicht gut genug kannte. Danach kamen die anderen mit zwei verbliebenen Leben, ausgenommen Marc, Theresa und ich, die wir noch drei hatten.

»Marc hat recht, es ist echt schwer, viele zu treffen, wenn man die Leute nicht kennt!«, lachte ich. Aber zumindest die drei Jungs musste ich doch kriegen können. Mein Blick streifte sie nacheinander und fiel dann auf Sandro, der ihn auffing und mit einem beinahe selbstgefälligen Schulterzucken erwiderte. Da kam mir eine Idee:

»Ich habe noch nie jemanden verprügelt«, erklärte ich ziemlich stolz auf mich.

Sandros Lächeln verwandelte sich in einen nachtragenden Blick, den er nicht von mir nahm, bis seine halbe Tasse Cola leer war. Jetzt hatten er und Santiago nur noch ein Leben, genau wie –

»Isabella?!«

Wieso taten sich bei diesem Spiel solche Abgründe über meine Mitbewohnerin auf, die ich eigentlich in den letzten zwei Jahren besser hätte kennenlernen müssen als jeden anderen Menschen? Immerhin hatte ich noch nie so viel Zeit mit jemand anders verbracht. Aber wenn ich jetzt so darüber nachdachte ... Über Valeria hätte ich jede einzelne dieser Fragen und ein Dutzend mehr blind beantworten können. Auch über Milias und Raphael, sogar die meisten über Angelina, Chris und René.

Meine Mitbewohnerin hingegen kannte ich kaum und ihre Freunde noch viel weniger. Und während Isabella von irgendeiner Prügelei auf dem Gymnasium erzählte, fühlte ich mich plötzlich so unendlich einsam, dass es mir fast die Tränen in die Augen trieb.

»Vany.«

Das war Sandros Stimme, und sie war entschlossen, aber warm. Besorgt. Ich hob den Blick.

»Du musst trinken.«

»Was? Nein!«

Jetzt hob er eine Augenbraue und meine Brust zog sich noch enger zusammen. Weil er eine Freundin hatte. Und ich allein war.

»Hat Valeria nicht gesagt, du hättest einem Typen mal die Nase gebrochen?«, erinnerte er mich jetzt mit diesem süffisanten Grinsen, für das ich ihn am liebsten geboxt hätte, würde ich nah genug bei ihm sitzen. Andererseits hätte ich dann vermutlich ganz andere Probleme.

»Vanessa hat jemandem die Nase gebrochen?«, rief jetzt auch Marc zwischen Unglauben und Begeisterung.

»Angebrochen!«, korrigierte ich also, wie ich es immer tat, konnte mir aber ein Grinsen nicht verkneifen. Wie hatte Sandro es plötzlich geschafft, dass ich mich wieder wie ein Teil von etwas fühlte?

Danke, Sandro!

Ich hielt seinen Blick fest und legte all meine Dankbarkeit in meine Augen, während meine Lippen an einem Lächeln scheiterten, als ich mich daran erinnerte, dass wir niemals mehr als Freunde sein würden. Er lächelte für uns beide.

»Außerdem grenzt es ziemlich an Körperverletzung, sich die Rohrzange in die Hand zu rammen, also ...« Er grinste.

Jetzt riss ich den Mund auf, hob unwillkürlich die Rechte, die zwar nicht mehr bandagiert war, aber immer noch hin und wieder pochte, und bohrte meine Augen geradezu in seine.

»Wer ist dran? Bella, oder?«, fragte Lena, während Santiago mich mit fasziniert schief gelegtem Kopf betrachtete und Marc begeistert Salzstangen futterte – und vermutlich dachte, ich wäre genauso blöd wie blond. Das konnte ich nicht auf mir sitzen lassen.

»Das war nicht meine Schuld, ja?«, protestierte ich lachend. »Ich hatte alles im Griff, bis du kamst! Und hättest du dich nicht plötzlich ungefragt eingemischt, wäre ich auch noch völlig intakt.«

Trotz der Musik war die folgende Stille beinahe mit Händen greifbar, lediglich durchbrochen von dem krachenden Geräusch, mit dem Marc die Salzstangen vernichtete.

Gina lehnte sich zu ihrer Freundin. »Redet sie noch von dieser Prügelei oder haben wir gerade das Thema gewechselt?«

Tatsächlich hatte sich die Luft geradezu elektrisch aufgeladen. Sandro starrte mich zehn Sekunden lang einfach nur an, dann begannen seine Mundwinkel zu zucken.

»Und hör auf...« ... *so unverschämt zu grinsen*, hätte ich ihm am liebsten an den Kopf geworfen, aber ich hinderte mich im letzten Moment daran.

»Seid ihr fertig?«

Dieser frostige Vorwurf, der mehr Befehl als Frage war, kam von Isabella und ließ mich sofort die Augen von ihrem Freund nehmen.

»Ich hoffe nicht«, gluckste Santiago, der den Kopf schief gelegt hatte und mich immer noch mit diesem interessierten Ausdruck ansah, den er sich schnell wieder aus dem Kopf schlagen konnte.

»Was, wieso denn?«, fragte Gina jetzt. »Hab ich was nicht mitbekommen?«

»Ist doch egal«, bestimmte Marc. »Wer ist dran?«

»Bella«, antwortete seine Freundin.

»Ist überhaupt nicht egal!«, widersprach Isabella, als hätte der Klang ihres Namens ihre Sprachfunktion wieder in Kraft gesetzt, drehte sich zuerst zu ihrem Freund und sah dann mich an. »Wollt ihr vielleicht sonst noch irgendwelche Insider-Erinnerungen austauschen?!«

»Ella ...«, seufzte Sandro und legte den Kopf gegen die Couchlehne, »das hat ...«

»Hör auf, mich so zu nennen, Sandro, ich mein's ernst! Wusstest du, dass das auf Spanisch einfach nur ›sie‹ heißt? Das ist total abwertend! Warum kannst du nicht einfach ein kleines ›B‹ dranhängen?«

»Was?!«, beschwerte sich Sandro jetzt.

»Leute ...«, ging Marc schlichtend dazwischen, aber –

»Halt die Klappe, Marc!«, fuhr Isabella ihn an, woraufhin Sandro hochruckte wie von einem Stromstoß erfasst.

»Hey!« Er hielt sie fest, um ihre Aufmerksamkeit von Marc auf sich zu ziehen, aber sie wehrte sich, begann zu kreischen und um sich zu schlagen. »Isabella!«, rief Sandro jetzt, und seine Stimme war so einnehmend, so laut und vor allem so unerbittlich, dass es sogar mir kurz die Sprache verschlug, dabei saß ich zwei Meter von ihm weg. Isabella verstummte, erwiderte aus weit aufgerissenen Augen seinen strengen Blick. Sein Gesicht war hart, aber als er weitersprach, war seine Stimme wieder weich: »Wollen wir nicht einfach in Frieden weiterspielen und einen schönen Abend genießen? – *Deinen* Abend?«

Ich sah, wie Isabella störrisch die Kiefer aufeinanderpresste und eine Erwiderung herunterschluckte, während sie ihn so finster anstarrte, dass ich kurz fürchtete, sie würde gleich ausholen und ihn ohrfeigen. Stattdessen sah sie mit erhobener Augenbraue in die Runde und verkündete: »Schön, von mir aus: Ich hatte noch nie Sex mit jemand anders, während ich in einer Beziehung war.«

Sie bohrte ihre Augen dabei unerbittlich in seine, und ich sah Sandros Blick flackern, während ich aus dem Augenwinkel wahrnahm, wie sich Santiago nach seiner Tasse vorlehnte. Ich schluckte gegen den Kloß in meinem Hals an, sah nur Sandros Augen, die genauso verständnislos und verwirrt dreinblickten wie Milias' damals, und ich wusste, dass auch ich nach meiner Tasse greifen musste, aber ich konnte es Santiago nicht gleichtun, ich konnte einfach nicht.

Dann beendete Isabella das Spiel, indem sie ihr letztes Glas selbst austrank, aufstand und uns einfach sitzen ließ.

15 Wer einmal betrügt, dem vertraut man nicht

Sandro

Ich saß da wie vom Donner gerührt. Volle zwanzig Sekunden lang konnte ich mich nicht bewegen, nicht denken, nicht einmal atmen.

Endlich schaffte ich es, zu blinzeln und Marcs Blick zu suchen. Er sah mich mit exakt demselben hilflosen Mitleid an wie vor einem Jahr, und ich konnte es genauso wenig ertragen. *Doch*, fiel mir jetzt auf, ich konnte es besser ertragen. Nichts war so schlimm wie vor einem Jahr, und nichts würde jemals so schlimm sein. Trotzdem fühlte ich mich genauso leer, genauso nutzlos und genauso schuldig. Ich hätte Isabella von Anfang an die Wahrheit sagen sollen, bevor sie ihre eigenen Schlüsse hatte ziehen können. Aber sie selbst hatte auch getrunken, und das schmerzte fast noch mehr als die Geister meiner Vergangenheit.

Jemand stellte seine leere Tasse zurück auf den Tisch, und mein Blick streifte Santiago – Santiago?! Mein Kopf wehrte sich gegen den Gedanken und ich wollte auf keinen Fall dieselben falschen Schlüsse ziehen wie Isabella, aber ...

»Ich glaube, ich gehe mal nach ihr sehen«, sagte Lena kleinlaut und löste sich von Marc.

»Hase ...«, hielt er sie behutsam am Arm zurück. »Das ist nett von dir, aber ich glaube, im Moment ...«

»Ich gehe«, beschloss Santiago und erhob sich genauso schnell wie mein Puls.

Ich merkte erst, dass ich aufgestanden war, als Marc plötzlich vor mir stand und mahnend den Kopf schüttelte. Mein Kiefer mahlte und meine Schläfe pochte. »Nein, das wirst du nicht tun«, sagte Marc gefährlich ruhig, und noch bevor ich widersprechen konnte, beendete er den Satz in die andere Richtung: »Tiago!«

Der blieb stehen, drehte sich ungläubig um und zischte irgendetwas auf Spanisch. »Du kannst mir gar nichts sagen, Marc! Du bist weder meine Mutter noch mein Aufpasser. Und *du*«, richtete er das Wort und den Finger auf mich, »kannst ja herkommen, wenn du dich traust!«

Kein Problem! Ich stürzte vor – und krachte gegen die Betonwand von Marcs Brust.

»Scheiße, Mann!«, fluchte ich, setzte gleich noch mal an und wurde wieder aufgehalten. »Was soll das?!«

»Komm runter, Sandro!«, bellte Marc seinerseits, während auch Vanessa aufstand und zu uns trat. Ich wollte nicht, dass sie hier war, wenn ich mich gleich mit Santiago prügeln würde.

»Marc«, stieß ich beherrscht hervor. »Geh aus dem Weg!«

»Das kannst du vergessen! Ihr werdet euch nicht noch mal schlagen, wenn ich im selben Raum bin, klar?«

»Was geht's dich an?!«, fauchte ich.

»Genau! Wenn er ein paar kassieren will, lass ihn h–« Weiter kam Santiago nicht, denn Marc hatte ihn gegen die Vitrine gedrückt, die bedrohlich wackelte. Ich ruckte vor, aber Vanessa stemmte ihre Hände genauso gegen meine Brust wie Marc seinen Unterarm gegen Santiagos Hals.

»Ich sagte: Halt die Klappe, Tiago!«, hörte ich ihn zischen, während mein Blick auf Vanessa fixiert war und mein Verstand damit beschäftigt, mich zu beherrschen.

»Geh aus dem Weg, Vanessa. Bitte.«

»Vergiss es!«

»Das hat nichts mit dir zu tun!«, fuhr ich sie an und hasste mich im gleichen Augenblick dafür, dass ich meine Wut jetzt auf sie übertrug.

Sie hielt mühelos stand, erwiderte meinen Blick genauso kämpferisch. »Das ist mir egal! Der ist es nicht wert, okay?«

»Das ist nicht deine Entscheidung!«

»Das ist überhaupt niemandes Entscheidung!«, schallte plötzlich Isabellas Stimme durch das Wohnzimmer. »Habt ihr sie eigentlich noch alle?! Marc, lass Tiago los! Und Vanessa, lass verdammt noch mal die Finger von Sandro!«

Wir begannen alle gleichzeitig zu protestieren, aber ich setzte mich durch: »Du hast das doch alles erst angefangen! Was sollte das?! Willst du das vielleicht auch erklären oder nimmst du wieder den leichten Weg des Totschweigens?«

»Totschweigen?!«, echote sie jetzt aufgebracht und kam näher. Ich schob Vanessa beiseite. »Dann lass uns mal über Totschweigen reden! Und über Betrügen.«

»Ich habe dich nie betrogen, Isabella, und ich weiß nicht, wie du darauf –«

»Glaubst du, ich bin blöd, Sandro? Oder besser gesagt: *blind*?!«

Sie zeigte mit dem Finger auf mich. Genauer gesagt, auf mein Schlüsselbein. Und da brach mein Widerstand zusammen, noch bevor sie den Namen ausspie wie eine Krankheit.

»Jamie?!«

Vanessa

Sandros Blick brach wie ein morscher Ast im Sturm. Ich sah Schmerz in seinen Augen, unendlich viel Schmerz ... und Schuld, und ich riss entsetzt die Augen auf. Sein Tattoo war ein Name? Jamie? Er hatte den Namen einer anderen Frau tätowiert?!

»Du warst am Valentinstag bei ihr, oder?«, fauchte Isabella.

Sandro wich ihren unerbittlichen Augen aus, und ich sah seinen Blick flackern, während ich aus dem Augenwinkel wahrnahm, wie Marc von Santiago abließ, um dazuzukommen: »Hör zu, Isabella ...«

»Nein, Marc«, unterbrach Sandro seinen Freund.

»Willst du es ihr nicht endlich sagen?«

Isabellas Mund öffnete sich noch weiter, sofern das überhaupt möglich war, ihre Augen wurden glasig. Tiago machte einen Schritt auf sie zu. Sandro indes sah immer noch aus, als würde er sich gleich übergeben oder irgendetwas zerschlagen.

»Okay, pass auf, du verstehst hier nämlich etwas absolut falsch! Jamie ist ...«, begann Marc – und wurde von seinem klingelnden Handy unterbrochen. Er seufzte. »Sekunde.« Zog es aus der Tasche und warf einen Blick auf das Display. Zog die Brauen zusammen und ging ran. »Hallo?«

Ein unbekannter Anrufer, erkannte ich, während Marc irritiert lauschte, bis sich seine Augen vor Erkenntnis leicht weiteten und beinahe ängstlich zu Sandro wanderten.

»Eine Sekunde bitte ...« Er hielt ihm das Handy hin. »Für dich.«

»Ist sie das etwa?!«, zeterte Isabella, während Sandro das Handy widerstrebend entgegennahm wie die amtliche Todesanzeige eines geliebten Menschen.

»Hallo ...«

Ich hielt den Atem an, während er lauschte. Sprach da eine Frau? Ein Mann? Ich konnte es nicht zuordnen, ich konnte nur sehen, wie sein starrer Blick zuerst flackerte, dann schmerzlich wurde und schließlich hart.

»Wo?« Es war mucksmäuschenstill, während wir alle den Worten lauschten, die nur Sandro verstehen konnte. Er sah auf die Uhr. »Ich bin in zehn Minuten da.«

Dann wurde das Gespräch beendet und sein Körper wieder lebendig. Energisch gab er Marc das Handy zurück und holte sein eigenes aus der Tasche. Ich sah, dass es ausgeschaltet war, und ich sah auch die zahlreichen Mitteilungen, die auf dem Sperrbildschirm erschienen, nachdem er seine PIN eingegeben hatte.

Sandro fluchte lautlos und nahm seine Jacke.

»Sandro!«, rief Isabella ihm ungläubig hinterher, als er die Türklinke schon in der Hand hatte. »Wenn du jetzt diese Wohnung verlässt, um zu dieser Tussi zu fahren, dann ist es vorbei!«

Er drehte den Kopf in ihre Richtung, sein Blick umwölkt von Wut, Schmerz und Schuld. Aber seine Stimme war unendlich traurig, als er erwiderte: »Das ist es doch sowieso schon längst, oder nicht?«

Und damit schloss Sandro unsere Wohnungstür hinter sich – und eine weitere in meinem Herzen.

»Er geht wirklich fremd? An deinem Geburtstag?!«, sprach Gina den Gedanken aus, gegen den ich mich vehement wehrte.

Marc schüttelte ohnmächtig den Kopf, sagte aber nichts. Entweder weil er ein wahrer Freund war, oder weil er es selbst nicht mit Sicherheit wusste. Ich wusste es auch nicht. Aber ich kannte den Schmerz und die Schuld in seinem Blick nur zu gut, und ich wusste, dass Isabella es verdiente, die Wahrheit zu wissen.

»Ich fahre ihm nach«, beschloss ich, nahm ebenfalls meine Jacke und Isabellas Autoschlüssel vom Schlüsselbrett. »Ich nehme dein Auto.« Seit ich mein eigenes Auto verkauft hatte, fuhr ich eigentlich nur noch, um Isabella irgendwo abzuholen, was hieß, dass ich ihren Wagen in- und auswendig kannte.

»*Was* tust du?!«, protestierte Isabella hinter mir. »Nein, ganz sicher nicht! Wenn du das tust, Vanessa …!«

Ich wusste, dass sie mich endgültig aus der Wohnung werfen würde. Aber wenn ich meinen Verdacht ohne Beweise aufrechterhielt, war ich nicht besser als sie. Wenn ich nicht herausfand, was Sandro wirklich mit dieser Jamie tat, würde ich ihm nie wieder so ungezwungen begegnen können. Und wenn ich ihm in dieser vielleicht finsteren Stunde nicht beistand, könnte ich nie wieder in den Spiegel sehen.

Draußen fegte ein kühler Wind, aber es lag schon ein ganz leichter Duft von Frühling in der Luft. Doch das registrierte ich nur am Rande, während ich Isabellas Opel Corsa aufschloss und nach Sandro Ausschau hielt. Ich fand ihn nicht, aber als gegenüber ein Wagen zügig ausparkte, glaubte ich die Scheinwerferform seines Volvos zu erkennen. Welches Kennzeichen hatte er noch mal?

Ich beschloss, mein Glück zu versuchen, und warf mein Portemonnaie und Handy auf den Beifahrersitz, bevor ich dem Wagen eilig folgte. Erst jetzt fiel mir auf, dass ich ein halbes Glas Wein und zwei Kurze getrunken hatte, aber ich schob den Gedanken rasch beiseite – zumal ich mich so wach und voller Adrenalin fühlte, als hätte ich stattdessen zwei Dosen Red Bull geext.

Sandro fuhr nicht so bedacht wie sonst, ganz im Gegenteil. Ganze dreimal überfuhr er eine gelbe Ampel, die jedes Mal in meinem Augenwinkel auf Rot sprang und mich inständig hoffen ließ, dass Isabella hierfür kein Knöllchen bekam – besser gesagt: ihre Mutter, auf die der Wagen angemeldet war. Ich stellte mir gerade ihr Gesicht vor, wenn sie mein Foto auf einem Bußgeldbescheid mit ihrem Kennzeichen sehen würde, als Sandro abrupt abbremste, den Blinker setzte und in eine winzige Seitenstraße einbog, die ich nicht einmal als solche wahrgenommen hätte.

Fluchend machte ich einen U-Turn mitten auf der Straße und war froh, dass gerade niemand unterwegs war. Es war fast halb eins.

Die enge Gasse war gesäumt von dunklen Lieferanteneinfahrten zu den Geschäften der Hauptstraße, von schmalen Zufahrten zwielichtiger Häuser und verrosteten Hofgittern verfallener Fertigungshallen. Vor einem davon hielt der alte Volvo an und parkte zwei andere Wagen einfach zu.

Ich lenkte in eine Einfahrt rechts von mir und schaltete die Scheinwerfer aus, um aus rund hundert Metern Entfernung zu beobachten, wie Sandros schlanke, hochgewachsene Gestalt ausstieg und die Tür hinter sich zuschlug, bevor er in Richtung des Eisentors verschwand.

Mein Herz klopfte mir bis zum Hals, als ich ebenfalls ausstieg und den Kragen meiner Daunenjacke höher zog. Das hier war definitiv nicht die Art von Straße, in der eine Frau nachts alleine herumlaufen sollte, und egal was diese Jamie hier tat, es konnte nichts Gutes sein.

Bei dem Tor angekommen, hörte ich das dumpfe Wummern von

Musik durch die eingeschlagenen, aber mit dickem Stoff verhängten Fenster der kleinen Industriehalle, die vermutlich mal einer Kfz-Werkstatt gehört hatte. Hier fand gerade eine Party statt? Welche Frau, die nicht einem Biker-Club oder der Drogenszene angehörte, ging denn freiwillig auf eine dieser Partys in heruntergekommenen Industriegebäuden?

Na ja, Frauen wie ich zum Beispiel, dachte ich, während ich mein Handy sicher in meiner Innentasche verstaute und den Schlüssel vorsorglich mit dem gezackten Schaft nach außen zwischen meine Finger klemmte. Ich bedauerte ernsthaft, dass ich meine Handtasche samt Pfefferspray nicht mitgenommen hatte, denn heute wäre vielleicht der erste Tag, an dem ich es wirklich einsetzen musste.

Als ich das Gebäude umrundet hatte, stand ein halbes Dutzend Menschen in Grüppchen vor der Tür, Männer wie Frauen. Und zu meiner Verwunderung sahen die meisten davon recht normal aus, angesichts dessen, dass ich dunkel geschminkte Punks und tätowierte Biker erwartet hatte. Offensichtlich war ich genauso voller Vorurteile wie die Mädels, die mich jetzt mit erhobener Braue musterten und verächtlich Zigarettenqualm ausstießen, und genauso oberflächlich wie die Typen, die mich von oben bis unten abcheckten und grinsend pfiffen.

Ein Gutes hatte es, sich in jahrelanger Übung ein unnahbares Selbstbewusstsein aufgebaut zu haben: es rang allen Männern Respekt ab. Keiner der Typen wagte es, mir zu nahe zu kommen oder mich gar anzufassen. Bloß von Weitem anquatschen trauten sich einige.

»Hey, Süße!«, rief ein ziemlich gut gebauter Typ mit tiefem V-Ausschnitt und Lederjacke. »Wenn du später noch nichts vorhast, frag nach Johnny.«

Unter normalen Umständen hätte ich ihm jetzt einen überheblichen Blick zugeworfen und zu verstehen gegeben, dass Typen wie er unter meiner Würde waren. Aber in dieser Umgebung beließ ich es lieber bei einem gespielten Lächeln und der Aussage, dass ich heute mit meinen zwei großen Brüdern hier war. »Und die sind beide Kickboxer.«

Es war immer leichter zu sagen, dass man mit einem großen Bruder hier war als mit seinem Freund, denn Letzterer wurde von den wirklich fiesen Typen nie richtig ernst genommen. Einen Freund konnte man leicht ersetzen, einem großen Bruder wollte man jedoch nicht zwingend in die Quere kommen. Und zwei großen Brüdern erst recht nicht, weswegen ich mich meist für diese Variante entschied. Und Kickboxer war meine Begleitung ja immerhin, auch wenn Sandro noch nichts davon wusste, dass ich ihn begleitete.

Und während Johnnys Kumpels seine Abfuhr belachten und ihn johlend aufzogen, ergriff ich die waagerechte Türstange durch den Ärmel meiner Daunenjacke und zog sie energisch auf.

Im Inneren umfing mich ein geradezu undurchdringlicher Dunst aus Zigarettenqualm, Kunstnebel und zu vielen Menschen auf engstem Raum ohne Lüftung. Ich widerstand dem Drang, mir einen Ärmel vor den Mund zu halten, und schob mich durch die Menge. Die Halle bestand aus einem Hauptraum, an dessen Deckengerüst noch die Hebekräne und Montagevorrichtungen hingen. Auf einem Stahlgerüst drei Meter über uns thronte ein DJ mit seinem Pult, von dem ich keine Ahnung hatte, wie er dort hinaufgekommen war, und in einem halb offenen Nebenraum mit Durchbruch, der wohl einmal der Aufenthaltsraum für die Monteure gewesen war, war eine Bar installiert, hinter der vier Männer und Frauen geschäftig Getränke mischten, anreichten und entgegennahmen. Und über allem lag beinahe unerträglich laute Musik, zu der die Masse im Stroboskoplicht herumsprang und sich ordentlich einheizte. Sich, und mir auch.

Frustriert zog ich meine Jacke aus, versicherte mich, dass mein Handy noch drin war, und klemmte sie mir unter den Arm. Mir war trotzdem heiß in meinem Pulloverkleid und den Stiefeln, während ich nach einer großen, schlanken Gestalt mit Strubbelfrisur Ausschau hielt und mich weiter durch die Menge schob.

Im hinteren Bereich war ein weiterer halb abgetrennter Bereich, in dem früher wohl das Ersatzteillager untergebracht gewesen war, also versuchte ich dort mein Glück. Hauptsächlich, weil die Musik dort leiser wurde und die Leute nicht ganz so dicht gedrängt standen. Einige unterhielten sich sogar an Stehtischen, von denen mir erst beim zweiten Hinsehen auffiel, dass sie umfunktionierte Ölfässer waren. Wäre das alles hier nicht so verdammt stickig und creepy, hätte diese Party beinahe so etwas wie Flair. Vielleicht sah es hier tagsüber ja ganz einladend aus, mit weniger Qualm in der Luft. Und weniger testosterongeladenem Gebrüll. Und klirrend zerspringenden Flaschen.

»Hey!«, brüllte eine tiefe Stimme, kurz darauf schrie jemand vor Schmerz auf, jemand anders fluchte heftig.

Und eine Frau kreischte: »Sandro!«

16 Auge um Auge, Herz um Herz

Vanessa

Entsetzt stürzte ich in Richtung des ehemaligen Lagers, wo sich gerade ein Pulk Schaulustiger bildete, als ein Mädchen mit schwarzen Haaren und noch schwärzerem Kajalstift eine abgebrochene Flasche schlagbereit gegen einen Spargeltarzan hob, während sich dessen Gorillafreund mit aufgeplatzter Lippe aufrappelte und auf den Typen stürzte, der – Sandro war!

Und anders als vorhin im Wohnzimmer verschwendete er keine Worte im Schlichtversuch, sondern schlug die Faust des bulligen Kerls beiseite und seine eigene in dessen Nierengegend. Mir klappte der Mund auf. Nicht, weil Sandro jemanden geschlagen hatte, sondern weil das so unfassbar schnell gegangen war, dass ich mir nicht ganz sicher war, ob er überhaupt zugeschlagen oder getroffen hatte, bis der Kerl zurücktaumelte.

In Filmen war jetzt der Moment, in dem der Kämpfer in Sandros Position den Vorteil ausnutzte und weiter auf seinen Gegner eindrosch, bis der zu Boden ging. Aber das tat Sandro nicht. Stattdessen hob er die Arme und wartete mit wachsamen Fäusten und angespanntem Körper darauf, was sein Gegner als Nächstes tun würde. Ob er sich geschlagen gab oder noch mal angriff. Natürlich tat er Letzteres, denn entweder kannte er den finsteren Ausdruck in Sandros Augen und die bedrohliche Haltung seines Körpers noch nicht, oder er ignorierte beides einfach.

Atemlos sah ich zu, wie der Kerl erneut ausholte und mit solcher

Wucht nach Sandros Kopf schlug, dass ich unwillkürlich aufschrie. Doch Sandro duckte sich, so schnell wie jemand, der instinktiv zurückzuckt, aber gleichzeitig so kontrolliert, dass mir erneut der Mund aufklappte. Biegsam, geradezu geschmeidig, während der Kerl sich allmählich in blinde Rage schlug. Sandro duckte sich wieder, und wieder, und noch mal, bevor er zurückschlug.

Ich konnte es nicht anders beschreiben, es sah aus wie in einem von Milias' und Raphaels Videospielen. Nicht nur sein Arm schnellte vor, sein gesamter Körper schoss nach vorne, und zwar in einer so fließenden Bewegung, die einen so präzisen Anfangs- und Endpunkt hatte, als hätte jemand den Knopf für einen bestimmten Bewegungsablauf gedrückt. Der Begriff »Muskelgedächtnis« bekam eine völlig neue Bedeutung, als ich Sandro kämpfen sah.

Der Gorilla strauchelte rückwärts wie vom Blitz getroffen, fing sich aber und richtete sich wieder auf. Sandros Linke schnellte erneut vor, kaum dass der Kerl wieder stand, dicht gefolgt von der Rechten und einem fegenden Fußtritt. Wieder fiel der Typ um wie gefällt und blieb diesmal liegen.

Sandros wachsame Körperspannung verlagerte sich auf den Spargeltarzan. Er sagte nichts, aber seine in die Höhe zuckenden Augenbrauen fragten stumm, ob er seinem Freund Gesellschaft leisten wolle. Dessen Blick zuckte zwischen dem gefällten Gorilla und Sandro hin und her, schien unentschlossen zwischen der Warnung, die sein ausgeknockter Kumpel darstellte, und der Verlockung, den Übeltäter zu verprügeln. Verglichen mit Sandros geschmeidiger Anspannung war sein nervöses Herumspringen geradezu grotesk.

»Easy, Mann! Die Schlampe wollte es, okay?«

Sandros Faust schnellte erneut vor wie eine zuckende Viper, noch bevor das Kajalstift-Mädchen heftig protestierte. Der Kopf des Typen flog zurück, er taumelte und fluchte.

»Scheiße! Ich will mich nicht schlagen, Mann!«

Moment mal ... die Gothic-Braut war Jamie? Unwillig löste ich den Blick von den Widersachern und betrachtete das schwarzhaarige Mädchen, ihren akkuraten Pony, den grellen Lippenstift und das wie eine Korsage geschnürte Oberteil. Es verursachte mir beinahe physische Schmerzen, mir sie und Sandro als Paar vorzustellen, weil sie einfach überhaupt nicht zusammenpassen wollten.

Indes senkte Sandro die Arme, ohne seine angespannte Wachsamkeit fallen zu lassen. »Dann nimm das Riesenbaby mit und verzieh dich«, knurrte er.

»Was?! Nein, die Kleine schuldet uns entweder fünfzig Mäuse oder einen – *Kroczewski!*«

Mir fiel erst auf, dass das ein Nachname war, als der Hüne Anlauf nahm und Sandro mit der Wucht eines wilden Ebers gegen die Wand rammte. Ich zuckte zusammen, als beide gegen die Stahltür krachten, und schrie seinen Namen, als sich auch der Dünne näherte.

Noch bevor mein Schrei verhallt war, sah ich aus dem Augenwinkel, wie das Kajalmädchen den Kopf drehte und mich anstarrte, aber ich ließ die Augen nicht von Sandro, der jetzt, weil er sich nicht mehr wegducken konnte, die Fausthiebe des Gorillas mit den Unterarmen blockte.

Eine schreckliche Sekunde lang war ich völlig überfordert von der Situation und hasste mich dafür, dass ich einfach nur paralysiert dastand und mich nicht rühren konnte, obwohl es jede Faser meines Körpers danach drängte, vorzustürzen und die Kerle von Sandro wegzuzerren. Endlich ruckte mein Körper nach vorn, aber das Kajalstift-Mädchen riss mich am Arm zurück.

»Spinnst du?! Das ist lebensgefährlich!«

In dieser Sekunde platzierte Sandro einen gezielten Gegenschlag, dicht gefolgt von einem zweiten, und die Art, wie sein gesamter Körper dabei nach vorn schnellte, katapultierte ihn aus der Ecke und verschaffte ihm wieder einen guten Meter Platz.

Ich war gebannt von seinem agilen Kampfstil, der seinen mindestens doppelt so schweren Angreifer mit nur vier gezielten Schlägen erneut zu Boden schickte. Bis der Dünne plötzlich vorsprang und derart schnelle Fausthiebe auf Sandro hageln ließ, dass der getroffen zurücktaumelte, bevor er seine Deckung wiederfand.

»Scheiße, ich hol die Security!«, beschloss das Kajalmädchen. »Und die Polizei.«

Sie machte einen Schritt zur Seite, woraufhin hinter ihr ein zweites Mädchen beinahe umkippte, das sich anscheinend im halb komatösen Delirium gegen sie gelehnt hatte. Sandro stieß einen instinktiven Laut aus, dicht gefolgt von einem Fluch, als er getroffen wurde und rückwärtsstolperte. Und als ich sah, dass er trotzdem nicht den Blick von dem wankenden Mädchen nehmen konnte, wusste ich, dass *das* Jamie war.

Mein Körper setzte sich in Bewegung, noch bevor mein Kopf einen Entschluss gefasst hatte. Ich stürzte zu den beiden Mädchen, schlang einen Arm um die halb bewusstlose Jamie und gab der Kajalfrau zu verstehen, dass ich hierbleiben würde. Ihre gepiercte Augenbraue zog sich skeptisch in die Höhe, während sie den Blick über mein Gesicht wandern ließ.

»Ich bin eine Freundin von Sandro!«, erklärte ich ungeduldig, woraufhin sie sich endlich aufrichtete.

»Sandro ...«, wiederholte das Mädchen in meinem Arm benommen und bewegte sich leicht, woraufhin ihr Kopf zur anderen Seite kippte.

Noch eine Sekunde lang zögerte die Kajalfrau und musterte mich skeptisch, dann nickte sie und bahnte sich einen Weg durch die Menge. Ich betrachtete wieder das Mädchen in meinem Arm, das wie eine Betrunkene gegen meine Schulter lehnte.

Sie hatte ein ovales Gesicht, das mich auf den ersten Blick so sehr an Isabella erinnerte, dass sich meine Brust zusammenzog. Aber auf den zweiten Blick waren ihre Lippen voller, ihr heller Porzellanteint makellos und ihre rabenschwarzen Haare glänzend voluminös. Mit dem Muttermal über dem rechten Mundwinkel und dem perfekt geschwungenen, wenn auch leicht übertriebenen Lidstrich erinnerte sie an eine Mischung aus Marilyn Monroe und Amy Winehouse, und sah, um ehrlich zu sein, auch genauso leblos aus wie die beiden.

»Hey ...«, machte ich vorsichtig und rüttelte sacht ihre Schulter. »Jamie.«

»W...as...?« Ihre Lider flatterten und sie bewegte sich erneut, woraufhin ihr Kopf zur anderen Seite fiel. Doch diesmal richtete sie sich selbst wieder auf und hielt sich die voluminösen Haare mit der Rechten aus dem Gesicht, während sie sich mit der Linken immer noch an meiner Schulter festklammerte. Mein Blick fiel auf ihre beeindruckende Oberweite in dem schlichten Tanktop, dann auf das Dornentattoo, das einmal um ihren Oberarm lief wie ein Armreif.

»Jam...«, wiederholten ihre Lippen, während sie sich schwankend umsah. Ihr Blick fiel auf Sandro, der abwechselnd die brutalen Fausthiebe des Dünnen mit den Unterarmen abwehrte und konterte. Seine Bewegungen waren präzise und geschmeidig wie vorhin auch, trotzdem hatte ich Angst, dass ihn jeden Moment einer der vielen Schläge treffen und zu Boden schmettern würde.

»B...aby, bist du das wirklich?« Ihre Stimme versagte fast, während sie Sandros Faustkampf mit glasigem Blick verfolgte. Ihre Finger krallten sich beinahe schmerzhaft in meine Schulter.

Jetzt schnellte Sandros Arm abermals vor – und dieser einzelne Schlag warf seinen Gegner zu Boden wie die Druckwelle einer Explosion. Seine wachsame Körperspannung wich jedoch nicht, bis er sicher war, dass beide erst mal nicht mehr aufstehen würden. Dann sah er auf, und die Umstehenden zerstreuten sich eilig, als hätte der Kampf nie stattgefunden. Einige rüttelten vorsichtig an den beiden ausgeknockten Schlägern, aber die meisten stiegen einfach über sie hinweg und wollten nichts mit der Sache zu tun haben.

Endlich sah Sandro in Jamies Richtung – und erstarrte, als er mich erkannte.

»Vanessa?!« Seine Stimme klang atemlos, als er bei uns ankam, aber ich konnte nicht sagen, ob vor Anstrengung oder vor Schock darüber, mich hier zu sehen. »Was machst du denn hier?! Hast du etwa ...?« Sein Kopf zuckte leicht in Richtung des kürzlichen Kampfschauplatzes. Sein

Blick flackerte, aber er brachte es nicht fertig, den Satz zu beenden. Und auch nicht, mir in die Augen zu sehen.

Ich schüttelte den Kopf, wollte ihn beruhigen, fand aber genauso wenige Worte wie er. Hinter ihm sah ich, wie sich die zwei Kerle stöhnend aufsetzten und von Umstehenden auf die Beine helfen ließen. Von der anderen Seite drängten sich zwei massige Türsteher zu uns durch.

»Ich glaube, das ist ein guter Zeitpunkt, um zu verschwinden«, wisperte ich, weil ich weder von den einen noch von den anderen konfrontiert werden wollte.

Das holte Sandro aus seiner Starre. »Ja.« Schon lehnte er Jamies schlaffen Körper gegen seine Brust. Sie leistete keinen Widerstand, öffnete jedoch auch nicht die Augen. »Hey Muffin ... kannst du laufen?«

Muffin. Ich wunderte mich über diesen unromantischen Spitznamen, und gleichzeitig malte meine Fantasie tausend mögliche Ursprungsgeschichten dazu in den schillerndsten Farben.

Jamie stöhnte benommen, schlang aber die Arme um seinen Hals und ließ sich widerstandslos führen. Sandros große Gestalt pflügte eine Schneise durch die Menschenmenge, die hinter uns wieder zu einer wabernden Masse verschmolz.

Draußen trafen wir wieder auf die Kajalfrau, die sofort zu ihrer Freundin stürzte. »Oh, Süße ... es tut mir so leid, ehrlich, ich wusste nicht, was ich tun sollte, da hab ich Marc angerufen ...«

Also war sie am Telefon gewesen. Ich zog mitleidig die Brauen zusammen, aber Sandros Stimme zerschnitt jeden Gedanken, als er bedrohlich ruhig fragte: »Müssen wir sie ins Krankenhaus bringen oder reicht eine Ausnüchterungszelle?«

»Nein, ich glaub, es geht. Wir haben eigentlich nur ein paar Kurze gekippt. Ich glaub, sie wollte von den Jungs Ecstasy kaufen, aber ich glaub nicht, dass sie ...«

»Was?!«

Während ein heftiger Ruck durch Sandros Körper ging, streckte ich die Hand nach Jamies Hals und Stirn aus. Sie war verschwitzt, aber nicht überhitzt, und ihr Puls ging schwach, aber regelmäßig. Nicht so, wie bei Valeria vor fünf Jahren.

»Ich glaube nicht, dass sie was genommen hat.« Ich schüttelte den Kopf und gleichsam alle Gedanken daran ab, wie meine heute beste Freundin in ihrer Trotzphase auf einer Party eine Pille genommen hatte, sich daraufhin zwei Stunden lang die halbe Seele aus dem Leib getanzt und dann nach einem Kreislaufkollaps die andere Hälfte ausgekotzt hatte. Ich würde nie das Bild vergessen, wie leichenblass Milias vor Angst gewesen war.

»Sag ich ja!«, beharrte die Kajalfrau, während Sandro ächzend das Gewicht verlagerte und Jamie vorsichtig auf die steinerne Einfassung des Hochbeets setzte. Ich sah deutlich, wie er dabei verhalten die Schulter bewegte, und streckte die Hand nach ihm aus. Er wich instinktiv zurück, bis er die Hand als meine erkannte und sich unsere Blicke kurz trafen. Ich hob aufmunternd die Mundwinkel, aber wie in einem verzerrten Spiegel zogen sich seine Brauen zur Antwort verdrossen zusammen, und dann sah er weg.

»Aber von ein paar Kurzen kriegt man auch keinen Blackout«, fühlte er der Kajalfrau jetzt weiter auf den Zahn.

Die rollte mit den Augen und warf ihm einen vernichtenden Blick zu, der jedoch unter Sandros unerbittlicher Miene zusammenschrumpfte. »Ja okay«, gestand sie dann, »vielleicht ein paar viele Kurze und 'nen halben Joint auf dem Weg hierher.«

»Scheiße, Nina!«, fluchte Sandro jetzt, so unbeherrscht, wie ich ihn noch nie erlebt hatte. »Du bist siebzehn!«

Moment mal, war Sandros Ex-Freundin etwa auch minderjährig? Wie alt war Sandro eigentlich? Ich hatte ihn immer für so alt gehalten wie Isabella und mich. Aber ein Drei- oder Vierundzwanzigjähriger mit einer siebzehnjährigen Freundin?! Abermals fiel mir auf, wie wenig ich über den Typen wusste, in den zu verlieben sich mein Herz entschieden hatte.

Das Kajalmädchen namens Nina setzte zu einem empörten Protest an – als sich Jamie endlich regte. Erst hob sie stöhnend den Kopf, dann öffnete sie die Lider und betrachtete uns aus glasigen, aber wunderschönen schokoladenbraunen Augen. Ihre Mundwinkel hoben sich, als sie Sandro erkannte.

»Hey, Sanny ...«

Jetzt zuckte auch über Sandros Gesicht ein schmerzliches Lächeln, das so viele innere Qualen widerspiegelte, dass es mir fast das Herz zerriss. »Hey, Muffin.«

Nina und ich tauschten einen Blick, den ich genauso wenig ertrug wie die Leere in meinem Herzen. Jamie schloss die Augen und schüttelte den Kopf.

»Ich hasse es, wenn du mich Muffin nennst, Sandro.«

Er grinste kurz, dann wurde sein Blick hart. »Und ich hasse es, wenn ich dich nachts halb ohnmächtig aus einer Industriehalle schleifen muss, Olivia.«

17 Schwerelos

Vanessa

Ein buchstäblicher Ruck ging durch meinen Körper, der meinen Kopf ungewollt nach vorn katapultierte. Olivia?

Aber wer war dann Jamie? Und was bedeutete sein Tattoo? Was ging hier vor?

Hilfe suchend sah ich zu Nina, die ausschließlich Augen für ihre Freundin hatte. Ich zögerte kurz, dann erhob ich mich. Hier gab es für mich nichts mehr zu tun und nichts mehr zu gewinnen. Ich hatte die Antwort, die ich Isabella und mir hatte geben wollen, auch wenn es nicht die war, mit der wir beide gerechnet hatten: Wer auch immer Jamie war, es ging nicht um sie, denn das Mädchen, für das er sich heute geschlagen hatte, hieß Olivia. Und er liebte sie, keine Frage, aber mehr wie eine Schwester als eine Freundin, wie ein Blick in sein Gesicht deutlich zeigte.

Ich verlor mich einen Herzschlag lang in seinem Anblick, nickte dann erneut, wie um meinen Körper davon zu überzeugen, dass es das Beste war, jetzt zu gehen. Sandro fing meinen Blick auf, hielt ihn fest, erkannte meine Absicht. Er schüttelte nicht mit dem Kopf und sagte auch kein Wort, aber jede Faser seines Körpers schien zum Zerreißen gespannt, jeder Muskel in seinem Gesicht flehte mich geradezu an, nicht zu gehen.

Also tat ich es nicht. Stattdessen sah ich dabei zu, wie Nina ihn fragte, ob er mit dem Auto da sei, und als er bejahte, ihre Freundin vorsichtig drückte und sich verabschiedete.

»Warte ... ich kann dich fahren!«, bot ich an. Sie konnte doch mitten in der Nacht nicht alleine nach Hause gehen.

»Das ist lieb, danke! Aber ich wohne nur zwei Straßen weiter. Außerdem hab ich das hier!« Sie zog die linke Hand aus ihrer Collegejacke, mit der sie eine Dose Pfefferspray umklammert hielt, und grinste breit, bevor sie Sandro vorsichtig zum Abschied umarmte. »Danke, dass du gekommen bist, und sorry, dass du kommen musstest!«

»Mach dir keine Gedanken. Pass auf dich auf«, raunte er gegen ihren Scheitel, bevor er sich von ihr löste und zum Abschied matt mit den Mundwinkeln zuckte.

Und während er ihr nachsah, drehte ich den Kopf und betrachtete ihn. Vor zehn Minuten hatte er noch zwei Typen im Alleingang erledigt, jetzt wirkte er so hilflos wie ein ausgesetzter Welpe. Ein Welpe mit Rippenprellungen, wie mir auffiel, als ich ihm half, Olivia zu seinem Auto zu bringen.

»Kannst du fahren?«, fragte ich leise, nachdem sie auf dem Rücksitz zusammengesackt war und wir sachte die Tür geschlossen hatten.

Sandro hielt inne, nur eine Handbreit vor mir, ließ die Schultern hängen und schloss die Augen, wie um alles einen Moment lang auszublenden. In diesem Augenblick war er die personifizierte Erschöpfung, niedergedrückt von einer Last, die größer war als Jamies – Olivias – zierlicher Körper oder der heutige Abend. Ich betrachtete seine schlanke Gestalt im Halbschatten der neongelben Straßenlaterne und verlor mich einen Moment in dem Anblick, widerstand dem Drang, ihn in meine Arme zu ziehen und die Welt vergessen zu lassen. Er war völlig lädiert und trotzdem vollkommen. Die zerzausten Haare, die sich als scharf gezackter Scherenschnitt gegen die dunkle Gasse abhoben. Das kantige Gesicht, dessen Konturen jetzt runder über den beginnenden Schwellungen wirkten. Er blutete nicht, aber morgen würde er definitiv blaue Flecken haben.

Unwillkürlich streckte ich die Hand aus, um seinen linken Wangenknochen zu betasten. Fast reflexartig zuckte er zurück und hob die Hände, genau wie vorhin. Muskelgedächtnis. Dann übernahm sein kognitives Bewusstsein die Kontrolle und überschrieb den Befehl, ließ ihn den Kopf wieder senken und meinen Blick erwidern. Seine Hände verharrten noch einen Moment, wo sie waren.

Dann, völlig unvermittelt, hob er sie an mein Gesicht, zog mich zu sich und küsste mich.

Ich hatte das Gefühl in all meine Einzelteile zu zerspringen, war gleichzeitig kaputt und zum ersten Mal seit Wochen wieder ganz in seiner Umarmung. Seine Lippen waren rau, aber unendlich sanft. Sein Kuss war beinahe flüchtig, aber gleichzeitig endlos. Und ich erlaubte mir, diese winzige gestohlene Sekunde einfach zu genießen. Ich wusste, dass es falsch war, und ich wusste, dass ein Teil von mir dafür büßen musste. Aber in diesem schwerelosen Moment war ich lebendiger als jemals zuvor. In dieser gestohlenen Sekunde erwiderte ich seine Zärtlichkeit, die zu flammender Leidenschaft wurde, als ich die Lippen öffnete. Augenblicklich drückte er sich gegen mich, und ich zog ihn an mich, während unsere Lippen vollends miteinander verschmolzen.

Seine Hände fanden unter meine Jacke, unter mein Kleid, schoben es hoch und umfassten meine nackte Taille darunter, zogen mich gegen ihn, drückten mich gegen seinen Wagen. Ich atmete heftig in unseren Kuss, ebenso elektrisiert von seiner Nähe wie überrascht von seiner plötzlich so ungezügelten Leidenschaft. Aber ich verurteilte ihn nicht. Er war verwirrt und verzweifelt, voller Adrenalin und Testosteron.

Er hatte sich vor wenigen Minuten noch mit zwei Typen geprügelt, in Sorge um eine halb ohnmächtige Frau, die vielleicht nicht seine Ex-Freundin war, ihm aber trotzdem die Welt bedeutete.

Einige endlose Sekunden lang berauschte ich mich an seiner Begierde, an der Hitze seines Körpers und der Glut, die sie in meinem entfachte. Einige endlose Sekunden lang war ich schwerelos.

Dann löste ich die Lippen von seinen. Behutsam, um ihn nicht vor den Kopf zu stoßen, aber bestimmt. Ich bereute sofort, seine Lippen nicht mehr auf meinen zu spüren, aber alles andere würde ich noch mehr bereuen. Fast widerstrebend legte ich die flachen Hände auf seine harte Brust, spürte seine Muskeln und hätte dem Verlangen in meinem Innersten um ein Haar erneut nachgegeben. Stattdessen drückte ich sanft gegen seinen Oberkörper und war gleichermaßen erleichtert wie wehmütig, als er mir Folge leistete und einen halben Schritt zurücktrat. Nicht annähernd genug, um die notwendige Distanz wiederherzustellen.

»Wir sollten fahren.« Ich flüsterte, weil ich meiner Stimme nicht traute. Sandro nickte. »Ich habe ein Stück die Straße hoch geparkt.«

Ich zog Isabellas Schlüssel aus der Tasche und wollte mich zum Gehen wenden, als er mein Handgelenk umfasste.

»Nein.«

Es war mehr ein Laut als ein Wort, tief und rau und so unendlich wild, dass sich mein Unterleib erneut heftig zusammenzog. Die wohlige Gänsehaut in meinem Nacken blieb selbst dann noch, als er mir den Schlüssel abnahm.

»Du fährst nicht allein Auto. Du hast Alkohol getrunken, Vanessa.«

Und bevor ich widersprechen konnte, hatte er die Beifahrertür geöffnet. Sein Blick war unmissverständlich und er hatte recht, also gab ich mich geschlagen und stieg ein.

Olivia schlief auf dem Rücksitz wie tot.

Zumindest bis Sandro den Motor startete.

Sandro

»Und ihr seid jetzt also zusammen?«

Mein Blick streifte zum wiederholten Male den Rückspiegel, während wir über die dunkle Landstraße fuhren. Ich würde jetzt nicht darüber sprechen. »Nein.«

»Dann habt ihr nur Sex?«

Ich sah den Ruck, der durch Vanessas Körper ging. Und obwohl ich mich mit aller Kraft zwang, weiterhin Olivias makellos geschminktes

Gesicht anzusehen, glitt mein Blick erneut hinüber zu der Frau, die mir ohne jede Verpflichtung heute Nacht gefolgt war. Die ich genauso wenig wie Liv an einem solchen Ort sehen wollte. Die alles mit angesehen hatte. Und die trotzdem noch hier war.

Ich wollte nicht, dass sie diesen Teil meines Lebens sah, konnte nicht ertragen, was jetzt in ihrem Kopf vorgehen musste. Und während ich meine Rippenmuskeln und Wangenknochen allzu schmerzhaft spürte, wusste ich, dass ich es Vanessa erklären musste. Erklären *wollte*. Alles. Diese Party. Diesen Kampf. Dieses Mädchen auf dem Rücksitz. Ich wusste, wie das aussehen musste. Aber so war es nicht.

»Ist okay, ich konnte Isabella sowieso nie leiden.«

Ich zuckte zusammen, und merkte erst einen Sekundenbruchteil später, dass der stechende Schmerz von meiner Brust ausgegangen war. Weniger wegen Olivias unverblümter Worte gegen die Frau, die in den letzten elf Monaten meine Freundin gewesen war, sondern wegen der gefühllosen Kälte, mit der sie sie gesagt hatte. Kälte, wo früher fast wieder Wärme gewesen war. Gleichgültigkeit, wo früher beinahe Lebensfreude gewesen war. Ich schüttelte den Kopf, um das überwältigende Gefühl der Schuld abzuschütteln.

»Kannst du heute nach Hause?«

Ich meinte Liv auf der Rückbank, aber als Vanessa den Kopf drehte, fiel mir ein, dass Isabella auch ihr vorgeworfen hatte, untreu zu sein. Genau wie mir, der ich in zehn Monaten nicht ein einziges Mal daran gedacht hatte. Und dann in weniger als einem Monat fast ununterbrochen.

»Ja, keine Sorge. Ihr habt deine Wohnung für euch!«, kam es gewohnt schnippisch von der Rückbank.

Jetzt drehte sich Vanessa um und sah Olivia an. An ihrer Stimme hörte ich, dass sie lächelte, aber an ihrer Tonlage, dass sie traurig war, als sie erklärte: »Hör zu, wir sind nicht zusammen, und ich werde ihn dir nicht wegnehmen, verspro–«

Olivias schallendes Gelächter unterbrach sie.

Ich warf Vanessa einen entschuldigenden Blick zu, als sie sich wieder nach vorn drehte, aber ich konnte es ihr nicht erklären, solange Olivia noch im Auto war. Doch Vanessa verstand es, wie sie es immer tat. Abermals ertappte ich mich bei dem Gedanken, dass sie in jeder Hinsicht die perfekte Frau war. Warum um alles in der Welt hatte sie keinen Freund?

Die restliche Fahrt zum Haus von Olivias Onkel grübelte ich über dieser Frage, fand aber keine logische Antwort. Frustriert stieg ich aus – vielleicht ein bisschen zu energisch, denn mein Schädel sandte dröhnende Schmerzsignale aus – und half Liv beim Aussteigen.

Sie strauchelte kurz, hielt sich dann aber einigermaßen gerade und ging mit erhobenem Kinn an mir vorbei, ohne noch ein einziges Wort an mich zu richten, ganz zu schweigen von Vanessa.

Seufzend sah ich ihr nach, bis sie die Tür aufgeschlossen hatte und im Haus verschwunden war. Dann setzte ich mich zurück ins Auto, schaltete meine Playlist an und wartete einen kompletten Song ab. Nur für den Fall.

Das Haus blieb dunkel und vor allem still. Endlich drehte ich den Zündschlüssel und fuhr los.

Aus dem Augenwinkel sah ich, wie Vanessa mir das Gesicht zuwandte. Wir hatten seit gefühlten zehn Minuten kein einziges Wort mehr gesprochen, und mit jeder verstreichenden Sekunde türmten sich die unausgesprochenen Dinge zu einer unsichtbaren Mauer zwischen uns, die uns allmählich zu erdrücken drohte.

Seltsam, dass es mir nie etwas ausgemacht hatte, ganze Autofahrten lang nicht mit Isabella zu sprechen. Während es sich mit Vanessa schon nach zehn Minuten anfühlte wie ein ganzes Leben. Als ich es nicht mehr aushielt, drehte ich den Kopf und sah sie an, hob einen Mundwinkel.

»Was?«, begann ich ein Gespräch auf die wohl unbeholfenste Weise und hatte bereits einen von Isabellas höhnischen Kommentaren im Ohr. Aber Vanessa hob bloß einen Mundwinkel wie ein Spiegelbild, und das Blitzen in ihren Augen ließ meine Magengrube prickeln.

»Also?«, fragte sie heiter und riss die unsichtbare Wand mit diesem einzelnen Wort und einem einzigen Lächeln ein. Ich starrte sie an, verlor mich in ihrem wunderschönen Gesicht und schwebte zwischen Bewunderung und Faszination, bis mir auffiel, dass ich am Steuer eines Wagens saß, und schnell wieder nach vorne sah.

»Also was?«

»Du, mein Lieber, schuldest mir eine Menge Antworten«, frohlockte sie. Ich gluckste. »Du hast heute ziemlich viel Cola getrunken!«

Mein Kopf ruckte hoch. Den Abend und das Spiel heute hatte ich vollkommen vergessen. Isabellas Party kam mir beinahe vor wie aus einem anderen Leben, zusammen mit allen anderen glücklichen Erinnerungen aus meinem Leben auf der anderen Seite. Auf der Sonnenseite. Auf der Seite mit Jamie.

»Hallo?«, holte mich Vanessas fröhliche Stimme wieder in die Gegenwart zurück. Ich war erneut fasziniert davon, wie sie es jedes Mal schaffte, gleichzeitig unbeschwert und flirtend zu klingen.

»Hm?«

»Wahrheit oder Pflicht?«

Ich schnaubte. »Ich spiele das nicht mit dir, Vanessa.«

»Wahrheit oder Pflicht, Sandro!« Ihr Lachen war ansteckend, ihr Grinsen so verheißungsvoll süß und sexy, dass ich kapitulierte, bevor ich es wirklich begriffen hatte. Seufzend wollte ich Pflicht nehmen, als sie schon loslegte: »Fangen wir mit etwas Einfachem an. Wann hast du Geburtstag?«

Meine Mundwinkel zuckten, als ich mich an Marcs erste Aussage erinnerte. Ein Monat, der auf »r« endete. Sie hatte nicht getrunken.

»Fünfter Januar«, erklärte ich also.

»Wow, das war ja erst letzten Monat! Herzlichen Glückwunsch nachträglich!«, rief sie begeistert. Ihre Augen sprühten geradezu, und ihre Stimme vibrierte vor Freude. Und ich war machtlos gegen das warme Prickeln in meiner Brust.

»Danke«, sagte ich ehrlich.

»Isabella hat ja gar nichts davon erzählt!«

»Ja … ich hab nicht gefeiert«, erklärte ich und hielt mit aller Kraft die Wärme in meiner Brust fest, bevor sie mir wieder entgleiten konnte.

»Wie alt bist du geworden?«

Jetzt warf ich ihr einen selbstgefälligen Seitenblick zu. Noch vor fünf Jahren hätte ich mit der Gegenfrage gekontert, wie alt sie mich denn schätzte. Aber jetzt übersprang ich diesen albernen Macho-Scheiß einfach und antwortete: »Zweiundzwanzig.«

Trotzdem genoss ich den Anblick, wie ihr kurz die Gesichtszüge entglitten. Wie sich ihre Augen weiteten und gleich darauf vor Neugier strahlten. Weil sie mich viel älter geschätzt hatte, wie jeder. Ja, ich war ziemlich genau zwei Jahre jünger als meine Freundin. Na und?

»Wow«, gestand sie jetzt selbst: »Ich hätte dich für älter gehalten.«

Ich wusste ihre Ehrlichkeit zu schätzen, musste aber trotzdem grinsen. »War das eine Beleidigung?«

»Nein, das war ein Kompliment«, widersprach Vanessa, jetzt völlig ernst. »Du wirkst ... reifer.«

Vielleicht war es der betroffene Klang ihrer Stimme, vielleicht der Blick, mit dem sie geradezu in mein Innerstes sah, aber plötzlich war mein Grinsen wie weggewischt.

»Tja ...«, sagte ich langsam, während der spitz zulaufende Lichtkegel der Scheinwerfer auf der Straße von meinen Erinnerungen überlagert wurde. »Manche Dinge zwingen einen eben dazu, früher erwachsen zu werden, als man eigentlich wollte.«

Vanessa lächelte mitfühlend. »Dinge, die mit Olivia zu tun haben?«

Ich verdrängte Olivias Gesicht aus einem Teil dieser Erinnerungen und presste die Kiefer aufeinander. Spürte meine lädierten Schläfen erneut pochen und nahm den Schmerz dankbar an.

Schmerzen zeigen uns, dass wir noch leben.

»Wer ist sie? ... Deine Schwester?«

Ich biss noch kräftiger zu, schüttelte den Kopf. Ich wollte nicht über Liv reden, aber gleichzeitig war ich dankbar für die Ablenkung von meinen eigentlichen Gedanken.

»Nein. Ich ... bin Einzelkind.« Ich zögerte kurz. Isabella hatte ich immer erzählt, Olivia sei meine Cousine, um es zu rechtfertigen, wenn ich Zeit mit ihr verbrachte. Aber Vanessa würde es vielleicht verstehen. Hoffentlich. Ich atmete tief durch und lockerte meine schmerzenden Kiefer. »Olivia ist eine Freundin.«

»Eine Ex-Freundin?«

Ich drehte den Kopf und sah sie an, halb verärgert über ihre ziemlich persönlichen Fragen, halb belustigt. Als sie meinem Blick nur einen Sekundenbruchteil standhalten konnte, gewann schließlich mein Grinsen die Oberhand. »Bist du etwa eifersüchtig?«

»Nein!«, rief sie, ein bisschen zu schnell, und ließ mich damit noch mehr grinsen. »Ihr wirkt nur ... sehr vertraut.«

Abermals verblasste das Grinsen auf meinem Gesicht, obwohl ich es nicht wollte. Manche Dinge schweißten eben zusammen. Ich zuckte mit den Schultern, um den Gedanken abzuschütteln.

»Und wer ...?«

»Ich bin dran«, bestimmte ich. »Du hattest schon mehr als genug Fragen, obwohl ich niemals freiwillig ›Wahrheit‹ genommen hätte. Und du hast heute Abend auch ziemlich oft getrunken, meine Liebe. Also: Wahrheit oder Pflicht, Vanessa!«

Mit einem Mal war der Ausdruck in ihren Augen so furchtsam, dass ich meine eigenen Worte innerlich wiederholte, um zu überprüfen, ob ich etwas Falsches gesagt hatte. Ich konnte nichts finden.

»Pflicht.«

Ich gluckste. »Du würdest dich ernsthaft lieber meiner Gunst und Gnade ausliefern, als mir ein paar Fragen über dich zu beantworten?«

»Ich will dich nicht anlügen.«

Jetzt drehte ich den Kopf und sah sie an, abermals beeindruckt von ihrer Ehrlichkeit. Sie sprach einfach aus, was sie dachte und wollte, anders als alle anderen Frauen, die ich jemals gekannt hatte. Ich liebte diese schlichte, unkomplizierte und frische Art. Aber ich wollte wirklich ein paar Antworten haben.

»Du kennst noch nicht mal die Frage«, verhandelte ich, »wenn ich sie gestellt habe, kannst du ja immer noch entscheiden, ob du sie beantworten möchtest.«

Vanessa schüttelte entschieden den Kopf. »Nein. Es gibt Fragen, die kann man nicht *nicht* beantworten, selbst wenn man sie nicht beantwortet.«

Ich hob eine Augenbraue, brauchte eine Weile, um diese dreifache Verneinung aufzuschlüsseln, und konnte mir trotzdem keine Frage vorstellen, auf die das passen würde. Doch, eine Frage fiel mir sofort ein ... und dann zahlreiche andere. Shit! Vanessa hatte recht. Sie war so verdammt klug, durchzuckte es mich zum wiederholten Male, und abermals ärgerte ich mich darüber, dass mein Hirn es offenbar für notwendig hielt, mich gesondert darauf hinzuweisen.

Vanessa meinte praktisch jede Ja-nein-Frage nach illegalen oder unmoralischen Handlungen, und vor allem die nach den Dingen, für die man sich selbst hasste. Man konnte sie nicht bejahen, ohne Gefahr zu laufen, das Gegenüber würde einen genauso verachten wie man es selbst tat. Aber indem man sie gar nicht beantwortete, gab man es trotzdem zu, denn sonst hätte man ja einfach mit »Nein« antworten können.

Vanessa hatte Angst vor derselben Art von Fragen wie ich.

Überrascht sah ich in ihre großen Rehaugen und konnte mir nicht vorstellen, dass sie auch nur ansatzweise etwas so Schlimmes getan haben konnte. Ich betrachtete ihr schönes Gesicht, bewunderte ihren klugen Verstand. Erwiderte ihren aufgewühlten Blick und ertappte mich erneut dabei, dass ich sie in meine tröstenden Arme ziehen und beschützen wollte. Vor der Welt, vor sich selbst, vor Typen wie mir.

»Jetzt sag endlich, was du willst, Sandro«, bat sie.

Ich blinzelte, erinnerte mich erst einen Sekundenbruchteil später an das Spiel und ihre Wahl. Und ich wusste sofort, was ich wollte.

»Küss mich.«

18 Wahrheit und Pflicht

Vanessa

»Vergiss es!«

Meine Worte klangen erstaunlich fest und kühl, obwohl mein Herz wie ein Vogel flatterte. Ich schätzte, ich hatte wohl auch eine Art Muskelgedächtnis, eine einstudierte Abfolge von Reaktionen auf bestimmte Reize. Wie Brechreiz. Oder Herzflattern. Oh Gott!

Sandros Blick war wissend, beinahe überheblich, und mit dieser verdammten erhobenen Augenbraue geradezu unwiderstehlich. »Vorhin hattest du damit kein Problem«, erinnerte er mich an die kurze Explosion unserer Leidenschaft neben dem Wagen. *Gegen* den Wagen *gedrückt*, um genau zu sein. Doppelt oh Gott!

»Vorhin habe ich dir das durchgehen lassen, weil du verwirrt, verstört und voller Adrenalin warst!«, rief ich, und dachte absurderweise ausgerechnet jetzt darüber nach, dass mein früherer Deutschlehrer stolz auf diese Alliteration gewesen wäre. Das Gehirn macht manchmal komische Sachen, wenn das Herz alle anderen Körperfunktionen außer Kraft gesetzt hat.

Sandros Blick war immer noch wissend und unverschämt selbstgefällig, sagte geradezu: *»Das hat sich nicht nach ›Durchgehen lassen‹ angefühlt«*, obwohl er es nicht aussprach. Dabei hatte sein Blick völlig recht.

Dreifach oh Gott!

»Du bist in einer Beziehung!«, erinnerte ich ihn und mich selbst, als wir in die Parkbucht gegenüber der Wohnung einbogen, die ich mir mit seiner Freundin teilte. Unwillkürlich schob ich den Kopf vor, um zum dritten Stock hinaufzublicken, was natürlich völlig sinnlos war, weil auf dieser Seite nur das Treppenhaus lag.

Sandro stellte den Motor ab und fuhr sich mit einer Hand durch die Haare. »Ich glaube nicht, dass ich noch eine Freundin habe.«

Ich presste die Lippen aufeinander, erinnerte mich daran, wie seine möglicherweise beste Freundin vor einer halben Stunde gesagt hatte, dass sie seine feste Freundin nicht leiden konnte. »Wegen dem, was Olivia heute gesagt hat?«

Eine Pause entstand, in der Sandro sich den Nacken massierte. »Auch ...«, gestand er. »Aber hauptsächlich wegen dem, was Isabella selbst gesagt hat.«

Ich presste die Lippen noch fester aufeinander. »Dass sie fremdgegangen ist ...«

Das absolute No-Go jeder Beziehung. Das Aus für jede Vertrauensbasis, der ultimative Fehler. Ich war so versunken in meine Gedanken und Gefühle, dass ich Sandros Blick erst einen Herzschlag später auf mir spürte.

»Also? Was ist jetzt mit deiner Aufgabe?«, wechselte er das Thema.

Mir entkam ein Schnauben. »Nein, Sandro! Ich werde dich nicht küssen.« Freundin oder Ex-Freundin, Isabella blieb meine Mitbewohnerin!

Sandro grinste. »Sehr gut. Dann musst du ›Wahrheit‹ nehmen.« Und in dem Augenblick erkannte ich, dass er die Aufgabe bewusst gewählt hatte, um Antworten zu erhalten.

Ich hasse dich für diese Zwickmühle, dachte ich verärgert, bis mir auffiel, dass ich mich auch ohne seine Aufgabe längst darin befand.

Ich rang mit mir. Lange. Wenn er mich nach der letzten Aufgabe von heute Abend fragen würde, die Isabella selbst abgebrochen hatte, konnten wir das alles gleich hier und jetzt beenden. Aber das wollte ich nicht. Das konnte ich nicht. Doch genauso wenig konnte ich ihm ins Gesicht lügen und einfach verneinen. Oder einfach kneifen, nachdem er mir heute etwas über Olivia erzählt hatte, was er elf Monate lang vor seiner Freundin verheimlicht hatte.

»Also schön«, hörte ich mich sagen. »Aber keine Ja-nein-Fragen!«

Sandro blinzelte. Dann breitete sich ein anerkennendes Grinsen auf seinem Gesicht aus, das mich sogar noch mehr elektrisierte als das von Raphael früher. Weil es nicht nur meinen Körper berührte, sondern meine Seele.

»Was hältst du für so schlimm, dass du es mir nicht sagen willst?«

Mir klappte der Mund auf. Er hatte sich doch ernsthaft darum herum gemogelt! Aber er wirkte dabei nicht stolz, sondern mitfühlend. Sein Lächeln nicht selbstgefällig, sondern aufrichtig.

Trotzdem versteifte ich mich, verschränkte sogar die Arme vor der Brust. »So funktioniert das nicht, Sandro!«

Er lachte leise, ließ aber nicht locker. Genauso wenig wie ich vorhin. »Hat es was mit deinem Ex zu tun?«

Ich stieß einen undefinierbaren Laut aus. »Du kannst mich mal!«

»Tja, das würde ich gern«, sagte er und jetzt war das Grinsen auf seinem Gesicht wieder sehr selbstzufrieden. »Aber das hier ist deine Aufgabe, also ...« Er legte den Kopf schief und sah mich mit diesen unfassbar ausdrucksstarken olivgrünen Augen an, breitete geradezu einen roten Teppich des Vertrauens für meine Gefühle aus. »Du kannst es mir sagen, ehrlich. Ich bin fest überzeugt, dass es nicht halb so schlimm ist, wie du denkst. Und ich verspreche, dass ich dich weder verurteilen noch auslachen werde.«

Ich war fast versucht, ihm zu glauben. Ich *wollte* ihm glauben. Aber ich wusste es besser. Betrübt schüttelte ich den Kopf. Ich konnte es ihm nicht sagen, ich durfte nicht. Ich wollte nicht.

»Tja, schade«, schloss Sandro und brachte das Kunststück fertig, es ernsthaft zu bedauern und sich gleichzeitig zu freuen. »Dann musst du wohl –«

Ich küsste ihn. Obwohl ich damit wieder genau dasselbe tat, was ich mit aller Kraft aus meinem Leben hatte streichen wollen.

»Spinnst du? Das kann man ja wohl überhaupt nicht vergleichen!«, wusch mir Valeria am nächsten Tag den Kopf – via Videotelefonie. Ich lag im Pyjama auf meinem Bett und flüsterte halb, obwohl Isabella nicht zu Hause war. »Du musst endlich aufhören, dir diese alte Geschichte vorzuwerfen! Da waren wir Teenies, und die Jugend ist dazu da, um Fehler zu machen, damit wir als Erwachsene bessere Menschen sind. Ehrlich, wenn ich mir alle Dummheiten vorwerfen würde, die ich in meiner Jugend gemacht habe, müsste ich mich wohl im *Naviglio Grande* ertränken!«

»Und ich erst«, meldete sich Raphael zu Wort und schob seinen Kopf ins Bild. »Hi, Vany!«

Ich erstarrte augenblicklich und vergrub ohnmächtig den Kopf im Kissen. »Bitte sag nicht, dass Raphael alles mitgekriegt hat!«

»Nicht alles, nur Fummeln im Auto«, antwortete Raphael, bevor Valeria ihn energisch beiseiteschob.

»Wir haben überhaupt nicht gefummelt!«

»Tja, schade!«, rief Raphael noch. »Für euch beide!«

»Schatz, kannst du bitte gehen?«, forderte Valeria in dieser Stimmlage, die nur sie und ihre Mutter hatten, zwischen Belustigung, Tadel und unmissverständlichem Befehl. Wir mussten alle lachen, und ich konnte es Raphael nicht einmal übel nehmen.

Er war einfach, wie er war. Und ich war, wie ich war. Wir wurden zwar erwachsen, aber im Kern blieben wir die Menschen, die wir schon immer gewesen waren. Beziehungsweise, zu denen unsere Eltern uns erzogen hatten, bewusst oder unbewusst.

»Außerdem sind sie gar nicht mehr zusammen«, nahm Valeria das Gespräch wieder auf, »denn ich sehe das genauso wie Sandro: Isabella hat mit ihrem Abgang ziemlich eindeutig Schluss gemacht. Hat sie denn noch was zu deinem Mitbewohnerinnen-Status gesagt?«

Ich seufzte. Gestern Abend war ich im dunklen Hausflur über meinen Reisekoffer gestolpert und hatte dabei fast meine lose darin liegenden Klamotten im Treppenhaus verstreut. Wenn das Spiel gestern Abend Isabellas Art gewesen war, Schluss zu machen, dann war das hier das Pendant dazu, mich rauszuwerfen. Fürs Erste hatte ich meinen

Koffer wieder in mein Zimmer gehievt, aber das Signal war unmissverständlich.

»Ich hab sie heute noch nicht gesehen. Keine Ahnung, wo sie ist«, seufzte ich. Ich hatte den Gedanken daran, mir jetzt ein neues Zuhause suchen zu müssen, ehrlich gesagt mit aller Kraft verdrängt, und hoffte einfach auf ein Wunder. Dass ich sie im Gespräch noch umstimmen konnte, zum Beispiel. Oder dass Mutter Theresa vom Himmel herabstieg und Isabellas verständnisvolle Seite zum Vorschein brachte.

Jetzt allerdings stieg dezente Panik in mir auf – in Form einer heißen Feuerwalze in meinem Bauch, die sich unaufhaltsam durch meine Eingeweide nach oben pflügte und mir Übelkeit verursachte. Mein Gedächtnis erinnerte sich an den Brechreiz, noch bevor mein Körper ihn registriert hatte und meinen Magen zuckend zusammenzog. Muskelgedächtnis einstudierter Bewegungsabläufe.

Ich schluckte und trank hastig aus der Wasserflasche, die immer neben meinem Bett stand.

»Alles okay?«, fragte Valeria schnell.

Ich zwang das Wasser mit reiner Willenskraft, unten zu bleiben, und nickte. Gefühlte achtzig Prozent des körperlichen Brechreizes konnte ich mit Willenskraft steuern, zum Positiven oder Negativen. Jetzt gerade wollte ich mich nicht übergeben.

»Ja«, sagte ich schließlich, als ich meinen Magen wieder unter Kontrolle hatte. »Ich weiß nur nicht, was ich machen soll, wenn ich wirklich nicht hierbleiben kann.« Wie sollte ich denn von heute auf morgen eine neue Wohnung finden?

»Du kannst ja zu Sandro ziehen«, frohlockte Valeria.

Ich schnaubte. »Vergiss es. Selbst wenn ich wollte – was ich nicht tue! –, er hat seine Freundin elf Monate lang von seiner Wohnung ferngehalten. Wieso sollte er mich dann gleich am ersten Tag reinlassen?«

»Elf Monate, und sie war nie in seiner Wohnung?! Also, langsam frage ich mich wirklich, warum die beiden überhaupt zusammen waren. Das hört sich ja eher an, als hätten sie sich gegenseitig mit der Beziehung bestraft.«

Ich lächelte wehmütig, weil ich mir diese Frage auch schon so oft gestellt hatte in den letzten Tagen. »Na ja, zumindest bei Isabella ist es wohl derselbe Grund wie bei mir.«

»Sie steht einfach auf heiße Kickboxer?«, riet Valeria.

Ich schnalzte mit der Zunge, konnte aber den Gedanken an Sandros athletisch definierte Muskeln nicht verdrängen. Den Gedanken an seine Lippen. Und seine Hände an meiner Taille.

»Nein«, widersprach ich Valeria und meinen Gefühlen. »Sie kann es einfach nicht ertragen, alleine zu sein.«

Jetzt seufzte auch Valeria. »Ach, Vany ...« Ihr hoher Zopf wippte, als sie sich plötzlich mit einem Geistesblitz aufrichtete. »Hey, du kannst doch bei uns wohnen!«

Ich lachte. Laut.

Und während sie sich in Bewegung setzte und mich mit ins Wohnzimmer nahm, entknotete auch ich meine Beine und stand auf.

»Sorry, Val, das ist total lieb, aber ich ...« *... kann nicht mit euch in einer Wohnung wohnen*, hatte ich sagen wollen, aber da glaubte ich einen Schlüssel in der Haustür zu hören. »Warte kurz.«

Mit angehaltenem Atem näherte ich mich meiner Zimmertür, das Handy auf halber Höhe vor der Brust.

»Was passiert da?«, hörte ich Raphaels Stimme murmeln, den anscheinend die Stille wieder hatte aufhorchen lassen. Und dann: »Nette Aussicht!«

Das ließ mich ärgerlich mit der Zunge schnalzen und den Arm wieder auf Augenhöhe heben. Nein, ich würde definitiv nicht mit Raphael in einer Wohnung wohnen!

»Warte mal, ist das dieser Snoopy-Pyjama?!«

Ich sah an dem ausgewaschenen rosa Top hinab und runzelte die Stirn, bis mir dasselbe auffiel wie Raphael gerade: »Den haben wir zusammen gekauft, oder?«

Wieder überfiel mich die schmerzliche Sehnsucht nach einer Zeit, die nie zurückkommen würde. Eine Zeit, in der Raphael und ich einfach nur Freunde gewesen waren und regelmäßig gemeinsam shoppen gegangen waren. Warum machten Gefühle eigentlich immer alles kaputt?

»Ja …«, antwortete ich, während draußen definitiv die Wohnungstür ins Schloss fiel. »Also, genau genommen ist das nur noch die Hälfte davon. Die Hose gibt's nicht mehr, ich trage jetzt immer eine andere dazu.«

Ich verzog unmerklich das Gesicht. Warum erzählte ich ihm das überhaupt?! Unwillig riskierte ich einen Blick auf das Display, während ich vorsichtig meine Zimmertür aufschloss wie eine Diebin. Raphael grinste.

»Aus Spitze?«

»Aus Nicki!«, vertrieb ich jeden seiner Gedanken sofort. Und genau genommen passten diese pfirsichfarbenen Hotpants auch nur bedingt zu dem rosa Oberteil, aber zum Schlafen war das eh egal.

Raphael grinste immer noch dieses unwiderstehliche Grinsen, für das ich ihm am liebsten eine reinhauen würde. »Schade!«

»Sag mal«, mischte sich Valeria ein und rutschte auf der Couch an ihn heran, um ihren Ellenbogen auf seine Schulter zu stützen und ihm amüsiert ins Gesicht zu sehen. »Soll ich euch zwei vielleicht mal kurz allein lassen?«

Während ich eine Sekunde lang erstarrte und einfach nur den Kopf über die beiden schüttelte, verlagerte sich Raphaels Grinsen zusammen mit seinem Blick auf Valeria.

»Nein, du kannst gerne dabei sein.«

»Raphael!«, protestierten Valeria und ich gleichzeitig, während ich die Tür öffnete und in unsere Wohnung spähte. Keine Spur von Isabella. Mit einem erleichterten Seufzer straffte ich mich wieder und tänzelte mit wiegenden Schritten und gestreckten Zehen ins Wohnzimmer wie eine Ballerina auf die Bühne. Ich spürte die Dehnung meiner gestreckten Zehen, als ich sie über den Boden zog, das angenehme Ziehen in den Schenkeln, als ich das Standbein wechselte, und erinnerte mich an die leuchtenden Augen meiner Mutter bei jedem meiner Auftritte. Vielleicht sollte ich einfach wieder anfangen, Ballett zu tanzen. Vielleicht sollte ich Mama auch noch mal anrufen.

»Nein, Raphael«, bestimmte Valeria eisern, aber voll unterdrückter Belustigung.

»Warum?«, fragte Raphael zurück. Schlicht, geradezu pragmatisch.

Mir entwich ein fassungsloses Lachen, während ich mich auf die Couch fallen ließ und die Beine auf die Rückenlehne legte, die Zehen immer noch gestreckt wie zu leichten Aufwärmübungen.

»Ich kann nicht glauben, dass ihr gerade ernsthaft über so was redet«, kommentierte ich dieses absurde Gespräch, als würde es dabei nicht um mich gehen.

»Also, erst mal reden wir alle darüber, das hier ist schließlich eine Demokratie«, korrigierte Raphael, wurde aber sofort von Valeria unterbrochen.

»Nein, Raphael!«

»Okay, Monarchien sind auch ...«

»Raphael!«

Oh-oh, Vorsicht, Raphael! Ich musste kichern, weil die zwei einfach so gut zueinanderpassten, trotz und gerade wegen all ihrer feurigen Leidenschaft und starrsinnigen Charakterstärke. Niemand konnte Raphael so gut Konter geben wie Valeria, und niemand konnte Valeria so sehr zähmen wie Raphael. Wieder spürte ich diese irrationale Sehnsucht nach etwas, das ich einmal gehabt hatte, während ich meine nackten Beine in die Luft streckte und versonnen gegeneinanderrieb. Ich müsste mich bald mal wieder epilieren.

»Vielleicht später?«, versuchte Raphael zu verhandeln.

Valeria stieß einen ungläubigen Laut aus, bis ihr ein Gedanke kam, der sie überlegen den Kopf schief legen ließ. »Wärst du immer noch so scharf drauf, wenn wir von Flavio sprechen würden statt von Vanessa? Oder von Sandro? Darauf könnte ich mich einlassen!«

Ich schlug mir lachend eine Hand vor die Augen, als könnte das irgendwie nicht nur meine Sicht, sondern meine Gedanken abschirmen. Dann hörte ich die Kühlschranktür geräuschvoll zugehen – und erstarrte mitten in der Tote-Katze-Position, alle viere in Richtung Decke gestreckt.

Und während Raphael und Valeria ihren Schlagabtausch in meinem Handy fortsetzten, drehte ich den Kopf zur Küchentür – und blinzelte in Sandros Augen.

19 Kopf gegen Herz

Vanessa

»Äh … Leute …?«, stammelte ich ins Handy, ohne den paralysierten Blick von Sandro zu nehmen.

Er trug ein dunkelblaues T-Shirt zu petrolfarbenen – *Shorts*! War plötzlich Sommer ausgebrochen?! Ich warf einen Blick aus dem Fenster und dann auf die Temperaturanzeige unseres Radioweckers. Vierzehn Grad. Das waren ja fast Frühlingstemperaturen! Gut, am ersten März konnte der sich auch wirklich langsam mal blicken lassen. Für mich lag das immer noch mindestens zehn Grad unter meiner Wohlfühltemperatur, aber Sandro trug schon Shorts und T-Shirt. Und ich musste zugeben, dass er ziemlich attraktive Beine hatte. Ich hatte nie wirklich über Waden nachgedacht, aber die von Sandro waren … einfach perfekt, als er sich vom Türrahmen abstieß und in Bewegung setzte. Dabei biss er von einer rohen Karotte ab, die von gestern übrig geblieben war.

Ich erinnerte mich daran, dass ich immer noch wie ein toter Käfer auf der Couch lag – im Kurzpyjama! –, drehte meinen Körper schnell richtig herum und angelte eines der größeren Kissen, um es in meinem Schoß zu platzieren. Ein ziemlich armseliger Versuch, weniger nackte Haut zu zeigen. Überflüssigerweise kam mir sofort die tadelnde Stimme von Isabellas Mutter in den Sinn.

»Ihr redet gerade nicht ernsthaft über das, wonach es sich anhört«, kommentierte Sandro zwischen Belustigung und Unglauben, und ließ sich mit einer so lässigen Selbstverständlichkeit neben mir auf die Couch fallen, dass mir mein Herz ungebeten in den Hals sprang.

»Ist das Sandro?!«, kreischte die weibliche Stimme in meinem Telefon, während die männliche bloß gluckste, was Valeria natürlich sofort als Munition verwendete: »Oh, entschuldige bitte! Wenn mein Freund nicht gerade seine Zunge verschluckt hätte – oder wenn du eine Frau wärst –, würde er jetzt entgegnen, dass das ganz darauf ankäme, was du gerade denkst. Was so viel wie ›Ja‹ heißen würde.«

Sie warf Raphael einen überheblichen und höchst selbstzufriedenen Blick zu, den er auf eine Weise festhielt, die weiche Knie und Herzrasen verursachen konnte. Er sagte immer noch kein Wort, aber das Knistern zwischen den beiden war bis hierher zu spüren. Sandro zuckte mit den Schultern und hob immer noch kauend eine Hand zum stummen Gruß ins Telefon, während ich verstohlen ein Stück von ihm abrückte. Nur zur Sicherheit.

Eine Stille entstand auf beiden Seiten der Verbindung, voller Spannung bei Raphael und Valeria, und voll scheuer Distanz und tausend unausgesprochener Fragen bei Sandro und mir.

»Okay, wir legen jetzt auf«, bestimmte Raphael.

»Was? Nein, ich will dab–!«, rief Valeria, wurde aber von Raphaels Abschiedsgruß überlagert, kurz darauf war die Verbindung weg.

Sandro schüttelte immer noch den Kopf. Drehte mir das Gesicht zu und sah mich an. Quälende fünf Sekunden lang herrschte absolute Stille. Dann begannen wir beide gleichzeitig zu reden:

»Was machst du hier?« – »Warum hast du eigentlich keinen Freund?«

Ich blinzelte, als ich seine Frage mit etwas Verzögerung verstand, und lachte ungläubig. »Was?! Was ist das denn für eine Frage?«

Er zuckte mit den Schultern, biss erneut von der Karotte ab und kaute. Dann verzog er kurz das Gesicht und musterte die rohe Rübe in seiner Hand skeptisch.

»Ist die schlecht?«, fragte ich, dankbar für den Themenwechsel.

»Nein«, gluckste er jetzt und massierte seinen Kiefer. »Nur hart.«

Das brachte mich unfreiwillig zum Lachen, erinnerte mich aber gleichzeitig an den Faustkampf von gestern Abend. »Oh nein!«, rief ich und lehnte mich vor, um sein Gesicht genau zu betrachten, ließ den Blick über seinen Oberkörper gleiten, aber unter dem dunkelblauen T-Shirt sah ich natürlich nichts – außer der Tatsache, dass seine Muskeln einfach perfekt definiert waren. Er hatte kein blaues Auge, aber eine deutlich hellgelbe Schwellung am linken Wangenknochen und eine kleinere zweite am Unterkiefer.

»Wie geht's dir?«

Er legte den Kopf schief. »Ganz gut. Ging mir schon besser, aber …« Er winkelte den Arm an, um die Hämatome auf seinen Unterarmen zu betrachten.

Ich machte große Augen. Das waren keine blauen Flecken, das waren unterirdische Seen! Die Stellen waren nicht so dunkelviolett wie normale Blutergüsse, sondern eher grau-gelblich verfärbt, aber die schiere Größe ließ mich schaudern. »Oh Gott, das sieht übel aus!«, rief ich aus.

Sandro lachte und ließ die Arme wieder sinken. »Ich kann dir noch ganz andere blaue Flecken zeigen«, entgegnete er, halb im Scherz, aber halb mit diesem ganz speziellen Unterton, der mir einen heißen Schauer durch die Glieder jagte. Und plötzlich stand mein Körper in Flammen. Ich starrte Sandro an und versuchte zu ergründen, ob es an seiner veränderten Tonlage, seinem verwegenen Halbgrinsen oder seinem intensiven Blick lag, aber mit einem Mal konnte ich an nichts anderes denken als an seinen nackten Oberkörper, vorzugsweise auf meinem. Doch ich riss mich von der Vorstellung los und schüttelte den Kopf, sah wieder nach vorne, und sah trotzdem nichts als Sandro.

»Das hättest du wohl gerne!«, floh ich in die selbstbewusst überhebliche Reaktion, die ich am besten beherrschte.

Er antwortete nicht, also drehte ich den Kopf wieder und sah ihn an, bloß, um seinem tiefen Blick zu begegnen, der alles sagte, obwohl Sandro gar nichts sagte. Oh Gott … wer war dieser neue sexy Typ mit dem verwegenen Selbstbewusstsein, und was hatte er mit dem netten Jungen von nebenan gemacht?

»Könntest du aufhören, mich so anzusehen?«, quengelte ich jetzt und gab damit meine toughe Fassade wieder auf. Nicht, dass sie etwas genützt hätte.

Sandro erlöste mich nicht von seinem elektrisierenden Blick, aber seine Mundwinkel zuckten belustigt. Dann biss er wieder von der Karotte ab, ohne mich aus den Augen zu lassen, und sah dabei aus wie ein kauender Esel.

Ich brach in Lachen aus. »Und damit auch! Du kannst dich doch nicht neben mich setzen und mir einen vorkauen!«, beschwerte ich mich, wenngleich dankbar dafür, dass die sexuelle Spannung aus der Luft verschwunden war.

Sandro grinste fröhlich. »Sorry«, machte er, richtete sich auf und hielt mir die Handvoll Möhren hin, die er die ganze Zeit über in der Linken gehalten hatte. Ich sah auf die ungeschälten, aber gewaschenen Rüben, und dann in sein Gesicht. Er machte eine auffordernde Geste. »Na los, greif zu! Wie viele Kalorien hattest du heute schon?«

Jetzt zog ich die Brauen zusammen. »Was?!«

Er sah auf seine Uhr. »Es ist halb elf. Bei deinem BMI müsstest du um diese Zeit schon rund sechshundert bis achthundert Kalorien gegessen haben. Wie viel hattest du? Und wenn du jetzt sagst, null, schleife ich dich höchstpersönlich zum Kühlschrank und binde dich dort fest, bis du gegessen hast.«

Ich verlor kurz den Faden unserer Unterhaltung, als sich meine Gedanken in der Vorstellung verstrickten, von Sandro gefesselt zu werden. In der entstehenden Stille fiel ihm offenbar ebenfalls die doppelte Bedeutung seiner Worte auf, denn jetzt grinste er. Aber er machte keinerlei Anstalten, die ungewollte Zweideutigkeit aufzuklären oder zurückzunehmen, sondern zuckte bloß mit den Schultern und biss erneut von der Karotte ab.

Ich war immer noch sprachlos, musste aber dringend etwas sagen. Irgendetwas. »Sprechen wir jetzt ernsthaft über mein Gewicht? Man spricht eine Frau nicht auf ihr Gewicht an, mein Lieber!« Er grinste immer noch kauend, und mein Herz und Unterleib stritten darum, ob er dabei unfassbar süß oder verboten sexy aussah. »Und woher willst du überhaupt wissen, welchen BMI und Kalorienbedarf ich habe?«, brachte ich sie beide zum Schweigen.

Jetzt hob Sandro eine Augenbraue zu jenem neuen Gesichtsausdruck, der eindeutig in die Kategorie »verboten sexy« fiel. »Hör mal, Schätzchen, ich verdiene meinen Lebensunterhalt damit, Menschen ihren Kalorienbedarf auszurechnen.« Mir wurde heiß, und das lag nicht allein an dem Blick, den er jetzt über meinen Körper gleiten ließ, »Und wenn ich dich ansehe, bin ich ziemlich sicher, dass dein BMI bei ungefähr achtzehn liegt, dein Körperfettwert vielleicht bei neunzehn, was beides ehrlich gesagt zu wenig ist, aber daran kann man arbeiten. Gewichtsaufbau ist leichter als Abbau. Also?« Er wog die drei Karotten in seiner Hand. »Das sind ungefähr einhundert Kalorien und fünfundzwanzig Gramm Kohlenhydrate, damit kannst du schon mal anfangen.«

Ich schüttelte mit offen stehendem Mund den Kopf, wusste nicht, ob ich lachen oder empört aufspringen sollte. Aber weil er recht hatte und ich heute tatsächlich noch bei null Kalorien stand, nahm ich widerstrebend eine Karotte aus seiner Hand und biss mit den Backenzähnen ab wie Bugs Bunny, betrachtete die Rübe in meiner Hand kritisch. »Aha. Und woher willst du das so genau wissen, hast du die etwa gewogen?«, wollte ich klugscheißen, wurde aber sofort ernüchtert.

»Klar.«

»Was?! Im Ernst, du wiegst dein Essen? *Jedes* Essen?« Mittlerweile saß ich vollkommen aufrecht auf dem Sofa, zog die Beine in einen begeisterten Schneidersitz.

Sandro lachte. »Ja!« Relativierte dann: »Also, *fast* immer. Man kann es irgendwann ganz gut abschätzen, aber mit Waage ist immer besser.« Als er sah, dass ich ihn immer noch ungläubig anstarrte, hob er die Hände. »Glaubst du, man baut Muskeln und einen anständigen Körper nur mit 'nem Haufen Sport auf? Sport kommt erst auf Platz vier, hinter Wasser, Ernährung und Schlaf.«

Ich betrachtete immer noch sein kantiges Gesicht und seine wohldefinierten Schultern, und dachte zum ersten Mal darüber nach, dass ich nie darüber nachgedacht hatte. Kurz erinnerte ich mich an die Sanduhrfigur, die ich einmal gehabt hatte, bevor meine Ernährung völlig den Bach runtergegangen war, und nickte langsam.

»Das muss wahnsinnig anstrengend sein«, sinnierte ich, sah noch einen Moment ins Leere und suchte dann wieder seinen Blick. Seine Augen waren so unfassbar schön.

Sandro zuckte mit den Schultern, ohne den Blickkontakt zu lösen. »Man gewöhnt sich daran. Das hält mich auf Kurs ... und fokussiert.«

Ich nahm meine Augen nicht von seinen. »Fokussiert auf was?«

Er hielt meinen Blick fest. »Darauf, Dinge ganz oder gar nicht zu tun.«

Ich blinzelte, als mein Herz schmerzlich zuckte, unsicher, ob es bei diesen Worten hoffen oder wehklagen sollte. Die halbe Karotte in meiner Hand war plötzlich vergessen.

»Warum bist du hier, Sandro?«

Ich hoffte, ich würde diese Frage nicht bereuen.

Sandro wischte sich unwillkürlich die Hand an der Jeans ab. »Einerseits habe ich Ellas Auto zurückgebracht. Außerdem muss ich mit ihr reden. Wir müssen das beenden ...« Als ihm gleichzeitig mit meinem blutenden Herzen auffiel, was das Pronomen in diesem Satz bewirkte, ergänzte er schnell: »Also, Isabella und ich.« Jetzt füllte sich mein Herz so schnell wieder mit Hoffnung, dass sich meine Brust schmerzhaft dehnte. Ich wollte nichts mehr als das, aber gleichzeitig wusste ich, dass es falsch war. Ich schüttelte den Kopf, genauso wie Sandro jetzt den Kopf schüttelte, beschäftigt mit seinen eigenen Gedanken.

»Warum hat jemand wie du keinen Freund?«, wiederholte er die Frage, die vorhin unbeantwortet geblieben war.

Ich schnaubte kraftlos. *Jemand wie ich.* Mir fielen Hunderte Erwiderungen ein, die ich jedem anderen auf diese Frage gegeben hätte. Aber stattdessen hob ich bloß die Schultern und schüttelte den Kopf, selbst wenn das hieß, dass er die Vanessa sehen konnte, die ich in Wahrheit seit meinem sechzehnten Lebensjahr war: verloren und verlassen, unfähig, jemanden zu lieben oder geliebt zu werden. Nicht die Vanessa, die alle Welt sah, die entweder vergöttert oder verachtet wurde, doch niemals auf Augenhöhe respektiert und gemocht. Meine Mutter behandelte mich wie einen teuren Pelz oder einen Pokal auf ihrem Kaminsims; die meisten Männer wie eine Trophäe oder ein rohes Ei, und die meisten Frauen wie Luft oder die Pest. Und mein Daddy behandelte mich wie einen Goldfisch, dem man zweimal im Jahr eine neue Dekoration ins Aquarium stellte und dessen Existenz man vergessen konnte, sobald man das Zimmer verließ.

»Deine Freundin würde jetzt sagen, ich bin zu wählerisch«, wich ich aus, weil ich all diese Antworten nicht geben konnte. Weil es eingebildet und erbärmlich klang, und weil die wenigsten verstanden, wie es sich anfühlte, mehr wie ein Objekt behandelt zu werden als eine Person.

Sandro schnaubte. »Isabella ist nicht mehr meine Freundin.« Ich wollte widersprechen, aber da fanden seine grünbraunen Augen bereits meinen Blick, und hielten ihn so lange fest, dass mein Vorsatz, ihn mit dieser nüchternen Antwort abzuspeisen, ins Wanken geriet. »Und?«, fragte er mit verwegen zuckendem Mundwinkel. »Bist du es denn? Wählerisch?«

Ich musste seinem Blick ausweichen und gegen ein wehmütiges Lächeln ankämpfen. Dachte einen Moment über die wahre Antwort nach und über alles, was darauf folgen konnte und nicht durfte, wenn ich sie ausspräche. Entschieden hob ich das Kinn, vielleicht ein bisschen zu hoch. »Um ehrlich zu sein, bin ich schon ziemlich wählerisch. Aber noch wählerischer bin ich darin, wer sich in mich verlieben darf und wer nicht.«

»Hört, hört.« Wenn er meine unausgesprochene Warnung verstanden hatte, dann ignorierte er sie völlig, machte sie sogar mit zwei kurzen Worten zunichte. Ich sah ihn verständnislos an, aber Sandro blickte unbeirrt zurück, seine Augenbrauen waren fast in seinem Haaransatz verschwunden. »Und wie willst du das ...?«

»Hör zu, Sandro«, gab ich das kryptische Katz-und-Maus-Spiel unseres Pseudoflirts auf und holte seufzend Luft, blickte auf meine Hände in meinem Schoß. »Ich bin einfach nicht gut darin, Beziehungen zu führen. Ehrlich, ich bin sogar richtig scheiße. Ich komme gut mit Freundschaften klar, aber sobald Gefühle im Spiel sind …« Ich hob hilflos die Arme. »Bei mir hält einfach keine Beziehung lange, nicht annähernd so lange wie bei Isabella und dir, und deswegen darfst du das mit euch nicht einfach wegschmeißen, okay?«

Sandro sah mich an, und für einen Moment sah es so aus, als sähe er durch mich hindurch in eine andere Zeit. Dann klärte sich sein Blick und er schüttelte kurz den Kopf. Öffnete den Mund, um etwas zu sagen. Verstummte dann wieder.

»Das ist doch bescheuert …«, murmelte er, mehr zu sich selbst als zu mir. »Wahrheit oder Pflicht, Vany.« Ich schluckte überrascht, konnte mich nicht entscheiden, als er schon fragte: »Hast du Gefühle für mich?«

Sandro

Ich sah die Antwort in ihren Augen, während ihr Gesicht noch schmerzlich damit rang. Es brachte mich beinahe um, aber ich hielt durch, bis sich ihre Lippen endlich teilten.

Sie hob betrübt die Schultern und Mundwinkel. »Wie gesagt, das tut nichts zur Sache. Ich weiß einfach, dass …«, sie zögerte kurz und es kostete mich alle Beherrschung, ihre Widerrede nicht einfach an meinen Lippen zum Verstummen zu bringen, »… eine Beziehung zwischen uns letztendlich kaputtgehen würde, und das will ich nicht. Und ich will auch nicht, dass Isabella …« Sie brach wieder ab, beendete den Satz diesmal aber nicht.

Widerstrebend sah ich Vanessa an und kämpfte mit meinen Gefühlen. Ich verzichtete darauf, sie erneut darauf hinzuweisen, dass Isabella die Beziehung gestern Abend beendet hatte. Und wenn sie es nicht getan hatte, dann würde *ich* es gleich tun. Olivia hatte recht, wir passten einfach nicht zueinander. Und Marc hatte recht damit, dass es keinen Sinn hatte, daran festzuhalten, bloß weil ich mich schuldig fühlte. Das hätte Jamie sicherlich nicht gewollt. Ich schloss die Augen und senkte den Kopf, um mich stumm dafür zu entschuldigen, dass ich es entgegen meinem Versprechen nicht hatte durchziehen können. Ich hatte es wirklich versucht.

Ich hoffe, du siehst das. Und ich hoffe, du bist trotzdem stolz.

»Ich bin dran«, holte mich Vanessas matte Stimme zurück in die Gegenwart, ließ mich den Kopf heben und in ihr unfassbar schönes Gesicht mit den unsagbar traurigen Augen sehen. Ich wollte dieses Gesicht küssen, diesen Menschen lieben und diese Augen glücklich machen. Und ich wollte keinen einzigen weiteren Tag mehr damit verschwenden, es nicht zu tun, es nicht wenigstens zu versuchen. Ja, es war ein beschissener Zeitpunkt, und ja, man konnte mir vorwerfen, ich wäre ein Arschloch, eine Freundin nahtlos durch eine andere auszutauschen. Aber wann war jemals der richtige Zeitpunkt für irgendwas? Und wann war jemals eine Entscheidung zweifelsfrei »gut« oder »schlecht«?

»Warum geben wir nicht jedem neuen Tag die Chance, der beste unseres Lebens zu werden?«, fragte ich, ohne dass ich mich bewusst dafür entschieden hatte. »Und jeder neuen Beziehung die Chance, *dich* glücklich zu machen?«

Bei den letzten Worten hob ich den Blick und sah Vanessa fest in die Augen. Ich meinte es ernst. Doch ich sah, wie ihr Blick brach, und der Anblick brach mein Herz. Ihre Augen füllten sich mit Tränen, die sie kopfschüttelnd wegblinzelte, bevor sie forderte: »Wahrheit oder Pflicht, Sandro.«

Ich hob einen Mundwinkel. »Pflicht.«

Ihr Blick wurde fest. »Vergiss mich, und vergiss das mit uns.«

Jetzt schnaubte ich, anerkennend über die Art, wie sie nun mich in die Zwickmühle trieb, auf »Wahrheit« auszuweichen, und gleichzeitig machtlos gegen den Protest meiner Seele. Ich versuchte mich in Lässigkeit und zuckte mit den Schultern.

»Dann eben ›Wahrheit‹.«

Sie lachte, leise und traurig, genauso gefangen wie ich in dieser beschissenen Situation, die sich keiner von uns ausgesucht hatte. Dann wurde ihr Blick flehend, nein, entschuldigend. Und da wusste ich, was sie fragen würde, noch bevor sie es tat.

»Was ist mit Jamie passiert?«

20 Allein im Regen

Vanessa

Sandro brach in sich zusammen. Wortwörtlich.

Er stützte die Unterarme auf die Oberschenkel, belastete dabei unbewusst die Blutergüsse und zuckte zusammen, verlor den Halt und rutschte ab. Der Schreck ließ ihn sich ducken und gleich darauf wieder aufrichten. Muskelgedächtnis.

Ohne mich anzusehen, völlig eingenommen von seinen tobenden Gedanken, stützte er sich wieder auf, diesmal auf die Ellenbogen. Er hob die Hände vors Gesicht und knetete sie, als wollte er seine Finger zum Knacken bringen, während er immer noch ein Loch in unseren Wohnzimmerteppich starrte.

Ich löste den Blick von seinen aufgeschrammten Knöcheln und beobachtete aufgewühlt sein Gesicht. Es tat mir unendlich leid, ihn in diese Zwickmühle gebracht zu haben, aber ich konnte einfach nicht zulassen, dass er sich in mich verliebte und wir eine Beziehung begannen, die uns am Ende beiden das Herz brechen würde. Schlimmer noch: Wenn wir eine Beziehung begannen, würde das unsere Freundschaft unwiderruflich zerstören, genau wie jede andere, die ich jemals gehabt hatte. Der Gedanke war unerträglich.

Aber Sandros Schmerz war noch unerträglicher. Mitfühlend streckte ich eine Hand aus, um seine Finger mit meinen zu umschließen. Er umfasste meine seinerseits und hielt sie fest, starrte noch eine Sekunde lang ins Leere. Ich rutschte an ihn heran und legte betroffen die Schläfe gegen seine Schulter. Nah genug, um ihm zu zeigen, dass ich da war, aber distanziert genug, um die unsichtbare Grenze nicht zu überschreiten. Ich spürte unmittelbar, wie sich seine Halsmuskeln bewegten, als er die Lippen voneinander löste und tief einatmete.

»Zuerst musst du wissen …«

Aber ich schüttelte bereits den Kopf. »Du musst es mir nicht erzählen. Es ist okay, wirklich.«

Sandros Körperspannung veränderte sich, als er langsam den Kopf drehte und mich ansah. Ich wusste, dass unsere Gesichter nur wenige Zentimeter voneinander entfernt sein würden, wenn ich es ihm jetzt gleichtat und den Blick hob. Ich wusste es, und tat es trotzdem.

Er sah mich an und ich sah ihn an. Ich zählte die braunen Sprenkel in seinen olivgrünen Augen, bewunderte die dichten Wimpern und ausdrucksstarken Brauen. Die gerade, schmale Nase mit dem winzigen Knick, der verriet, dass sie schon einmal gebrochen gewesen war. Und die schmalen, geschwungenen Lippen über dem markanten Kinn, das ihn wahrlich aussehen ließ wie das Ebenbild griechischer Götter.

Mein Atem wurde ganz flach, aber mein Herzklopfen übertönte jedes andere Geräusch, als er sich unmerklich vorlehnte.

Und ich, töricht und egoistisch, wie ich war, hob ebenfalls das Gesicht, bis sich unsere Lippen streiften. Beinahe.

Denn in diesem Augenblick drehte sich der Schlüssel in der Wohnungstür, und ich konnte gerade noch zur Seite rutschen, bevor Isabella hereinkam und ihren Schlüssel in die Schale warf, ihre Boots auszog und den Reißverschluss ihres Mantels aufzog.

Ihr Blick fiel auf die Couch – und ihren Körper durchfuhr ein Ruck, als sie die Situation falsch, das heißt, eigentlich vollkommen richtig deutete.

»Äh … das … ha!« Sie stieß einen ungläubigen, beinahe hysterischen Lachlaut aus und fasste sich an die Stirn, als könnte sie nicht glauben, was sie da sah.

Sandro stand auf. »Isabella, lass uns reden.«

»Ha!«, machte sie noch mal. »Das glaub ich wirklich nicht, das …

ist das euer scheiß Ernst? – Im Pyjama?!«, ergänzte sie, als ich auch aufstand. »Oh Gott, Mama hatte recht, Mama hatte von Anfang an recht!« Sie starrte mich mit ungläubig geweiteten Augen und kreisrundem Mund an. »Du bist ein Flittchen!«

Sandro

»Isabella.«

Es klang mehr wie eine Krankheit als ein Name, fühlte sich in meiner Kehle mehr an wie ein Knurren als nüchternes Schlichten, während ich beinahe körperlich spürte, wie sich Vanessa neben mir krümmte. Kein Wunder bei dieser herablassenden – und vollkommen unwahren – Beleidigung.

Beim Klang ihres Namens verlagerten sich Isabellas dunkle Augen von Vanessa auf mich, durchbohrten nun mich vorwurfsvoll. Ich war schuldig im Sinne der Anklage, aber ich war bereit für die Verhandlung, und mein Gewissen war rein. Wenn wir ehrlich waren, hatte unsere Beziehung von Anfang an unter keinem guten Stern gestanden. Falsche Beweggründe, falscher Zeitpunkt, falsche Gefühle. Ich hatte sinnloserweise versucht, einen Fehler wiedergutzumachen, indem ich mich selbst bestrafte, aber so funktionierte das Leben eben nicht. Manche Dinge konnte man nicht ungeschehen machen.

»Du hast Schluss gemacht«, erinnerte ich sie an die Fakten.

Isabellas Kiefer klappte noch weiter auf, ihr Blick wurde rastlos. »So ein Quatsch!«, rief sie sofort, aber ich schüttelte bereits den Kopf.

»Sieben Menschen können das bezeugen, Ella.«

»Das war doch nur ein Spiel!«, rechtfertigte sie sich, erkannte dann aber, dass sie auf verlorenem Posten stand, und wechselte ihre Taktik. »Und selbst wenn! Deswegen machst du einen Tag später mit meiner besten Freundin rum? In *meiner* Wohnung?«

»Es ist nichts passiert, Isabella«, beteuerte Vanessa, während ich entschieden erklärte: »Du bist nicht Vanys Freundin.«

Isabellas Blick konnte Löcher in Wände brennen. Oder in Menschen. »Entschuldige mal?!«

Währenddessen seufzte Vanessa neben mir gequält. »Sandro …« Ihre Stimme klang leidend, aber ich schüttelte den Kopf.

»Es tut mir leid, wenn ich hier der Einzige bin, der mal die Wahrheiten ausspricht«, sagte ich zu beiden gleichermaßen. »Aber es ist keine gesunde Freundschaft, den anderen ständig runterzumachen – oder sich runtermachen zu lassen«, ergänzte ich in Vanessas Richtung. »Es ist noch nicht einmal eine gesunde Wohngemeinschaft, wenn einer von beiden zwei Drittel bezahlt und der andere ein Drittel, aber beide dieselben Pflichten haben. Das kann man als Nötigung und Übervorteilung auslegen, Ella, und das ist strafbar.« Sie schnappte nach Luft, aber ich war noch nicht fertig. »Und es spricht auch nicht für eine gesunde Beziehung, fremdzugehen und es dem Partner auch noch vor den versammelten Freunden ins Gesicht zu sagen«, sprach ich den dritten Anklagepunkt aus, auch wenn der größtenteils auf Spekulation beruhte. Ich wusste nicht, ob sie tatsächlich mit Santiago – oder irgendjemand anders – geschlafen hatte. Doch ihr schuldbewusst trotziger Blick krampfte meinen Bauch zu einem harten, unnachgiebigen Ball zusammen.

Warum, Isabella?

Bevor ich diese Frage laut stellen konnte, bewegte sich Vanessa neben mir. »Ich lasse euch allein.«

Ihre Stimme war leise, ihr Kopf gesenkt und ihr Blick, der mich kaum streifte, demütig. Aber das sollte er nicht sein!

»Nein«, sagte ich im selben Moment, in dem Isabella erwiderte: »Ja, und du kannst auch gleich deine Sachen packen gehen!«

Ich warf meiner neuen Ex-Freundin einen finsteren Blick zu und konnte nicht glauben, dass ich mich so lange an sie gebunden hatte.

»Ella, warum kannst du nicht –«, fuhr ich auf, aber ein Prickeln in meinem Arm ließ mich innehalten. Vany hatte ihre Hand auf meine Schulter gelegt.

»Lass gut sein.«

Wieder streifte ihr Blick mich flüchtig und ihre Lippen zuckten in einem schwachen Lächeln, bevor sie ihre Mitbewohnerin ansah. Und jetzt straffte sie sich wirklich, hob das Kinn und sah Isabella fest in die Augen. Tatsächlich konnte ich mir jetzt unschwer vorstellen, wie sie früher wohl auf den Schulfluren alle Blicke auf sich gezogen hatte, umringt von einem halben Dutzend Anhängerinnen wie die fiesen Antagonistinnen in diesen ganzen Teenie-Filmen.

Aber Vanessas Blick war nicht arrogant, sondern unendlich traurig, ihre Stimme nicht schnippisch, sondern geradezu schmerzlich leise, als sie jetzt sagte: »Isabella, wenn du das willst, werde ich natürlich ausziehen. Heute noch, wenn es dich glücklich macht. Ich will nur, dass du weißt, dass ich wirklich gern deine Freundin war. Oder mir zumindest gerne eingeredet habe, dass wir Freundinnen wären. Ich weiß nicht, ob du mich jemals als Freundin gesehen hast oder nur als ... ich weiß auch nicht, was auch immer du sehen wolltest. Rivalin, Neiderin, Gegnerin. Das war ich nie, und das wollte ich nie sein. Ich wollte auch nie, dass du dich schlecht fühlst, ganz im Gegenteil: Ich habe es immer ernst gemeint, wenn ich dir gesagt habe, wie toll ich finde, was du machst oder wie du aussiehst.«

Ich musste unwillkürlich daran denken, wie Isabella Vanessa neulich deren Ähnlichkeit mit Milias' Verlobter unter die Nase gerieben hatte, und Vanessa ihr trotz der sichtlichen Verletzung ein Kompliment über ihr Aussehen gemacht hatte. Und da erkannte ich: Frauen wie Vanessa waren nicht die bösen Königinnen, auch wenn Mädchen wie Isabella sich das gerne einredeten, um sich trotz ihrer vermeintlichen Makel wie strahlende Prinzessinnen zu fühlen.

Jetzt gerade sah Isabella allerdings alles andere als märchenhaft aus, wie sie schmollend die Arme vor der Brust verschränkte und mich damit mehr an die störrische Olivia erinnerte, als mir lieb war. Die beiden hatten nichts gemeinsam und Isabella nicht annähernd dasselbe Recht wie Liv, das Leben und ihre Mitmenschen zu verachten.

»Wenn es dir so wichtig ist, dass ich glücklich bin, warum wirfst du dich dann meinem Freund an den Hals?«, drehte Isabella den Spieß einfach um, ohne auch nur annähernd auf Vanessas mit Worten gebaute Brücke zuzugehen.

»Okay, hör zu, Isabella«, wollte ich ein für alle Mal klarstellen.

Aber Vanessa war schneller. »Ach komm schon, Isabella!«, erhob sie zum ersten Mal, seit ich sie kannte, ihre Stimme. »Du hast doch selbst schon vor der Party im *Ace* gesagt, dass du am liebsten Schluss machen würdest! Willst du jetzt wirklich *mir* die Schuld geben?«

»Also gibst du es zu?!«, rief Isabella triumphierend, aber ich war irgendwie stecken geblieben. Die Party im *Ace*? Mitte Januar?! Das war eineinhalb Monate her! Und während ich noch völlig verstört von dieser Enthüllung war, schüttelte Vanessa einfach nur den Kopf und stapfte an mir vorbei.

»Du denkst doch sowieso, was du willst, oder? Ich will mich nicht mit dir streiten, das führt zu nichts.« Sie klaubte im Gehen ihr Handy vom Wohnzimmertisch und schlüpfte in ihre Sneaker. Mit nackten Beinen. Im Pyjama. »Ich geh spazieren, und ihr klärt das.« Ihr Blick wanderte von Isabella zu mir und ich wollte ihn festhalten, wollte *sie* festhalten, aber da nahm sie schon ihren Mantel vom Haken und verließ die Wohnung.

Isabella und ich waren allein, und die Stille war beinahe erdrückend.

Dann warf meine neue Ex-Freundin die Arme in die Luft. »Warum ausgerechnet Vanessa, Sandro? Nur weil sie den perfekten Arsch hat, die perfekten Möpse und das perfekte Gesicht?«

Was?! Ich war eine Sekunde lang fassungslos über diese vor Neid strotzende Oberflächlichkeit. Dann fand ich rationale Worte unter allen Impulsen von Wut: »Das Leben ist kein Wettkampf, Isabella. Scheiß drauf, wer wie aussieht oder was wie gut kann! Hör auf, über Leute zu urteilen, bevor du weißt, was sie durchgemacht haben. Vanessa hat sich ihr Leben auch nicht ausgesucht, und anstatt ihr übel zu nehmen, dass sie ist, wer sie ist, könntest du auch einfach für sie da sein und an dir selbst arb–«

»Oh ja!«, fiel Isabella mir höhnisch ins Wort. »Armes reiches perfektes Mädchen! Ihr Leben ist echt hart!«

»Was weißt du schon vom harten Leben, Isabella?«, explodierte ich. »Deine Mutter geht dir auf die Nerven, okay! Aber deine Eltern sind noch verheiratet und lieben dich, deine Freunde sind gesund und lebendig, und dein Leben ist gut! Worüber beschwerst du dich? Fällt es dir so schwer, mal nicht im Mittelpunkt zu stehen?«

Isabella hatte die Arme mittlerweile so fest vor dem Körper verschlungen, dass ihre Schultermuskeln zitterten. Ihre Lippen waren fest zusammengepresst und ihre Augen trotzig auf den Boden gerichtet. Plötzlich verspürte ich den Drang, sie in die Arme zu schließen, aber heute verbot ich mir das.

»Das brauchst du mir nicht sagen, das weiß ich auch selbst! Ich weiß, dass ich nicht perfekt bin. Aber warum ausgerechnet Vanessa? Hättest du nicht jede andere nehmen können?«

Ich starrte sie ohnmächtig an und verkniff mir jeden Kommentar darüber, dass ich mir auch jede andere als Isabella hätte nehmen können, wenn ich vorletzten September nicht ausgerechnet sie auf dieser beschissenen Party voller Alkohol und Schläger geküsst hätte. Ich hätte einfach auf Jamie hören sollen, ich hätte nur ein einziges Mal mein beschissenes Ego zurückstellen sollen. Aber ich hatte es nicht getan, und deswegen war Jamie jetzt tot. Und ich brach das eine meiner Versprechen, indem ich schon wieder etwas nicht durchzog, und löste gleichzeitig das andere ein, dass ich nie aufhören würde weiterzukämpfen. Für das, was richtig war, und vor allem für das, was mir wichtig war. Für das, was mich glücklich machte.

Mit diesem Gedanken und einem Abschied für immer verließ ich Isabellas Wohnung, um Vanessa einzuholen.

Vanessa

Von wegen Frühlingswetter! Draußen fegte zwar endlich kein arktischer Wind mehr, aber dafür begann es, keine dreißig Sekunden nachdem ich die Straße betreten hatte, zu nieseln. Dabei hatte der Himmel nicht mal einen Grund zum Weinen!

Unzufrieden blinzelte ich nach oben und kniff die Augen gegen die winzigen Tropfen zusammen. Sie waren kühl, aber nicht unangenehm. Eine kleine Weile blendete ich die Welt aus und konzentrierte mich bloß auf dieses sanfte Klopfen auf meinem Gesicht wie das zarte Streicheln des nahenden Frühlings. Dann, von tausend Gefühlen und zehntausend Gedanken aufgewühlt, setzte ich mich in Bewegung und überquerte unsere kleine Straße, deren vereinzelte Gewerbeeinheiten ihre besten Zeiten längst hinter sich hatten. Keine Ahnung wohin, Hauptsache gehen. Hauptsache Abstand. Vorbei an dem Friseur, der schon seit einem halben Jahr mit der Insolvenz kämpfte, an dem Versicherungsbüro, das irgendwie nie besetzt war, und dem Kiosk, vor dem jeden Morgen eine Handvoll Leute ihren Kaffee im Stehen trank. Aus Neugierde hatte ich mir einmal auf dem Weg zur Uni auch einen mitgenommen. Nun ja, er war zwanzig Meter weiter im Mülleimer gelandet, und dann hatte ich mir einen von Starbucks an der übernächsten Hauptkreuzung gegönnt.

Ich könnte mich auch jetzt ins Starbucks setzen und einen Matcha Latte trinken. Und ... Wohnungsbörsen durchsuchen.

Plötzlich war mir so schlecht, dass ich um ein Haar die rohe Karotte wieder hochgewürgt hätte. Meine Eingeweide waren ein einziger harter Knoten und meine Seele ein See aus Scherben, in dem ich kurzzeitig unterzugehen drohte, als ich im Kopf schon durchging, welche Möbel und Gegenstände alle von mir waren. Die samtbezogenen Dekoboxen und das Geschirr konnte Isabella von mir aus behalten – außer meinen riesigen Lieblingstassen! Aber für den neuen Beistelltisch würde ich kämpfen, genauso für meine Kissen und die mühsam zusammengesammelte Glas-Kupfer-Dekoration auf der Fensterbank. Oh Gott, ich müsste eigentlich das halbe Wohnzimmer leer räumen, erkannte ich noch niedergeschlagener. Wie sollte ich das denn alles aus der Wohnung schaffen? Wann? Und vor allem, wohin?

In einem Anflug von Verzweiflung blieb ich stehen und lehnte mich gegen eine der hüfthohen Betonstelen, die eigentlich das Parken verhindern sollten, aber regelmäßig als Fahrrad- oder Mofaständer missbraucht wurden. Der nasskalte Beton war eisig unter meinen nackten Beinen und erinnerte mich daran, dass ich immer noch meinen Pyjama trug. Ich war wirklich nicht mehr zu retten, oder?

Kopfschüttelnd schloss ich die Augen, um tief durchzuatmen. Es roch nach Regen, nassem Asphalt und ganz entfernt nach asiatischer Küche. Aber es roch auch nach Frühling, nach den ersten grünen Spitzen an den Bäumen, den knospenden Narzissen und knallgelben Ginsterbüschen, die einen willkommenen Farbtupfer in den grauen Tag malten. Genauso wie die bunten Tulpensträuße in der Blumenhandlung gegenüber, die in riesigen Bottichen mit all ihrer Farbenpracht den Frühling heraufbeschwören wollten, als ich die Augen wieder öffnete. Ein bisschen klappte es auch.

Lächelnd betrachtete ich die vielen bunten Sträuße und arrangierte sie im Kopf zu farblich passenden Gestecken, überlegte, wo ich sie hübsch platzieren könnte. Vielleicht mit einer Holzscheibe und einer Kugelvase, oder auf einem Dekoring? Und einem Porzellanhäschen dazu für Ostern?

»Zählst du Regentropfen?«

Ich zuckte leicht zusammen bei der plötzlichen Frage, spürte mein Herz hüpfen bei der vertrauten Stimme und drehte den Kopf, um dem Schmerz in meiner Brust ein Gesicht zu geben. Sandros Gesicht.

»Was machst du hier?«

Er gluckste. »Ich habe zuerst gefragt.«

Aber ich schüttelte den Kopf. »Du kannst deine Freundin doch nicht einfach stehen lassen und mir nachlaufen – noch dazu in Shorts im Regen!«

»Und du kannst nicht im Pyjama durch die Straßen laufen – *im Regen*«, hielt er mühelos dagegen. »Außerdem habe ich dir schon mal gesagt, dass Isabella nicht mehr meine Freundin ist.«

»Das macht es aber nicht besser!«

Ich funkelte ihn an und versuchte all meine Abneigung in diesen

Blick zu legen. Was natürlich nicht gelang, weil ich nun mal nicht die geringste Abneigung gegen diesen Typen verspürte. Dafür umso mehr gegen mich. Aber Sandro schien mein innerer Kampf überhaupt nicht zu kümmern. Er lehnte sich neben mich gegen den Betonpfeiler und verschränkte die Arme vor der Brust, als hätte er alle Zeit der Welt. Und als wäre es völlig selbstverständlich, sich bei vierzehn Grad im Regen in Shorts und Pyjama draußen aufzuhalten.

»Was machst du da?«, fragte ich. Es sollte ärgerlich klingen, hörte sich aber ausgesprochen eher wie eine Mischung aus Frustration und liebevollem Tadel an, weswegen ich sofort abbrach, noch bevor er mir diesen wissenden Blick zuwarf, der mein Herz selbst dann in Aufruhr versetzt hätte, wenn er dabei nicht in typischer Sandro-Manier einen Mundwinkel und die darüber liegende Augenbraue gehoben hätte.

»Ich habe immer noch zuerst gefragt«, sagte er, und er hatte recht.

Also seufzte ich kapitulierend und nickte zu dem Blumenladen gegenüber. »Ich habe gerade überlegt, Tulpen zu kaufen und schön zu arrangieren.«

Er machte einen Laut, der sich genauso schön anfühlte, wie ein Lächeln von ihm aussah, und schaute ebenfalls zu den farbenfrohen Bottichen. »Und was willst du tun?«

Ich sah ihn aufgewühlt an. *Eigentlich will ich dich nur küssen, halten und nie wieder loslassen*, dachte ich. Aber das hatte mich – und ihn! – überhaupt erst in die missliche Situation gebracht, mitten im Regen verloren auf der Straße zu sitzen – in meinem Fall wörtlich.

»Was?«

Er nickte geradeaus. »Mit den Blumen. Welche würdest du nehmen, was würdest du machen?«

Ach so. Aufgewühlt und nachdenklich sah ich wieder auf die Bottiche, versuchte meine Vorstellung in für einen Mann verständliche Worte zu fassen und zeigte dabei auf die Sträuße. »Siehst du die mit dem Pfirsichrosa-Weiß-Verlauf?«

»Die, die aussehen wie Flamingos?«, gluckste er und brachte mich damit unfreiwillig zum Lachen.

»Die würde ich mit den Fuchsiafarbenen da links kombinieren.«

»Mit den was?«

»Mit denen da!« Ich streckte mich, um mit dem Finger zu deuten.

»Pink«, stellte Sandro fest. »Das ist Pink.«

»Nein, ist es nicht. *Das* da ist Pink«, widersprach ich und zeigte auf den knalligen Strauß neben den gelben Tulpen.

»Nein das ... okay«, räumte er plötzlich ein, als er das Barbiepink mit dem satten Rotviolett verglich. Ich betrachtete sein Gesicht, während er die Blumen auf der anderen Straßenseite musterte, als sähe er Farben zum ersten Mal, und ich konnte nicht anders, als zu lächeln. »Könntest du jeden Strauß davon mit einer anderen Farbe beschreiben?«

Ich lächelte immer noch, als er mich ansah.

»Klar. Genauso wie dein Shirt nachtblau ist und deine Hose petrol.«

Und deine Augen olivgrün mit karamellbraunen Sprenkeln, dachte ich, sprach es aber nicht aus.

»Deine Augen sehen aus wie Haselnüsse und Honig«, sagte Sandro in dem Augenblick, und das verschlug mir kurz den Atem.

Ich war mir hundertprozentig sicher, dass ich ihn gerade anschmachtete wie ein vierzehnjähriges Mädchen, aber ich konnte mich einfach nicht dagegen wehren, und ich konnte auch nicht damit aufhören. Ich wich unwillkürlich zurück, weil ich Angst vor den Konsequenzen hatte. Aber ich wusste: Wenn er mich jetzt noch mal küssen würde, würde ich es zulassen. Wenn er mich jetzt küsste, würde ich die Arme um seinen Hals werfen und meinen Körper gegen seine harte Brust schmiegen. Und ich würde ihn nie wieder loslassen.

Einen bittersüßen Herzschlag lang sah es so aus, als spiegelten sich in Sandros Augen meine eigenen Gedanken. Dann spürte er mein Zögern und hielt ebenfalls inne.

»Vanessa ...«

Seine Stimme versagte, als er nicht die richtigen Worte fand, aber seine Augen sagten alles. Sie waren Einladung und Bitte, Frage und Antwort. Sie versprachen Zukunft. Aber ich hatte nur kurzlebige Gegenwart zu bieten, und einen Haufen unbewältigter Vergangenheit.

Endlich schaffte ich es, den Blick zu lösen und wegzusehen, obwohl es mich fast umbrachte. »Ich muss zurück und meine Sachen packen.«

Sandro atmete tief durch. »Und wohin gehst du dann?«

»Keine Ahnung. Ich schätze mal, zu Valeria ...«

Tatsächlich sollte ich sie vielleicht erst mal fragen, fiel mir ein. Im Affekt holte ich mein Handy aus der Manteltasche und begann ihre Nummer einzutippen.

»Zu Raphael«, präzisierte Sandro, weder als Frage noch als Aussage.

Ich hob den Blick, durchzuckt von Bauchkribbeln und irrationaler Freude. Hörte ich da etwa Eifersucht in seiner Stimme?

»Ja.« Ich zuckte mit den Schultern, um ihm zu verdeutlichen, dass das kein großes Ding war, während ich in Wahrheit gar nicht so sicher war, ob das überhaupt gut gehen würde.

Sandro schüttelte den Kopf und fuhr sich mit der Hand durch die Haare, stemmte die Hände in die Seiten. »Komm mit zu mir.«

»Was?« Auf gar keinen Fall!

»Du kannst bei mir wohnen«, erklärte Sandro. »Ich bin schließlich schuld, dass du nicht mehr in deiner jetzigen Wohnung bleiben kannst.«

»Ich bin doch genauso schuldig ...«, wich ich aus, gerade als Valeria abnahm. »Hey, Val ...«

»Oh Gott, ist was passiert? Wenn Sandro dir das Herz gebrochen hat, breche ich ihm die Beine!«

Ich musste lachen, während Sandro dem Handy einen entrüsteten Blick zuwarf. Und bevor ich ihr mitteilen konnte, dass er so nah saß, dass er sie gehört hatte, lehnte er sich schon vor und schlug dem Handy vor: »Du kannst ja vorbeikommen und es versuchen.«

Ich konnte nicht leugnen, dass mir beim Klang seiner tiefen Stimme und der amüsierten Tonlage ein bisschen heiß wurde.

»Ist er das?! Schalt mich mal auf Lautsprecher!«, forderte Valeria. Doch so gerne ich ihr nachgeben und mich von dem Geplänkel zwischen den beiden aufmuntern lassen wollte, verneinte ich.

»Hör zu, ich weiß, es ist total viel verlangt, aber ... könnte ich ein paar Tage bei euch auf der Couch schlafen?«

Am anderen Ende war es so lange still, dass ich mich unwillkürlich fragte, ob die Verbindung noch stand.

»Sag nicht, die Tussi hat dich rausgeschmissen. Oh Scheiße!«, erkannte Valeria dann plötzlich. »Ist sie etwa reingekommen, als ihr euch geküsst habt?! Oh Gott, ist das romantisch! Das ist ja wie im – warte mal, wieso ziehst du nicht einfach zu Sandro? Ihr seid doch dann jetzt zusammen, oder?«

Ich wand mich geradezu unter dem vielsagenden Blick, mit dem Sandro mich jetzt ansah. Aber ich erwiderte ihn nicht, drehte sogar leicht den Kopf weg und strich mir eine nicht existierende Strähne hinters Ohr. Wieso war in Valerias Welt eigentlich immer alles so einfach?

»Es ... ist kompliziert, okay? Können wir das später besprechen?«

Statt einer Antwort hörte ich Stoff rascheln und leises Gemurmel, dem ich eine gefühlte Ewigkeit lauschte, während Sandros Nähe immer bedrückender und meine Brust immer enger wurde. Irgendwann holte Sandro einen zerknitterten Umschlag aus der Hosentasche, zog den Brief heraus und einen dieser kleinen Bleistifte von Ikea hervor. Hatte er die etwa immer dabei? Irritiert sah ich ihm dabei zu, wie er den Umschlag beschrieb, als Valeria plötzlich wieder am Telefon war und gut gelaunt verkündete: »Geht klar! Wann bist du da? Sollen wir mit dem Mittagessen auf dich warten?«

»Nein, nicht nöt–«

»Ja, sollt ihr«, fiel Sandro mir ins Wort, bevor ich ihn unwirsch zur Seite schieben konnte, sodass er fast das Gleichgewicht an dem Betonpfeiler verlor.

Mit einem finsteren Blick zu Sandro und einem riesigen Loch in meiner Brust verabschiedete ich mich dankbar von Valeria und beendete das Telefonat. Und hoffte inständig, dass ich diese Entscheidung nicht bereuen würde.

21 Die Dinge, die wir bereuen

❖

Vanessa

Valeria und Raphael gaben sich wirklich Mühe.

Ganze fünf Tage lang funktionierte unsere skurrile Dreier-WG erschreckend gut. Ich schlief auf einer ausklappbaren Couch im Gästezimmer, das Raphael als eine Mischung aus Büro, Abstellkammer und Wäschetrockenraum benutzte. Morgen für Morgen lernte ich die Vorzüge von zwei Badezimmern schätzen, und mein Alltag war fast perfekt, wenn ich nach Raphaels Aufbruch zur Arbeit noch eine halbe Stunde mit Valeria Kaffee trank, Instagram-Fotos mit ihr machte oder einfach nur quatschte, und dann zur Uni fuhr, wo ich mich nach Vorlesungsende noch in die Bibliothek setzte, zu einem beliebigen Kurs in meinem Fitnessstudio fuhr oder einfach durch die Innenstadt schlenderte, damit ich den beiden möglichst wenig zur Last fiel. Immer wenn ich an Brautmodengeschäften oder Abendkleid-Boutiquen vorbeikam, erinnerte mich das drängende Kribbeln in der Magengegend daran, dass mein Vater heiratete – und zwar in kaum mehr als einem Monat. Doch jedes Mal verdrängte ich den Gedanken daran. Ich würde mich bei ihm melden, sobald ich wieder eine echte Wohnung hatte, das versprach ich mir.

Am Mittwoch lernte ich, dass ich von nun an jedes Mal anrufen und zur Sicherheit klingeln würde, bevor ich die Tür zu Raphaels Wohnung aufschloss. Eine schreckliche Sekunde lang stand ich auf der Türschwelle, den Schlüssel noch im Schloss, und verdrängte mit aller Kraft jedes Bild, das sich zu den leidenschaftlichen Geräuschen aufdrängen wollte – die definitiv *nicht* aus dem Schlafzimmer kamen. Ich würde die Küche nie wieder mit denselben Augen betrachten können.

Beinahe in Zeitlupe schloss ich die Tür wieder und drehte noch eine Runde durch den Park. Die Narzissen blühten jetzt vollständig, genauso wie die blauen Hyazinthen und vereinzelte rote und gelbe Wildtulpen. Gegen meinen Willen musste ich an Sandro denken und unsere letzte Unterhaltung im Regen. In meiner Erinnerung sah die Szene ein bisschen aus wie in einem Anime. Ein Bild in zarten Grautönen, durchsetzt mit Rosa auf der einen Seite und voller farbenfroher Tulpen auf der anderen. Und dieser schöne Schimmer von leichtem Regen umrahmte die zwei Gestalten wie ein verwaschener Heiligenschein.

Ich hatte immer noch den Briefumschlag mit seiner handgeschriebenen Adresse und dem Ersatzschlüssel in der Tasche, den er mir an dem Tag gegeben hatte.

»Nur für den Fall«, hatte er gesagt. Und: »Komm jederzeit vorbei.«

Aber ich würde nicht zu der Adresse fahren und nicht diesen Schlüssel benutzen. Ich hatte zu viel Angst vor dem, was dann passieren würde, denn ich traute mir selbst nicht. Er war nicht einmal eine Woche von der Frau getrennt, die ich fast zwei Jahre lang fast als meine beste Freundin bezeichnet hätte. Und ich würde sie nicht bei der erstbesten Gelegenheit hintergehen. Lieber würde ich Valeria und Raphael jede Nacht zuhören.

Zwei Tage später erkannte ich, dass ich das nur gedacht hatte, weil sie sich bisher zurückgehalten hatten. Umso überrumpelter war ich, als ich am Freitag mitten in der Nacht aufwachte und mit klopfendem Herzen und angehaltenem Atem in die Stille lauschte. Nichts.

Halt! … Nein, doch nicht.

Ich lauschte noch zwei atemlose Herzschläge lang, dann kuschelte ich mich wieder ins Kissen – und hörte das Bett nebenan ächzen.

Oh Gott …

In den nächsten zehn Minuten durchlebte ich jede einzelne Nacht meiner Jugend, in der ich Sex gehabt hatte, während andere im selben

Haus gewesen waren, teilweise sogar im selben Zimmer. Ich hatte mir dabei nie so viel Mühe gegeben wie Valeria, leise zu sein, und ich entschuldigte mich nachträglich inbrünstig bei jedem einzelnen meiner Freunde und Nicht-Freunde. Vor allem bei dem halben Dutzend in Leons Partykeller an diesem einen Halloween, an dem wir alle völlig betrunken auf den Sesseln und Sofakissen eingeschlafen waren. Na ja, alle bis auf Tobias und mich auf der Couch. Oh Gott ... Ich verdiente es einfach nicht anders. Ich verdiente all das hier.

Am nächsten Morgen trat ich mit meinem Kaffee barfuß und im Pyjama auf den Balkon, zog die Tür leise hinter mir zu und ... rief meine Mutter an. Es klingelte lange. War sie schon wach? Ich warf einen Blick auf die Uhr. Halb zehn. Eigentlich war sie selbst am Wochenende eine Frühaufsteherin.

Ich hatte fast aufgegeben, als ihr »Vanessa!« erklang.

Ich konnte nicht heraushören, ob das ein Ausruf der Freude war oder ein Laut der Überraschung, also redete ich mir einfach ein, es wäre Ersteres.

»Hey, Mama ...«

»Wie schön, von dir zu hören! Wie geht's dir? Genießt du auch die Sonne? Ich liege schon im Liegestuhl und arbeite an meiner Bräune. Hast du das neue Profilbild von deinem Vater gesehen? Das ist ja unverschämt braun gebrannt. Aber dein Vater hatte schon immer die besseren Gene, was das angeht. Das hast du von ihm geerbt.«

Ich schloss die Augen und rieb mir ohnmächtig über das Gesicht.

»Hast du ihm eigentlich immer noch nicht geantwortet? Er hat sogar mich angerufen, um zu fragen, ob du kommst.« Sie stieß einen höhnischen Laut aus, während mich das schlechte Gewissen übergoss wie heißes Pech. »Aber so weit kommt's noch, dass ich jetzt zwischen den Stühlen sitze und zwischen euch vermittle!« Ich presste die Lippen zusammen, um ihr nicht an den Kopf zu werfen, dass ich drei Jahre meines Lebens genau damit verbracht hatte. »Tja, und da hab ich ihm gesagt, das soll er dich schön selbst fragen. Und Milias auch!«

Ich öffnete die Augen. »Was?«

»Milias ist auch eingeladen – hat er dir das etwa nicht erzählt? Ich dachte, ihr seid noch befreundet!« Ich wand mich unter der unterschwelligen Genugtuung in ihrer Stimme, mit der sie jetzt fortfuhr: »Das hat mir Barbara letztens erzählt, als ich zur Maniküre bei ihr war. Sie hat jetzt eine neue Assistentin, Tamara glaube ich, die hat so ein Talent! Aber die könnte wirklich ein paar Kilo weniger vertrag–«

»Mama«, unterbrach ich ihren Gossip-Talk ernst. »Ich werde nicht mit Milias zu dieser Hochzeit gehen.«

»Aber du kannst doch nicht ohne Date da auftauchen, was sollen denn die Leute denken? Ach, andererseits ... du bist ein hübsches Mädchen, du findest bestimmt einen anderen süßen Typen. Warum suchst du dir nicht heute Abend den Hübschesten im Club aus, hm? Bezahl einfach mit der Kreditkarte, Drinks gehen auf mich.«

Ich schüttelte fassungslos den Kopf, sagte aber nichts. »Ich werde da auch nicht mit irgendeinem Typen aufkreuzen, Mama!«

»Hm.« Es klang, als würde sie mit den Schultern zucken. »Du kannst natürlich auch Isabella mitnehmen, deine Entscheidung.«

»Jaah ...«, machte ich. Damit waren wir wohl nach zehn Minuten auch mal beim echten Thema angekommen. »Deswegen wollte ich mit dir reden ...« Ich zögerte, gab mir schließlich einen Ruck und sagte einfach: »Kann ich ein paar Tage zu Hause schlafen?«

Stille.

»Mama?«

Stille.

Dann, wie aus der Pistole geschossen: »Natürlich! Ich freu mich sehr darauf, dich wiederzusehen! Wann kommst du?«

Ich sah wieder auf die Uhr, obwohl ich wusste, dass es kurz vor zehn war. »Ich weiß nicht, so um eins?«

»Oh, dann muss ich den Friseurtermin verschieben. Aber das ist kein Problem. Domi kann Flammkuchen machen, es gibt da ein himmlisches Rezept mit Parmaschinken und Rucola!« Ich fragte mich zum bestimmt sechsten Mal innerhalb der letzten zehn Minuten, warum ich es eigentlich überhaupt versuchte. So schlimm waren die Nächte hier auch nicht! Da fiel Mama ein: »Oh, warte! Bist du immer noch Veganerin?«

»... Ja?!«

»Oh! Na ja, es gibt bestimmt auch ein veganes Rezept. Ziegenkäse und Honig oder so.«

Siebenmal in zehn Minuten, korrigierte ich kopfschüttelnd. »Ich brauche nichts zu essen, mach dir keine Umstände«, erklärte ich dann und legte auf.

Als ich wieder in die himmlisch warme Wohnung trat – trotz Morgensonne war es immer noch ziemlich kühl –, saß Raphael auf dem Sofa und spielte ein Videospiel, Valerias halbnackte Beine auf dem Schoß, während sie sich vorlehnte und ihren Morgenkaffee auf dem Wohnzimmertisch fotografierte.

Ich musste lächeln und wollte gleichzeitig am liebsten in Tränen ausbrechen, weil ihre Beziehung so völlig ungezwungen war, so ausgeglichen und doch so leidenschaftlich. Wer hätte das vor fünf Jahren gedacht? Himmel, wer hätte das vor fünf *Monaten* gedacht?

Zwei Stunden später drückte ich Valeria und Raphael fest zum Abschied und bedankte mich für alles. Sie beteuerten beide, dass ich jederzeit zurückkommen könnte, und ich wusste, dass sie es ernst meinten. Aber es war die richtige Entscheidung, ihnen nicht länger zur Last zu fallen. Die gesamte zwanzigminütige Busfahrt zum Haus meiner Mutter verbrachte ich quasi in weggetretener Trance. Fast hätte ich die Station verpasst, aber der Klang unseres Straßennamens ließ mich immer noch aufhorchen. Kindheitserinnerungen eben.

Ich hatte meinen Schlüssel schon in der Hand, trotzdem blieb ich vor der Haustür stehen und atmete tief durch. Ließ den Blick durch den Vorgarten wandern, der völlig umgestaltet war und jetzt wie ein buddhistischer Zengarten aussah. Mit einem letzten lautlosen Seufzer schloss ich die Tür auf und wurde augenblicklich vom Geruch meiner Kindheit empfangen. Jedes Haus hat seinen ganz eigenen Duft, und dieses hier roch nach Sauberkeit, Orchideen und Lavendelseife.

»Hallooo!«, rief ich die frei schwebende Holztreppe hinauf, stellte meinen Koffer ab und warf einen Blick ins Wohnzimmer –

Und starrte auf einen Penis. Den nackten Penis eines nackten Mannes, der lässig am Esszimmertisch lehnte und Tee aus einer kleinen Henkeltasse trank, den Untersetzer vornehm in der anderen Hand.

»Oh!«, machte er, als er mich sah. »Du bist Vanessa!«

Ich konnte ihn bloß anstarren. War er da selber draufgekommen oder hatte das Porträtgemälde über Mamas Bett ihm das gesagt? Oh Gott, plötzlich stellte ich mir Szenen vor, die ich mir nicht vorstellen wollte.

»Und Sie sind ...?« *Abgesehen von splitternackt?*

»Entschuldigung, ich bin Dominique. Irenes Yogalehrer.«

Er stellte die Tasse samt Untertasse auf den Tisch und kam auf mich zu. Ich wich instinktiv einen Schritt zurück.

»Jaa ... das kann ich mir lebhaft vorstellen«, entgegnete ich verstört. Mir entging nicht, wie französisch er den Namen meiner Mutter aussprach, als hätte das »e« einen Accent Grave. Sie hatte schon immer eine Vorliebe für alles Französische gehabt. Eigentlich hätte ich Vivienne heißen sollen, aber dann hatte eine Freundin von ihr ihre Tochter Vivian genannt, und natürlich hätte sich meine Mutter eher einen Finger abgehackt, als ihrem Kind denselben Namen zu geben.

»Stört es dich, wenn ich nackt bin?«

Ach was, gar nicht! Ja, verdammt! Aber bevor ich irgendwas sagen oder auch nur meine Gedanken sortieren konnte, hörte ich meine Mutter von oben jubilieren.

»Ist das meine Vanessa?« Eine Sekunde später stand sie schon neben mir und hüllte mich in ihr schweres Parfüm und ihren halb durchsichtigen Kaftan ein, als sie mich in die Arme schloss und dann mein Gesicht umfasste, um mich zu betrachten. »Es ist so toll, dich zu sehen! Gott, du siehst so hübsch aus! Diese Taille!« Ihre Hände wanderten über meine Schultern zu meiner Mitte. »Welche Diät machst du gerade? Ich bin so unzufrieden mit diesem neuen ... wie heißt das noch mal, Domi?«

Während er antwortete, hob ich matt die Mundwinkel. Sandro

würde sagen, das sei die Null-Kalorien-vor-Mittag Diät, und würde ihr vermutlich obendrein noch ganz andere Dinge vorhalten ...

Bevor ich antworten konnte, zupfte sie an meinem Oversize-Shirt, dessen Ausschnitt wie so viele meiner Tops über eine Schulter gerutscht war. »Das ist sexy! Und gleichzeitig verspielt, schlicht und trotzdem elegant – ist das aus deiner eigenen Kollektion? Vanessa ist nämlich Modedesignerin, musst du wissen!«, prahlte sie sofort vor ihrem nackten Yogalehrer, obwohl das nicht stimmte.

Ich machte mich von ihr los und zog den Ärmel hoch. »Nein, ist es nicht, und nein, bin ich nicht.«

Jetzt verzog Mama die Lippen zu diesem sinnlich schmollenden Blick, den ich früher so lange vor dem Spiegel geübt hatte, bis ich ihn genauso perfektioniert hatte wie sie. »Deine elftausend Instagram-Follower sagen da aber was anderes. Sie ist nämlich eine Influencerin«, soufflierte sie erneut, obwohl auch das nicht stimmte. Aber ich verzichtete darauf, den beiden zu erklären, dass man da locker noch eine Null dranhängen müsste, zumal Mama ohnehin in ihrer eigenen Welt lebte, was die Errungenschaften ihrer Tochter anging.

»Mama!«, widersprach ich wieder, während Dominique beeindruckt die Brauen hob und den Blick über mich gleiten ließ. Es lag nichts Lüsternes darin, trotzdem würde ich gerade ziemlich viel dafür geben, wenn er sich etwas anziehen würde – oder einfach verschwinden.

Mama indes sah mich immer noch nachsichtig tadelnd an unter ihren langen, dichten Wimpern und den wohlgeformten Brauen. Aber sie sagte nichts mehr dazu, sondern wandte sich ab.

»Ich hab was für dich, Vanessa! Warte kurz.«

Damit verschwand sie im Flur und auf der Holztreppe, und ließ mich mit dem nackten, braun gebrannten Yogalehrer im Wohnzimmer stehen. Er lehnte sich ungeniert wieder gegen den Esstisch und verschränkte die schlanken Arme vor der Brust.

»Und was machst du so, Vanessa? Studierst du? Irene hat erzählt, du tanzt Ballett.«

Abermals betrachtete er mich von Kopf bis Fuß, aber glücklicherweise eher wie ein Vater seine Tochter als ein Mann eine Frau. Und mit seinen geschätzten Ü50 konnte er auch locker mein Vater sein, obwohl ich zugegebenermaßen beeindruckt von seinem sehnigen und vollkommen braun gebrannten Körper war. Kein Gramm Fett schien daran zu sein – und für einen winzigen, völlig irrationalen und sehr ungebetenen Moment, den ich schnell wieder vergessen wollte, fragte ich mich, ob Sandro in zwanzig Jahren auch noch so aussehen würde.

Meine Mutter kam zurück, in einem wandelnden Berg aus drei Farben Tüll, Taft und Seide. Erst als sie die Haken an den Raumteiler hängte, erkannte ich drei Kleider. Das aus Seide konnte sie sofort wieder einpacken, denn totgekochte Schmetterlingslarven würde ich sicher nicht tragen.

»Die hab ich für dich gekauft. Ich wollte sie selbst anprobieren, aber meine Figur ist einfach nicht mehr so toll wie deine. Vielleicht sollte ich auch anfangen, vegan zu leben ...? Was meinst du? Hach, diese Taille! Aber deine Brüste sind ein wenig kleiner als früher, oder?«

Ich schnaubte. Wenn sie mit »ein wenig« zwei Körbchengrößen meinte, dann ja. Ich war nicht stolz darauf, aber ich schaffte es einfach immer noch nicht, mich regelmäßig gesund zu ernähren.

Und während Mama meine Oberweite mit schief gelegtem Kopf betrachtete und nach ihren eigenen Brüsten tastete, fragte ich mich, was ich hier eigentlich tat. Ich wollte nicht die Nächte mit Raphael und Valeria in derselben Wohnung aushalten – aber noch weniger wollte ich die Nächte mit meiner Mutter und ihrem Yogalehrer miterleben!

»Mama, ich muss gehen ...«

»Hach, meine schmale Taille vermisse ich am meisten«, redete sie gleichzeitig los, ohne auf meine Worte zu hören. »Ich habe mir einfach viel zu früh mit dieser Schwangerschaft meine Figur kaputtgemacht. Ich hätte sie noch ein paar Jahre genießen sollen. Dann hätte ich vermutlich auch einen Haufen Probleme weniger. Aber na ja, wir bereuen alle ein paar Dinge in unserem Leben, oder? Was hast du gesagt, Liebes?«

Ich war buchstäblich fassungslos. Mein Körper stellte einfach alle Funktionen ein: Atmen, Schlucken, Muskelspannung. Meine Lippen begannen unkontrolliert zu zucken, während ich sie bloß anstarren konnte und nicht glauben wollte, nicht glauben *konnte*, dass sie mir gerade ernsthaft mitten ins Gesicht gesagt hatte, dass sie mich am liebsten nie bekommen hätte.

»Ich ... muss jetzt wirklich gehen«, brachte ich noch hervor.

Dann trat ich den Rückzug an, floh aus dem Haus meiner Kindheit und wusste, dass ich nie wieder zurückkehren würde.

22 Gute Tage, schlechte Tage

Vanessa

Ich hielt unwillkürlich den Atem an, als ich zwanzig Minuten später den Torbogen aus roten Backsteinen durchquerte. Umklammerte den Briefumschlag in meiner Hand so fest, dass sich das Papier knüllte, und warf einen Blick zu den acht Fenstern hinauf, die in zwei Etagen auf den schmucklosen Innenhof schauten. Es war ruhig hier, beinahe still, weil die dicken Ziegelwände den Straßenlärm nahezu völlig abschotteten. Totenstill an einem Samstagnachmittag Anfang März. Doch obwohl hier ganz offenbar keine Familien mit Kindern wohnten, wirkte der Hof nicht abweisend. Nüchtern, aber auf seine Weise idyllisch mit dem mit Stiefmütterchen bepflanzten Weinfass in einer Ecke und der hölzernen Bank daneben.

Mit hämmerndem Herzen näherte ich mich der Tür, las die Namen auf den vier Briefkastenschlitzen. Mein Herz machte einen Satz, als ich den gesuchten Nachnamen fand. Und stürzte gleich darauf scheppernd zu Boden, als ich sah, dass auf dem Schild einmal zwei Namen gestanden hatten. Der linke war entfernt worden, aber die Klebereste zeugten deutlich davon, dass hier nicht nur »*/ Stavaros*« gewohnt hatte. Und die hartnäckige Schicht zeugte davon, dass dieser andere Name ziemlich lange dort gestanden hatte.

Stavaros. Zum ersten Mal dachte ich bewusst über Sandros Nachnamen nach. Es war verrückt, ich kannte ihn seit fast einem Jahr, aber in diesem Moment fiel mir zum ersten Mal auf, wie außergewöhnlich sein

Name klang. Und wie wenig ich über den Mann wusste, den mein Herz aus unerfindlichen Gründen zu lieben beschlossen hatte. Serbisch? Oder vielleicht griechisch? Oder einfach nur viele Generationen zurückliegende Einwanderer, die mittlerweile genauso deutsch waren wie Kaiser Karls Nachkommen.

Volle fünf Sekunden lang starrte ich noch auf das halbe Namensschild, dann gab ich mir einen Ruck und klingelte. Ich hatte einen Schlüssel in dem zerknitterten Briefumschlag, aber ich wollte ihn nicht ungefragt benutzen. Denn als ich Sandro auf dem Weg hierher anzurufen versucht hatte, war er nicht ans Handy gegangen.

Vielleicht schlief er oder duschte. Oder hatte Sex mit einer braun gebrannten Yoga-Tussi auf dem Küchentisch. Bei nichts davon wollte ich einfach so in seine Wohnung platzen.

Aber ich hätte nicht damit gerechnet, dass *er* plötzlich in *mich* hineinplatzen würde.

Sandro

Manche Tage waren besser als andere. Tage, in denen Liv lachte. Oder mein Herz nicht blutete. Tage, an denen die Sonne schien. Und Tage, an denen ich Vanessa sah.

Heute war keiner dieser Tage. Schlimmer noch, heute vor einem Jahr waren die Plädoyers von Staatsanwaltschaft und Strafverteidigung veröffentlicht worden. Lebenslänglich gegen Freispruch, Notwehr gegen Mordversuch.

Ich hatte mir noch nie so sehr gewünscht, schon auf der anderen Seite des Gerichtssaals zu sitzen. Und während Olivias ohnehin schon kaputte Welt noch weiter gebröckelt war, hatte ich versucht, meine Welt und meine Seele mit aller Kraft zusammenzuhalten. Mit Fokus, Disziplin, Kraft und Ausdauer. Mit Kickboxen.

Automatisiert griff ich nach meiner Sporttasche, schob mir noch im schummrigen Hausflur die Kopfhörer auf die Ohren und drehte die Musik so laut, wie ich es gerade noch ertragen konnte.

Riss mit der Energie des Songs die Haustür auf – und wäre um ein Haar über einen türkisen Hartschalenkoffer gestolpert.

»Shi–« Der Fluch blieb mir im Hals stecken, als ich zuerst Vanessas Rosenduft erkannte und dann ihr Gesicht. Sofort streifte ich die Kopfhörer wieder ab, schaffte es aber nicht, auch nur ein einziges Wort zu sagen, sondern starrte sie einfach nur an wie der letzte Trottel.

Eine Woche lang hatte ich sie nicht gesehen, und schon hatte meine Haut das Prickeln vergessen, das ihre Nähe auslöste, hatte mein Verstand das Verlangen verdrängt und meine Brust die Enge geleugnet. Irgendwie war es zwar da gewesen, aber gedämpft, wie durch die Wand einer Isolationszelle, um mich vor mir selbst zu schützen. Und die volle Wucht ihrer Gegenwart traf mich jetzt wie ein Hammer, vermischte sich mit der Wut und Rastlosigkeit in meinem Körper zu einer gefährlichen Hitze.

Als Vanessa sah, dass ich in meiner bescheuerten Starre keine Anstalten machte, sie hereinzubitten oder auch nur zu begrüßen, versuchte sie sich an einem behutsamen Lächeln.

»Hey ... sorry, dass ich hier einfach so aufkreuze. Ich hab dich angerufen, aber du bist nicht drangegangen, und ich ...« Sie zuckte mit den Schultern und wich meinem Blick aus, während ich irritiert nach meinem Handy tastete, ohne meine Augen von Vanessas Gesicht zu nehmen. »Wenn du willst, gehe ich wieder, aber ...«

»Nein«, brachte ich endlich meine Stimmbänder zum Funktionieren und schüttelte zusätzlich noch den Kopf, während ich einen Blick auf mein Handy riskierte. Ich hatte den Flugmodus noch eingeschaltet. Schnell deaktivierte ich ihn, dann sah ich Vanessa wieder fest in die Augen, hielt ihren Blick fest. »Alles in Ordnung?«

Sie brachte es fertig, gleichzeitig zu nicken, den Kopf zu schütteln und mit den Schultern zu zucken. Ich spürte, wie sich das Lächeln einen Weg durch meine Brust auf meine Lippen und direkt in mein Herz bahnte. Lächelte und schüttelte zugleich den Kopf.

»Komm rein«, sagte ich leise und hielt die Tür für sie auf.

Das Training im »CJ« konnte auch noch zehn Minuten warten.

Vanessa

Sandros Wohnung lag im zweiten Stock. Wieder sah ich das halbe Namensschild auf der Klingel, dann schloss er die Tür auf und hüllte mich in eine wohlige Duftwolke aus Sandro, frischer Wäsche und unbehandeltem Holz.

Der Flur war lang, schmal und fensterlos, aber am Stirnende sah ich einen sonnendurchfluteten Raum, der jedes aufkommende Gefühl von Klaustrophobie im Keim erstickte.

Wir passierten insgesamt fünf Türen links und rechts.

»Gästebad, Badezimmer, mein Zimmer, Küche«, zählte Sandro die Türen ab. Mir entging nicht, dass er die zweite Tür auf der rechten Seite ausließ, während ich im linken Zimmer einen Blick auf ein gemachtes Bett erhaschte.

»Zwei Badezimmer sind wirklich ein Traum«, seufzte ich, erleichtert, dass ich nicht wieder auf den liebgewonnenen Luxus der letzten Woche verzichten musste, sich morgens zeitgleich fertig machen zu können.

Sandro gluckste bloß. Dann standen wir im sonnendurchfluteten Wohnzimmer, das die gesamte Stirnseite der Wohnung einnahm, und ich war einfach schockverliebt in die schlichte Mischung aus Industrieflair und skandinavischem Landhausstil.

Der Holzduft kam von den naturbelassenen Deckenbalken über uns und dem freigelegten und abgeschliffenen Fachwerk auf unserer linken Seite, das den Raum optisch in zwei Bereiche teilte. Einen Moment lang stand ich nur da und bestaunte meine Umgebung wie Alice das Wunderland.

Ich hätte nicht damit gerechnet, dass Sandros Wohnung so schön war. Und dass sie so aufgeräumt war, weitaus ordentlicher als Isabellas und meine. Was auch daran liegen mochte, dass er nicht einmal die Hälfte unserer Möbel und Gegenstände besaß. Genau genommen war die Wohnung geradezu spartanisch eingerichtet. Vielleicht wirkte der Raum deswegen so groß. Ja, wenn ich es mir recht überlegte, war das Wohnzimmer in Isabellas und meiner Wohnung ein gutes Stück größer.

Frontal vor uns stand ein aufgebocktes Sideboard aus Eichenholz, auf dem nur ein einziges Foto, ein Pokal und eine Handvoll Jura-Fachbücher standen, links jenseits des Fachwerks machte ich ein graues Sofa aus und rechts von uns standen sechs Stühle um einen makellos rechteckigen Esstisch, der aussah wie aus einem einzigen Stück Holz selbst gezimmert.

»Wow!«, verschaffte ich meiner Überwältigung endlich Ausdruck. »Ich hatte keine Ahnung, dass du handwerklich begabt bist!« Andererseits überraschte es mich auch nicht wirklich, jetzt, wo ich so darüber nachdachte.

Bis Sandro sagte: »Bin ich auch nicht. Das ... war schon so.« Er schüttelte den Kopf und breitete die Arme aus. »Tja, das ist die Wohnung. Fühl dich einfach wie zu Hause! Willst du was trinken? Was essen? Warte, hast du heute schon gegessen?«

Ich rollte mit den Augen und wollte gerade eine überhebliche Antwort geben, als er mit einem »Mitkommen« an mir vorbei in die Küche marschierte: von hier aus gesehen die erste Tür links im Flur.

Die Küche war klein, aber genauso hell und aufgeräumt wie das Wohnzimmer. Mein Blick glitt über die saubere Anrichte, auf der nichts stand außer einem Standmixer, einer digitalen Küchenwaage, sechs unterschiedlich hoch befüllten Glasbehältern mit welchem Inhalt auch immer, und – einer Kaffeemaschine.

»Ich dachte schon, du trinkst keinen Kaffee«, kicherte ich.

Sandro schüttelte den Kopf, als ob das ein alberner Gedanke wäre, während er nacheinander alle Oberschränke öffnete. »Hast du sonst irgendwelche Intoleranzen, oder bist du nur vegan?«

Ich musste lachen, weil das in meinem Kopf wie eine unterschwellige Beleidigung klang. »Nein, meine Ernährung ist noch zu retten und nicht völlig verkorkst«, konterte ich also, woraufhin Sandro offen lachen musste.

»Das hast *du* gesagt!« Damit zog er eine Packung Bulgur aus dem Schrank, in dem ich mindestens fünf Pakete Reis zählte und –

»Dreißig Eier?! Wie oft im Monat gehst du einkaufen?«

Mit einem grinsenden Schulterzucken, das verriet, worauf diese Unterhaltung zusteuerte, schloss er die Schranktür wieder und holte Tomaten, Paprika und Frühlingszwiebeln aus dem Kühlschrank.

»Einmal in der Woche.«

Ich starrte ihn entgeistert an. »Das ist ein Scherz, oder? Dreißig Eier?! Das sind ... vier pro Tag?!«

»Zweieinhalb«, korrigierte er und lehnte sich jetzt gegen die Theke, weil er wohl ahnte, dass diese Unterhaltung doch ein bisschen länger werden würde. »Macht drei ganze, also einundzwanzig, und aufgerundet sind das drei Pakete.«

Ich versuchte mir immer noch vorzustellen, drei Eier pro Tag zu verbrauchen. Jeden Tag. Dreihundertfünfundsechzig Tage im Jahr. Mir wurde ein bisschen flau im Magen.

»Okay«, beschloss ich perplex, »wird wohl in mehrfacher Hinsicht eine Herausforderung, hier zu wohnen.«

Die Art, wie er jetzt wissend den Kopf schief legte, um mich mit erhobener Augenbraue anzusehen, ließ meine Haut prickeln und meinen ohnehin schon nervösen Magen tanzen.

»Vergiss nicht, wir sind nur Freunde!«, belehrte ich ihn und mein aufgeregtes Herz. »Ich schlafe auf der Couch, und bei der ersten Wohnungsbesichtigung nächste Woche werde ich sofort zuschlagen. Keine Beziehung, kein Gefühlschaos, kein Sex. Und außerdem kann ich mir auch selber Essen machen!«, schloss ich mit einem Blick auf Gemüse und Schneidebrett.

Sandros Augenbraue war, sofern das überhaupt möglich war, noch höher geklettert. Sein ganzes Gesicht strahlte Belustigung aus, während er interessiert die Arme vor der Brust verschränkte – und dabei so verdammt verlockende Oberarme hatte, dass es mir schwerfiel, meinen Blick auf seine Augen zu fokussieren.

Dann zuckte er lässig mit den Schultern. »Kein Problem!«

Sein amüsiertes Grinsen hielt mich genauso fest wie seine blitzenden Augen, aber ich riss mich aus der Starre, verschränkte ebenfalls die Arme und nickte überheblich.

»Gut. Dann ist ja alles geklärt! Ach, und ich hasse Koriander.«

Das ließ Sandro aus der Rolle fallen, die wir uns gerade in dieser Komödie vorspielten, und irritiert lachen. »Was?«

Ich breitete die Arme aus, als wäre es das Normalste auf der Welt, gleich nach der Sexfrage über die Gewürzvorlieben zu sprechen. »Ich hasse Koriander«, wiederholte ich. »Und Kümmel. Aber sonst esse ich alles, vor allem gerne asiatisch.«

Sandro fing sich erstaunlich schnell, indem er einfach tat, was er am besten konnte: mich mit diesem amüsierten Halblächeln auf den Lippen und diesem tiefen Blick ansehen, bis meine Knie weich wurden.

»Wie scharf?«, fragte er bloß.

Ich blinzelte, während sich mein Kopf mit aller Kraft gegen die Doppeldeutigkeit wehrte, die mein Herz in seine Frage hineininterpretierte. Dann hob ich eine Augenbraue und antwortete im selben herausfordernden Tonfall: »Ziemlich scharf.«

Seine Augenbraue zuckte in die Höhe. »Wirklich?«

»Du kannst es ja herausfinden.«

Zufrieden sah ich, wie es diesmal Sandro war, der perplex blinzelte und Mühe hatte, jedes Grinsen und alle Gedanken zu verbergen. Er sah auf die Uhr.

»Okay, wir klären das heute beim Abendessen. Ich muss jetzt echt los, ich kann die Jungs nicht hängen lassen. Willst du mit?«, fragte er in einem spontanen Impuls – und erwischte mich wieder völlig unvorbereitet mitten ins Herz. Es war diese kleine Frage, die so viel bedeutete. So viel Vertrauen, so viel Freundschaft. Und dass er meine Nähe so sehr genoss.

Trotzdem schüttelte ich den Kopf. »Um ehrlich zu sein, würde ich total gerne einfach nur schlafen – vorausgesetzt, du bist bereit, mich alleine in deiner Wohnung zu lassen.«

Sandros Augen wanderten zurück zu mir, seine Mundwinkel zuckten. Er sagte nichts, aber an seinem Blick konnte ich ziemlich deutlich ablesen, dass er genau wusste, warum ich Schlafentzug hatte. Aber er war taktvoll genug, weder das Sexleben meiner besten Freundin noch dieses furchtbar peinliche Videotelefonat von letzter Woche anzusprechen.

Stattdessen schüttelte er belustigt den Kopf, löste die Arme und stieß sich von der Anrichte ab. »Tja, dann lege ich dir wohl mal Bettzeug auf deine *Couch*.«

Er betonte das Wort, als würde er es nicht ernst nehmen, und ich gab ihm einen Stoß, als er an mir vorbei zurück in den Flur und in das Zimmer nebenan trat. Das Zimmer, das er mir nicht gezeigt hatte.

Nachdem er das hellgrau bezogene Bettzeug auf die Couch hatte fallen lassen und die Rückenlehne zum flachen Bett umgeklappt hatte, trat er respektvoll zurück.

»Also, wie gesagt, fühl dich einfach wie zu Hause. Wenn irgendwas ist oder du was brauchst, schreib mir. Oh, und noch was«, fiel ihm ein, als er sich schon halb abgewandt hatte. Ich wusste, dass er das Zimmer ansprechen würde, aber ich hatte nicht vor zu schnüffeln. Doch Sandro sagte: »Falls Liv irgendwann hier aufschlagen sollte ... krieg keinen Schock! Sie hat einen Schlüssel, aber meistens klingelt sie trotzdem vorher. Tu einfach so, als wäre sie nicht da, und versuch besser nicht, mit ihr zu reden, wenn sie nicht will, okay? Sie meint es nicht böse, sie hat nur ... sie macht 'ne harte Zeit durch.«

In mir wechselten sich Mitgefühl, Sorge und Neugier ab, aber ich stellte keine Fragen, sondern nickte einfach nur. »Ich verstehe.«

Sandro lächelte. »Ich weiß, dass du das tust.« Und dann: »Danke.«

Ich nickte wieder, lächelte auch. »Ich bin diejenige, die sich bedanken muss.«

Er winkte ab und ich sah ihm nach, wie er wieder den Flur entlangging und seine Sporttasche schulterte.

»Bis später, Vany!«

»Bis später. Viel Spaß!«

Sandro hatte die Tür schon in der Hand, drehte sich aber noch mal um und lächelte mich an wie ein kleiner Junge vor einem großen Abenteuer.

Ich konnte nicht anders, ich musste auch lächeln, selbst dann noch, als er die Tür längst hinter sich geschlossen hatte.

23 Einfach kompliziert

Vanessa

Olivia kam nicht vorbei, aber ich schlief trotzdem nicht gut. Alles roch nach Sandro. Alles *atmete* Sandro. Und zwei Stunden später schien mir die späte Nachmittagssonne durch das hohe Westfenster mitten ins Gesicht.

Ich quälte mich also hoch, packte meinen Koffer aus und ignorierte mit eiserner Entschlossenheit das ungeöffnete letzte Zimmer. Ich war sicher, dass es unverschlossen war, aber ich wollte nicht schnüffeln. Also setzte ich mich mit meinem Laptop an den sonnigen Esstisch, überprüfte meine Nachrichten in den Wohnungsportalen und wollte ein bisschen für die anstehende VWL-Klausur lernen. Dann bekam ich den Frühlings-Newsletter meines liebsten Home-Living-Onlineshops, und surfte stattdessen stundenlang durch die Kategorien, stellte im Kopf Designs zusammen und hatte ein Dutzend Ideen für Farbtupfer in Sandros spartanischer Wohnung. Natürlich blieben das alles nur Wunschträume in meinem Kopf, genau wie die Vorstellung, dass ich hier länger als ein paar Tage wohnen würde.

Ich hatte nicht vorgehabt, allein in Sandros Wohnung herumzugeistern, aber als er auch nach drei Stunden nicht zurück war, beschloss ich, mir wenigstens einen Kaffee zu machen. Das stellte sich als schwieriger heraus als gedacht, weil Sandro zwar mindestens zehn Pakete Milch im Schrank hatte, aber nichts, was auch nur annähernd pflanzlicher Ersatz dafür war. Im Kühlschrank fand ich schließlich eine angebrochene Dose Kokosmilch, die sogar noch frisch roch.

»Deine Küche ist wirklich der Albtraum für jeden Veganer«, teilte ich ihm mit, als er gegen halb sieben nach Hause kam – und eine große Einkaufstüte neben mir auf der Anrichte ablud.

»Ja, das hab ich mir heute auch gedacht«, gestand er. »Deswegen war ich noch kurz einkaufen. Sorry, ist was später geworden! Aber hey, ich könnte mich daran gewöhnen, dass das Essen fertig ist, wenn ich nach Hause komme!«

Ich stieß ihn lachend an. »Lass dir das bloß nicht zu Kopf steigen! Du bist bloß rein zufällig gerade nach Hause gekommen.«

»Warte mal ...«, kombinierte Sandro. »Ist das der Bulgur, den ich heute Mittag rausgelegt hab? Das war vor fast fünf Stunden!«

Ich zog entschuldigend die Schultern hoch und versuchte mich an einem Lächeln. »Ich wollte auf dich warten?«

Das stimmte auch ... irgendwie. Aber hauptsächlich lag es wirklich daran, dass mein Essensrhythmus einfach so gestört war, dass ich kaum je wirklich Hunger hatte. Und wenn doch, hielt ich kaum noch durch, bis es fertiggekocht war, und futterte währenddessen irgendwas anderes Ungesundes. Sandro schüttelte fassungslos den Kopf, sagte aber nichts mehr dazu.

Stattdessen legte er mir zwei Stunden später eine Tabelle voller Zahlen und Wörter vor, die ich erst auf den zweiten Blick als Ernährungsplan erkannte.

»Das ist jetzt nicht dein Ernst«, sagte ich, als er sich auf den nächsten freien Stuhl am Esstisch fallen ließ und mit selbstgefälligem Gleichmut eine Handvoll Erdnüsse knackte.

Das war der dritte Ernährungsplan, den andere für mich erstellten. Den ersten hatte ich mit zwölf bekommen, als meine Mutter befunden hatte, dass Thunfischpizza, Toffifee und mein geliebter Kirschsaft nicht mehr angemessen für ein zukünftiges Model waren. Tja, den zweiten hatte ich dann fünf Jahre später in der Klinik für Essstörungen bekommen. Ich war nicht besonders stolz darauf, dass ich ausgerechnet nach der Sache mit Milias Bulimie entwickelt hatte, und ich hatte es auch niemandem erzählt – außer Isabella, kurz nachdem ich bei ihr eingezogen war und die erste Tüte Chips abgelehnt hatte. Eine Zeit lang hatte sie sich rührend um mich gekümmert und ihren Knabberkonsum drastisch reduziert, aber irgendwann war es ihr zu anstrengend geworden. Wem auch nicht? Wer steckte schon gern für andere zurück, die selbst daran schuld waren, dass sie ihr Leben nicht im Griff hatten?

Ich zwang meine Gedanken zurück zu der Tabelle vor mir. Das obere Viertel der Seite war eine komplizierte Rechnung, aus der ich mein Körpergewicht, meine Größe und ein paar weitere Maße herauszulesen glaubte, die Sandro offenbar erstaunlich gut geschätzt hatte. Am Ende kamen vier Zahlen heraus: 1.700 Kalorien, 90 g Eiweiß, 60 g Fett und 190 g Kohlenhydrate.

Ich überflog die Mahlzeiten – fünf am Tag! Drei Haupt- und zwei Zwischenmahlzeiten – und war beeindruckt, wie jedes Lebensmittel in Gramm, Kalorien und EW-F-KH aufgeschlüsselt war.

»Was ist B?«, fragte ich angesichts der Zahlen in Klammern.

»Ballaststoffe. Kannst du aber ignorieren«, sagte Sandro, wischte sich die Hände an der Jeans ab und lehnte sich vor. Ich bekämpfte die Hitze in meinem Bauch, als er sich unmittelbar neben mir über den Plan beugte. Seine Nähe ließ meine Haut prickeln, sein Duft schnürte mir beinahe die Luft ab. Frisch und herb und holzig-warm.

Ich zwang meinen Blick und meine Gedanken auf das Blatt vor mir.

»Keine Avocados«, rief ich, als ich den ersten Tag durchging. Und den zweiten. Die waren ja überall!

»Was? Avocados sind vegan!«, beschwerte sich Sandro.

»Aber Avocados sind böse! Da kannst du auch gleich Rinderfarmen und Palmölplantagen hinsetzen.«

Sandro fuhr sich mit der Hand beherrscht über das Gesicht und ich folgte der tanzenden Bewegung seiner Unterarmmuskeln. Wieso waren alle eigentlich immer so scharf auf die Klassiker Bizeps, Brust und Sixpack? Hatten die noch nie gesehen, wie unfassbar heiß Waden und Unterarme sein konnten? Okay ... ich kam vom Thema ab.

»Mehr Nüsse also«, stöhnte Sandro indes, nahm ungeniert meinen Kugelschreiber vom Collegeblock neben mir und strich die Unzahl der Unfrüchte wieder von meinem Speiseplan. »Sonst noch irgendwas, das ich wissen sollte?«

Er drehte den Kopf, und als sich unsere Blicke trafen, vergaß ich alles, was ich hätte sagen können.

Du solltest wissen, dass es mir ziemlich schwerfällt, hier einfach so neben dir zu sitzen und so zu tun, als würde ich dich nicht küssen wollen, dachte ich, aber ich sprach es nicht aus, obwohl ich wusste, dass es ihm genauso ging. Doch das Interesse von Jungs für eine heiße Nacht oder kurzlebige Beziehung auszunutzen, war genau das, was ich nie wieder tun wollte, erst recht nicht mit Sandro. Denn es war so wunderbar einfach, mit ihm zusammenzuwohnen, und ich wollte das nicht aufs Spiel setzen.

»Ich muss was trinken«, verkündete ich und stand auf, um Abstand zu gewinnen.

Sandro

Ich fuhr mir mit der Hand übers Gesicht.

Es war so verdammt hart, mit Vanessa zusammenzuwohnen, dass ich fast durchdrehte.

»Merkt man gar nicht«, gluckste Marc am Mittwoch. Tag vier meiner bislang größten Herausforderung. Dabei war es eigentlich so einfach, so unkompliziert. Wir wohnten, kochten und aßen zusammen, aber jeder ließ dem anderen sein Leben, ging ganz normal zur Uni, traf seine eigenen Freunde, und niemand stresste herum. Es war genau wie früher, als Jamie meine Skepsis, mit jemandem zusammenzuwohnen, innerhalb von zwei Tagen in Luft aufgelöst hatte. Es war genau wie früher, bis auf die Tatsache, dass Vanessa einfach pure Verführung in Menschengestalt war.

»Versteh mich nicht falsch, es ist super. *Sie* ist super! Es ist halt nur

…« Ich brach ab und beobachtete weiterhin die neu aufgenommenen Halbstarken beim Probetraining.

»Ich weiß schon. Und ich will echt nicht mit dir tauschen, Bro!« Marc grinste in sich hinein, bis ich das Bedürfnis verspürte, ihm einen Kinnhaken zu verpassen. »Ich versteh das bloß nicht! *Sie* ist heiß und Single, *du* bist heiß und Single, warum tut ihr euch das überhaupt an? Ist doch egal, wenn es nur Sex wird!«

Ich schüttelte den Kopf, zuckte mit den Schultern. An mir lag's nicht! »Ich glaub, sie schleppt viel mehr mit sich rum, als wir sehen. Ich meine … ihr Vater überhäuft sie geradezu mit Geld und Geschenken, hat aber seit Oktober nicht mehr mit ihr geredet. Und ihre Mom legt ihren Yogalehrer flach!«

Marc brach in Lachen aus. »Kein Scheiß?«

Ich kämpfte ebenfalls gegen das Lachen an, während ich wiederholte, was sie mir erzählt hatte. »Er stand einfach nackt im Wohnzimmer und hat Tee getrunken … Tja, schätze, auch reiche Familien sind verkorkst«, schloss ich das Thema.

»Zumindest bin ich in der Wohnung meiner Mom noch nie in 'nen nackten Kerl reingelaufen«, kommentierte Marc kopfschüttelnd. »Aber hey, sieh's positiv. Du solltest den beiden dankbar sein, denn jetzt wohnt sie bei dir.«

Ich schnaubte bloß und beobachtete weiter die Halbstarken, nickte in Richtung eines dürren Jungen mit raspelkurzen Haaren. »Der da mit dem Militärhaarschnitt, wie heißt der, Sergej? Der wird Probleme machen.«

Aus dem Augenwinkel sah ich, wie Marc mir das Gesicht zuwandte und mich amüsiert musterte. »Ja, ich kenn die Sorte.«

Ich erwiderte seinen Blick finster, verkniff mir aber jede Antwort. Und gab mich geschlagen. »Ich rede mit ihm.«

»Lass dir keine Gehirnerschütterung verpassen!«, lachte Marc über die alte Anekdote. »Charlie will übernächste Woche einen Sieg in allen Gewichtsklassen sehen, als Signal für alle, was das *Springbreak Special* Anfang April angeht.«

»Ich weiß«, erwiderte ich.

Charlie wollte diesen Sieg nicht nur sehen, der Club *brauchte* die Kohle. Das »CJ« war als Fitnessstudio eingetragen, aber eigentlich eine Mischung aus Kampfsportschule und Jugendzentrum, hauptsächlich für Kinder aus sozial schwierigen Verhältnissen. Die meisten Mitglieder zahlten keine oder ermäßigte Beiträge, und der öffentlich geförderte Anteil von Caritas und Jugendamt reichte kaum aus, um die Kosten zu decken. Deswegen taten wir, was die meisten Kampfsportler taten: Wir kämpften um Geld. Lokale Unternehmen und Sportartikelhersteller zahlten Sponsoringgelder für ihr Logo auf dem Banner, und andere Clubs zahlten Geld, um ihre Kämpfer aufzustellen. Denn anders als die meisten Clubs hatte Charlie das Wunder vollbracht, eine Kooperation mit einem Sportwetten-Lokal anzuleiern. Und deswegen konnte man im »CJ« legal auf Kämpfe wetten. Wir sahen davon allerdings lächerlich wenig, weil das Wettlokal den größten Anteil einstrich – außer eben, wenn wir gewannen. Und ich war fest entschlossen zu gewinnen.

Marc erwiderte mein grimmiges Nicken.

»Dann sorgst du besser mal dafür, dass du dich wieder konzentrieren kannst, Bro!«

Ich schüttelte den Kopf. So einfach war das eben nicht.

Vor allem, als ich am nächsten Morgen um kurz nach acht in die Küche kam – und wie angewurzelt stehen blieb.

Vanessa saß am Küchentisch. Das heißt, eigentlich lag sie halb auf dem Stuhl, die nackten Beine auf die Tischplatte gelegt. Ohrstöpsel im Ohr, eine Tasse Kaffee in der Hand und ein Buch auf dem Schoß. Oh Gott.

Mit einiger Mühe löste ich den Blick von ihren makellosen Beinen, folgte der geschwungenen Linie ihrer Hüfte zu dem weiten Top, das wie immer über ihre Schulter gerutscht war, und bis zu ihren Haaren, die ebenfalls wie immer zu einem perfekten Chaos hochgebunden waren. Alles an dieser Frau war vollkommen und fühlte sich doch so unvollständig an. Sie hatte Fehler und Schuldgefühle und Ängste, genau wie jeder andere auch. Und das machte sie in meinen Augen wirklich perfekt.

»An den Anblick könnte ich mich gewöhnen«, überwand ich endlich meine Starre und ging an ihr vorbei zur Kaffeemaschine.

Vanessa zuckte erschrocken zusammen, zog sich die Ohrstöpsel heraus und setzte sich aufrecht hin. »Oh Gott!« Zu meinem Bedauern nahm sie die Beine vom Tisch und zupfte automatisiert ihren Ärmel wieder zurecht. »Ich dachte, ich wäre allein, sorry! Warst du nicht sonst schon um sieben weg?«

Ich folgte noch kurz der Bewegung, wie sie die Beine überschlug, und sah dann in ihre Augen. »Montag bis Mittwoch habe ich zur ersten Vorlesung, Donnerstag und Freitag erst um zehn«, erklärte ich und sah unwillkürlich auf die Uhr. Immer noch kurz nach acht.

Ich wollte meinen Körper zu der Routine überreden, ein Glas Wasser am Wasserhahn aufzufüllen und eine Packung Eier aus dem Schrank zu holen. Aber stattdessen lehnte ich mich gegen die Küchenzeile und betrachtete Vanessa, wie sie das Buch zuklappte und Anstalten machte aufzustehen.

»Was liest du?«, fragte ich, um ein Gespräch zu beginnen und zugegebenermaßen auch, um sie am Gehen zu hindern. Dabei konnte ich von hier aus den Titel lesen: »Grundlagen der Volkswirtschaftslehre?«

Jetzt seufzte sie und sank doch wieder auf dem Stuhl zusammen, fuhr sich mit dem Finger über die Stirn, wie sie es immer tat, wenn sie unschlüssig nachdachte. »Jaaa ... ich weiß auch nicht, warum ich mir das antue. Ich schätze, ich will einfach nicht noch mal ein Studium abbrechen, also ... ziehe ich das jetzt einfach durch, und dann gucke ich mal.«

Ich erwiderte ihren Blick, antwortete aber nicht gleich. Die Aussage ähnelte zu sehr der Lebenseinstellung, die ich noch vor einem Monat gehabt hatte und die ich fälschlicherweise in Jamies letzte Worte hineininterpretiert hatte. Aber Dinge durchziehen war nicht dasselbe wie glücklich zu sein, und mit den Konsequenzen der eigenen Taten leben hieß nicht, dass man sich selbst bestrafen musste.

»Was willst du wirklich?«, stellte ich die einzige Frage, die wirklich zählte. »Wenn es keine Regeln gäbe, keine Erwartungen. Nur dich. Was würdest du tun wollen?«

»Keine Ahnung ... ich schätze, irgendwas Kreatives«, sinnierte sie. Ich sah ihr dabei zu, wie sie ein Bein anzog und ins Leere starrte – und dabei gedankenverloren über ihr gottverdammt nacktes Knie strich! »Ich hab ehrlich gesagt lange nicht mehr darüber nachgedacht, was ich wirklich will.«

Ihr Blick fand meinen. Und ich beschloss, dass ich genug davon hatte, das zu leugnen, was ich wirklich wollte.

Vanessa

»Äh ...«

Fassungslos starrte ich Sandro an, wie er sich einfach so das T-Shirt über den Kopf zog.

»Was tust du da?!« Meine Stimme klang deutlich atemloser als beabsichtigt. Und mein Herz schlug deutlich schneller, als es sollte, während ich meinen Blick nur mit Mühe auf seinem Gesicht halten konnte. Sandro ließ das T-Shirt neben sich auf die Küchentheke fallen, legte den Kopf schief und sah mich an.

»Für ausgleichende Gerechtigkeit sorgen.«

Sein Blick glitt zu meinen Beinen und so langsam über meinen Körper zurück zu meinem Gesicht, dass ich kurzzeitig vergaß, wie man atmete.

»Sandro, ich ... Das ...« Mir fehlten tatsächlich die Worte.

»Hey, alles cool!«, wehrte Sandro jetzt belustigt ab und drehte sich um, um ein Glas aus dem Oberschrank zu holen und am Wasserhahn aufzufüllen. Ich war gefesselt vom Spiel seiner Rückenmuskeln bei der Bewegung. »Wir sind nur Freunde! Du kannst jederzeit diese Beine mitnehmen und die Küche verlassen.«

Ich starrte ihn immer noch fassungslos an, als er sich mit dem Glas Wasser und diesem unwiderstehlichen Grinsen wieder zu mir drehte.

»Das ist Erpressung!«, sprach ich das Erste aus, was mir in den Sinn kam. Nein, halt, das meinte ich nicht. Bestechung? Auch nicht.

Sandro verzog genauso das Gesicht wie ich und stellte das leere Glas neben sich ab. »Wenn überhaupt, ist das Nötigung. Aber sich halb nackt auf meinem Küchentisch zu räkeln, grenzt an Körperverletzung«, belehrte er mich.

Okay, ich war offiziell sprachlos. Mir klappte tatsächlich der Mund auf, während ich ihn einfach nur anstarren konnte.

»Isst du das hier noch?«, fragte er jetzt lässig und griff nach meinem Porridge mit Kiwi, das noch auf der Anrichte auskühlte. Ich hatte mich wirklich innerhalb von nur fünf Tagen daran gewöhnt, morgens zu frühstücken, und freute mich schon beim Aufstehen auf den cremigen Haferbrei.

»Hey!«, rief ich und streckte die Hand nach der Schüssel aus, aber er hielt sie außerhalb meiner Reichweite und nahm sich in aller Seelenruhe einen Löffel aus der Schublade. »*Das* ist Erpressung!«, triumphierte ich jetzt. »Das weiß sogar ich ohne Jurastudium! Wie lang kriegt man dafür, drei Jahre?«

Er grinste. »Das ist höchstens Geiselnahme, und für beides kommt man in der Regel mit einer Geldstrafe davon. Aber ich lasse mit mir verhandeln.«

Mir entwich ein höhnischer Laut. »Ich verhandle nicht mit Terroristen!«

Trotzdem hatte ich irgendwie seine ausgestreckte Hand ergriffen und mich auf die Beine ziehen lassen. Die Fliesen waren kalt unter meinen nackten Füßen, aber Sandros Finger waren warm und stark, und sein Griff war fest, als er meine Taille umfasste und mich näher zog, bis sich unsere Körper berührten.

Ich schluckte heftig gegen mein pochendes Herz an und versuchte meine Nervosität hinter Humor zu verbergen. »Freiheitsberaubung?«

Sandro grinste. »Auslegungssache.« Er nahm meine Hand und legte sie auf seine Brust, dorthin, wo ich sein Herz schlagen spürte. »Aber das hier ist Diebstahl. Und dafür hast du dich zu verantworten.«

Ich konnte kaum noch atmen. Seine Nähe und die Bedeutung seiner Worte waren so überwältigend, seine Brust so hart unter meinen Fingern und seine Stimme so weich, dass mein Körper kapitulierte und ich alle Bedenken über Bord warf, um meine Lippen verzweifelt auf seine zu drücken.

Wir kollidierten mit der Kraft verglühender Sonnen. Sandros Mund war heiß auf meinem, seine Küsse ungezügelt und seine Hände voller Verlangen, als er begehrlich über meine Seiten strich. Ich schlang die Arme um seinen Hals und vergrub meine Finger endlich, endlich in seinem zimtblonden Haar, das noch viel weicher war, als ich es mir vorgestellt hatte. Drückte mich gegen seine Brust, die noch viel härter war als gedacht, und erlaubte meinem Unterleib das Kribbeln, das mich mit solcher Intensität überrollte, dass ich nach Luft schnappte.

Sandro nahm mein Gesicht in beide Hände und küsste meinen Mund, meinen Hals, meine Schulter, während ich nicht aufhören konnte, über die Hügel und Täler seines gemeißelten Oberkörpers zu streichen. Ich erforschte jeden Zoll seiner muskulösen Arme, erkundete sie mit Händen, Augen und Lippen, bis er mich mit einem Ruck hochhob und auf den Esstisch setzte.

Augenblicklich fanden unsere Lippen wieder zueinander, gingen unsere Hände wieder auf Erkundungstour. Sandros Finger glitten unter mein T-Shirt, schoben den Stoff nach oben, und ich hob die Arme, damit er es mir ausziehen konnte. Es landete irgendwo auf dem Fußboden, während Sandro beherrscht ausatmete.

Mir fiel ein, welchen BH ich trug, und ich würde zwar nicht gerade behaupten, dass dieser rauchblaue Spitzen-BH das erotischste Modell war, das ich besaß, aber Sandros unterdrücktes Stöhnen ließ meinen Unterleib trotzdem heftig ziehen.

Ich schlang die Beine um seine Hüften und bog ihm den Oberkörper entgegen, als er meine linke Brust umfasste. Legte den Kopf in den Nacken, als er sie sanft knetete, und wand mich vor Lust, als ich ihn dabei erneut stöhnen hörte.

Ich hatte vergessen, wie gut es sich anfühlte, begehrt zu werden. Wie erfüllend es war, von den starken Armen eines Mannes gehalten zu werden, und wie sehr mich der Gedanke an spontanen Sex immer noch berauschte, auch wenn ich das jahrelang geleugnet hatte.

Halb blind vor Verlangen ließ ich meine Hände an seinen harten Bauchmuskeln hinabgleiten, öffnete seinen Gürtel und nestelte an den Knöpfen seiner Jeans.

»Warte.« Sandros Stimme klang atemlos, als er mein Gesicht in beide Hände nahm und mir in die Augen sah. »Ich will nicht, dass das ein One-Night-Stand wird.«

Ich starrte in sein Gesicht, in seine wunderschönen Augen, und ich wäre am liebsten in Tränen ausgebrochen. Dann schaffte ich es, zu lächeln, zu nicken und ebenfalls seine kantige Wange zu streicheln.

»Ich auch nicht.«

Er lächelte, während er mich näher zu sich zog, bis sich unsere Nasenspitzen fast berührten. »Willst du mich?«

»Ich will dich.«

Er küsste mich leidenschaftlich. »Ich will dich auch, Vanessa. Ich will alles von dir. Deinen Körper und dein Herz und dein Lachen und …«

»Das hast du«, unterbrach ich ihn, schmiegte meine Nase gegen seine und schloss die Augen, genoss unsere Berührung und seine Zärtlichkeit und mein Verlangen. Er hatte alles, und ich gehörte ihm mit Haut und Haar. Schon lange. »Und jetzt küss mich.«

Und er küsste mich.

24 Glück ist, wenn es wehtut

Vanessa

Ich schlang die Arme um seinen Hals und drängte mich gegen ihn, während seine Hände mein Gesicht umfassten, meine Taille, und schließlich meine Hüfte, wo er mich mit einem so heftigen Ruck an sich zog, dass ich nach Luft schnappte.

Dann hob er mich vom Küchentisch. Ich kreuzte die Beine hinter seinen Hüften, ließ aber nicht eine Sekunde von seinen Lippen ab. Nicht einmal dann, als ich auf einer federnden Matratze landete, die seinen Duft verströmte und meinen Bauch kribbelnd zusammenzog. Doch anstatt mich wieder zu küssen, stützte er sich auf die Seite und nahm sich quälend viel Zeit, meinen Körper zu erkunden. Ließ die Finger über mein Kinn gleiten, meine Brüste, meinen Bauch und entlang meiner Hüfte, folgte jeder Bewegung mit den Augen und scheiterte an einem überwältigten Lächeln.

Meine Lippen spiegelten seine Begeisterung. »Was?«, fragte ich, atemlos von seiner Berührung, überwältigt von seiner Zuneigung.

Er schüttelte den Kopf, folgte immer noch den streichenden Bewegungen seiner Hand, dem Winden meines Körpers unter seinen begehrlichen Fingern. »Du bist ein Geschenk, Vanessa.«

Ich wollte lächeln, wollte jubeln, aber ich musste mich darauf konzentrieren zu atmen, als er sich vorlehnte, um mich leidenschaftlich zu küssen, während seine Finger den Saum meines Slips erreichten und hineinschlüpften. Mein Körper bäumte sich auf, aber Sandro hielt mich fest. Hielt mich fest und streichelte mich, nahm den Blick nicht von meinem Gesicht, während ich um Atem rang.

»Dieses Geschenk wird gleich in tausend Teile brechen, wenn du ...« Ich konnte den Satz nicht beenden, als er zwei Finger in mich schob.

Er lächelte erregt. »Ja?«

»Ja«, stöhnte ich, hielt mich an ihm fest und genoss das Gefühl.

Sandro wusste, was er tat, und er war gut darin. Und ich wusste, dass ich kommen würde, wenn ich ihn gewähren ließ. Ein Teil von mir wollte das auch, wollte nichts lieber als das, denn obwohl ich Sex liebte, gehörte ich nicht zu den Frauen, die mit multiplen vaginalen Orgasmen gesegnet waren. Tatsächlich war ich in meinem ganzen Leben erst sechsmal nur durch den eigentlichen Geschlechtsverkehr zum Höhepunkt gekommen, aber es war jedes Mal so überwältigend gewesen, dass sich alles andere unecht anfühlte. Befriedigend, aber unecht.

Ich wollte, dass sich das hier echt anfühlte.

Also stoppte ich Sandros Hand, griff in seinen Nacken und zog an seinem Arm, drehte mich so lange mit ihm, bis er auf dem Rücken lag und ich rittlings auf ihm saß.

Ich küsste seine Lippen, sein Kinn, seinen Hals. Und jetzt hörte ich *ihn* stöhnen, während seine Hände meine Oberschenkel hinaufwanderten und meine Hüfte umfassten. Ich bewegte mich in seinem sinnlichen Rhythmus, als er mich an sich zog, dann nahm ich seine Linke und führte sie zu meiner Brust. Sein unterdrücktes Stöhnen ließ das Kribbeln in meinem Unterleib anschwellen.

»Wie war das mit auseinanderbrechen?«, fragte er heiser.

Ich lächelte ihn tief an, während ich mit einer Hand nach unten tastete, um ihn endlich aus der Jeans zu erlösen. Er führte meine Hand tiefer, rieb sich an mir, und ich umschloss ihn fest.

Sandro stöhnte. »Vergiss das mit dem Geschenk.«

»Ja ...?«, fragte ich berauscht, genauso atemlos wie er.

»Königin ...«

Ich lächelte. Das hatte ich schon oft gehört, aber noch nie so aufrichtig, so völlig ohne Vorbehalte. Noch nie hatte es mich so glücklich gemacht.

Ich küsste ihn, und Sandro erwiderte den Kuss so heftig, als hinge sein Leben davon ab. Er umfasste meinen Kopf, schob mein Bein zurück, bis es gestreckt war, und drehte sich mit mir, bis er wieder auf mir lag. Sein Gewicht war atemberaubend und seine heiße Haut auf meiner raubte mir fast den Verstand, während er mich unaufhörlich küsste.

Ich ließ meine Hände wieder nach unten wandern, aber er hielt sie fest und nagelte sie so energisch neben meinen Kopf, dass eine wahre Explosion meinen Unterleib durchzuckte. Wir stöhnten beide heftig, bis er sich von meinen Lippen löste und mich in mühsamer Beherrschung hochzog, in meinen Rücken griff und meinen BH öffnete. Ich zog ihn vollständig aus und Sandro atmete noch mal hörbar, senkte den Kopf und küsste meine Brüste, umfasste sie und fuhr mit der Zunge darüber.

Ich wollte stöhnen und seufzen, wollte genießen und bittersüß leiden, aber ich konnte es einfach nicht mehr aushalten. Ungeduldig stieß ich ihn weg, schlüpfte aus meinem Slip und zog Sandro sofort wieder an mich, schmiegte meinen nackten Körper gegen seinen. Ich sah atemlos dabei zu, wie er sich seiner Shorts entledigte und vorlehnte, um ein Kondom aus der Nachttischschublade zu holen. Und ich ließ bereitwillig zu, dass er mich mit sanfter Bestimmtheit zurück in die Kissen drückte, bevor er sich auf mich legte.

Das Gefühl, als Sandro in mich eindrang, war unbeschreiblich. Der Moment der Vereinigung war immer besonders und ich liebte ihn jedes Mal aufs Neue, aber meistens ging er viel zu schnell vorbei, um ihn wirklich zu genießen.

Jetzt allerdings dehnte sich dieser Moment so bittersüß, dass ich vor Lust beinahe verging. Sandro hatte viel Ausdauer und noch mehr Zeit, schob sich quälend langsam in mich und genoss jeden Zentimeter, bis ich zum ersten Mal in meinem Leben beinahe kam, noch bevor er mich ganz ausfüllte. Alles berauschte mich: sein Gewicht, seine Nähe, sein Duft. Und seine heiße, quälende Härte in mir. Dann atmeten wir beide scharf aus, als er mich ganz einnahm. Und dann bewegte er sich erneut, ohne uns eine Verschnaufpause zu gönnen, ohne die Hände von meiner Haut zu nehmen und ohne mich aus den Augen zu lassen.

Ich erwiderte seinen Blick, nahm seinen Rhythmus auf und beschleunigte ihn sanft, schlang die Beine um ihn und zog ihn tiefer in mich. Er stöhnte, und sein Stöhnen war das betörendste Geräusch, das ich jemals gehört hatte. Ich hielt ihn fest, wollte mehr von ihm, wollte alles. Gab mich völlig seiner Stärke hin, seiner Kraft, und berauschte mich an unserer Leidenschaft.

Es war beinahe schmerzhaft, als ich spürte, dass ich kommen würde, und ich stöhnte noch lauter, vergrub das Gesicht an seinem Hals und krallte die Finger in seine Schultern. Es dauerte so lange, dass ich glaubte sterben zu müssen. Und dann explodierte mein Körper so unerwartet und so heftig, dass mir kurz schwarz vor Augen wurde.

Ich stöhnte auf, klammerte mich an ihn und ließ ihn selbst dann nicht los, als sich seine Bewegungen verlangsamten.

Ich lachte überwältigt, jubelte geradezu.

Und dann brach ich in Tränen aus.

Sandro

Shit!

»Vanessa!«

Sofort stemmte ich mich hoch, strich ihr die Haare aus dem Gesicht und starrte fassungslos auf ihre nassen Wangen.

»Alles okay?«

Zur Antwort weinte sie noch lauter und klammerte sich so fest an mich, dass mir fast die Luft wegblieb. Sie sagte nichts, aber ihr Kopf nickte heftig an meiner Brust. Behutsam legte ich mich neben sie und bettete sie in meinen Arm, streichelte ihren umwerfenden Körper und ignorierte, dass das Kondom mein Bett verschmutzte. Bettwäsche konnte man waschen.

Ich hielt Vanessa fest, bis sie nicht mehr zwischen Lachen und Weinen schluchzte, bis ihre Unterlippe nicht mehr bebte und ihre Augen wieder klar strahlten. Sie trug übrigens doch im Alltag Mascara, fiel mir in diesem Moment auf, denn um ihre Wimpern hatte sich ein dunkler Kranz gebildet, den ich vorsichtig wegwischte.

Ich küsste ihren Scheitel, dann angelte ich eine Packung Taschentücher aus der Schublade, reichte ihr eins und entsorgte das Kondom. Als ich zurückkam, lag Vanessa immer noch in ihrer nackten Perfektion auf meinem Bett, leicht zusammengerollt wie eine Elfe ohne Flügel in einem Blütenkelch. Sie hob den Kopf und schenkte mir ein Lächeln, das mein Herz erwärmte. Und als ich mich zu ihr legte, bettete sie den Kopf in meine Halsbeuge. Es fühlte sich an, als wäre sie genau dafür gemacht.

»Willst du darüber reden?«, fragte ich, während ich dabei zusah, wie unsere Hände zueinanderfanden und sich unsere Finger ineinander verschränkten.

»Darüber, Sex mit dir zu haben?«, fragte sie belustigt zurück. »Musst du ernsthaft hören, wie gut du bist?«

Ich musste lachen, unfreiwillig stolz auf dieses indirekte Kompliment, schüttelte aber den Kopf. »Darüber, dass du geweint hast.«

Sie ließ den Kopf wieder auf meine Schulter sinken und blieb lange stumm. Ich ertrug die Stille, hing meinen eigenen Gedanken nach, während ich unablässig ihre Schulter streichelte. Ihre Haut war so unfassbar weich und dabei so verführerisch fest. Ihr Po war knackig, und ihre Brüste passten genau in meine Hände. Keine Frage, Vanessa war dünn, fast ein bisschen zu dünn, aber ich konnte mir unschwer vorstellen, wie sie ausgesehen hatte, bevor sie aufgehört hatte, regelmäßig gesund zu essen. Und ich wusste, dass sie in ein paar Wochen schon wieder so aussehen konnte.

»Ich bin ... glücklich«, gestand Vanessa jetzt und überraschte mich damit völlig. Ich hob den Kopf und sah sie an, während sie das Kinn auf meine Brust stützte und die haselnussbraunen Augen zu mir wandern ließ. »Kennst du dieses herzzerreißende Gefühl, wenn du dich daran erinnerst, wie es sich anfühlt, glücklich zu sein und etwas Tolles zu haben, aber du gleichzeitig weißt, dass du dieses Etwas nie wieder haben kannst?«

Meine Bauchmuskeln zuckten, als sich mein Körper geradezu schmerzhaft zusammenzog. »Ja, das kenne ich«, sagte ich und dachte an jeden Moment, in dem Jamie mich zum Lachen gebracht hatte. An jeden Moment, in dem Jamie meine Seele und mein Leben gerettet hatte, auf jede erdenkliche Art und Weise.

Die Narbe an meinem Schlüsselbein ziepte, und ich rieb unwillkürlich darüber. Spürte kurz darauf Vanessas Finger, wie sie über das einzige Tattoo strichen, das ich mir jemals hatte stechen lassen – und stechen lassen würde –, und kurz darauf die wulstige Erhebung der Narbe fanden, die der Knochenbruch hinterlassen hatte.

»Was ist da passiert?«, fragte sie leise.

Ich nahm ihre Hand in meine, führte sie an die Lippen und drückte einen Kuss in ihre Handfläche. »Ich erzähl's dir, versprochen. Aber nicht jetzt, okay?«

Ich würde es ihr erzählen, ich *wollte* es ihr erzählen. Aber ich konnte nicht. Nicht jetzt. Denn jetzt gerade war ich glücklich. Zum ersten Mal in fast fünfzehn Monaten. Dabei hatte Vanessa recht: Man weiß erst, was Glück ist, wenn man die Trauer spürt, dass es vorbei ist.

Glück ist, wenn es wehtut.

Vanessa

Sandro verpasste seine Vorlesungen – und ich meine übrigens auch. Drei Tage lang verließen wir sein Bett gefühlt nur, um zu essen, und ließen nur voneinander ab, um zu schlafen.

Dann, am Sonntagmorgen, als wir in der Küche gerade auf Porridge und Rührei warteten, rief Marc an und erkundigte sich, ob Sandro noch lebte. Halb lachend, halb entschuldigend versprach Sandro, gleich vorbeizukommen, weil er ohnehin mal wieder Sport brauche, wie er sagte. Kopfschüttelnd holte ich einen Teller aus dem Schrank. Ich hatte Muskelkater an Stellen, an denen ich nicht einmal Muskeln vermutet hatte, und Sandro brauchte Sport.

Als ich ihm das mitteilte, zog er mich grinsend an sich, und um ein Haar hätten wir den vierten Tag in Folge im Bett verbracht.

»Willst du mitkommen?«, fragte er stattdessen.

»In eure Höhle voller testosterongeladener Kickboxer?«, fragte ich kichernd zurück.

Sandro gluckste, während er seinen Teller in die Spülmaschine räumte und routiniert den Inhalt seiner Sporttasche überprüfte. »Du wärst echt überrascht! Die meisten von uns sind eigentlich gute Jungs, die einfach vom Leben auf die schiefe Bahn geworfen wurden. Außerdem wird das »CJ« von einer Frau geleitet, und du würdest sie mögen!«

Jetzt horchte ich auf. Etwa von Jamie? Ich hatte ihn bisher nicht auf das Thema ansprechen wollen, um ihn nicht zu drängen. Doch wenn ich jetzt die Gelegenheit bekam, sie kennenzulernen und meinen neuen Freund dadurch besser verstehen zu können, würde ich sie ergreifen.

»Weißt du was?«, beschloss ich. »Ich hole noch kurz ein paar Sachen bei Valeria ab und komme dann nach.«

»Deal!« Sandro zog mich ein letztes Mal an sich und küsste mich sanft, bevor er mir die Adresse aufschrieb und seine Sporttasche schulterte. »Bis später, Vany.«

Ich lächelte beim Klang meines Namens von seinen Lippen. »Bis später. *Schatz*!«

Jetzt lächelte auch er, und das Bild seines strahlenden Gesichts in meinem Kopf erhellte die nächsten zwei Stunden, bis ich vor der niedrigen Turnhalle ankam, über deren Eingangstür die schlichten Buchstaben »C« und »J« prangten. Rechts neben der Tür, gleich neben Briefkastenschlitz und Türklingel, hingen drei weitere Schilder der Caritas, der Stadt und der örtlichen Polizeibehörde, außerdem ein Aufkleber »Kein Platz für Rassismus«.

Das hier war eine karitative Jugendeinrichtung?

Völlig überrumpelt drückte ich die schweren Türen auf – und wurde sofort vom typischen Flair von Fitnessstudios empfangen: von dem Geruch von Sportmatten, Desinfektionsmittel, Deo und Schweiß, von der gemütlich-geschäftigen Atmosphäre zwischen freundschaftlicher Geselligkeit und hoch konzentrierter Körperarbeit. Und von ziemlich lautem Upbeat Alternative Rock, der mich unwillkürlich an die allererste Fahrt in Sandros Auto erinnerte. Es fühlte sich an, als wäre die Party im *Ace* eine Ewigkeit her, dabei waren es kaum zwei Monate.

Ich sah mich um, während ich die weitläufige Halle betrat, ließ den Blick über viele Grüppchen Jugendlicher und junger Erwachsener gleiten, die zusammen an der Bar, auf Sitzsäcken oder in Lounge-Ecken saßen, und machte eine Handvoll Gestalten aus, die weiter hinten in der Halle vereinzelt Sparrings und Einzeltrainings absolvierten.

An der Wand rechts von mir waren unzählige Pokale und Medaillen in Vitrinen ausgestellt, die Wand selbst war geradezu gepflastert mit Fotos, Logos und signierten Plakaten. Erst nach rund zehn Metern, direkt gegenüber der schlichten Bar, lichtete sich der Plakatdschungel und machte Platz für exakt sieben Fotos, scheinbar willkürlich angeordnet unter dem mit schwarzem Edding ausgemalten Schriftzug:

Es ist nicht deine Pflicht, keine Fehler zu machen.

Es ist nur deine Pflicht, jeden Tag ein besserer Mensch zu sein als gestern.

Lächelnd trat ich näher, um die Fotos zu betrachten. Eines davon erkannte ich sofort wieder – denn es war das einzige Foto in Sandros Wohnung. Es zeigte einen jüngeren Sandro mit deutlich längeren Haaren, und einen zweiten Typ, der aussah wie Ryan Gosling mit Tattoos. Er hielt Sandros Schulter fest und reckte eine Siegerfaust, während der johlend eine Medaille präsentierte.

Anscheinend hatte ich recht gehabt mit meiner Vermutung, dass er Sandros Trainer war, denn jetzt sah ich Ryan Gosling auch auf allen anderen Bildern hier: insgesamt dreimal mit Sandro, einmal mit Marc und einmal sogar mit einer schwarzhaarigen Frau, die ihren Arm so lässig um seinen tätowierten Hals geschlungen hatte, als wären die beiden ein Paar aus den wilden Achtzigern. Was auch an ihrer toupierten Frisur liegen mochte. Ich freute mich wahnsinnig darauf, ihn kennenzulernen.

»Aber hallo, wenn das nicht Vany ist!«, hörte ich plötzlich eine

Stimme dicht neben mir, drehte den Kopf und sah in Marcs grinsendes Gesicht. »Was macht eine schöne Frau wie du an einem Ort wie diesem?«

Jetzt musste ich lächeln, verschränkte aber herausfordernd die Arme vor der Brust, zumal ich spürte, wie allmählich ein paar Augenpaare mehr auf uns aufmerksam wurden. »Meinen Freund besuchen?«

Jetzt grinste Marc so breit, dass sich in meiner Brust ein warmes Kribbeln ausbreitete. »Na, dann komm mit! Willst du was trinken?«

Ich schüttelte den Kopf, also führte er mich auf geradem Wege an der Bar vorbei, die ausschließlich Softdrinks und Proteinshakes anbot, und durch den Gesellschaftsbereich in den hinteren Teil der Halle, der mehr wie ein Fitnessstudio aussah und noch weiter hinten wie ein Boxclub. Die Musik war hier um einiges lauter und wieder erkannte ich einige der energiegeladenen Hardrock-Songs.

»Hört sich an, als wäre Sandro hier für die Musik verantwortlich«, kicherte ich, aber Marc legte nachdenklich den Kopf schief.

»Eigentlich ist das Jamies Playlist.«

Ich blinzelte. Schluckte. Dann war sie gerade hier? War sie wirklich eine Trainerin? Ich holte tief Luft und fragte: »Weißt du, was passiert ist? Mit Jamie, meine ich?«

Marc blieb stehen und fuhr sich mit einer Hand über die kurzen Haare, sah sich beinahe suchend im Raum um. »Ach, fuck, Mann ... Er hat es dir also nicht erzählt?« Als ich betroffen den Kopf schüttelte, fuhr er sich mit beiden Händen über das Gesicht. »Hör zu, ich kann dir das nicht sagen, ehrlich. Er hat drei Monate nicht mehr geredet, nachdem es passiert war, und ich fürchte, dass er sich immer noch die Schuld gibt. Aber es war nicht seine Schuld! Es war einfach ein beschissener Unfall!«

Unfall? Also war sie verletzt? Oder jemand anders? Schlimmeres?! Mein Bauch krampfte sich zusammen, während meine Gedanken von einer Theorie zur Nächsten sprangen. Aber ich zwang mich zur Ruhe. Ich konnte nicht schon nach einer Woche in seinem dunkelsten Geheimnis herumwühlen.

Marc und ich kehrten fast zeitgleich aus unseren Gedanken zurück. Aber anders als meine begannen seine Augen zu leuchten.

»Ich schwöre dir, Vanessa, ich hab ihn heute zum ersten Mal seit einem Jahr wieder richtig lachen sehen! Ich weiß nicht, wie du es anstellst und was du machst, aber hör nicht auf damit. Du bist das Beste, was ihm je passiert ist ... abgesehen von Jamie vielleicht.«

Ich lächelte selig, überflutet von Glück, und spürte gleichzeitig den völlig absurden und absolut unangebrachten Stich von Eifersucht. Legte man diese irrationale Reaktion auf die Ex des eigenen Freundes eigentlich jemals ab?

Mein Gedankengang wurde unterbrochen, als mein Blick endlich auf Sandro fiel. Er war nicht wie erwartet im Boxring. Stattdessen lag er keine drei Meter von uns entfernt zwischen zwei Hantelbänken auf dem Bauch. Das heißt, er lag nicht, sondern stützte sich auf die Unterarme, den halbnackten Körper kerzengerade, den grimmigen Blick auf das Handydisplay vor sich gerichtet. Fasziniert trat ich näher und stieß einen entsetzten Laut aus, als ich die Zeit auf dem Handydisplay sah.

»Du plankst nicht ernsthaft seit dreieinhalb Minuten!«, rief ich aus.

Ein Ruck ging durch Sandros Körper, als er meine Stimme hörte. Ich sah dabei zu, wie er den Kopf hob, um der Linie meiner Beine bis zu meinem Gesicht zu folgen. Als er mich erkannte, ging seine Konzentration flöten und seine Muskeln begannen zu zittern. Dann brach er lachend ab, stoppte den Timer und kam auf die Beine, um mich mit diesem tiefen Lächeln anzusehen, das ich so liebte.

»Hi«, sagte er, sehr viel weniger außer Atem, als ich nach nur sechzig Sekunden gewesen wäre.

»Hi«, erwiderte ich mit demselben sinnlichen Lächeln und zugegeben mit Stolz auf seine Reaktion auf mich. »Darf ich dich küssen oder kannst du dich dann gar nicht mehr konzentrieren?«

Zur Antwort umfasste er meine Hüfte und zog mich mit einem Ruck an sich, der meinen Bauch flattern ließ. »Nein, kann ich nicht, aber ja, darfst du«, raunte er. Und dann war er es, der mich küsste.

»Hey!«, rief plötzlich eine befehlsgewohnte Frauenstimme. »Kein Geknutsche in meinem– ist das Sandro?!«

Ich fuhr zurück, aber Sandro machte nicht die geringsten Anstalten, mich loszulassen, sondern schaute mit schief gelegtem Kopf der Frau entgegen, die mit energischen Schritten auf uns zukam. Sie sah genau wie die Jungs aus, als würde sie den Großteil ihrer Freizeit mit Sport verbringen, denn durch die großen Cut-Outs ihres schwarzen Tops über dem lila Sport-BH konnte man ihre trainierten Bauchmuskeln sehen – und einen Haufen Tattoos. Ihre Haare waren hüftlang und offen, lediglich das Deckhaar trug sie Messy-toupiert mit einer Klammer fixiert wie eine Grunge-Version von Fran Fine aus *Die Nanny*. Die Frisur und die Fältchen um ihre dunkel geschminkten Augen machten sie entweder sehr viel jünger oder sehr viel älter, je nachdem, ob sie zwanzig oder fünfunddreißig war. Ihre Haarfarbe war offenbar ursprünglich Hellbraun, aber mit Strähnen von Platinblond über Goldbraun bis Schwarz durchsetzt. Ich konnte mich nicht entscheiden, ob ihre Frisur hinreißend edgy war oder angsteinflößend alternativ. Warte mal, war das nicht die Frau von dem Foto mit Ryan Gosling? War das Jamie?

Ich starrte sie an, aber sie nahm mich kaum zur Kenntnis, sondern stellte Sandro zur Rede: »Du bringst dein Date ins ›CJ‹?«

»Meine Freundin«, erwiderte Sandro mit bewundernswerter Ruhe und besänftigte damit augenblicklich meinen verletzten Stolz.

Auch ihre Miene hellte sich bei diesem Wort auf wie auf Knopfdruck. »Freundin! Das wurde auch langsam mal ... warte!« Ihre dunkel geschminkten Augen flogen zu mir und musterten mein Gesicht. »War sie auf den Fotos nicht brünett?«

Ich hatte das Gefühl, gleichzeitig vor Stolz zu platzen und vor Scham zu vergehen. Aber alles wurde überlagert von dem nagenden Gefühl der Schuld. Sie sprach von Isabella. Das hieß, dass Sandro sie niemals hierhergebracht hatte, genauso wenig wie in seine Wohnung. In elf Monaten nicht. Er hatte diese beiden Leben strikt voneinander getrennt gehalten!

Aber warum? Er hatte gesagt, Isabella würde es nicht verstehen.

Warum war er sich so sicher, dass ich es verstand? Warum ließ er mich in seine Wohnung und in sein Leben? Und warum –

Die Frau sah auf die Uhr und stieß Sandro gegen die nackte Brust.

»Egal, die Jungs warten! Geh und mach dich nützlich, ich bezahle dich schließlich nicht zum Gutaussehen!«

Jetzt huschte dieses unwiderstehliche Halbgrinsen über Sandros Züge, und das heiße Gemisch aus Angst und Eifersucht flutete meine Adern, als ich auch sie grinsen sah. Da war definitiv mehr als Freundschaft zwischen ihnen – oder bildete ich mir das nur ein? Ich musste dringend aufhören, meine frische Verliebtheit jeden Teufel an die Wand malen zu lassen.

Doch als Sandro sich nach einem letzten tiefen Blick auf mich in Richtung Boxring entfernte, gab es für mich nur eine einzige Frage.

War sie Jamie?

25 Unverzeihliche Schuld

Vanessa

Dann fiel mir ein, dass Marc von einem Unfall gesprochen hatte, und der Gedanke ließ mich zögern. Und bevor ich irgendetwas anderes tun oder denken konnte, streckte sie mir unvermittelt die Hand hin.

»Hi, ich bin Charlie. Freut mich, dich kennenzulernen.«

»Vanessa«, antwortete ich, gleichzeitig erleichtert, verstört und peinlich berührt. Das wäre ja ein schönes Fettnäpfchen geworden! »Cooler Name«, überspielte ich den Moment, »von Charlotte?«

Jetzt gluckste sie routiniert. »Nein, Charlie wie Charlie. Ist ein Unisex-Name. War eigentlich für meinen Bruder vorgesehen, aber unser Dad war betrunken, als er das Formular für die Geburtsurkunden ausgefüllt hat, also ...« Sie zuckte mit den Schultern und verzog spöttisch die Lippen. Wieder fragte ich mich, ob sie älter oder jünger aussah, als sie war. »Irgendwann hab ich ihm verziehen. Immerhin war er anständig genug, uns seine Lebensversicherung zu hinterlassen, als seine Leber vor acht Jahren den Geist aufgegeben hat.«

Sie breitete die Arme aus, wie um auf ein Vermächtnis zu verweisen, und ich realisierte, dass sie diesen Club von dem Geld gekauft hatte.

»Tja, mal schauen, wie lang wir's noch machen, wenn ... *Tiago!*«

Sie stellte sich ihm in den Weg, als er an uns vorbei in den hinteren Teil der Halle trottete, den Rücken von weitaus mehr gebeugt als nur von der Sporttasche über der Schulter.

»Hey! Tiago!« Charlie hielt ihn an den Schultern fest, um ihn eindringlich anzusehen. »Alles okay? Hast du Stress mit deinem Vater? Du warst lange nicht mehr da, wir haben uns Sorgen gemacht.«

Er schnaubte, schüttelte aber den Kopf. »Mir geht's gut, keine Sorge. Ich musste einfach mal den Kopf frei kriegen.« Er reckte den Hals, um an ihr vorbei in Richtung Boxring zu schauen, und sank fast wieder in sich zusammen, als er Sandro sah. Dann fiel sein Blick auf mich, und seinen Körper durchfuhr ein Ruck, während sein Hirn in Windeseile kombinierte: »Habt ihr was am Laufen?«

Ich wusste, dass er Sandro und mich meinte. Aber ich brachte es nicht fertig zu nicken, also lächelte ich ihm bloß aufmunternd zu. Santiago schnaubte erneut. Charlie knuffte ihn gegen den Oberarm.

»Komm schon, spuck's aus«, sagte sie kameradschaftlich.

Santiago starrte mich noch einen Moment lang an und ließ dann erneut den Kopf hängen. »Schätze, ich hab's geschafft, in einem Monat drei Frauen zu verprellen, eine Beziehung zu zerstören und zwei Freundschaften zu beenden. Läuft bei mir.«

Charlie und ich zogen mitfühlend die Brauen zusammen.

»Wieso das denn?«, fragte ich vorsichtig.

»Eva, dich und Bella verprellt«, zählte er auf, »Bellas Beziehung zerstört, meine Freundschaft zu Sandro kaputtgemacht und deine zu Bella. Und nein, Charlie, egal was du sagen willst, das ist meine Schuld, denn seien wir mal ehrlich, wäre das im *Ace* nicht gewesen – oder hätte ich wenigstens dich nicht verprellt, Vanessa –, wäre das alles nicht passiert.«

Ich erinnerte mich daran, dass er an diesem Abend eigentlich mich angeflirtet hatte, und ich bekam augenblicklich ein schlechtes Gewissen. Wäre ich auf seinen Flirt eingegangen oder wenigstens *nicht* auf seinen Tanz, dann hätte er vielleicht nie Isabella geküsst, und dann wäre ihre Beziehung zu Sandro nie zerbrochen und meine Freundschaft zu ihr nie belastet worden.

Doch dann wäre ich nicht mit Sandro zusammengekommen.

»Irgendwie ist immer alles falsch, was man macht, oder?«, erkannte ich niedergeschlagen. Santiago schnaubte erneut.

»Ja, das Leben ist ein Arschloch«, beschloss Charlie. »Aber leben müssen wir es trotzdem, also werden wir gefälligst auch das Beste draus machen! Also, *chico*, wenn du vorhast, nächste Woche zu kämpfen, hast du vier Trainings verpasst. Und falls du heute zum Training willst, bist du zehn Minuten zu spät. Daher schlage ich vor, du bewegst deinen Arsch und klärst die Scheiße.«

In Santiagos Augen blitzte kurz Zorn auf, dann nickte er gepresst.

Sandro

»Alter, Benny!«, fluchte ich. »Wenn du nicht von Anfang an deine Deckung oben hast, knockt dich der erste Schlag aus, und du bist raus, klar?«

Ich überlegte ernsthaft, ob ich beim nächsten Mal einfach den Schlag durchziehen sollte, damit er spürte, wie sich das anfühlte, und daraus lernen konnte. Aber es nützte auch nichts, wenn ich ihm jetzt versehentlich die Nase brach und wir dann nächsten Samstag keinen Kämpfer im Leichtmittelgewicht aufstellen konnten.

»Hey, Rambo!«, hörte ich meinen alten Spitznamen und fuhr zu Charlie herum. Zu Charlie, Vanessa – und Santiago.

»Oh Shit«, ächzte Marc, aber ich ignorierte ihn völlig, während ich Santiago finster anstarrte. Er starrte genauso störrisch zurück, seine dunklen Augen funkelten geradezu.

»Was willst du?«, fragte ich kühl.

»Erst mal will ich, dass du aus dem Ring rauskommst und ihr euch hier unten unterhaltet«, antwortete Charlie an seiner Stelle.

Ich funkelte sie an, hätte ihr am liebsten gesagt, dass sie sich raushalten solle und dass das nicht ihre Sache sei. Aber wir waren nun mal in ihrem Laden, und meine rebellischen Tage waren vorbei. Also gehorchte ich und duckte mich zwischen den Seilen hindurch.

»Also?«

Santiago schob den Unterkiefer vor, starrte eine gefühlte Ewigkeit auf die Matten. Dann sagte er: »Tut mir leid, okay? Ich hab Scheiße gebaut. Ich hätte Bella nicht küssen sollen, ich hätte nicht mit ihr schlafen sollen, und vor allem hätte ich dir das alles von Anfang an sagen sollen. Ich wollte dich nicht hintergehen, Mann. Ich weiß, dass das scheiße war, und ich kann verstehen, wenn du jetzt nicht mehr willst, dass ich mit euch kämpfe, aber –«

»Ihr hattet Sex«, war das Einzige, was ich sagen konnte. Das Einzige, was ich denken konnte. Santiago bewegte den Kopf, aber ich sah nicht hin, ob es ein Nicken oder Kopfschütteln war. Im Grunde war es auch egal, war es sogar besser so. Ohne diese ganze Scheiße wäre ich immer noch unglücklich mit Isabella und niemals so glücklich mit Vanessa. Aber jetzt gerade … konnte ich ihm nicht vergeben.

»Hör zu, ich –«

»Nein, du hörst zu«, unterbrach ich ihn und stieg zurück in den Ring. »Wenn du in Form kommst, kämpfst du mit. Und wenn dein Ego damit klarkommt, werde ich dich weiter trainieren, damit Charlie dich vielleicht sogar beim *Springbreak Special* aufstellt.« Ich sah ihn von der anderen Seite der Seile aus an. »Aber wir sind keine Freunde mehr, Tiago.«

Zumindest nicht, bis ich darüber nachgedacht hatte.

Ich erwartete, dass er zornig werden und diskutieren würde, aber stattdessen nickte er bloß, stellte seine Tasche ab und begann sich aufzuwärmen.

Ich sah ihm nach, bis Charlie grinsend zu mir an den Ring kam.

»Was gibt's denn da zu grinsen?«, fragte ich missmutig.

»Ich bin beeindruckt. Der Sandro, der meinem Bruder vor sechs Jahren eine Gehirnerschütterung verpasst hat, wäre nicht so cool geblieben.«

Ich schnaubte. Den Sandro von damals gab es nicht mehr, und ihr Bruder war der Grund dafür. Das wusste sie genauso gut wie ich, deswegen sprach ich es nicht aus. Stattdessen wandte ich mich ab und wollte alle Gedanken im Training ersticken, als mein Blick auf Vanessa fiel und mein Körper erstarrte. Sie war kreidebleich.

»Alles okay?« Binnen einer Sekunde war ich wieder aus dem Boxring heraus und umfasste sanft ihre Schultern. Sie nickte langsam, aber ihr starrer Blick war immer noch auf Santiago gerichtet, der zehn Meter weiter Seilchen sprang. Als ihre wunderschönen Augen wieder bei mir ankamen, waren sie unendlich schmerzerfüllt.

»Was ist los?«

Sie schüttelte den Kopf, ihre Augen flogen unstet umher.

»Vanessa!«, flehte ich. »Rede mit mir.«

Jetzt versuchte sie sich an einem Lächeln, das eher wie der Vorbote eines Tränenausbruchs aussah. Ihr Blick fiel auf einen Punkt hinter mir, und sie hob zaghaft eine Hand an meine Brust.

»Die Jungs warten auf dich ... Du musst sie weiter trainieren, das ist wichtig.«

Jetzt schüttelte ich den Kopf, während ich ihr Gesicht mit beiden Händen umfasste und ihr Haar zurückstrich. »Du bist wichtig«, widersprach ich.

Ihr Lächeln wurde stärker, erreichte aber immer noch nicht ihre Augen, als sie meine Hände mit ihren umschloss, und sich mir dann entzog. »Ich warte zu Hause auf dich, okay?«

Sie sah so traurig aus, dass ich mich nicht einmal darüber freuen konnte, dass sie meine Wohnung »zu Hause« genannt hatte. Also lehnte ich mich vor und legte all meine Liebe in meinen Kuss, um ihr zu zeigen, dass ich da war. Egal, was passierte.

Sie lächelte ein bisschen weniger traurig. »Bis später.«

Und ich lächelte sehr viel trauriger als vorher. »Bis später.«

Vanessa

Ich schloss die Wohnungstür auf – und übergab mich in die Toilette.

Ich würde Sandro verlieren. Früher oder später würde er herausfinden, was damals zwischen Raphael und mir geschehen war, und dann würde er genauso reagieren wie gerade bei Santiago. Ich erinnerte mich an den Schatten in seinen Augen, an die Härte in seiner Stimme, und ich wusste, dass ich es nicht ertragen konnte, ihn zu verlieren.

Ganze zwei Stunden lang lag ich auf der Couch, die seit drei Tagen wieder eine echte Couch und nicht mehr mein Bett war, starrte zu den freigelegten Deckenbalken hinauf und spielte alle erdenklichen Gesprächsszenarien durch.

Sie waren alle schrecklich. Aber am schrecklichsten waren die, in denen ich es ihm gar nicht sagte und er es irgendwann selbst herausfand. Und so kam es, dass ich ein Nervenbündel mit feuchten Augen und trockener Kehle war, das immer noch auf der Couch lag und an die Decke starrte, als Sandro nach Hause kam und sich behutsam neben mich setzte.

»Hey ...«

Ich spürte seine warme Hand auf meiner, und ich hielt sie so fest, dass es wehtat. Dann holte ich tief Luft.

»Ich hatte Sex mit Raphael.«

Seine Hand zuckte nicht zurück und auch sein Körper bewegte sich nicht. Sandro legte lediglich den Kopf schief und sah mich an. Klar, weil es ja grundsätzlich nichts Verwerfliches war, Sex mit anderen Leuten zu haben. Vorausgesetzt, man war Single.

»Während ich mit Milias zusammen war«, fügte ich also hinzu. »Deswegen hat er damals Schluss gemacht.«

Ich hielt die Luft an und warf Sandro einen ängstlichen Blick zu. Er saß einfach nur da, hielt meine Hand und musterte mein Gesicht. Ohne Zorn, ohne Verachtung, ohne Unverständnis.

»Wie?«, fragte er dann leise.

Wie?!, echote mein Kopf. »Du willst wissen, wie wir Sex hatten?«

Er verzog das Gesicht so sehr, dass ich lachen musste. »Nein, das will ich auf keinen Fall wissen!«, lachte auch er, bevor er wieder ernst wurde. »Nein, ich meine, wie ist das passiert? Klar, du hattest Sex mit einem anderen Kerl – das ist Milias' Seite der Geschichte. Aber was ist deine? Du wirkst auf mich nicht wie eine Fremdgeherin, Vany.«

Ich lag auf der Couch, starrte in seine grünbraunen Augen und hörte seine himmlischen Worte – und ich wollte am liebsten erneut in Tränen ausbrechen. Ich hatte diesen Mann einfach nicht verdient!

Er ließ mir Zeit, hielt meine Hand fest und sah mich an, bis ich mich genug gesammelt hatte. Dann erzählte ich ihm alles.

Ich musste bei meinem Vater anfangen, denn eigentlich gab es mich ja nur, weil meine Mutter heimlich die Pille abgesetzt hatte, damit er sie nicht verließ. Ich hatte meinen Vater geliebt, und ich war mir sicher, dass er mich auch geliebt hatte. Aber er hatte meine Mutter gehasst, und die Liebe für mich hatte den Hass für sie nicht aufwiegen können. Irgendwann hatte es einfach krachen müssen.

Als es passiert war, war ich gerade mit Milias zusammen gewesen – zum zweiten Mal, weil die erste große Liebesbeziehung eben meistens in die Brüche geht, noch dazu wegen lächerlicher Kleinigkeiten. Aber wir hatten nach einem Monat Trennung wieder zusammengefunden. Als dann die Spannungen zu Hause stärker geworden waren, hatte ich angefangen zu klammern und Panik zu schieben, dass auch Milias mich verlassen könnte. Milias war toll, aber er war auch nur ein sechzehnjähriger Teenager mit vielen Hobbys und noch mehr Freunden gewesen, die er nicht hatte aufgeben wollen, um rund um die Uhr Babysitter für seine zunehmend labile Freundin zu spielen. Und ich, als ich gemerkt hatte, wie sehr ich ihn erdrückte, war auf Abstand gegangen. So sehr, dass ich ihm nicht einmal erzählt hatte, dass mein Vater Anfang Dezember ausgezogen war. In der heiligsten Familienzeit!

Milias war anständig genug gewesen, nicht an Weihnachten mit mir Schluss zu machen und auch nicht, als ich kurz darauf zum Halbjahr sitzen geblieben war. Aber im Grunde war unsere Beziehung längst am Ende gewesen. Dann war Karneval gekommen, und er war traditionell mit der Familie zu seinen Großeltern nach Italien gefahren.

Und ich war auf eine Party gegangen.

Und dann war da Raphael gewesen.

»Weißt du ...« Ich strich mir mit beiden Händen über die Stirn, als könnte ich gemeinsam mit den Sorgenfalten auch meine Fehler glatt streichen. Ich saß mittlerweile im Schneidersitz auf der Couch und wiegte mich selbst vor und zurück, während Sandro immer noch meine Hand hielt. »Eigentlich waren wir irgendwann mal befreundet gewesen, Raphael und ich, aber mit ihm ist das so ... einfach wie Feuerzeug und Benzin, weißt du?«

Er gluckste. »Kann ich mir lebhaft vorstellen.«

Ich lächelte schwach, ließ die Mundwinkel aber bald wieder sinken. Hob machtlos die Schultern, schüttelte den Kopf. »Dann ist es einfach passiert.« Ich hing den Ereignissen und allen anderen, zu denen sie geführt hatten, noch einen Moment nach, dann hob ich vorsichtig den Blick, um Sandro anzusehen. »Das war's. Das Schlimmste, was ich jemals getan habe. Ich hoffe, du hasst mich jetzt nicht.«

Sandro schnaubte belustigt, schüttelte den Kopf und sah noch einen Moment ins Leere. Dann lächelte er. »Danke, dass du mir das erzählt hast.«

Er lehnte sich vor, um eine meiner Strähnen aus meinem Gesicht zu streichen, und ich schloss die Augen, um die Berührung zu genießen – und das Gefühl festzuhalten, nur für den Fall, dass er jetzt Schluss machen würde.

»Ich hasse dich nicht, absolut nicht. Um ehrlich zu sein, habe ich mir etwas in der Richtung schon gedacht ... und war mir einigermaßen sicher nach dieser Party von Angelina.«

Vor Entsetzen klappte mir der Mund auf. »Was?!« Plötzlich saß ich aufrecht und steif wie ein Brett neben ihm. »Wie? Warum? Ich meine ... woher?«

Sandro lachte sanft über meine Fassungslosigkeit und streckte die Hand aus, um meinen Rücken zu streicheln. Meinen Nacken. Ich erschauderte unter dem wohligen Gefühl, konnte die Ohnmacht aber nicht abschütteln. Er hatte es die ganze Zeit gewusst?

»Es war nur ein Gefühl«, sagte Sandro jetzt, führte die Finger über meinen Hals und zog sanft an meiner Schulter, um mich an sich zu ziehen. Ich ließ es zu und bettete den Kopf in seine Halsbeuge. Er streichelte meine Haare. »Zuerst habe ich mich nur gefragt, was wohl passiert sein muss, damit jemand, der Augen und Grips im Kopf hat, mit einer Frau wie dir Schluss macht. Dann habe ich gesehen, wie Milias und du miteinander umgeht … und wie Raphael und du. Und zusammen ergab das irgendwie ein mögliches Bild aus Motiv, Täter, Opfer und Mordwaffe – und bevor du fragst, du bist definitiv die Waffe, nicht der Täter.«

Ich musste unfreiwillig über diesen Vergleich lachen, obwohl ich vor Schmerz und Scham weinen wollte. Er hatte dieses Jura-Zeug wirklich im Blut. Sandros Berührung an meinem Hals verstärkte sich.

»Aber weißt du was, das war mir egal. Das ist es immer noch. Du bist nicht das Ergebnis deiner Fehler, deswegen darfst du sie nicht über deine Zukunft bestimmen lassen.« Er sah mich an, lehnte sich vorsichtig zu mir. Ich spürte mein Herz klopfen, als sich seine Lippen den meinen näherten, während er raunte: »Wer weiß, vielleicht wärst du nicht die Vanessa, die du jetzt bist, wenn das damals nicht passiert wäre.« Einen Sekundenbruchteil dachte ich, dass ich tatsächlich eine völlig andere, vollkommen unsympathische und egoistische Person geblieben wäre. Dann waren seine Lippen so nah, dass sie die meinen streiften. »Aber ich liebe die Vanessa, die du jetzt bist. Ich liebe *dich*. Alles an dir.«

Er sah mir kurz in die Augen, dann wurde die sanfte Berührung unserer Lippen zu einem langen Kuss. Und mein Herz weinte vor Glück.

26 Die Wahrheit

❖

Sandro

»Ich liebe dich auch«, flüsterte Vanessa.

Ich hielt überrascht inne. Löste den Kuss, um ihr in die Augen zu sehen. Und erkannte, dass ich nur fünf Sekunden zuvor dasselbe gesagt hatte.

Ich hatte nicht vorgehabt, das so bald wieder zu jemandem zu sagen. Aber dann wiederum, ich hatte auch nicht vorgehabt, keine zwei Wochen nach dem Aus meiner letzten Beziehung eine neue anzufangen. Und doch fühlte sich beides so verdammt richtig an. Beides war die Wahrheit. Und es war mir völlig egal, dass wir erst vier Tage zusammen waren. Grinsend vergrub ich die Hand in ihrem Haar, um sie noch mal zu küssen.

Unsere Lippen verschmolzen erneut, und ich hätte kein Problem damit gehabt, die halbe Nacht hier neben ihr auf der Couch zu sitzen und einfach nur ihre weichen Lippen zu liebkosen. Vanessa erwiderte meinen endlosen Kuss, unendlich sanft zunächst, dann inniger. Und dann glitt sie rittlings auf meinen Schoß.

Ich küsste sie unwillkürlich heftiger, nahm auch die zweite Hand an ihr Gesicht und genoss, wie ihre Finger über meine Arme und Schultern strichen und dabei geradezu Löcher in mein T-Shirt brannten, bis sie es mir auszog. Ich genoss ihre Haut auf meiner, ihre kitzelnden Haarspitzen auf meinem Gesicht, und ihre leidenschaftliche Empfindsamkeit. Und vor allem genoss ich, dass sie klar signalisierte, was sie gerade wollte und brauchte.

Meistens jedenfalls.

»Du solltest deinen Dad anrufen«, sinnierte ich vierzig Minuten später, als ich auf dem Rücken lag und die akkuraten Winkel der Deckenbalken betrachtete, während ich Vanessas nackte Schulter streichelte.

Sie hob den Kopf von meiner Brust und sah mich verständnislos an. Ihre Haare waren ein herrliches Chaos. »Warum?«

»Weil du ihn vermisst. Und weil ich glaube, dass er dich auch vermisst.«

Schnaubend ließ sie den Kopf wieder sinken. »Wohl kaum.«

»Immerhin hat er dich zu seiner Hochzeit eingeladen«, argumentierte ich anhand der vorliegenden Beweislage, »und er hat sogar deine Mutter angerufen, um nachzufragen, ob du kommst. Obwohl ich wette, dass ihn das eine Menge Überwindung gekostet hat, immerhin hat er die letzten zwanzig Jahre versucht, von ihr loszukommen.«

Vanessa hob wieder den Kopf und kniff die Augen zusammen wie ein Erdmännchen im Verteidigungsmodus. »Du hast wirklich eine messerscharfe Kombinationsgabe, Sandro Stavaros!« Es klang fast wie ein Vorwurf, aber ich nahm es als Kompliment. »Und wieso weißt du eigentlich so viel über meine Eltern und ich so wenig über deine?«

Mein Glucksen hörte sich eher wie ein Krächzen an. »Weil es über meine Eltern nicht wirklich etwas zu erzählen gibt.«

Jetzt stützte sie das Kinn auf und sah mich so aufrichtig abwartend an, dass ich nicht anders konnte, als ihr auch von meiner Familie zu erzählen. Oder von dem, was man Familie nannte.

Meinen Vater hatte ich nicht gekannt. Meine Mutter hatte zwar immer gesagt, er sei bloß eine Urlaubsbekanntschaft aus dem damaligen Jugoslawien gewesen, aber als ich klein gewesen war, war ich felsenfest davon überzeugt gewesen, dass es mein Onkel Stephan sei. Weil er der Einzige war, der mir immer Spielzeug mitgebracht hatte und mit mir auf den Bolzplatz gegangen war. Er war es auch gewesen, der dafür gesorgt hatte, dass ich aufs Gymnasium ging.

Aber als ich älter geworden war, hatte ich nicht nur festgestellt, dass wir überhaupt keine Ähnlichkeiten hatten, sondern auch, dass er gar nicht mein leiblicher Onkel war. Und erst als ich noch älter wurde, hatte ich begriffen, dass er der Chef meiner Mutter war und sich gewissermaßen dafür verantwortlich fühlte, dass sie ihre Familie in Belarus zurückgelassen hatte, um ihm nach Deutschland zu folgen. Er war Hausarzt, hatte ein Austauschsemester in Minsk gemacht und nach dem Abschluss die Praxis übernommen, in der meine Mutter Arzthelferin gewesen war.

»Kannst du Bel…arisch?«, fragte Vanessa mit gekräuselter Nase.

Ich musste lachen. »Russisch«, korrigierte ich, schüttelte aber den Kopf. »Ich bin in Deutschland geboren. Zu Hause hat Mom immer nur Deutsch gesprochen, und ich kenne niemanden von dort.«

Ich hielt kurz inne, um mich an die Momente meiner Kindheit zu erinnern, die trotz allem irgendwie immer glücklich gewesen waren. Meine Mom und ich gegen den Rest der Welt.

Und dann kam Ralf.

»Oh nein …«, wisperte Vanessa, als sie das Schlimmste befürchtete.

Aber ich schüttelte den Kopf. Damals, mit fünfzehn, war dieser neue Kerl im Leben meiner Mutter das Schlimmste für mich gewesen. Heute wünschte ich, ich könnte all meine Scheißaktionen darauf schieben, dass ich eine Scheißkindheit gehabt hatte, aber das hatte ich nicht. Ralf und ich hatten uns nicht leiden können, aber er war okay gewesen. Meistens jedenfalls.

Dann war meine Mutter schwanger geworden, und dann war Selina gekommen.

»Du hast eine Schwester?« Vanessas Augen leuchteten auf, bloß um augenblicklich in Schatten zu versinken. »Warte mal, hast du nicht gesagt, du wärst Einzelkind …?«

Sie verstummte, als ich schwach lächelte. »Sie war noch ein Baby. Irgendwann kam ich nach Hause, Ralf lag mit Chips und Bier auf der Couch und …« Ich brach ab, zuckte hilflos mit den Schultern. »Sie lag einfach tot in ihrem Bettchen. Als Mom nach Hause gekommen ist, hat sie natürlich einen Nervenzusammenbruch gekriegt. Und Ralf hat einfach gar nichts gemacht.« Ich verschloss mich vor allem, was danach kam, und zuckte abermals mit den Schultern, bevor ich so nüchtern wie möglich endete: »Ich hab ihn angeschrien, er hat zurückgeschrien, wir haben gestritten und dann ... hat Mom mich rausgeworfen.«

Vanessa richtete sich abrupt auf und starrte mich entrüstet an. Mein Blick wanderte zu ihren nackten Brüsten, bis sie sich wieder neben mich legte. »Sie hat was? Mit fünfzehn? Das ist nicht dein Ernst! Das ... so was hätte ja nicht mal meine Mutter getan, und sie ist eine Psychopathin!«

Ich lachte leise. Über ihre Aufregung, die unfassbar süß und gleichzeitig sexy war, und über meine verkorkste Jugend. »War schon okay ... Ich kann sie verstehen«, versuchte ich meine Mutter in Schutz zu nehmen. »Außerdem war ich da schon sechzehn.«

»Das ändert natürlich alles!«, höhnte Vanessa. »Ich hoffe wenigstens, sie ist glücklich geworden mit diesem Ralf!«

Wieder lächelte ich leise. »Sie hat ihn ein paar Monate später verlassen, und ich bin verdammt froh darüber.«

Jetzt lebte sie wieder in Belarus. Sie war zurück zu ihrem Bruder gezogen, als ich mit dem Studium angefangen hatte. Schätze, sie dachte, ihr Sohn würde sie jetzt nicht mehr brauchen, um im Leben klarzukommen. Das stimmte auch, trotzdem vermisste ich sie manchmal.

Jetzt war Vanessas Blick so mitfühlend, dass ich das Bedürfnis hatte, sie zu trösten – zumal es bei mir nicht viel zu trösten gab. Es war besser so. Mama war glücklich, und das war die Hauptsache.

»Habt ihr noch Kontakt?«

Ich hob einen Mundwinkel. »Ja ... wir rufen uns zu unseren Geburtstagen, zu Weihnachten und zu Ostern an, und dann versprechen wir uns, dass wir uns bald treffen. Und dann ist doch wieder ein Jahr vorbei.« Ich starrte noch einen Moment ins Leere, während ich mich an den Klang ihrer Stimme erinnerte. Dann sah ich Vanessa in die Augen. »Und deswegen musst du deinen Vater anrufen.«

Sie erwiderte meinen Blick nachdenklich, dann reckte sie das Kinn und küsste mich sanft. »Du hast recht. Danke, dass du mir das erzählt hast. Das bedeutet mir viel.«

Ich lächelte und legte auch noch den anderen Arm um sie, als sie sich wieder eng an meine Brust kuschelte und ein Bein um meine Hüfte schlang.

Eine Weile lagen wir stumm da, jeder in seine Gedanken versunken. Dann fragte Vanessa: »Hast du eigentlich mal darüber nachgedacht, die Wohnung anders zu dekorieren?«

Ich unterdrückte das heftige Ziehen im Bauch. Das hier war Jamies Wohnung, und sie sah noch genauso aus wie an dem Tag, an dem ich hier eingezogen war. Bis auf die Küche, die hatten wir vor zwei Jahren nach einem Rohrbruch renovieren müssen. Instinktiv wehrte ich mich gegen jede Veränderung. Aber wenn ich jetzt Vanessas Blick über die kahlen Wände und spärlichen Möbel folgte und mir vorstellte, ich hätte nicht dieselbe emotionale Bindung zu dieser Wohnung …

»Du könntest das Holz mit gusseisernen Elementen, Metall und Fell kombinieren«, sprudelte sie plötzlich hervor und hob einen Arm, um auf den Raum zu deuten. Ich konnte mir nur schwer etwas unter ihren Ausführungen über Geometrie und Balance, skandinavischen und modernen Stil vorstellen, aber ich liebte die Begeisterung in ihrer Stimme, während sie die Wohnung allein durch ihre Worte mit Melodie und Leben füllte.

»Aber nur, wenn du das willst!«, beteuerte sie, aber ich hatte meine Entscheidung längst getroffen. »Ich verstehe total, wenn du –«

Ich brachte ihre Worte und alle Zweifel mit meinen Lippen zum Schweigen.

Vanessa

Die nächsten eineinhalb Wochen verbrachte ich begeistert auf Onlineshops, in Dekorationsläden und Bildbearbeitungsprogrammen, bis ich den perfekten Stil gefunden hatte, der die Wohnung aufpeppte, ohne ihr den Charme und ihre Seele zu nehmen.

Als das letzte Stück ankam, ein asymmetrisch geschnittenes Schweberegal aus Holz und Glas, vibrierte ich geradezu vor Freude, und während ich den erstaunlich schweren Karton den Flur entlangschob, stand Sandro kopfschüttelnd auf, um mir die Last abzunehmen und zu den übrigen Kartons zu schieben, gleich neben die bereitstehenden Wandfarbeimer in Beige und sehr hellem Mintgrün für den Flur, den ich mir zuerst vornehmen würde. Als Erstes würde ich die Holztürrahmen und Fußbodenleisten weiß streichen, damit der Flur nicht mehr so düster wirkte.

»Ehrlich, ich kann dir helfen! Sag mir nur, was ich tun soll«, bot er zum bestimmt zehnten Mal an, aber ich schob ihn weg.

»Nein, du musst Geld verdienen gehen!«

Heute war der Kampf im »CJ«, aber ich würde auf Sandros Wunsch hin nicht dabei sein. Weniger, weil ich nicht sehen sollte, wie er jemanden verprügelte, denn die Wettkämpfe im Kickboxen wurden nicht aggressiv bis zum K. o. gekämpft, wie man es aus dem Profiboxen im Fernsehen kannte, sondern im sogenannten Semikontakt. Ich hatte gelernt, dass dabei beide Kämpfer dicke Schutzpolster trugen und nach jedem Kontakt wieder auf Distanz gingen, denn hier drehte sich alles um Punkte durch saubere Technik und nicht um Gewalt. Letzte Woche hatte ich bei einem dieser Übungskämpfe zugesehen und musste ehrlich sagen, dass ich zwar nach wie vor Sandros Schnelligkeit, Präzision und Körperspannung liebte, aber die Kämpfe selbst beinahe langweilig fand. Nein, Sandro wollte nicht, dass ich dabei war, weil er sich dann weniger gut konzentrieren konnte, und das wollte ich nicht. Schließlich musste das »CJ« überleben, und dazu musste er gewinnen!

Also würde ich zu Hause bleiben und die Wohnung streichen.

»Geld verdienen?« Sandro lachte. »Damit du noch mehr Möbel kaufen kannst?«

»Hey!« Ich rempelte ihn spielerisch an, ließ aber zu, dass er den Stoß auffing und meine Hände festhielt. »Erstens sind das keine Möbel, sondern Wohnaccessoires. Zweitens habe ich die von *meinem* Geld bezahlt, das ich ohnehin diesen Monat für nichts Besseres ausgeben kann, weil du mich ja keine Miete zahlen lässt!«

»Weil du auch erst zweieinhalb Wochen hier wohnst«, erinnerte er mich glucksend und kam näher.

»Und drittens ...«

Ich verlor irgendwie den Faden, als er seine Finger mit meinen verschränkte und mich grinsend an sich zog, bis ich an seiner harten Brust lehnte.

»Drittens ...?«, half er mir auf die Sprünge, seine Lippen nur Millimeter vor meinen. Ich liebte es, wenn wir auf diese Weise miteinander sprachen.

»Hab ich vergessen ...«, gestand ich, bevor ich die kurze Distanz überwand und meine Lippen auf seine legte.

Sandro zu küssen war das beste Gefühl auf der Welt. Unsere Beziehung hatte sich quasi über Nacht von null auf hundert entwickelt, von schuldbewusster Scheu zur 24/7-Lebensgemeinschaft auf fünfzig Quadratmetern. Und ich genoss jede einzelne Minute. Mit jedem neuen Tag konnte ich Isabella besser verstehen, warum sie die Beziehung aufrechterhalten hatte, obwohl sie – das wiederum konnte ich keine Sekunde lang nachvollziehen – keine Gefühle mehr für ihn gehabt hatte. Denn es war unglaublich unkompliziert und wunderschön, mit Sandro zusammen zu sein. Jeder seiner Blicke gab mir das Gefühl, geliebt zu werden, und jede seiner Berührungen die Gewissheit, begehrt zu sein. Es gab keine Missverständnisse, die wir nicht sofort klären konnten, keinen Streit und keine Geheimnisse. Na ja, bis auf eines, das mich jeden Abend mit schwarzer Tinte in Haut gestochen anstarrte.

Aber das war okay. Ich hatte sieben Jahre gebraucht, um über den Fehler zu sprechen, der mich am meisten quälte. Es war okay, wenn er länger als ein Jahr brauchte, um über das zu sprechen, was er als seinen größten Fehler betrachtete. Aber wenn er so weit war, würde ich für ihn da sein. Denn er hatte es selbst gesagt: Wir machen alle Fehler. Und der Spruch im »CJ« hatte sich wie ein leuchtender Stern in meinem Kopf festgesetzt: Wichtig ist nur, dass wir jeden Tag ein besserer Mensch als gestern sind.

»Du musst los«, erinnerte ich Sandro, bevor ich mich in seinem Kuss verlieren konnte, und klopfte ihm sachte auf die Brust. »Pass auf dich auf, okay?«

Er versprach es grinsend. Und als er knapp drei Stunden später zurückkam, waren die Türrahmen schon weiß und die ersten mintgrünen Akzente bereits an der Wand.

Sandro blieb einen Moment sprachlos in der Wohnungstür stehen.

»Krass, wie hell es wirkt«, sagte er nach einer gefühlten Ewigkeit, in der ich mit klopfendem Herzen den Atem angehalten hatte.

Erleichtert stieg ich von der Leiter und legte den Pinsel weg, um ihn zu begrüßen. Erwartungsgemäß hatte er keinen Kratzer, und weil er wie immer im »CJ« geduscht hatte, sah er sogar noch besser aus als vor ein paar Stunden. Ich liebte es, wie dunkel seine Haarspitzen glänzten, wenn sie noch feucht waren, und ich war verrückt nach dem frisch-herben Duft seiner Haut, wenn das Duschgel gerade begann, sich mit seinem Parfum zu vermischen.

Sein Blick glitt über mich in meinem alten, bauchfrei verknoteten Shirt und den Nicki-Hotpants, und er schien ähnliche Gedanken zu haben, aber Sandro begnügte sich mit einem innigen Begrüßungskuss. Vorerst! Dann sah er sich wieder um und schüttelte abermals entrückt den Kopf.

»Wahnsinn! *Das* solltest du machen, Vany!«

Ich runzelte die Stirn, hing irgendwie immer noch bei Duschgel, Parfum und Nicki-Hotpants fest. »Wände streichen?«

»Innenarchitektur!«, widersprach Sandro. »Wenn ich allein sehe, wie deine Augen gerade leuchten und was du an einem halben Tag aus diesem Flur gemacht hast ...«

Vor Begeisterung krallte ich die Finger in sein T-Shirt. Das könnte ich tatsächlich machen! Wieso hatte ich noch nie darüber nachgedacht? Ich würde gleich morgen mal die Arbeitsmarktchancen checken. Aber das Studium würde ich trotzdem durchziehen. BWL konnte nie schaden, außerdem würde das meinen Dad glücklich machen. Apropos!

»Ich hab mit meinem Dad telefoniert!«, rief ich und sprang ihm gleich noch mal in die Arme. »Er hat endlich zurückgerufen, und wir haben fast eine halbe Stunde geredet! Und er hat dich zur Hochzeit eingeladen, bitte sag, dass du mitkommst, bitte, bitte!«

Sandro lachte leise, während er vorsichtig die Badtür öffnete, ohne den frisch gestrichenen Türrahmen zu berühren, und seine Tasche hineinwarf.

»Wenn es dich glücklich macht, gehe ich mit. Wann?«, fragte er jetzt und zog mich zurück in seine Arme.

»Nächsten Monat. Die Hochzeit ist am dreizehnten April, aber unsere Flüge gehen vom neunten bis zum sechzehnten. Wir können also eine ganze –«

Ich verstummte abrupt, als sich sein Körper versteifte. »Das geht nicht.«

»Ähm …« Ich schluckte, mahnte mein alarmiertes Herz aber zur Ruhe. Sandro seufzte tief und strich über meine Arme.

»Sorry. Ich meinte, ich kann am sechzehnten April nicht. Können wir den Flug irgendwie einen Tag vorverlegen oder so? Oder zwei?«

Der Druck seiner Finger auf meiner Haut verstärkte sich, als sie meine Schultern erklommen hatten und mein Schlüsselbein erreichten, meinen Hals liebkosten. Ich legte den Kopf in den Nacken und genoss das Gefühl, während sich mein Herz wieder beruhigte, weil er nicht die Hochzeit als Ganzes abgesagt hatte.

»Ich frag mal, das geht bestimmt! Hast du wieder einen Kampf?«

Statt einer Antwort hob er einen Mundwinkel und sah mich mit diesem tiefen Blick an, der meine Haut augenblicklich prickeln ließ. »Habe ich dir eigentlich schon gesagt, wie sexy du aussiehst, wenn du die Wohnung streichst?«

Seine Hände wanderten zurück zu meiner nackten Taille und schoben sich unter den Saum meines verknoteten T-Shirts, und ich legte automatisch die Arme um seinen Hals, um seinen tiefen Blick zu erwidern. »Lenkst du gerade vom Thema ab?«, fragte ich mit wissendem Lächeln.

Sein Halblächeln wuchs jetzt zu einem breiten Grinsen, während er seine Hände höherschob. »Möglicherweise. Ist die Wand hier schon gestrichen?«

Probehalber legte er die Linke flach auf den Putz, während ich bereits verneinte. »Aber das heißt nicht, dass du mir ausweichen –«

»Gut ...«

Damit drückte er mich so plötzlich gegen die Wand, dass ein Dutzend Sterne in meinem Unterleib explodierte, und küsste mich leidenschaftlich. Entgegen meinen Vorsätzen gab ich nach und schlang ein Bein um seine Hüfte. Seine Lippen lächelten unter meinen, während er mein angewinkeltes Bein festhielt und die Linie meines Oberschenkels bis zu meinem Po nachzeichnete. Ich stöhnte leicht und vergrub die Finger in seinem Haar. Dann bog ich seinen Kopf leicht nach hinten, um ihm tief in die Augen zu sehen.

»Na schön, Casanova, du hast gewonnen. Aber du wirst mir danach immer noch eine Erklärung schulden.« Als er grinste, verstärkte ich kichernd den Druck meiner Finger. »Sonst muss ich dir wehtun.«

Er erwiderte meinen Blick mit demselben Verlangen, sein Haar immer noch in meinem Griff, mein Körper immer noch in seinen Händen. »Nur zu«, forderte er mich dicht vor meinen Lippen heraus und drückte sich härter gegen mich, bis mein Unterleib heftig zog. »Schmerzen zeigen uns, dass wir noch leben.«

Und damit küsste er mich ungezügelt. Seine Hände strichen über meine Seiten, fanden die Rundungen meiner Brüste und umfassten sie, ließen mich in unseren Kuss hineinstöhnen und ihn danach umso heftiger küssen. Ich hörte auch ihn schwer atmen und ließ meine Finger zum Saum seiner Jeans wandern, während er mein Bein höher hob. Ich öffnete seinen Reißverschluss und –

Hörte, wie die Wohnungstür aufging.

27 Schmerzen zeigen uns, dass wir noch leben

Vanessa

Olivia starrte uns genauso fassungslos an wie wir sie.

Sie fand ihre Stimme als Erste wieder, aber alles, was sie sagte, war: »Euer beschissener Ernst ...«

Frage, Aussage, Vorwurf? Ich wusste es nicht.

Sandro ließ mein Bein los, ohne die Arme von meiner Taille zu nehmen. »Liv ...«

Aber sie hob ruckartig die Hände, um jedes weitere Wort abzuwehren. Abermals fielen mir ihr makelloser Porzellanteint und ihr perfekt geschwungener Lidstrich auf. Dann sah ich, dass sie geweint hatte, obwohl ihr versteinerter Gesichtsausdruck nichts davon preisgab. Ich erkannte es bloß an dem gräulichen Schleier unter ihren Augen, den nur halb zerlaufene Wimperntusche erschaffen kann.

»Lasst euch bloß nicht aufhalten, ich hab Kopfhö–« Sie verstummte schlagartig, als ihr Blick auf die weißen Türrahmen fiel. Dann verwandelte sich ihre gleichgültige Kälte in loderndes Feuer. »Spinnst du?! Du renovierst Jamies Wohnung? Wie lang wohnt sie hier, zwei Wochen?! Und was, nächste Woche heiratet ihr dann?«

»Liv«, wiederholte Sandro, während mein Körper zu Eiskristallen erstarrt war und meine Seele irgendwo zwischen Fegefeuer und Nirwana festhing. Aber Olivia schüttelte bloß unablässig den Kopf und rempelte uns in voller Absicht an, als sie sich in dem schmalen Flur an uns vorbeidrängte. Dann verschwand sie in dem Zimmer, das ich in fast drei Wochen noch nie betreten hatte, und schlug die Tür hinter sich zu.

Jetzt war es also offiziell: Sandro hatte sich diese Wohnung mit Jamie geteilt.

Betreten löste ich die Arme von seinem Hals und zupfte den über die Schulter gerutschten Kragen meines T-Shirts wieder zurecht. Einige quälend lange Sekunden schwiegen wir uns an, bis aus Olivias – Jamies – Zimmer wütend-schmerzliche Musik in voller Lautstärke dröhnte, von einer Band, die ich nicht kannte.

Dann setzte sich Sandro endlich in Bewegung wie ferngesteuert, füllte ein Glas Wasser am Hahn auf und ließ sich auf den erstbesten Küchenstuhl fallen wie ein Zombie. Seine durcheinandergebrachten Haare standen hinreißend in alle Richtungen ab, aber sein Blick war so unendlich leer, seine Gedanken so endlos weit weg, dass ich mich auf den anderen Stuhl setzte und behutsam eine Hand ausstreckte.

Ich hatte so viele Fragen, wollte so dringend alles über Jamie wissen, aber ich brachte es nicht fertig, ihn jetzt auf sie anzusprechen. Stattdessen umschloss ich seine Hand fest mit meiner und sagte leise: »Egal, was passiert ist ... Es ist nicht deine Schuld.«

Das hatte Marc gesagt, und ich glaubte fest daran.

Aber als Sandro den Blick hob und ich den desillusionierten Ausdruck in seinen Augen sah, setzte mein Herz einen Schlag lang aus. Und als er sich dann meiner Hand entzog, musste ich es verzweifelt festhalten, damit es nicht entzweibrach.

»Ich habe dir gesagt, ich bin kein netter Junge.«

Ich rang noch einen Moment mit meinen Gefühlen, als ich in seine leeren Augen sah. Dann schüttelte ich entschlossen den Kopf und griff abermals nach seiner Hand. »Es ist mir egal, ob du kein netter Junge bist – oder *warst*. Aber der Sandro, der vor mir sitzt, ist der beste *Mann*, den ich kenne.«

Und das war mein Ernst.

Ich sah dabei zu, wie in schneller Abfolge Überraschung, Schmerz und Liebe über sein Gesicht zuckten, bis sein Blick flackerte und meinem auswich. Aber seine Finger erwiderten den Druck von meinen, und das war alles, was zählte.

»Ich habe dir nicht die ganze Wahrheit gesagt ... was Ralf anging.«

Ich blinzelte nicht, ließ seine Hand nicht los, wappnete mich aber innerlich für das Schlimmste, als ich seine zuckenden Kiefermuskeln sah. Sein Blick war hart und seine Gedanken meilenweit weg bei seinem Stiefvater, als er abfällig den Kopf schüttelte.

»Der Tag, an dem Selina gestorben ist«, nahm er die Geschichte von vorletzter Woche wieder auf, schüttelte abermals den Kopf, als wehrte sich sein Körper dagegen. »Der Arzt hat gesagt, das kann passieren. *Plötzlicher Kindstod*, eine der häufigsten Todesursachen bei Säuglingen. Heute weiß ich das, und ich weiß, wie unfair ich war. Aber damals hab ich das einfach nicht geglaubt. Damals dachte ich nur ... Ralf war da! Er hätte es hören müssen, er hätte es sehen müssen! Er hätte sie nie allein in ihrem Zimmer lassen dürfen. Sie war sechs Monate alt!«

Der brennende Zorn in seinen Augen war so fremd, so angsteinflößend, dass ich unwillkürlich den Atem anhielt. Aber ich ließ seine Hand nicht los, hielt seine rastlosen Finger immer noch fest umschlossen. Und Sandro schüttelte immer noch den Kopf.

»Als Mom zusammengebrochen ist, bin ich irgendwie ... mit ihr zusammen den Bach runtergegangen. Ich war immer noch gut in der Schule und hab nie Drogen genommen und so 'n Scheiß. Aber da hab ich aufgehört, jeden Abend nach Hause zu kommen ... und angefangen, mich sinnlos zu betrinken, irgendwelche Schlägereien vom Zaun zu brechen und jede zweite Nacht in 'nem anderen Bett zu verbringen. Ich weiß, es ist bescheuert, aber ich hab mich nur noch dann wirklich lebendig gefühlt, wenn ich vor Schmerz oder Kater kaum noch stehen konnte. Ich habe keine Ahnung, wie ich das Schuljahr überhaupt geschafft habe.« Er schnaubte kopfschüttelnd und ich lächelte matt, weil trotz seelischer Schmerzen das Schuljahr zu beenden etwas war, das ich nicht geschafft hatte.

Ich musste an seine Worte von vorhin denken: dass uns Schmerzen zeigten, dass wir noch lebten. Ich hätte nicht gedacht, dass er sie so wörtlich gemeint hatte. Mitfühlend drückte ich erneut seine Hand und lächelte, als seine Finger den Druck leicht erwiderten. Aber Sandro war immer noch gefangen im dichten Nebel seiner Vergangenheit, und schob den Unterkiefer vor.

»Irgendwann, als ich nachmittags wieder mal zu Hause war, haben die beiden gestritten. Nichts Ernstes, bloß ... der Fernseher, das Wetter, was weiß ich. Ich bin dazwischen, als Mom angefangen hat ihn anzuschreien. Dann hat er auch geschrien, dann ich, dann wir alle. Ich glaube, ich war derjenige, der Selina ins Spiel gebracht hat. Da ist er ausgerastet und hat angefangen, mich zu beleidigen. Hätte mich nicht weniger interessieren können.« Sandros Stimme war so emotionslos geworden, dass es mir beinahe körperlich wehtat. »Dann hat er auch Mom beleidigt. Und da bin ich auf ihn losgegangen.«

Erst jetzt fanden seine Augen zurück in die Gegenwart, zurück zu mir, und ich erwiderte seinen Blick voll mitfühlender Entschlossenheit, hielt ihn unbeirrt fest, bis Sandro schmerzlich die Mundwinkel hob, um so etwas wie ein Lächeln zustande zu bringen. Dann hob er die Schultern und ließ sich zurücksinken. Ich stand auf und setzte mich vorsichtig seitlich auf seinen Schoß, um ihm zu zeigen, dass ich da war. Dass ich nicht gehen würde.

Er ließ es zu, schloss die Arme um mich und schmiegte das Kinn gegen meine Schulter, um weiterhin ins Leere zu starren. Ich strich behutsam durch seine Haare, ließ ihm alle Zeit, die er brauchte.

»Ich habe ihm zwei Rippen gebrochen und fast die Schulter ausgekugelt«, gestand er schließlich, und erklärte damit zwar die Beweggründe seiner Mutter, rechtfertigte aber in keinster Weise, dass sie ihren eigenen Sohn rausgeworfen hatte. Sandro zuckte bloß mit den Schultern.

»Ich hätte mich an ihrer Stelle auch für den Geldverdiener entschieden. Außerdem dachte sie, sie könnte ihn damit dazu bringen, die Strafanzeige zurückzuziehen.«

Oh nein ... Ralf hatte ihn angezeigt? Mit sechzehn?! Ich erinnerte mich daran, wie Sandro mir gesagt hatte, dass er nicht Polizist hatte werden können, weil er Vorstrafen hatte. »Konnte sie aber nicht ...«, schlussfolgerte ich matt.

Sandro schüttelte bestätigend den Kopf, seufzte dann und positionierte mich geringfügig anders, um beide Beine gleichmäßiger zu belasten. Seine Finger fanden meine und verschränkten sich mit ihnen. »Ich bin in so ein beschissenes Programm vom Jugendamt gekommen, das irgend so ein junger Polizist ins Leben gerufen hatte, der dachte, er könnte die Welt verbessern.«

Er schnaubte belustigt, und ich lächelte mit ihm, erleichtert darüber, dass der Sandro zurück war, den ich kannte. Dann nahm ich seine veränderte Körperhaltung wahr, den weichen Ausdruck in seinen Augen und das nachsichtige Zucken seiner Mundwinkel.

Und plötzlich fielen alle Puzzlestücke an ihren Platz.

Das Schild vom Jugendamt neben einem Club, der »CJ« hieß und von einer bruderlosen Frau namens Charlie geleitet wurde. Die Bilder von Ryan Gosling, der respektvolle Klang in Marcs Stimme – sogar Olivias allererste Reaktion auf den Namen, damals auf dieser Hinterhof-Party.

Ich bemerkte, dass ich den Atem angehalten hatte.

»Jamie ist keine Frau.«

28 Jamie

Sandro

Ich lachte leise.

»Nein, Jamie ist keine Frau.«

Ich hob den Blick und sah Vanessa an. Vanessa, die immer noch hier war, sogar auf meinem Schoß saß, immer noch meine Hand hielt, obwohl ich ihr all den Scheiß erzählt hatte. Ich hatte eine Frau wie sie nicht verdient. Aber sie verdiente die Wahrheit.

»Jamie war mein bester Freund«, sagte ich zum ersten Mal seit fast einem Jahr.

Nicht von Anfang an, weil ich es ihm so verdammt schwer gemacht hatte. Ich hatte keine Angst vor ihm gehabt, bloß weil er drei Jahre älter, einen Kopf größer und Kickboxer gewesen war. Ich hatte auch keinen Respekt vor ihm gehabt, bloß weil er eine Polizeimarke trug oder einen scheiß Trainerschein hatte. Himmel, als er mich das erste Mal vom Gehen hatte abhalten wollen, hatten wir uns sogar richtig geprügelt und ich hatte ihm eine Gehirnerschütterung verpasst! Wieder musste ich hilflos lachen, obwohl meine Kehle mittlerweile so eng war, dass ich kaum noch atmen konnte.

»Ich hab ihm die verdammte Nase gebrochen! Und er hat mich trotzdem nicht aufgegeben …« Ich fuhr mir mit der Hand übers Gesicht und schüttelte wieder den Kopf, weil ich es immer noch nicht glauben konnte. »Jamie hat mir alles beigebracht, was ich weiß. Alles, was ich *bin*. Er war der Vater, den ich nie hatte, und der Bruder, der ich hätte sein sollen. Der beste Freund – der beste *Mensch*, den ich je gekannt hatte.«

Mein Blick sank ins Leere.

»Und ich habe ihn umgebracht.«

Der Klang der ausgesprochen in der Luft hängenden Worte verursachte mir eine Gänsehaut, obwohl sie seit einem Jahr unablässig über meinem Kopf schwebten wie ein rachsüchtiges Damoklesschwert. Ich war so in den Schatten meiner eigenen Schuld gefangen, dass ich zusammenzuckte, als ich eine kühle Berührung auf den Wangen spürte. Vanessa umfasste mein Gesicht, sah mich mit diesen unfassbar schönen Augen so unendlich liebevoll an.

Ich wollte sie küssen. Aber vielleicht wollte ich auch einfach nur die Schatten abschütteln und den Schmerz vergessen, und deswegen tat ich es nicht, sondern zog lediglich die Arme enger um ihren warmen Körper, um mir selbst Halt zu geben. Sie hielt meinen Blick fest.

»Marc hat gesagt, es war ein Unfall. Und ich glaube fest daran!«, sagte sie mit Nachdruck.

Ich schaffte es nicht einmal, einen Laut zu bilden. Wie oft hatte ich das schon gehört, wie oft hatte ich verzweifelt daran glauben wollen? Ich schüttelte den Kopf, aber Vanessa hielt ihn erneut fest und sah mich eindringlich an. Jetzt schnaubte ich schwach. »Mag sein … aber Fakt ist, wäre ich nicht –«

Ich hielt inne, um zu lauschen. Ich hörte: nichts. Die Musik war aus.

Und zwei Sekunden später öffnete sich Jamies Tür.

Vanessa und ich hörten atemlos zu, wie Olivia ins Bad ging, sich die Nase putzte und eine Minute später in die Küche kam. Sie sah nicht aus, als hätte sie geweint. Das sah sie nie. Olivia gehörte zu den Menschen, die sich nie ihre Gefühle anmerken ließen, und deswegen kam ich auch nicht an sie heran. Das hatte nur Jamie geschafft.

Ich hielt Vanessa fest und streichelte ihren Rücken, um ihr zu zeigen, dass es nicht ihre Schuld war, dass Liv nicht mit ihr sprach. So war sie einfach, schon immer gewesen. Vom Leben auf die schiefe Bahn geworfen, genau wie jeder von uns, die wir in Charlies und Jamies Auffanglager gelandet waren. Doch anders als bei mir hatte Jamie für sie nicht lange genug da sein können, um ihr den Glauben an das Gute im Menschen zurückzugeben.

Wir sahen also stumm dabei zu, wie Olivia wortlos den Kühlschrank öffnete – und jetzt doch etwas sagte.

»Was ist denn hier passiert …?!«

Damit meinte sie wohl die ganzen Milch- und Fleischersatzprodukte, die bei ihrem letzten Besuch noch nicht drin gewesen waren. Letztlich zog sie eine Packung Traubensaft hervor.

»Trinkt ihr den noch?«

Ich schüttelte den Kopf. »Kannst du haben.«

Sie schloss die Kühlschranktür wieder und lehnte sich gegen die Anrichte. Eine halbe Minute lang schwiegen wir drei.

Dann war es ausgerechnet Vanessa, die das Eis brach und unbeschwert lächelnd wie die Morgensonne fragte: »Tja, wollen wir einen Film gucken, oder so?«

Vanessa

Am nächsten Morgen wurde ich von klapperndem Geschirr geweckt, obwohl Sandros Arme mich noch wohlig warm umschlungen hielten. Schlaftrunken drehte ich den Kopf an seiner Brust und spürte, wie auch er sich regte. Noch bevor ich ganz wach war, fanden meine Lippen beinahe automatisch zu seinem Hals, sogen seinen warmen Duft ein und füllten mein Herz bis zum Rand mit Glück. Ich liebte den morgendlichen Geruch seiner Haut, die Reste seines Parfums, gemischt mit dem ganz eigenen Duft seines warmen Körpers.

»Was ist das?«, fragte ich, als noch mehr Geschirr klapperte.

Sandro rieb sich verschlafen über das Gesicht. »Liv backt Kuchen.«

»Was?« Jetzt richtete ich mich amüsiert auf, um an ihm vorbei auf die Uhr zu sehen. »Um halb neun?«

»Sie war schon immer eine Frühaufsteherin.« Sein Arm bewegte sich und seine Finger begannen über meinen Rücken zu streicheln. Ich genoss den wohligen Schauer, unterdrückte jedoch jedes Stöhnen oder Seufzen. »Aber das ist ein gutes Zeichen. Sie backt eher, wenn sie glücklich ist«, sagte Sandro jetzt. Seine Augen wanderten zu mir, seine Finger hielten inne. »Das ist dein Verdienst.«

Ich lächelte, gleichzeitig stolz, glücklich und schüchtern. »Dabei hab ich doch gar nichts gemacht.«

»Du warst da«, antwortete er und begann wieder meinen Rücken zu streicheln. »Du warst einfach nur da und hast sie nicht verurteilt. Genau wie bei mir. Es gibt nicht viele Leute, die das können. Und egal, was passiert, das werde ich nie vergessen.«

Seine Augen fanden zurück zu mir, und sein warmes Lächeln ließ meine Brust vor Glück anschwellen. Ich rutschte näher an ihn heran und reckte das Kinn, um meine Lippen auf seine zu legen. Er zog mich höher und als er in mein Haar fasste, um meinen Kuss zu erwidern, war ich für einen Moment versucht, über seine nackte Brust zu streichen und da weiterzumachen, wo wir gestern Abend im Flur unterbrochen worden waren. Aber das konnte ich Olivia nicht antun.

Stattdessen löste ich meine Lippen von seinen und schmiegte den Kopf in seine Halsbeuge, lauschte seinem regelmäßigen Herzschlag und dachte über all das nach, was er mir gestern anvertraut hatte.

Jamie war sein bester Freund gewesen, nicht seine Ex-Freundin. Und nach allem, was er erzählt hatte und wie seine Augen dabei geleuchtet hatten, hätte ich ihn so unglaublich gerne kennengelernt und spürte Sandros Verlust beinahe körperlich, als wäre es mein eigener.

»Sie war mit ihm zusammen, oder?«, fragte ich leise.

Sandro nickte langsam, begann wieder meine Haut zu streicheln. »Ihr ging es schon vorher ziemlich mies, aber seit er ... tot ist ...«, seine Finger hielten kurz inne, bis er wieder atmen konnte, »sie redet nicht darüber, aber ich glaube, sie hat echte Probleme.« Ich verzog mitfühlend das Gesicht. Wenn sie ihn nur halb so viel geliebt hatte wie Sandro, dann musste sie schrecklich leiden. Und während ich noch vor Mitleid zerfloss, brach eine Art verzweifelter Damm in ihm: »Ich komme nur nicht an sie ran! Nicht so wie Jamie. Und ich glaube nicht, dass sie jemals richtige Freunde hatte ... Mit Charlie konnte sie nie so wirklich, vermutlich, weil die beiden sich zu ähnlich sind. Oder weil Zwillingsschwestern grundsätzlich skeptisch gegenüber anderen Frauen im Leben ihrer Brüder sind, keine Ahnung.« Ich blinzelte, als ich die Information verarbeitete, dass Jamie und Charlie Zwillinge gewesen waren. Und plötzlich erweiterte sich mein Mitleid auch auf die toughe Clubbesitzerin, die buchstäblich ihre andere Hälfte verloren hatte, und jetzt hatte auch ich das Gefühl zu ersticken.

Wie konnte Sandro überhaupt atmen? Leben? Weitermachen?

»Das tut mir alles so unendlich leid«, machte ich meinen Gefühlen Platz, aber es half nicht einmal annähernd. Weder Sandro noch mir.

Er lächelte schmerzlich und drückte einen langen Kuss auf meinen Scheitel, bis ich die Arme fest um ihn schlang.

Blutsverwandt oder nicht, Olivia war für ihn die kleine Schwester, die er als Teenager nicht hatte retten können. Und allein deswegen würde ich ihr eine Freundin sein, so gut ich konnte. Falls sie mich an sich ranlassen würde.

Der Kuchen war gerade fertig und roch himmlisch, als wir zehn Minuten später in die Küche kamen. Zu schade, dass ich ihn vermutlich nicht würde essen können. Ich überlegte schon, wie ich Olivia sanft beibringen konnte, dass ich die Hauptzutaten von Kuchen, nämlich Eier, Milch und Butter, nicht aß, als sie bereits verkündete:

»Guck nicht so, der ist vegan. Ich bin ja nicht blind, ich hab die Ersatzprodukte auch gesehen. Außerdem hatte ich so endlich mal einen Grund, diesen Kokos-Möhren-Kuchen zu backen. Das Stück hat übrigens hundertfünfzig Gramm, und hier sind die Kalorien«, teilte sie Sandro nahtlos mit und drehte ihr Handydisplay zu ihm, damit er die Nährwerte einsehen konnte.

Ich musste lachen. »Das heißt wohl so viel wie: Iss den Kuchen und keine Widerrede!«, kicherte ich und sah ihm amüsiert zu, wie er schockiert auf das Display starrte.

»Okay, das mit dem Kokos lassen wir in Zukunft besser wieder. Zu viel Fett.«

»Sag das deiner neuen veganen Freundin«, hielt sie dagegen.

Sandro schüttelte den Kopf und warf mir einen entschuldigenden Blick zu, aber ich bedeutete ihm, dass ich mich nicht angegriffen fühlte. Im Gegenteil: Irgendwie war Livs trockene Ehrlichkeit erfrischend. Dann nahm Sandro seine Gabel zur Hand und ich tat es ihm gleich, als Olivia auch einen Teller vor mir abstellte und sich weiter um den Abwasch kümmerte.

»Räum doch einfach alles in die Spülmaschine«, sagte Sandro, aber sie grummelte bloß irgendwas mit »Keramik« und »Silikon«.

»Warte, isst du keinen Kuchen?«, fiel mir plötzlich auf.

»Ich hasse Kokos«, war ihre Antwort. Sie aß ihren eigenen Kuchen nicht?! Warum buk sie dann überhaupt? Ich wechselte einen irritierten Blick mit Sandro, der bloß resignierend die Schultern hob, sich ein Stück Kuchen in den Mund schob – und das Gesicht verzog.

»Ich glaube, ich hasse Kokos auch«, fiel ihm auf.

Jetzt musste ich auch probieren. Süß, saftig, ein bisschen fettig, aber das war normal – und unfassbar fluffig!

»Also, ich weiß nicht, was ihr habt!«, rief ich begeistert und schob mir gleich noch eine Gabel in den Mund. »Der ist super!«

Olivia sah mich mit zusammengekniffenen Augen an, als wollte sie herausfinden, ob ich sie verarschte, aber als sie erkannte, dass ich es ernst meinte, grinste sie. »Okay, vielleicht darfst du sie doch behalten«, gönnte sie mich Sandro. Dann ließ sie die Schultern hängen und verschränkte die Arme vor der üppigen Oberweite, schien mit sich zu ringen.

»Wegen gestern Abend …«, fing sie an, kaute ein wenig auf ihrer gepiercten Unterlippe herum und machte dann eine wegwerfende Geste. »War nicht so gemeint, okay? Der Flur sieht toll aus.«

Jetzt war ich diejenige, die in mich zusammensank und den halb gegessenen Kuchen von mir schob. »Nein, schon okay …«

Sie hatte recht! Sandro und ich waren viel zu kurz zusammen, um schon von null auf hundert zu gehen! Um »Ich liebe dich« zu sagen, zusammenzuwohnen und gemeinsam die Wohnung zu renovieren. Das *war* überstürzt, und seit gestern hatte ich wirklich Zweifel, ob dieser Schnellstart auf Dauer für unsere Beziehung gesund sein konnte oder irgendwann einfach verpuffen würde wie Cinderellas Zauberspruch. Ich wollte nicht, dass unsere Beziehung ein Verfallsdatum hatte.

»Ich überlege, ob ich nicht vielleicht wieder ausziehen sollte«, gestand ich.

Beide starrten mich fassungslos an. »Was?«, fragte Olivia. »Warum?«, fragte Sandro.

»Ich hab das Gefühl, es ist ... nicht normal«, versuchte ich die richtigen Worte zu finden, und wich beiden Blicken aus.

Sandro wog meine Worte ab und musterte mich nachdenklich, während Olivia wie immer keinen Hehl aus ihrer spontanen Meinung machte: »Bullshit!«

Ich musste lachen und sah auch Sandros Mundwinkel zucken.

»Wenn wir alle nur tun würden, was andere für ›normal‹ halten ...« Olivia setzte das Wort mit den Fingern in Anführungszeichen, beendete den Satz aber nicht und sagte stattdessen offen: »Ich bin vielleicht nicht das Paradebeispiel, aber *ich* wäre sofort am ersten Tag zu meinem Freund gezogen, wenn das Jugendamt mich gelassen hätte – oder sein eifersüchtiger Mitbewohner«, ergänzte sie in Sandros Richtung und schnitt ihm eine Grimasse, als sie seinen abwesenden Gesichtsausdruck sah. Er las reglos eine Nachricht auf seinem Handy, ohne zu blinzeln.

»Alles okay?«, fragte ich sofort.

Er nickte geistesabwesend, schloss den Chat, ohne zu antworten, und sah mich offen an. »Isabella hat geschrieben.«

Mein Körper machte einen Ruck nach vorne, als mich eine schreckliche Mischung aus schlechtem Gewissen, Sorge und Sehnsucht überfiel. »Geht's ihr gut?«

Reflexartig zog ich mein eigenes Handy heran, in der albernen Annahme, dass sie auch mir geschrieben haben könnte. Und das hatte sie tatsächlich! Genauso wie Valeria, meine Mutter, und eine ausländische Nummer mit spanischer Vorwahl, die ich nicht kannte. Ich überflog die Nachrichten:

> Valeria: Hey Süße! Übernächste Woche haben wir Geburtstag, sollen wir ...

> Mama: Hab die Kleider zurückgegeben und dir Geld überwiesen. Kauf dir ...

> +34 Unbekannt: Hallo Vanessa, hier ist Rosalie, ich bin die Tochter von ...

Und öffnete den Chat von Isabella:

> Isabella <3: heute ist der 30. denkst du bitte an die miete?

Aus der Fülle aller verfügbaren Emojis benutzte sie ausgerechnet diesen emotionslosen Smiley mit den leblos starrenden Augen, der einfach nur lächelte. Der, bei dem man nie wusste, ob er nicht gerade plante, einen umzubringen.

Mir wurde heiß, während ich im Kopf meine Finanzen überschlug, und ich hörte nur halb hin, als Olivia verständnislos fragte: »Warum schreibt sie dir denn, ich dachte, ihr seid nicht mehr ...« Aber als sie innehielt und die Arme vor der Brust verschränkte, wie um sich selbst Halt zu geben, löste ich meine Augen von der Nachricht. »Oh, warte ... Heute vor einem Jahr seid ihr zusammengekommen, oder?«

Ich erstarrte, während Sandro langsam nickte. Sein Blick war genauso weit weg wie seine Gedanken, und der Anblick schmerzte so sehr, dass ich mich zum Atmen zwingen musste.

Olivia lächelte, obwohl sie aussah, als würde sie gleich weinen. »Ich hab gestern noch daran gedacht. Das war einen Tag, bevor–«

»Ich weiß«, sagte Sandro knapp. Starrte noch einen Moment ins Leere und kehrte dann in die Gegenwart zurück. Er stand auf und füllte sich aus Gewohnheit ein Glas am Wasserhahn. Und hätte er auf dem Weg dahin nicht über meine Schulter gestreichelt, wäre ich vermutlich in Tränen ausgebrochen. Stattdessen saß ich einfach nur da, starrte auf Isabellas Nachricht und die anderen drei ungelesenen, und wusste nicht, was ich tun sollte.

»Auf jeden Fall wirst du ihr nicht das Geld überweisen!«, erklärte Sandro, als ich ebenfalls von der Nachricht erzählte.

»Aber ich habe gar nicht gekündigt, streng genommen läuft der Mietvertrag noch weiter!«

»Streng genommen ist der Mietvertrag unwirksam«, konterte Sandro kühl. »Und nein«, ergänzte er, als er meinen aufkeimenden Widerspruch sah, »egal, ob du zugestimmt hast oder nicht, sie hat dich übervorteilt, und das ist sittenwidrig.«

Ich hob die Hände und gab mich geschlagen. Es hatte keinen Sinn, mit Sandro über Rechtsangelegenheiten zu diskutieren. Bevor ich jedoch antworten konnte, schaltete sich Olivia wieder ein, die jetzt doch ein Stück Kokoskuchen auf einen Teller lud und inspizierte, bevor sie mit einer Gabel hineinstach.

»Krass, wenn man dich so reden hört, fragt man sich, wieso du überhaupt fast ein Jahr mit der Frau zusammen warst. Liebe klingt anders ...«

Sie schob die Gabel in den Mund, kaute kritisch und schien ihre Kreation trotz allem nicht allzu übel zu finden. Sandro nahm seinen Blick von mir, um Olivia anzusehen, die mir insgeheim aus tiefster Seele sprach, aber im Gegensatz zu mir den Mut hatte, ihre Gedanken offen auszusprechen.

»Es ist ein großer Unterschied zwischen ›eine Beziehung mit jemandem führen‹ und ›automatisch alles gutheißen, was der andere tut‹ – und das weißt du auch. *Nicht wahr?!*«, bohrte er eindringlich und nickte auf das bunte Tattoo, dessen Ansatz unter ihrem Tanktop hervorlugte. »Das ist ein neues, oder?«

Jetzt schob sie den Teller zurück auf die Anrichte und warf die Arme in die Luft. »Ich weiß nicht, was ihr alle habt! Ist ja nicht so, als hätten er und Charlie keine Tattoos gehabt!«

»Ja, aber im Gegensatz zu dir haben die zwei dafür keine Unterschriften gefälscht, als sie noch minderjährig waren. Und du weißt ganz genau, was er dazu gesagt hätte.«

»Tja, ich schätze, das werden wir nie erfahren, was?!«, fauchte sie mit einem so hysterischen Unterton, dass ich aufstand und dazwischenging.

»Leute ...! Weder Isabella noch ein Tattoo sind es wert, dass ihr euch darüber streitet.«

Olivia durchbohrte mich mit einem Blick, der mehr als deutlich signalisierte, dass sie selbst darüber entscheiden wollte, was ihr einen Streit wert war. Aber Sandro seufzte geschlagen.

»Vany hat recht, das ist es nicht wert.«

»Vany hat ziemlich oft recht in Fragen, was wie viel wert ist«, nutzte ich die Gelegenheit, um unser vorheriges Thema noch mal aufzugreifen, »Und Frieden mit Isabella ist mir durchaus fünfhundert Euro wert.«

»Fünfhundert Euro?!«, echote Olivia, während Sandro vehement den Kopf schüttelte.

»Wenn du das machst, stelle ich einen gerichtlichen Antrag auf Unzurechnungsfähigkeit!«, behauptete er. Er meinte es im Scherz, aber ich riss trotzdem empört den Mund auf und stieß ihn sogar an, bis er kurz das Gleichgewicht verlor.

»Ach ja? Und was soll ich deiner Meinung nach sonst tun, Herr Rechtsanwalt?«

Er grinste, als ich ihn so anredete, und verschränkte höchst selbstgefällig die Arme vor der Brust. Ich hatte seine Arme viel zu lang nicht mehr ausgiebig bewundert, fiel mir auf.

»Das ist doch ganz einfach: Du sollst deine restlichen Sachen aus ihrer Wohnung holen und komplett hier einziehen«, antwortete er. »Wir können auch einen Mietvertrag machen, wenn du dich dann besser fühlst.«

»Ja klar! Nachdem du mich gerade für unzurechnungsfähig erklärt hast«, drehte ich den Spieß um und hob überlegen eine Augenbraue.

Sandros Grinsen wurde noch breiter. »Touché!«, lobte er und löste die Arme, um mich an sich zu ziehen.

Olivia hob abwehrend die Arme. »Okay, ich muss hier raus, zu viel Sex in der Luft!«

Ich bekam augenblicklich ein schlechtes Gewissen, aber Sandros leises Lachen und ihr federnder Gang verrieten, dass sie es im Guten gemeint hatte.

»Warte noch!«, rief ich ihr nach. Sie blieb im Türrahmen stehen. »Ich habe übernächste Woche Geburtstag und ... hättest du Lust zu kommen? Ich habe eine Freundin, die überlegt, ein Backbuch rauszubringen und, na ja, ich würde euch gerne einander vorstellen. Hast du Lust?«

Olivia schürzte die Lippen und sah mich lange abschätzend an. Ziemlich lange, während Sandros Duft und Nähe meine Konzentration allmählich ernsthaft störten.

»Schätze, ich kann da mal auftauchen«, entschied Olivia schließlich. »Danke, dass ich hier schlafen durfte. Nächstes Mal rufe ich vorher an. Viel Spaß noch!«

Und dann, ohne einen weiteren Abschiedsgruß oder eine Umarmung, war sie verschwunden. Ich sah noch einen Moment verwundert auf den leeren Türrahmen der Küchentür, aber Sandro wartete nicht einmal, bis die Haustür ins Schloss gefallen war, bevor er seine Hände unter mein T-Shirt wandern ließ, um endlich die versäumten Gelegenheiten der letzten zwei Tage aufzuarbeiten.

29 Offene Rechnungen

Vanessa

Als der April anbrach, war ich zum ersten Mal seit vielen Jahren wieder richtig glücklich. Ich hatte schon immer eine besondere Beziehung zu diesem Monat gehabt. Nicht nur, weil es mein Geburtstagsmonat war, sondern auch, weil ich Ostern traditionell bei meinem Vater verbrachte und weil die Temperaturen zum ersten Mal über die Zwanzig-Grad-Marke kletterten, der Flieder blühte und sowieso alles besser wurde. Aber dieser April begann wirklich perfekt, geradezu märchenhaft.

Ich konnte immer noch nicht glauben, wie glücklich ich mit Sandro war und wie wunderbar unsere Beziehung funktionierte. Tatsächlich hatte ich zum ersten Mal seit langer Zeit wieder das Gefühl, mein Leben sei so wunderbar, wie andere es immer wahrnahmen. Und ich wusste nicht, worauf ich mich mehr freute: auf meinen Geburtstag morgen, den ich nach langer Zeit mal wieder mit Valeria zusammen feiern würde, oder auf die Hochzeit meines Vaters auf Mallorca mit einwöchigem Urlaub, zu der Sandro und ich übermorgen gemeinsam aufbrechen würden.

Worauf ich mich jedoch überhaupt nicht freute, war das Wiedersehen mit Isabella. Ich hatte ihr letzte Woche nach ziemlich zähen Verhandlungen – mit Sandro, nicht mit ihr – schließlich ein Drittel der Miete überwiesen und danach die offizielle Mietkündigung zur Post gebracht. Isabella hatte sich wohl oder übel mit der Summe zufriedengegeben, zumal sie wusste, dass sie die letzten zwei Jahre ziemlich gut weggekommen war und genau wie ich im schlimmsten Fall auf die Unterstützung ihrer Eltern zählen konnte.

Dennoch fühlte es sich komisch an, wieder hier vor dem Haus meiner alten Wohnung zu stehen. Ein Teil von mir freute sich darauf, sie wiederzusehen, denn trotz allem war ich wirklich gern ihre Freundin gewesen. Aber ich hatte auch Angst davor, ihr gleich wieder gegenüberzutreten.

»Zehn Minuten«, wiederholte Sandro, als ich aus dem Sprinter stieg. Er wirkte angespannter als sonst, und ich glaube, er machte sich ein bisschen Sorgen um mich. Ich lächelte sanft. Isabella war zwar unberechenbar, aber bestand wirklich Grund zur Sorge?

Vielleicht, erkannte ich und schob den Gedanken schnell beiseite. Stattdessen küsste ich Sandro auf die Wange und lächelte Lena und Marc zu. Letzterer war der Einzige von uns, der einen Sprinter fahren konnte – beziehungsweise *wollte*, und Lena war ohnehin gerade in der Gegend gewesen und hatte sich zum Helfen bereit erklärt. Ich hatte den heutigen Donnerstag auserkoren, meine restlichen Sachen aus Isabellas Wohnung zu holen, weil die nächsten zwei Tage stressig genug werden würden: Morgen war mein Geburtstag, und ich würde mit Valeria und all unseren Freunden aus meinem in ihren Geburtstag reinfeiern. Leider war gleichzeitig morgen um Mitternacht dieser *Springbreak Special*-Kampf im »CJ«, der noch dazu so etwas wie ein Jahreshighlight war.

Ja, vermutlich würden Sandro und ich beide die Nacht durchmachen. Getrennt. An meinem Geburtstag. Ich schob das leise Bedauern beiseite, denn ich wusste, wie wichtig der Kampf für das »CJ« und die Jungs war, und ich wusste auch, dass Sandro sich besser konzentrieren konnte, wenn ich nicht dabei war. Und Sandro wiederum wusste, dass ich mich wahnsinnig darauf freute, wieder mit Valeria zusammen zu feiern, also würde er einfach den Beginn der Party miterleben und dann früher gehen. Das war okay. Irgendwie war ich stolz darauf, dass wir so großes Verständnis füreinander hatten.

Tja, und weil am Samstagmorgen bereits unser Flieger nach Mallorca ging, war heute die letzte Möglichkeit, vor dem Urlaub noch offiziell umzuziehen. Zumal Sandros Wohnung jetzt fertig gestrichen war und ich schon genau wusste, welchen Platz meine alten Sachen bekommen sollten.

Im dritten Stock blieb ich noch kurz vor der Wohnungstür stehen, zu der ich fast zwei Jahre lang einen Schlüssel gehabt hatte, und atmete den vertrauten Duft des Treppenhauses tief ein. Dann klingelte ich endlich.

Isabella öffnete, und zu meiner größten Verwunderung fiel sie mir um den Hals und umarmte mich, als wären wir immer noch die besten Freundinnen, die wir eigentlich nie gewesen waren.

»Heyyy, Vany! Wie toll dich zu sehen, komm rein! Wie geht's dir? Oh, du riechst gut! ... Warte mal!«

Sie drückte sich noch mal gegen mich und mir wurde schlagartig heiß, als ich erkannte, dass ich vermutlich mindestens so sehr nach Sandro roch wie nach mir selbst. Oh Gott, das war garantiert nicht das Erste, was ich ihr gleich an der Tür gestehen wollte! Aber bevor ich irgendetwas sagen oder tun konnte, rief sie zwischen überschwänglicher Klatschsucht und gespielter Begeisterung:

»Bist du etwa schwanger?«

»Was?!« Meine Empörung war mindestens so groß wie meine Fassungslosigkeit. Was war nur los mit dieser Frau? Hatte sie getrunken?! »Wie kommst du denn darauf?«

Sie trat wieder einen Schritt zurück und ließ mich endlich rein, ohne dabei jedoch den Blick von meiner Oberweite zu nehmen.

»Deine Brüste sind größer geworden, oder nicht? Fühlt sich anders an als noch vor 'nem Monat. Krass, dass es schon so lange ist, oder?«

Ach, das ... Ja, meine neue alte Körbchengröße hatte Sandro auch schon gebührend zur Kenntnis genommen. »Jaah, ich hab meine Ernährung wieder halbwegs im Griff«, erklärte ich ausweichend, obwohl das wohl die Untertreibung des Jahrhunderts war. Schließlich hatte ich buchstäblich rund um die Uhr einen Personal Trainer an meiner Seite. Aber wie gesagt, das war nicht das Erste, was ich Isabella beichten wollte, also beließ ich es bei diesem kläglichen Erklärungsversuch.

Isabellas Mundwinkel zuckten in die Höhe. »Freut mich! Hab ich mir also doch nicht eingebildet, dass du dich anders anfühlst – aber so eng, wie wir befreundet waren, ist das ja auch kein Wunder! Ach übrigens, das ist Mimi.« Sie deutete auf ein sommersprossiges Mädchen, das sich mit einem dicken Buch auf den Sessel am Fenster zurückgezogen hatte. Den Sessel, der mir gehörte. »Mimi, das ist Vany, meine beste Freundin! Marketinggenie, Modedesignerin, veganer Lifestyle-Coach, Influencerin – hab ich was vergessen?«

Das Lächeln, das ich dem schüchternen Mädchen zur Begrüßung zuwerfen wollte, gefror auf meinem Gesicht. Daher wehte also der Wind der übertriebenen Gastfreundschaft: Isabella wollte ihrer neuen Mitbewohnerin zeigen, was für tolle Leute sie kannte und wie innig ihre Freundschaften waren. Und sie benutzte dabei dieselben erbärmlichen Halbwahrheiten wie meine Mutter. Denn ich war nichts davon, nicht einmal annähernd, weil ich nichts jemals durchzog.

»Ähm ... du hast Supermodel vergessen ...!«, ertönte plötzlich eine andere – *männliche* – Stimme aus Richtung Küche, die weder zu Santiago noch zu irgendwem sonst gehörte, den ich kannte. »Hi!«

Mehr als irritiert drehte ich mich um und starrte den Typen an, der sich lässig in Jogginghose und T-Shirt gegen den Türrahmen lehnte, so wie Sandro es unzählige Male vor ihm getan hatte. Nur dass Sandro niemals eine Jogginghose getragen hatte.

»Wohnt ihr jetzt zu dritt hier?!«, machte ich meiner Verwirrung Platz, ohne seine Begrüßung zu erwidern.

Isabella winkte lachend ab. »Papperlapapp, dafür ist die Wohnung viel zu klein. Sammy ist nur zu Besuch. Nicht wahr?«

Sammy also. *Nette Arme, Sammy*, dachte ich, während ich den Typen musterte. Er war ziemlich groß und ziemlich gut gebaut – deutlich breiter als Sandro, aber nicht so definiert –, hatte dunkle Haare und kluge Augen, die mich genau musterten. Als sich unsere Blicke trafen, hob er eine Augenbraue, durch die sich ein weißer Schnitt zog, als wäre er heute Morgen beim Rasieren ausgerutscht – oder irgendwann mal in die falsche Faust gelaufen. Und da wusste ich, dass er absolut in Isabellas Beuteschema passte: groß, muskulös, wahrscheinlich Kampfsportler, ein bisschen düster und keineswegs schüchtern.

»Sam«, korrigierte er mit einem ziemlich selbstbewussten Lächeln, ohne mich aus den Augen zu lassen, was meine These nur noch untermauerte. »Sammy darf mich nur mein großer Bruder nennen.«

Okay, *jetzt* musste ich an die Winchester-Brüder aus *Supernatural* denken, und wenn sein Bruder nur halb so sexy war wie Dean, dann konnte deren Mama wirklich stolz auf sich sein.

»Ach wirklich?«, blockte ich seinen Flirtversuch trotzdem ab, weil seine Freundin – oder was auch immer die beiden gerade hatten – direkt neben ihm stand, »Und wo ist dein Bruder, Sammyboy? Dämonen jagen?«

Er grinste kurz, offenbar kannte er die Serie oder hatte zumindest oft genug Namenswitze darüber gehört. Dann wurde sein Blick völlig ausdruckslos, und er antwortete: »In der Hölle.«

Ich blinzelte, überrascht über seine plötzliche Kälte. Aber der Spruch war gut, daher gewährte ich ihm ein kleines Lächeln. Er grinste noch mal kurz, auch wenn der Rest seines Gesichts weiterhin unbewegt blieb.

»Und weißt du, was das Beste ist?«, mischte sich Isabella wieder ein. »Sam und ich haben uns schon vorletztes Jahr gedated, und zwar immer im *Showdown*, kennst du das? Die haben megagünstige Shots – oh Gott, bei unserem letzten Date war ich so betrunken, dass ich einfach gar nix mehr weiß«, warf sie lachend ein. »Aber dann haben wir uns irgendwie aus den Augen verloren ...«

Ja, weil du dann fast ein Jahr lang mit Sandro zusammen warst, dachte ich, während Sams Blick kurz abschweifte, bevor er Isabella wieder seine volle Aufmerksamkeit schenkte.

»Aber ob du es glaubst oder nicht, letzten Samstag haben wir uns exakt im selben Club wiedergetroffen! Wenn das kein Wink des Schicksals ist, oder?«

Ich zwang ein Lächeln auf meine Lippen. »Das ist echt cool! Scheinbar seid ihr füreinander bestimmt!«

Mein Handy vibrierte und mir fiel siedend heiß ein, dass Sandro unten auf mich wartete. Schnell lehnte ich den Anruf ab und schrieb stattdessen eine SMS, dass alles okay war.

»Tja, soll ich irgendwas tragen helfen?«, fragte Sam, der meine aufbruchsbereite Körperhaltung richtig deutete, während Isabella auf die drei Kartons neben der Wohnungstür deutete.

»Da ist schon der ganze Kleinkram drin und dein Geschirr.«

Ich konnte irgendwie nicht so ganz glauben, dass das alles sein sollte. Immerhin gehörte mir der Sessel, in dem Mimi saß, mein Bett, mein Kleiderschrank und der Beistelltisch, der immer noch neben der Couch stand, auf der ebenfalls immer noch meine Kissen lagen. Für mein Bett und den Schrank hatte ich sowieso keine Verwendung, aber den Tisch, den Sessel und die Kissen würde ich mitnehmen.

»Ich geh noch mal durch die Wohnung«, beschloss ich. »Kann ich mein Zimmer betreten oder liegt da Sexspielzeug von euch?«

Isabella lachte, aber Sam schüttelte halb belustigt, halb beschämt den Kopf. Irgendwie war er schon süß.

»Wo stellst du das ganze Zeug eigentlich unter?«, fragte Isabella zwischen Hohn und überspielter Niederlage, nachdem ich den Beistelltisch und die Couchkissen zur Tür gepackt hatte, die Fensterbank leer geräumt und sogar meine halb vergessenen Toilettenartikel aus dem Badschrank befreit hatte. Die Handtücher konnte sie behalten, und auch den meisten Kram aus meinem Zimmer ließ ich für Mimi stehen. Er würde sowieso nicht in Sandros Wohnung passen, und ich brauchte ihn eigentlich auch nicht. Ich kam gerade mit meinen Tassen aus der Küche zurück. »Wohnst du immer noch bei Valeria und Raphael? Sie ist erst mal zu 'ner Freundin und ihrem Freund gezogen, musst du wissen«, soufflierte sie für Sam. »Aber wie ich dich kenne, hast du bestimmt schon 'ne neue schicke Wohnung, was?«

Ich stapelte die Tassen vorsichtig obenauf und schob die drei Kartons in den Flur. Dann seufzte ich tief. Ich konnte es ihr genauso gut jetzt sagen wie irgendwann sonst.

»Um ehrlich zu sein ... wohne ich bei Sandro.«

Erwartungsgemäß verhärtete sich Isabellas Blick. Aber nicht nur ihr Körper versteifte sich, auch Sam löste die Arme von der Brust, als bereitete er sich darauf vor, sie zu stützen. Aber das tat er nicht. Genau genommen tat er gar nichts, außer imaginäre Mücken an der Zimmerdecke zu verfolgen.

»Sandro. Den Namen hört man ja nicht gerade an jeder Ecke.«

Und das sollte jetzt was genau heißen? Ich wagte es, den Blick von Isabella zu nehmen, um ihn anzusehen. Aber er sagte nichts mehr und sah angestrengt aus dem Fenster, als zählte er die getrockneten Regentropfen auf der Scheibe.

»Bei Sandro?!«, rastete Isabella indes aus. »Ist das dein beschissener Ernst? Für was, eine Fickbeziehung? Das ist echt das Letzte, Vanessa!«

Ich atmete tief durch, wünschte mir, dass Sandro doch mit hochgekommen wäre, und gleichzeitig, dass er noch lange unten blieb, damit er das hier nicht mit anhören musste. Aber als mein Handy erneut zu vibrieren begann, ging ich dran.

»Sorry, ja, wir sind fertig. Ihr könnt hochkommen.«

»Okay!«, hörte ich Lenas fröhliche Stimme in meinem Ohr. »Ich komm schon mal, die Jungs kämpfen noch mit dem Sicherungsseil. Bis gleich! – Jungs!«

Ich hörte die Autotür aufgehen, dann war die Verbindung weg und Isabellas wütender Blick wieder da. Ich schüttelte bedauernd den Kopf. Irgendwie hatte ich es mir anders vorgestellt, ihr das zu sagen:

»Wir sind zusammen.«

»Ihr seid *was*?!« Isabellas Tonlage hatte sich so hochgeschraubt, dass ihre Stimme versagte. »Wie kannst du mir das antun?«

»Wie kann ich ...« Ich hielt inne, hob die Hände. Das reichte. »Isabella! Hör bitte endlich auf, mir die Schuld dafür zu geben, dass du nicht mit deinem Leben klarkommst! *Du* hast Schluss gemacht, okay? Wir sind nicht zusammen, um dir eins reinzuwürgen, denn ausnahmsweise geht es mal nicht um dich! Ich habe mir nicht ausgesucht, mich in ihn zu verlieben, aber es ist passiert, und ich würde lügen, wenn ich sagte, dass es mir leidtut! Denn er ist der beste Mensch, den ich jemals getroffen habe, und ich kann nicht verstehen, wie du das einfach wegwerfen konntest!«

Isabella war buchstäblich sprachlos. Sie starrte mich an, klappte den Mund auf und zu wie ein Fisch und sagte einfach gar nichts.

Indes kehrte Sams Blick zurück vom Fensterglas. Sein Kiefer arbeitete. »Hat der Typ auch 'nen Nachnamen?«

»Was ist das denn für 'ne bescheuerte Frage?«, richtete sich Isabellas Zorn auf ihn, und auch ich zog eine Grimasse. Doch während sie bloß genervt mit den Schultern zuckte, ließ mich Sams finsterer Blick innehalten. Irgendwas stimmte nicht, etwas an seiner Haltung hatte sich verändert. An seiner Körperspannung.

»Stav–«

»Hatte ich noch irgendwas im Keller?«, fragte ich so laut, dass Isabella den Mund zuklappte und blinzelte.

»Nee, dein Waschmittel war hier oben und deine Unterwäsche hast du schon mitgenommen. Mann, ich fass es einfach nicht!«, sprangen ihre Gedanken – zugegeben, genau wie meine bei der Erwähnung von Unterwäsche – wieder zu Sandro.

»Stavaros«, sagte Sam in dem Moment. So tonlos, dass mir das Blut in den Adern gefror. Sein Blick wanderte von mir zu Isabella. »Sandro Stavaros – ist dein Ex.«

Es war weder Frage noch Aussage, aber die Tonlage reichte, um meinen Magen rebellieren zu lassen.

»Richtig, Ex!«, betonte Isabella. »Und *ich* habe Schluss gemacht, falls es dich interessiert! Warum ist das überhaupt so wichtig? Ich dachte du hast kein Problem mit anderen Kerlen!«

Sam schüttelte immer noch den Kopf, mit diesem finsteren Ausdruck und diesem starren Blick. Er rang einen Moment um Worte und sagte dann – nein, presste hervor: »Weil Sandro Stavaros der Typ ist …«

In dem Moment platzte eine fröhliche Lena herein, ein strahlendes Lachen auf den Lippen –

– das erstarb, als sie Sam sah.

»… der meinen Bruder in den Knast gebracht hat.«

Sandro

Ich lief fast in Lena hinein. Besser gesagt, sie in mich, als sie die Treppe wieder herabsprang wie vom Sensenmann verfolgt.

»Langsam!«, lachte ich und hielt sie fest, erkannte erst danach den panischen Ausdruck in ihren Augen. »Shit, was ist passiert?«

Hatten sich die beiden doch gestritten? Ich hätte von Anfang an mitkommen sollen! Schon schob ich Lena beiseite, aber sie krallte die Finger in mein T-Shirt. »Du kannst da nicht rein!«

Ich lachte. »Ach wirklich? Ich glaube, mit Isabella werde ich ...«

Da erschien auch Vanessa auf dem Treppenabsatz. Und ein Blick in ihre Augen genügte, um meine Eingeweide zu verkrampfen.

»Was ist los?«

Ihre Lippen öffneten sich, aber sie brachte keinen Laut hervor.

Stattdessen hörte ich Isabellas Stimme aus der Wohnung: »Okay! Ich hab keine Ahnung, was hier vorgeht, aber wenn sich irgendwer bewegt, rufe ich die Polizei!«

Mein Kreislauf sackte kurz ab, während Lena neben mir wimmerte. Sie schien unschlüssig, ob sie gehen oder bleiben sollte, und rannte dann doch nach unten. »Marc?!«

Indes war ich auf dem Treppenabsatz angekommen, den Blick immer noch auf Vanessas leichenblasses Gesicht geheftet. Ich hielt sie an den Schultern fest, wollte sie in meine Arme ziehen. Dann beanspruchte etwas anderes meine Aufmerksamkeit, ließ mich an ihr vorbei in die Wohnung sehen – und mein Herz kurzzeitig aussetzen.

Samuel Richter.

Einundzwanzig Jahre alt, ledig, deutscher Staatsbürger.

Verrückt, an welche Einzelheiten sich das Hirn erinnern konnte. Ich hörte den Namen vielstimmig von holzvertäfelten Wänden widerhallen, sah ihn mir tausendfach von dicht bedruckten Papierbögen entgegenstarren und spürte ihn mich von der Urteilsurkunde aus verhöhnen. Sozialstunden. Dreihundert Sozialstunden gegen Jamies Leben. Und ein beschissenes Jahr auf Bewährung.

Es dauerte einen Moment, bis meine Gedanken wieder in der Gegenwart ankamen. Dann brach eine derartige Flutwelle über mich herein, dass ich beinahe in die Knie gegangen wäre, wenn ich nicht immer noch Vanessa festgehalten hätte. Oder in dem Fall, *mich an ihr* festgehalten.

Hass. Adrenalin. Schmerz, Zorn, Schuld. Hilflosigkeit. Und immer wieder Fassungslosigkeit. Über mich selbst, über Jamies Tod, über das verfluchte Rechtssystem. Einmal kurz dachte ich, dass ich sterben könnte, wenn ich hier bei einem Kampf die Treppe herunterstürzte, und spürte so etwas wie Angst im Bauch.

Dann fühlte ich himmlische Kühle auf meiner brennenden Haut. Vanessa hielt mein Gesicht umfasst. Ich brauchte ganze drei Sekunden und all meine Willenskraft, um meinen Blick von Samuel Richters vernarbter Augenbraue in der Wohnung zu nehmen, und Vanessas schönes Gesicht direkt vor mir anzusehen. Sie war ein Engel in Menschengestalt.

»Lass uns gehen«, hauchte sie.

»Sandro!«, hörte ich plötzlich auch Marcs Stimme hinter mir. Angespannt. Drängend. »Mach kein' Scheiß, ja?«

Ich schüttelte den Kopf, weil ich dem Rest meines Körpers nicht vertraute. Ich würde keinen Scheiß machen. Trotzdem wanderte mein Blick zurück zu Samuel Richter, durchbohrte ihn schier, und warnte ihn davor, auch nur eine falsche Bewegung zu machen. Gleichzeitig wünschte sich ein Teil von mir, er würde irgendetwas sagen, irgendwas tun, um einen Kampf zu provozieren. Ein Jahr lang hatte ich mir gewünscht, er würde es tun, damit er gegen die Bewährungsauflagen verstieß und seinem Bruder Simon Gesellschaft leisten konnte. Aber er war nicht dumm. Er wusste, was auf dem Spiel stand. Und er war in der Unterzahl. Gut, das war ich auch gewesen …

Und so standen wir einfach nur da und starrten uns an. Er hob das Kinn, kaum merklich, aber genug, um mir deutlich zu signalisieren: *Heute nicht. Aber wenn wir uns das nächste Mal über den Weg laufen …*

Und ich quittierte die Geste mit einem grimmigen Anspannen meiner Kiefermuskeln und einem kaum sichtbaren Nicken.

Dann begann Vanessa behutsam zu schieben und Marc zu ziehen, und wir verließen das Haus wieder. Ohne dass wir auch nur ein Wort gewechselt hatten – oder Vanessas Sachen mitgenommen.

»Ich fasse es nicht!«, verlor Marc zehn Minuten später als Erster die Beherrschung. Im Sprinter war es still und leer – und ziemlich eng, weil wir illegalerweise zu viert im Führerhaus saßen. Lena war zu Fuß zur Wohnung gekommen, aber Marc hätte wohl eher zehn Knöllchen riskiert, als seine Freundin jetzt allein auch nur in der Nähe zu lassen. »Wieso hat Bella denn ausgerechnet mit *dem* Typen was laufen? Was ist das bitte für ein beschissener Zufall?!«

Ich starrte weiterhin aus dem Fenster in die Vergangenheit, die Arme fest um Vanessa auf meinem Schoß geschlungen, um mich irgendwie in der Gegenwart zu verankern. Sie hatte seit dem Vorfall kein einziges Wort gesagt, und ich fürchtete beinahe, ich hätte einen Teil von ihr verloren. Aber ihre Finger waren eng mit meinen verschlungen, und ihre andere Hand lag schützend darüber.

»Das ist kein Zufall«, sagte ich langsam.

Marc ging kurz ruckartig auf die Bremse, sodass Lena zischte.

»Was?«

Ich drehte den Kopf an Vanessas Rücken, um ihn anzusehen, ertrug den Blick in seine Augen jedoch nicht. »Ich hab dir gesagt, ich bin schuld.«

»Junge, wovon sprichst du? Diese drei Typen haben euch angegriffen! Einfach so, mitten in der Nacht auf der Straße. Daran ist niemand schuld außer Lukas Berger und Simon und Samuel Richter!«

Das stimmte. Aber das war nicht das erste Mal gewesen, dass wir uns mit denen geprügelt hatten, zumindest mit zwei davon. Und das erste Mal hatte ich angefangen. Ich atmete tief ein, pumpte so viel Luft in meine Lungen, bis sie schmerzten.

»Erinnerst du dich an den Abend, an dem wir im *Showdown* unseren ersten Sieg in allen Klassen gefeiert haben?«

»Im September?! Das war doch ... zwei Monate vorher!«, erinnerte sich Marc. Ich nickte. »Warte mal, der Tag, an dem ihr euch gestritten habt?« Wieder nickte ich, gepresster diesmal.

Ja, Jamie und ich hatten gestritten. Wegen eines verkackten Schlüssels. Weil er seiner neuen Freundin Olivia einen Schlüssel zu unserer Wohnung geben wollte und ich den Gedanken nicht ertragen konnte. Weil ich meinen besten Freund nicht teilen wollte, weil ich wusste, dass das der Anfang vom Ende sein und ich wieder auf der Straße landen würde. Ich hatte mich ziemlich betrunken, ein paar unverzeihliche Dinge gesagt, und ich wusste, dass er mich um ein Haar geschlagen hätte. Ich hätte es so sehr verdient, aber er hatte es nicht getan. Stattdessen hatte ich ihn angepflaumt, was er dazu sagen würde, wenn ich plötzlich irgendeine Tussi anschleppen würde.

»Ganz ehrlich, Sanny.« Ich hatte seine Stimme immer noch im Ohr, als wäre es gestern gewesen. Ich hatte diesen Scheißsatz so oft im Geiste wiederholt, dass er sich in die Windungen meines Gehirns gebrannt hatte. »Solange es dich glücklich macht, macht es mich glücklich. Ich kann dir das eh nicht ausreden und du bist erwachsen, also mach einfach. Leg eine flach, leg zehn flach, wenn du willst! Hauptsache, du lebst mit den Konsequenzen.«

Und das tat ich, jede einzelne Sekunde seit diesem Abend vor eineinhalb Jahren. Das Problem mit Fehlern ist, dass sie einem nicht immer gleich in dem Moment auffallen, in dem man sie macht, sondern erst dann, wenn man die Konsequenzen zu spüren bekommt.

Ich hatte keine Konsequenzen gesehen, als ich auch die zweite Flasche Wodka gekippt hatte, wahllos durch den Club getigert war und mir ausgerechnet die Frau ausgesucht hatte, die volltrunken im Minirock mit zwei Typen gleichzeitig flirtete. Ich wollte nichts Festes, ich wollte nicht einmal sie speziell, ich wollte einfach nur den Kick, um zu spüren, dass ich noch lebte. Ich war wieder genau wie zu der Zeit, bevor ich Jamie gefunden hatte. Nur dass ich diesmal wusste, was ich tat, wenn ich zuschlug. Zumindest wenn ich nüchtern war.

Betrunken hatte ich keine Chance gegen zwei Schränke von Typen. Und als ich mit der Schläfe gegen die Backsteinziegel geknallt war, hatte ich zum ersten Mal darüber nachgedacht, dass das vielleicht ein Fehler gewesen war. Aber da war es schon zu spät gewesen. Da hatte Jamie uns schon gefunden und mich mal wieder aus dem Dreck gezogen. Wörtlich. Und er hatte den Typen noch übler mitgespielt als sie uns.

»Deswegen habt ihr am nächsten Tag so ausgesehen!«, erinnerte sich Marc. »Wir dachten echt, ihr hättet euch doch noch in die Haare gekriegt.«

Ich schnaubte. Ich hätte Jamie niemals eine Rippe gebrochen.

»Dann war das im November also Rache«, schlussfolgerte Marc, der nun wieder völlig ernst war. Ich brachte es nicht fertig zu nicken. Hätten wir nicht beide immer noch mit den Prellungen und Frakturen von September gekämpft, hätte Jamie vielleicht überlebt.

»Warum kam das nie in der Verhandlung zum Tragen?«

Jetzt fuhr ich mir mit der Hand über das Gesicht und zog Vanessa höher auf meinem Schoß, damit mein linkes Bein nicht einschlief. Ihre Finger waren eisig, aber immer noch fest mit meinen verschränkt. Ihr linker Arm lag mittlerweile um meinen Hals, weil sie den Kopf gegen meine Wange geschmiegt hatte. Um mich stumm zu trösten. Weil sie einfach der beste Mensch auf der Welt war.

»Die haben es nicht erwähnt, weil es sonst versuchter Mord gewesen wäre und nicht *gefährliche Körperverletzung*.« Ich spie den bürokratischen Schönsprech förmlich aus, der Knochenbrüche, Schädeltraumata und irreversible Organschäden mit Komafolge geradezu bedenklich verharmloste. Von Todesfolge war damals noch keine Rede gewesen, und Urteile konnten nicht im Nachhinein verändert werden. Leider. Ich würde keine Sekunde von Jamies Leben gegen ein anderes Urteil eintauschen wollen, aber manchmal wünschte ich mir wirklich, dass nicht alle Behörden so verdammt viel Gas gegeben hätten, weil es sich bei dem Opfer um einen Polizisten gehandelt hatte.

»Und warum habt *ihr* das nicht erwähnt?! Dann säßen die alle drei für immer im Knast und nicht bloß Simon Richter für lächerliche zehn Jahre!«

Ich starrte ins Leere. »Weil ich dann auch angeklagt worden wäre.

Dann hätte ich mein Studium an den Nagel hängen können ... und mit meiner Jugendvorstrafe hätte ich denen vermutlich sogar Gesellschaft geleistet. Den Gedanken konnte Charlie nicht ertragen.«

Wieder legte sich Totenstille über den Sprinter.

Dann setzte Marc den Blinker.

»Ach, Fuck, Mann!«

30 Zwischen Tulpen und Tränen

Vanessa

»Oh mein Gott, wie wunderschön! Das hast wirklich du gemacht?«

Valerias Begeisterung füllte meine ausgehöhlte Brust. Na ja, ihre Begeisterung und die Erinnerung an das halbe Wohnzimmer voller Tulpen heute Morgen. Farbkleckse in der Welt aus Tristesse, in der wir seit gestern Nachmittag lebten.

Sandro hatte mir ein ganzes Dutzend atemberaubender Sträuße Tulpen in Fuchsia, Zartrosa, Weiß und Dunkelviolett zum Geburtstag geschenkt, und ich hatte sie genauso mit bauchigen Vasen auf Holzscheiben dekoriert und in Dekoringe geflochten, wie ich es ihm vor einem Monat beschrieben hatte. Ich war immer noch überwältigt davon, dass er sich daran erinnert hatte. Und dass er mir zusätzlich noch eine dreimonatige Mitgliedschaft in einem Ballettstudio in der Nähe geschenkt hatte. Ich lächelte schmerzhaft bei der Erinnerung an die handgeschriebene Botschaft auf dem Gutschein:

> Keine Ausreden mehr. Jeder Tag, an dem du nicht glücklich bist, ist ein verschwendeter Tag. – Sandro

Wie traurig, diese Worte ausgerechnet von dem Menschen zu hören, der sich selbst nicht erlaubte, glücklich zu sein.

»Du solltest das wirklich beruflich machen«, holte mich Valerias Euphorie aus meinen Gedanken, während sie auf meinem Handy an das

Foto heranzoomte, das ich gemacht hatte, um es Sandro gleich zu zeigen.

Wir hatten uns heute Morgen erst kurz gesehen – viel zu kurz, weil wir beide Vorlesungen hatten und er danach zum Wiegen ins »CJ« musste, um für den Kampf heute Nacht in eine Gewichtsklasse eingeteilt zu werden. Er hatte gelächelt, mich an sich gezogen und sich wirklich Mühe gegeben, seine düsteren Gedanken zu verbergen, aber die seit gestern zunehmende Stille zwischen uns fühlte sich plötzlich wieder genauso scheu und schuldbewusst an wie noch vor einem Monat. Nur viel schlimmer, denn jetzt war sie überschattet von der unendlichen Last auf seinen Schultern, die ich ihm einfach nicht nehmen konnte. Seit dem Vorfall bei Isabella gestern hatte er kaum ein Wort gesagt, und ich wusste nicht, was ich meinerseits sagen oder tun konnte, um ihm zu helfen. Ich wollte ihn nicht drängen und schon gar nicht erdrücken. Also hatten wir uns nur aneinandergeschmiegt, einander festgehalten und gemeinsam geschwiegen.

»Hey ...«, machte Valeria und griff nach meiner Hand. »Alles okay?«

Ich lächelte. Kurz überlegte ich, ob ich ihr alles erzählen sollte, aber dann entschied ich mich dagegen – zumal ich in dem Augenblick Raphaels Schlüssel in der Wohnungstür hörte und auf die Uhr sah. Kurz vor fünf, also noch eine Stunde bis zu unserer Party. Zeit, ein Geburtstagslächeln aufzusetzen!

Wir feierten in Raphaels Wohnung, weil sie einfach perfekt für eine Party war – und auch für alles andere – mit dem weitläufigen Wohnzimmer mit offener Küche und dem Balkon zur Westseite, auf dem wir den Grill aufstellen wollten. Die Luft kühlte zwar schon wieder ab, aber die Aprilsonne schien warm durch das Panoramafenster.

»Ja, mehr als okay!«, bejahte ich also und zauberte ein Lächeln auf mein Gesicht, während Raphael zu uns in die Küche trat und mich in die Arme schloss, noch bevor er seine Freundin begrüßte.

»Hey! Alles Gute zum Geburtstag, Vany!« Er hielt mich lange fest, und seine Umarmung fühlte sich genauso gut an wie zu den besten Zeiten unserer Freundschaft. Dann löste er sich von mir und sah mich an.

»Du siehst unfassbar gut aus.« Jetzt verwandelte sich das maskenhafte Lächeln auf meinem Gesicht in ein glückliches Strahlen, als auch Valeria nickend einen Arm um seine Mitte schlang, bis er sie mit einem langen Kuss begrüßte. »Und du siehst noch umwerfender aus, Süße«, schloss er.

Ich konnte ihm nur zustimmen, während wir beide den Blick über Valerias schwarz-silbern glitzerndes Oberteil gleiten ließen, das bauchfrei über der engen schwarzen Hose und silbernen High Heels saß. Wir zwei hatten beschlossen, für unsere gemeinsame Geburtstagsparty »Gold« und »Silber« zu sein, und ich trug mein goldenes Etuikleid, das ich schon eine Ewigkeit nicht mehr angehabt hatte.

Valeria grinste und küsste Raphael noch mal, und ich empfand nichts als Freude über ihr gemeinsames Glück. Und Vorfreude auf das Wiedersehen mit meinem eigenen Glück. Denn ich wollte einfach nicht akzeptieren, dass es bereits im Sterben lag.

Sandro

»Alter, ich sterbe gleich«, ächzte Marc.

Ich sah ihm stumm zu, wie er eine Gabel aus der umfunktionierten Blumenvase angelte und begann, den Berg Nudelsalat von seinem Teller in seinen Mund zu schaufeln. Ich hatte auch Mords-Kohldampf, wie immer vor einem Kampf, aber bevor ich mich auch über Nudelsalat und Grillfleisch hermachen würde, wollte ich noch den zweiten Liter Wasser leeren. Normalerweise hatten wir einen ganzen Tag Zeit zum Refeeding, weil das Wiegen am Vorabend geschah und der Kampf am nächsten Mittag. Aber weil das *Springbreak Special* traditionell ein Mitternachtskampf war, hatten wir heute nur ein paar Stunden.

»Übertreib's nicht. Wenn du beim ersten Schlag in die Magengrube in den Ring kotzt, hat auch keiner was davon«, ermahnte ich uns daher beide. Marc hob die gestreckte Hand an die Schläfe wie ein salutierender Seemann. Unwillkürlich glitt mein Blick zu der Designeruhr an der Wand. Noch sechs Stunden, bis ich endlich Stress abbauen konnte.

Raphael, der Marc gerade eine Flasche Bier öffnete, gluckste. »Cheat Day?«

Lena kicherte und Olivia rollte mit den Augen. Ich knuffte sie in die Seite, woraufhin sie die Arme verschränkte, aber weiter zuhörte.

»So was in der Art. Ich würde gerne in den nächsten sechs Stunden mindestens drei Kilo zunehmen«, antwortete Marc, während er seine Bierflasche gegen Raphaels stieß.

Raphaels Kopf ruckte vor, während er erst Marc verständnislos ansah und dann wie zur Bestätigung meinen Blick suchte. Ich hob bloß kopfschüttelnd die Schultern, stellte die leere Wasserflasche auf die Anrichte und griff nach dem Glas Salzstangen. Salz und Kohlenhydrate waren perfekt, um Wasser – und damit Masse – im Körper zu speichern.

»Drei Kilo. In ein paar Stunden!«, wiederholte Raphael ungläubig.

»Ich hab schon mal sieben geschafft! Zugegeben, in achtzehn Stunden – aber das sind eineinhalb Gewichtsklassen, überleg mal!«, grinste Marc, und als Raphael immer noch fragend dreinblickte, erklärte ich, dass es beinahe normal war, die Woche vor einem Kampf zu dehydrieren, um beim Wiegen am Vortag in eine niedrigere Gewichtsklasse eingeordnet zu werden und durch Refeeding und Rehydration über Nacht einen Vorteil zu haben.

»Gewicht machen nennt sich das.«

»Und das ist legal?!«, fragte Raphael mit hochgezogenen Brauen.

Ich sah Marc vielsagend an. »Das ist vor allem extrem ungesund«, erklärte ich mehr ihm als Raphael. Aber ja, solange es die Turnierregeln nicht explizit ausschlossen, war es legal und üblich. Außerdem konnten ein, zwei Kilo nicht schaden, also schob ich mir die letzten Salzstangen in den Mund und wischte mir die Hand an der Hose ab, um dem Grillduft zum Balkon zu folgen, auf dem meine umwerfende Freundin bei ihrem verflucht perfekten Ex-Freund stand. Und beide lachten.

»Vany! Bei drei ist das Gemüse von meinem Grill!«, rief Milias, woraufhin Vanessas hinreißend geschminkte Augen blitzten und ihre Locken fröhlich wippten.

Sie sah atemberaubend aus in diesem eng anliegenden goldenen Kleid, das ihr bis zur Mitte der Oberschenkel reichte und ihre Figur so perfekt umspielte, dass ich spontane Mordgedanken gegenüber jedem entwickelte, der sie länger als eine Minute darin ansah. Und gleichzeitig spürte ich überwältigende Enge in der Brust.

»Ich glaube, ich muss mich gleich übergeben«, kommentierte Livs Stimme das Gefühl in meinem Bauch. Ich drehte den Kopf und sah, wie sie ausdruckslos auf den Balkon zu Vanessa, Valeria und Milias starrte. »Ich hab mich immer gefragt, wie es ist, das hübsche Mädchen zu sein, dem alle Jungs nachschauen. Oder wie es ist, mit den Alphamännchen der Klasse zu reden. Und jetzt steh ich hier auf einer Party voll von diesen Leuten und frage mich: Was mache ich hier eigentlich?! Das ist so surreal!«

Ich lächelte schwach, während meine Brust noch enger wurde. Vanessa und ich hatten kaum ein Wort gesprochen, seit wir gestern von der Begegnung mit Samuel Richter zurückgekommen waren. Ich wusste, dass sie Zeit brauchte, um das alles zu verdauen – wer auch nicht? –, und ich wollte ihr alle Zeit der Welt geben. Aber ich hatte so verdammt große Angst davor, dass sie mich jetzt mit anderen Augen sah. Dass sie mich so sah wie ich mich selbst. Und mich so sehr verachtete, wie ich es tat. Und diese widersprüchlichen Wünsche zerrissen mich innerlich.

»Was ist los, bist du festgewachsen? Willst du nicht hingehen?«

Ich betrachtete Vanessas unbeschwerte Körperhaltung noch einen Moment, erfreute mich an ihrer Fröhlichkeit, und schüttelte den Kopf. »Später. Sind deine Muffins wieder mit Kokos?«

Sie verzog die Lippen, als ihre makellos geschminkten Augen zu mir wanderten. »Nein. Aber sie sind trotzdem vegan – mit Banane!«

Ich nickte. Genau das, was ich jetzt brauchte.

»Oh Gott, die sind ja himmlisch!«, rief Valeria zwei Stunden später, als sich der Mittelpunkt der Party nach innen verlagert hatte und die ersten Leute zu ziemlich lauter Musik tanzten. In der Zwischenzeit hatte Vanessa mich gefunden und war seitdem kaum von meiner Seite gewichen – genauer gesagt, von meinem Schoß, auf dem sie seitlich saß, seit wir einen Teil der Couch in Beschlag genommen hatten. Ihr Körper auf meinem, noch dazu in diesem atemberaubenden Kleid, ihr Duft und ihre Nähe machten mich beinahe wahnsinnig. Ihre Locken kitzelten meinen Hals, und während ich unablässig über ihre seidig glatten Beine strich und äußerlich gefasst Valeria zuhörte, verlor ich innerlich allmählich die Kontrolle.

»Warte mal, du bist Olivia? Wow, ich freu mich so, dich kennenzulernen! Ich bin Valeria!«

»Äh, ich weiß?!« Olivia schaffte es, gleichzeitig die Brauen zu heben und so etwas wie ein Lächeln zustande zu bringen. Ich fragte mich, ob jeder den unausgesprochenen Zusatz *»Das hier ist schließlich deine Geburtstagsparty«* hören konnte oder nur ich, der ihren zynischen Pragmatismus so gut kannte. »Herzlichen Glückwunsch zum Geburtstag übrigens!«

Valeria lächelte, winkte jedoch ab. »Erst heute Nacht. Voll schade übrigens, dass ihr vorher schon gehen müsst!« Sie stieß mich leicht an und zog einen Schmollmund, richtete sich dann in einer plötzlichen Eingebung auf. »Hey, was haltet ihr davon, wenn wir einfach alle mitkommen und den Kampf –?«

»Nein.« Das Wort war aus meinem Mund, noch bevor sie zu Ende gesprochen hatte. Auf keinen Fall wollte ich irgendjemanden dabeihaben, erst recht nicht, wenn ich so drauf war wie heute.

»Warum nicht? Das wird bestimmt –«

»Nein!« Ich erwiderte ihren euphorischen Blick so unerbittlich, bis sie klein beigab.

Vanessa bewegte sich leicht auf meinem Schoß, leckte sich kurz über die Lippen und setzte dann ein Lächeln auf, um das Thema zu wechseln.

Fuck.

Ich tat es schon wieder. Genau wie gestern Abend, genau wie heute

Morgen. Ich verdarb meiner Freundin die Stimmung und den Geburtstag, weil ich selbst nicht mit mir klarkam. Während Vanessa das Gespräch elegant auf Olivias Backkünste lenkte, strichen ihre Finger sanft über meinen Nacken und sandten ein geradezu überwältigendes Prickeln durch meine Glieder. Ich scheiterte bei dem Versuch, meine Finger von ihrem nackten Bein in diesem unfassbar sexy Kleid zu lassen, und ich wusste, dass ich kurz davor war, die Beherrschung zu verlieren. Auf die ein oder andere Weise.

Abstand. Ich brauchte Abstand.

»Lass mich mal kurz raus.« Sanft, aber bestimmt drückte ich gegen ihre Hüften, damit sie von meinem Schoß rutschte und ich aufstehen konnte.

»Alles okay?«

»Klar. Ich bin gleich wieder da.«

Zeit war ein dehnbarer Begriff, aber »gleich« war längst vorbei, ohne dass ich zurück zur Couch ging. Stattdessen drehte ich mehrere Runden durch die Wohnung, die trotz der mindestens fünffachen Größe genauso voll wirkte wie die kleine Studentenbude von Angelina damals, verbrachte eine ganze Weile auf dem Balkon, wo ich zunehmend widerstrebend drei Flaschen Bier und fünf Würstchen ablehnte, und lief schließlich in der Küche in Marc hinein, der eine weitere Portion Nudelsalat in sich hineinschaufelte. Ich müsste auch noch etwas essen, aber ich konnte nicht.

Offenbar sah ich genauso mies aus, wie ich mich fühlte, denn Marc warf mir einen belustigten Blick zu und bot mir ironisch seine Bierflasche an. Die Tatsache, dass ich ernsthaft kurz darüber nachdachte, sie zu nehmen, machte mir Sorgen.

»Alter …!« Marc sah mich alarmiert an und stellte die Flasche wieder hinter sich auf die Theke. »Alles klar, Mann?«

Statt einer Antwort lehnte ich mich neben ihn gegen die polierte, vollgekrümelte Küchenzeile, verschränkte die Arme vor der Brust und betrachtete die mittlerweile beachtliche Traube ausgelassen tanzender

Menschen im offenen Wohnzimmer. Wie von selbst wurde mein Blick von Vanessas funkelndem Kleid angezogen. Meine Augen folgten ihren wiegenden Bewegungen, die so unfassbar sexy waren, und ihrem glücklichen Strahlen, das so unfassbar schön war. Sie leuchtete geradezu von innen. Kein Vergleich zu der Vanessa, die mich heute Morgen so traurig angesehen oder vorhin betroffen das Thema gewechselt hatte.

»Vielleicht sollte ich morgen nicht mit nach Mallorca fliegen.«

Marc hörte auf zu kauen und starrte mich an. »Das ist ein Scherz, oder? Hast du ihr das schon gesagt?«

»Nein, natürlich nicht! Heute ist ihr Geburtstag, Mann!« Es war schlimm genug, dass ich überhaupt darüber nachdachte. Über das und noch weitaus Schlimmeres.

»Habt ihr gestritten?«

»Alter!«, zischte ich zunehmend gereizt von diesem Verhör. Ich warf ihm einen wütenden Blick zu, erstickte jeden Impuls jedoch im Keim und griff stattdessen nach einem Roggenbrötchen. »Nein, haben wir nicht.«

Streng genommen hatten wir nicht mal wirklich geredet. Gestern hatte sie mich bloß den ganzen restlichen Tag mitleidig angesehen wie ein sterbendes Tier am Straßenrand. Und heute Morgen hatte sie trotz meiner mit aller Mühe heraufbeschworenen guten Laune, trotz der vielen Tulpen und der Tatsache, dass heute ihr Geburtstag war, nur schwach gelächelt. Vorsichtig, als könnte sie mich verschrecken – oder als wüsste sie nicht, wie sie jetzt weitermachen oder aus der Situation entkommen sollte.

Unzufrieden mit mir selbst, mit dem verfluchten Samuel Richter und der ganzen Welt sah ich ihr weiter beim Tanzen zu. Was vielleicht nicht die beste Idee war, wenn ich ohnehin gereizt und hungrig war, aber ihre Bewegungen waren einfach zu hypnotisch.

»Ey, sorry für die Oberflächlichkeit, aber deine Freundin ist so gottverdammt heiß! Ich hab echt Respekt davor, wie du hier so lässig stehen kannst. Jetzt weiß ich, was Jamie immer mit ›Sandros stoischer Körperbeherrschung‹ meinte.«

Ich löste die Arme und blähte die Nasenflügel. Tatsächlich würde ich Vanessa entweder sehr bald an mich pressen oder auf irgendwas einschlagen müssen. Wahrscheinlich Letzteres. So viel zu Körperbeherrschung.

»Lass Jamie aus dem Spiel«, war das Einzige, was ich sagte, während ich ungeduldig auf die Uhr sah. Noch vier verdammte Stunden.

Marc wechselte ergeben das Thema. »Schön, zu sehen, wie Livi sich hier einfindet.« Toller Themenwechsel, weg von meinem toten besten Freund hin zu seiner einsam verbliebenen Freundin. »Kennst du den Typen, zu dem sie die ganze Zeit guckt?« Er deutete mit dem Kinn auf einen schlanken Kerl mit dunklen Haaren, hellblauen Augen und den weichen Gesichtszügen von Mädchenschwarm-Popstars, der einen freundschaftlichen Arm um Milias' Verlobte legte, als die sich kichernd gegen ihn lehnte.

Ich musterte ihn kurz, schüttelte dann den Kopf. Mein Blick wanderte zurück zu Olivia und sah durch ihren Porzellanteint hindurch. Sie fand sich hier kein bisschen ein. Ich brummte, sagte aber nichts.

»Okay, pass mal auf«, beschloss Marc jetzt. »Du hörst jetzt sofort auf, dich selbst zu bemitleiden, reißt deine perfekte Freundin da drüben an dich und genießt dein Leben, klar?« Ich verschränkte erneut die Arme vor der Brust. »Und ich sag dir was! Besser, du verbockst das nicht, denn Vanessa ist eine verdammte Traumfrau, und damit meine ich nicht, dass sie die heißeste Braut in diesem Raum ist! Sie war gestern dabei, sie hat alles mitgekriegt, und sie ist trotzdem keine Sekunde von deiner Seite gewichen! Weil sie das genauso sieht wie jeder Mensch auf der Welt außer dir selbst: Du bist nicht schuld! Und Jamie würde ganz sicher nicht wollen, dass du dich so –«

»Lass Jamie aus dem Spiel!«, wiederholte ich – offenbar knurrend, denn die Worte vibrierten in meiner Brust.

»– fertigmachst! Ich weiß nicht, was er sagen würde, weil er einfach viel besser in so was war als ich, aber –«

»Marc, ich schwöre dir ...«

»– es wäre vermutlich so was wie ›Hör zu, Sanny ...‹«

Meine Faust flog gegen seinen Oberarm. Nicht gefährlich, aber hart genug, um ihn endlich zu stoppen.

»Wenn du mich noch mal so nennst, landet der nächste Schlag in deinem Gesicht«, prophezeite ich.

Er spannte den Unterkiefer an, beließ es aber dabei. »Aber du weißt schon, dass du sie verdammt unglücklich machst, wenn du morgen früh nicht mit ihr nach Mallorca fliegst!«

Jetzt war ich es, der die Zähne so fest zusammenpresste, dass meine Kiefermuskeln zuckten. Ich wusste einfach nicht, was ich tun sollte. Ich hatte eigentlich gedacht, ich hätte mich und mein Leben wieder einigermaßen im Griff, erst recht, nachdem ich mir eingestanden hatte, dass ich die Beziehung zu Isabella rein aus Schuldgefühlen aufrechterhalten hatte. Aber dass es mich so sehr aus der Bahn warf, so unvermittelt Samuel Richter und damit meinen alten Fehlern gegenüberzustehen, machte mich einfach fertig. Machte mich wütend.

Gleichzeitig zu sehen, wie traurig Vanessas Augen seit gestern wurden, wenn sie mich ansah, zerriss mir fast die Brust. Und dann heute hier zu erleben, wie unbeschwert ihr Leben sein konnte, wenn ich es nicht mit meinen negativen Gedanken vergiftete, war geradezu unerträglich.

Alter … hörst du dir eigentlich gerade selbst zu?

Das war bescheuert! Ich war gerade einfach nicht zurechnungsfähig! Ich musste dringend mit mir selber klarkommen. Ich musste mich unbedingt abreagieren! Noch ein Blick auf die Uhr. Drei Stunden und fünfzig Minuten.

»Ich brauche frische Luft«, beschloss ich.

31 (K)ein Abschied für immer …

Vanessa

Ich erstarrte mitten in der Tanzbewegung, als Sandro plötzlich aus dem Raum stürmte. Meine Arme sackten herab und mein Herz gleich mit, während mein Blick entsetzt von Valeria über Lena bis zu Milias sprang. Alle erwiderten ihn mit derselben Irritation, mit demselben Mitleid. Panik stieg in mir auf.

»Sandro?!«

Er war schon auf der Treppe zum darunterliegenden Stockwerk, als ich im Treppenhaus gegen das Geländer taumelte und mich daran festhielt, um auf meinen High Heels die Stufen hinunterzueilen.

Sandro blieb widerwillig stehen. »Sei bitte vorsichtig, Vany …«

»Wohin willst du? Was ist los? Hab ich was falsch gemacht?«

Hatte ich seinen Wunsch nach Abstand missverstanden und zu viel Distanz aufgebaut? Zu viel Zeit mit Valeria und den Mädels verbracht? Mit Milias?! Während ich in Gedanken den ganzen Abend nach möglichen Fehltritten durchging, entkam seiner Kehle ein undefinierbarer Laut.

»Du … falsch?!«

Er schüttelte den Kopf, drehte sich halb weg und fuhr sich durch die Haare. Sein Blick sprang rastlos umher, zu den Deckenlampen, zum Treppengeländer, zu den polierten Stufen. Vorsichtig streckte ich die Hand aus, und als er nicht zurückwich, legte ich sie auf seine Brust, schlang sie um seinen Hals. Wie von selbst fanden seine Hände zu meiner Taille, gaben mir Hoffnung, als er die Stirn gegen meine lehnte und die Augen schloss.

»Bitte ...«, flüsterte ich gegen seine Lippen, »sag mir, was ich tun kann. Ich will für dich da sein.«

Jetzt löste er die Stirn wieder von meiner und trat sogar einen halben Schritt zurück. »Du sollst nicht für mich da sein müssen!«

»Aber ...«

»Nein.« Er nahm gequält meine Hand von seinem Hals und legte sie auf meine Brust, als wäre sie bei mir besser aufgehoben als bei ihm. »Du sollst nicht das Gefühl haben, aus Mitleid mit mir zusammenbleiben zu müssen. Du solltest nicht ...« Seine Finger lösten sich von meiner Taille. »*Wir* sollten nicht ...«

Er beendete den Satz nicht, aber mein Kopf ergänzte augenblicklich ein halbes Dutzend möglicher Enden. *Enden.* Plötzlich konnte ich an nichts anderes denken als an das, woran ich auf gar keinen Fall denken wollte.

»Sandro ...«, krächzte ich, schüttelte den Kopf wie eine zerbrochene Marionette. Er sah mir in die Augen und ich spürte, wie meine Unterlippe zu zittern begann, obwohl ich mich mit aller Kraft dagegen wehrte.

Tu das nicht! Nicht an meinem Geburtstag!

Ich flehte ihn an, ohne ein Wort herauszubringen.

Sein Blick brach. Und der Anblick brach mein Herz. Meine Augen füllten sich mit Tränen, aber ich verbot mir zu weinen. Jetzt zu weinen würde bedeuten, das Aus zu akzeptieren. Das konnte ich nicht. Das *wollte* ich nicht.

Ich schluckte. Schüttelte den Kopf. Schluckte noch mal.

»Sandro ...«, sagte ich erneut und umfasste wieder seine Hand, hielt sie fest. Ich würde sie nicht loslassen, ich würde *ihn* nicht loslassen. »Rede mit mir ... bitte.«

Er sträubte sich noch eine schreckliche Sekunde lang. Dann seufzte er schwer und ließ sich auf dem Treppenabsatz nieder. Ich ging mit ihm gemeinsam in die Hocke, balancierte auf meinen Absätzen und hielt mich behutsam an seinem Arm fest, ohne ihn aus den Augen zu lassen.

Sandro stemmte die Unterarme auf die Knie und starrte auf die polierten Stufen unter uns. Ich ertrug die Stille, auch wenn sie mich zerriss, hielt seine Hand fest, auch wenn seine Finger den Druck nicht erwiderten. Zählte meine flatternden Herzschläge und seine unruhigen Atemzüge, bis er endlich zu sprechen begann.

»Hör zu, ich will nichts weniger, als dass das mit uns endet. Aber ich kann nicht von dir verlangen, dass du einfach über alles hinwegsiehst, was du jetzt weißt. Ich kann nicht ertragen, wie du mich ansiehst, und noch weniger, wie traurig du dabei aussiehst. Ich kann verstehen, wenn du mich jetzt nicht mehr lieben kannst und dir das alles zu viel ist. Ich kann sogar verstehen, wenn du jetzt –«

»Sandro.«

Er hielt inne, als hätte meine Stimme ihn eingefroren. Schloss den Mund und starrte weiterhin auf die polierten Stufen zu unseren Füßen.

»Sieh mich an.«

Er gehorchte nicht. Also umfasste ich sein Kinn und drehte sein Gesicht zu mir. Seine grünbraunen Augen waren wie nebelverhangene Wälder, unendlich tief und unendlich fern.

Ich zwang meine Lippen dazu, endlich meine Gedanken auszusprechen. »Du dachtest wirklich ... ich hätte mich heute zurückgezogen, weil ich dich verlassen will?« Ich schüttelte gequält den Kopf. »Ganz im Gegenteil, ich wollte dir Raum geben. Du musst tausend Gedanken im Kopf haben, und ich weiß einfach nicht, was ich sagen kann, weil ich ...« Ich fand keine Worte mehr. »Ich weiß nicht, was ich tun soll, ich weiß nicht, was ich *sagen* soll, ich ... es tut mir alles einfach so schrecklich leid, ich ...«

Ich fand wirklich keine Worte mehr.

Er gab sich die Schuld daran, dass sein bester Freund an den Folgen einer Schlägerei gestorben war, die er selbst aus Egoismus und Eifersucht angefangen hatte. Und ausgerechnet der Typ, der dafür mitverantwortlich war, war gestern wieder in seinem Leben aufgetaucht –

noch dazu an der Seite seiner Ex-Freundin! – und hatte alle fast verheilten Wunden wieder aufgerissen, alle fast besiegten Dämonen wieder entfesselt. Welcher Mensch würde da nicht die Fassung verlieren?

Als Sandro sich immer noch nicht regte, löste ich behutsam die Hand von seinem Arm und legte sie an sein Gesicht. Ich streichelte seine Wange und drückte meine Stirn gegen seine Schläfe.

Er regte sich. Vorsichtig, zögernd. Drehte den Kopf und rieb seine Nase sanft gegen meine. Ich schloss die Augen und stupste genauso sanft zurück. Unsere Lippen fanden sich, streiften sich für den Hauch eines Kusses. Zart, beinahe schüchtern.

Dann griff er so unvermittelt in meinen Nacken und riss mich an sich, dass ich das Gleichgewicht auf den Heels verlor und mich an seinen Hals klammern musste. Sandro hielt mich sicher fest, während er in mein Haar griff und den Kuss vertiefte. Hungrig und leidenschaftlich und voller Begierde, die mein Herz tanzen und meinen Bauch explodieren ließ. Ich spürte die Hitze seines Körpers, seine Rastlosigkeit, all die aufgestauten Gefühle, die ein Ventil suchten. Unwillkürlich musste ich an die Nacht denken, in der er Olivia mit einer Schlägerei aus der Hinterhofparty geholt hatte. Sein Kuss war genauso verzweifelt gewesen, sein Körper genauso angespannt.

Aus unseren sanften Küssen wurde heftiges Knutschen, aus der innigen Umarmung wurde Verlangen, und bevor ich wusste, was ich tat, saß ich auf seinem Schoß und vergrub die Finger in seinem Haar. Er stöhnte, seine Hände glitten über meine Seiten und unter mein Kleid, und ich ignorierte die Tatsache, dass wir in einem Treppenhaus saßen. Bis das Licht anging.

Atemlos hielten wir inne und schielten durch das Treppengeländer nach unten, wo sieben Stockwerke unter uns hallend die Eingangstür ins Schloss fiel. Sandro legte stöhnend den Kopf in den Nacken.

»Sorry, Vany ...«

Ich verzog die Lippen zu einem Grinsen, die Arme immer noch in seinem Nacken verschränkt, die Beine immer noch um seine Mitte geschlungen, während hallende Schritte auf den Stufen der unteren Etagen erklangen.

»Wollen wir nach Hause fahren?«, bot ich an.

Sandros Augen fanden meine, sahen mich lange und intensiv an, während er mit sich rang. Aber ich war längst bereit, mühte mich schon auf die Beine, um meine Handtasche aus der Wohnung zu holen.

»Nein.«

Ich blinzelte. Perplex ließ ich zu, dass er mich zurück in seine Arme zog. Immer noch warm, aber beherrscht diesmal, beinahe distanziert.

»Das ist deine Geburtstagsparty, genieß sie! Es sind noch ...«, er warf einen kurzen Blick an meinem Körper vorbei auf seine Armbanduhr, »... dreieinhalb Stunden, bis Valeria Geburtstag hat.«

Ich legte die Hände auf seine Brust. Dreieinhalb Stunden, bis der Kampf losging. »Schaffst du das?«

Jetzt lachte er. »Ich werd's überleben.« Er drückte einen Kuss auf meine Schläfe. »Na los, geh wieder hoch. Ich komme gleich nach, okay? Ich muss nur kurz frische Luft schnappen.«

Ich hielt inne. Wenn dieses »kurz« so gemeint war wie jenes »gleich« vor zwei Stunden, würden wir uns vor dem Kampf nicht mehr sehen. Aber wenn er das jetzt brauchte, dann war das okay. Ich würde auf ihn warten. Wenn es sein musste, bis morgen früh.

Also nickte ich, als er mich noch mal küsste. Und ließ ihn gehen.

Ich behielt recht, er kam nicht zurück. Aber ich machte mir keine Sorgen. Zumindest nicht, bis ich zufällig Marc in der Küche traf, ihm auf seine Frage nach Sandros Verbleib knapp berichtete, und er förmlich ausrastete. Warum waren alle Jungs nur so gereizt, wenn –

Oh! Mir fiel auf, dass sie alle diese Woche kaum etwas gegessen hatten und vermutlich ohnehin schon ziemlich angespannt wegen des bevorstehenden Kampfes waren. Also schluckte ich jede Erwiderung hinunter und wollte seinen Ausbruch einfach abwarten, als er plötzlich fragte: »Hatte er Alkohol dabei?«

»Was?! Sandro trinkt keinen Alkohol!« Ich kam mir blöd vor, weil ich ihm erklärte, was wir beide wussten, aber Marcs Gesichtsausdruck machte mich nervös.

»Ja, zumindest nicht, wenn er sich unter Kontrolle hat! Ich will nicht den Teufel an die Wand malen, aber vor eineinhalb Jahren war es keine Seltenheit, dass Sandro mitten in der Nacht verschwunden ist und am nächsten Tag mit 'nem Kater und zwei Veilchen zurückkam!«

Mir wich das Blut aus den Beinen. Ich musste mich kurz setzen und plumpste wie ein nasser Sack auf den Barhocker an der Theke. Meine Gedanken rasten so schnell, dass ich keinen davon zu greifen bekam.

»Hast du schon versucht, ihn anzurufen?«

»Was?« Mein Magen spielte verrückt. Ich hatte das Gefühl, mich gleich übergeben zu müssen. Während ich fahrig nach meiner Clutch tastete, zog Marc zischend sein Handy aus der Tasche, wählte eine Nummer, hielt es sich ans Ohr und lauschte. Lange. Fluchte dann, als ich Sandros Mailbox bis hierher hörte.

»Alter, mach kein' Scheiß«, nuschelte er, während er eine andere Nummer wählte und nach ein paar Sekunden ohne Begrüßung fragte: »Ist Sandro bei dir?«

»... Nein?!« Ich neigte den Kopf näher zum Handy und glaubte, Charlies Stimme zu erkennen, die bei seiner unvermittelten Frage genauso beunruhigt klang wie die Alarmglocken in meinem Kopf.

Marc schloss die Augen und rieb sich den Nacken. »Kommt er überhaupt noch zu dir, wenn es ihm schlecht geht?«

»Ich hoffe doch ...?! Das letzte Mal ist allerdings schon eine Weile her. Kurz vor Weihnachten war das.«

»Betrunken?«

Sie lachte schrill. »Nein, nur zerschlagen. Marc, was ist los?! Habt ihr Probleme? Ist was mit Vanessa?«

Marcs Augen huschten zu mir. »Mit Vanessa ist alles okay.«

Lüge! Mit Vanessa war nichts okay! Sandro hatte das letzte Mal einen solchen Zusammenbruch mit anschließender Schlägerei an *Weihnachten* gehabt?! Da hätte er doch noch glücklich mit Isabella sein müssen ... Oh

Gott! Und ich hatte seiner zuversichtlichen Ruhe vorhin geglaubt und ihn gehen lassen. *Oh, Sandro! Wo bist du?*

»Ich fahre ihn suchen«, beschloss Charlie in der Leitung.

»Nein, du konzentrierst dich auf das Turnier gleich«, widersprach Marc. Dann grinste er. »Wie war das: ›Ich kümmere mich um Sandro, du kümmerst dich um den Club, Charles.‹«

Totenstille, die mir beinahe eisig durchs Telefon entgegenwehte. »Wenn du noch einmal meinen Bruder imitierst, reiße ich dir den Kopf ab, Marc.«

Er grinste noch breiter. »Wir sehen uns später. Grüß deine Mädchen von mir.« Dann legte er auf.

Ich beschloss nach Hause zu fahren, für den Fall, dass er dort war. Aufgewühlt diktierte ich Marc meine Nummer und verabschiedete mich herzzerreißend von Valeria. Ich hatte ein schlechtes Gewissen, dass ich die Geburtstagsparty meiner besten Freundin verließ, noch bevor sie Geburtstag hatte, aber als sie meinen Gesichtsausdruck sah und kurz darauf den Grund dafür hörte, fuhr sie mich höchstpersönlich nach Hause. Sie hatte genau wie ich nichts getrunken, weil sie noch Antibiotika wegen ihrer Blasenentzündung letzte Woche nahm.

Auf der Fahrt sprachen wir kaum ein Wort, während ich unablässig Sandros Handynummer anrief. Es klingelte jedes Mal endlos, bis schließlich die Mailbox ansprang. Und als ich die Haustür aufschloss, erkannte ich auch, warum: Weil es in der Wohnung klingelte. Genauer gesagt, in Jamies Zimmer, dessen Tür offen stand. Helles Mondlicht fiel durch den Spalt in den dunklen Flur.

»Sandro?«

Mit angehaltenem Atem lauschte ich dem lauten Vibrieren in der stillen Wohnung, und beklagte stumm, dass er sein Handy so selten mitnahm. Was, wenn ihm etwas passierte? Was, wenn er sich wirklich wieder betrank und wahllos eine Schlägerei anzettelte? Diesmal war Jamie nicht da, um ihn zu retten.

Ohne dass ich es wollte, wanderte mein Blick den Flur entlang zu der Tür, die ich in einem Monat nicht einmal durchschritten hatte. Es war nicht so, dass Sandro mir verboten hatte, das Zimmer zu betreten, ganz im Gegenteil, er hatte es mir sogar gestern Abend zeigen wollen, aber ich hatte ihn nicht noch mehr aufwühlen wollen. Jetzt allerdings trat ich behutsam näher, streckte die Hand aus und drückte zaghaft gegen die Tür, bis sie ganz aufschwang.

Das Zimmer sah nicht aus wie das eines Toten, das seit einem Jahr nicht mehr betreten worden war. Es sah aus wie ein ganz normales Zimmer in einer ganz normalen WG, mit einem breiten, sauber bezogenen Bett an der linken Wand und einem selbst gebauten Schrank, der die ganze gegenüberliegende Wand einnahm. Er war so exakt abgemessen, dass der Fernseher in der Mitte perfekt eingepasst war. Die linke Hälfte bestand aus offenen Regalböden, in denen vereinzelte Bücher standen, und die rechte Hälfte war mit Türen verkleidet, hinter denen sich vermutlich der Kleiderschrank verbarg.

Aber entgegen meiner Hoffnung gab es außer seinem Handy nichts, was Aufschluss über Sandros Aufenthaltsort gab. Kein Tagebuch, keine Fotos, kein persönlicher Gegenstand. Ich hätte mir sogar vorstellen können, dass Olivia hier mit Kerzen eine Art Altar aufgebaut hatte, aber – nichts. Es war einfach nur ein Ort, dessen Leben erloschen war.

Ich ließ den Blick über die silbergraue Bettwäsche, den Nachttisch und das offene Regal wandern, alles genauso ordentlich wie der Rest der Wohnung. Die wenigen Bücher waren keine Sachbücher wie im Wohnzimmer, sondern Romane. Ich sah eine zerlesene Uralt-Ausgabe von *Der Herr der Ringe* mitsamt einer Neuauflage des *Silmarillion*. Ein Fantasy-Fan, erkannte ich lächelnd. Mit einer sehr überschaubaren, aber dafür bestimmt umso heiligeren Sammlung. Dann fiel mein Blick auf die englischen Ausgaben der ersten fünf *Game of Thrones*-Bücher, und mein Herz zog sich zusammen, als mir bewusst wurde, dass Jamie niemals die letzten Bände würde lesen können.

Als ich nach einigem Zögern die Schranktüren öffnete, stellte ich fest, dass die Kleidung fehlte. Abgesehen von der hellgrauen Bettwäsche, die ich eine Woche lang benutzt hatte, hing nur eine einzelne Sweatjacke darin, und ich fragte mich unwillkürlich, ob das Bücherregal nicht vielleicht doch einmal genauso voll gewesen war wie der Kleiderschrank. Ob neben diesen beiden heiligsten Reihen nicht noch Dutzende andere gestanden hatten, und daneben vielleicht DVDs, Videospiele und Fotos. Und ob Sandro, Olivia oder Charlie nicht einfach alles davon weggegeben oder gespendet hatten, um nicht mehr täglich an das klaffende Loch in ihrem Leben erinnert zu werden.

Mein Herz wurde plötzlich so schwer, dass ich mich an Ort und Stelle auf den Boden sinken ließ, die High Heels abstreifte und die Beine anzog.

Betrübt schmiegte ich den Kopf gegen die Knie – und blinzelte auf ein silbernes Gehäuse auf dem untersten Schrankboden. Ich streckte die Hand aus, zog es hervor und stellte fest, dass es ein Kassettenrekorder war. So einer wie der, mit dem mein Daddy in seinem Büro manchmal Ideen diktiert hatte, der nur eine Reihe klobiger Knöpfe hatte und ein Fach für eine einzelne Hörspielkassette.

Aufnahme – Wiedergabe – Pause – Rücklauf – Vorlauf – Auswerfen

Mit hämmerndem Herzen drückte ich die letzte Taste und zog mit zitternden Fingern die Kassette heraus. Meine Sicht verschwamm, als ich die sechs mühseligen Großbuchstaben las: OLIVIA

Die Kassettenseite war abgespult, das linke Band leer und das rechte voll. Olivia hatte sie bis zum Ende angehört. Ich drehte die Kassette um und presste eine Hand vor den Mund. SANDRO

Mit verkrampften Eingeweiden schob ich die Kassette so herum zurück in den Spieler, schloss die Klappe. Und drückte auf *Wiedergabe*.

Stille, in der nur der Recorder knarzte. Dann ein tiefes Einatmen, ein kurzes Husten. »Scheeeiße …«

Es war halb Stöhnen, halb Lachen, wie von jemandem, der sich über seinen selbst verschuldeten Kater lustig macht. Bloß das entfernte Piepen eines EKG zerstörte diese Illusion, und es zog mir so sehr die Brust zusammen, dass ich schluchzen musste.

Dann begann Jamie zu sprechen. Seine Stimme war tief, aber wärmer als erwartet. Und rau, so rau, als wäre sie jahrelang nicht benutzt worden. »Okay … hör zu, Sanny. Das hier ist kein Abschiedsbrief, also mach dir keine falschen Hoffnungen.« Er lachte noch mal leise, atmete wieder tief durch, und ich lauschte atemlos der Stille. »Das ist mein Mittel gegen die Langeweile, weil ich in dieser Gummizelle von Intensivstation sonst wahnsinnig werde. Eigentlich wollte ich 'nen Brief schreiben, aber …«, ein Laut, der genauso gut Lachen wie Husten sein konnte, »… ich kann nicht mal den Scheiß-Arm heben. Vielleicht in 'nem Monat oder so. Aber dann könnt ihr mich wahrscheinlich eh wieder besuchen, also … Ich hoffe, deinem Arm geht's besser, ich hab gehört, dein Schlüsselbein ist gebrochen. Mein Beileid, Mann, ich wette, dir geben sie kein Morphium.« Er lachte leise und ich musste mitlachen, und gleich darauf erneut schluchzen. »Also. Das hier ist kein Lebwohl, Sannyboy. Das ist mein Beweis an dich, dass das Leben weitergeht. In einem Jahr werden wir darüber lachen.«

Kurzes Rascheln, dann Stille. Meine Augen flogen zu dem Recorder, der sich weiterdrehte. Dann wieder Rascheln. Dann unvermittelt:

»Ich hab dir gesagt, jeder Tag ist es wert, Sanny.« Die Stimme war noch genauso rau, genauso matt. Aber lebendiger, beinahe euphorisch. »Ich bin noch mal Onkel geworden. Kein Aprilscherz! Sienna Bennett. Klingt genauso schräg wie Charlie und Jamie Bennett. Klingt perfekt.« Mir kam in den Sinn, wie Marc am Telefon zu Charlie gesagt hatte, sie solle ihre Mädchen grüßen. Sie war zweifache Mutter? Das musste unglaublich hart sein neben dem Studio. »Tja, ich frag mich, wen ich hier bestechen muss, um ein Foto zu sehen. Ich hoffe, sie hat nicht wieder Darios Nase … Kannst du das fassen? Mit fünfundzwanzig hat meine nur zwölf Minuten ältere Schwester schon zwei Kinder. Damit hätte unser alter Säufer von Vater bestimmt nicht gerechnet … Joy kommt dieses Jahr in die Schule. Hoffentlich bin ich bis dahin wieder draußen, das will ich auf keinen Fall verpassen. Ich erinnere mich noch genau, wie winzig sie am Tag ihrer Geburt war. Vor sechs Jahren, kannst du das glauben? Das war in dem Jahr, in dem du in unser Programm gekommen bist. Krass, ich kenne dich fast so lang wie meine Nichte … Oh Mann, ich glaube, ich werde alt, Sanny.« Ein leises Lachen, das in ein verhaltenes Husten mündete, dann Rascheln.

Ich wartete atemlos auf die nächste Aufnahme und wurde von seiner Euphorie angesteckt, kaum dass seine heisere Stimme erklang.

»Heyyy! Was muss ich da hören? Du hast 'ne Freundin?! Glückwunsch, Mann! Ich freu mich schon drauf, Isab…«, er hustete unterdrückt, »… Ella kennenzulernen.« Jetzt lachte er leise, fluchte, lachte noch mal. »Hey, Ella! Cooler Name. Hoffentlich gehört sie nicht auch zu den Leuten, die ausrasten, wenn man ihre Namen verschandelt. So wie du. Oder Charlie. Tja, damit wird sie leben müssen.« Wieder lachte er hustend und ich lächelte mit ihm, während das Band weiterlief. Ich konnte kaum erwarten, was er als Nächstes sagen würde, ich freute mich auf den Schalk in seiner Stimme.

Doch nachdem es wieder geraschelt hatte, blieb es lange still. Nur das entfernte EKG piepte wie ein Metronom des drohenden Todes. Mein Lächeln verblasste.

Ein langes, tiefes Durchatmen. »Heute ist ein Scheißtag.« Dieselbe Stimme, dieselbe Rauheit. Aber weniger Euphorie. Und kein Schalk. »Scheiße, ich weiß nicht mal, welcher Tag heute ist. Immer noch April, schätze ich. Irgendwann war Ostern. Glaube ich. Vielleicht hab ich das geträumt.« Wieder eine lange Pause, in der ich die regelmäßigen Herztöne zählte. »Manchmal weiß ich nicht, ob ich schlafe oder wach bin. Das ist wie lebendig sterben … Glaubst du an Gott, Sandro?« Piep … Piep … Piep. Ein Seufzen. Dann Rascheln. »Du solltest das hier nicht hören.«

Stille, in der mein eigenes Herz unerträglich laut pochte, doppelt so schnell wie das EKG. Dreimal so schnell! Dann wieder Rascheln.

»Okay, hör zu …« Eine endlos lange Pause.

P…iep. P…iep. P…iep.

»Fuck.« Ein tiefes Husten. »Okay. Ich will, dass du weißt … Denk nicht mal für eine Sekunde, dass du schuld bist. Ich sage das, weil ich dich kenne. Weil ich weiß, dass du das denkst. Und weil es nicht st…immt!« Er musste husten, fluchen, einatmen, und schaffte nichts davon. Das Piepen beschleunigte sich leicht, flachte dann wieder ab. Ich hörte ihn so lange einfach nur atmen und nichts sagen, dass ich fürchtete, er würde während der Aufnahme sterben. Das könnte ich nicht ertragen. »Hör zu, ich will, dass du lebst, okay? Ich will, dass du glücklich bist. Dass du dafür sorgst, dass Ella glücklich ist. Und dass du verdammt noch mal keinen einzigen Tag mit Blödsinn verschwendest, klar?« Eine Pause, in der das Piepen wieder schneller wurde und heiße Tränen über meine Wangen strömen ließ. »Ich will, dass du das Studium durchziehst. Ich will, dass du das schaffst. Scheiße, ich *weiß*, dass du das schaffst ... Gott, ich bin so verdammt stolz auf dich, Sandro.« Ich presste mir die Hand auf den Mund, um nicht in Schluchzen auszubrechen, während Jamie wieder still wurde. Sich sammelte, um mit fester Stimme zu sagen: »Bleib, wie du bist, Mann. Und kannst du ...« Ein Laut, der tonloses Lachen, Husten oder Weinen sein konnte, »Pass auf, dass Livi kein' Scheiß macht, okay?«

Pause.

Endlose Pause.

Dann: »Wir sehen uns.«

Und dann: Nichts.

Ich brach vor dem Kassettenrekorder zusammen. Drückte die Stirn auf den rauen Teppich, grub die Fingernägel in die kurzen Fasern und weinte, bis sich ein nasser Fleck unter meinem Gesicht gebildet hatte. Holte schluchzend Luft und weinte noch mehr.

Ich konnte es nicht ertragen, mein Körper war buchstäblich nicht imstande, meine Gefühle zu verarbeiten, und ich hatte Jamie nicht einmal gekannt. Ich wollte mir nicht vorstellen, wie es Sandro gehen musste. Wie viele andere wären daran zerbrochen?

Ich schreckte heftig zusammen, als der *Wiedergabe*-Knopf mit einem lauten Klacken hochschnellte, als die Kassettenseite zu Ende lief. Wie viel Zeit war vergangen? Wie viele Minuten waren nach Jamies letzter Aufnahme leer geblieben? Wie viele Tage ...

Die Stirn immer noch auf den nassen Teppich gedrückt, tastete ich mit zitternden Fingern nach dem Knopf ganz rechts. Drehte die Kassette. Schloss den Deckel. Und drückte den zweiten Knopf von links, um Jamies Stimme wieder zu starten.

Vertrautes Rascheln, verhasstes EKG.

Und dieselbe raue, warme, schwache Stimme, die förmlich durch den Rekorder lächelte.

»Hey, Muffin.«

32 Der letzte Kampf

Vanessa

Ich schluchzte auf und stoppte die Wiedergabe.

Ich konnte Olivias Seite nicht anhören. Ich ertrug es nicht. Und ich hatte kein Recht dazu.

Plötzlich hatte ich das Bedürfnis, meinen Vater anzurufen. Aber es war nach zehn Uhr nachts, und ich wollte ihn nicht wecken. Ich blinzelte auf mein viel zu grelles Handy, dessen Licht in meinen Augen schmerzte, und nahm mir stattdessen fest vor, ihm morgen persönlich alles zu sagen, was ich die letzten zehn Jahre hinuntergeschluckt hatte. Doch jetzt musste ich Sandro finden. Ich regelte die Helligkeit meines Displays auf ein Minimum herunter und durchsuchte mein Adressbuch nach Marcs Nummer. Aber ich Idiotin hatte sie nicht abgespeichert. Mein Telefonbuch sprang von Mama zu Milias, und wieder kamen mir die Tränen. Bevor ich eine aktive Entscheidung getroffen hatte, öffnete ich den Kontakt meiner Mutter und schrieb eine einzige Nachricht:

Ich hab dich lieb, Mama.

Ich las die verschwommene Zeile gefühlte zwanzigmal. Dann kam mir der Gedanke, im »CJ« anzurufen, obwohl Google zeigte, dass es geschlossen war. Ich versuchte es trotzdem. Niemand hob ab. Und ich ließ den Kopf wieder auf den nassen Teppich sinken.

Vierzig Minuten lang lag ich reglos auf dem Boden, bis meine Beine einschliefen und meine Arme taub wurden. Ich starrte auf das Schattenspiel vor Jamies Fenster und malte die Muster mit den Augen nach. Ignorierte den Hunger, ignorierte den Schlaf, ignorierte das Loch in meiner Brust. Dann klingelte mein Handy.

»Sandro?!« Ich blinzelte heftig gegen die tanzenden Sternchen vor meinen Augen, weil ich mich so schnell aufgesetzt hatte.

»Sandro ist im Studio«, sagte Charlies leise Stimme. »Sorry, ich hab die Anrufweiterleitung jetzt erst gesehen. Ich fahre gerade hin.«

»Charlie?« Mir kamen fast schon wieder die Tränen. »Es tut mir so leid!«

»Sei nicht albern, dir muss am allerwenigsten leidtun«, antwortete sie, obwohl sie keine Ahnung hatte, was ich wirklich meinte.

Ich wischte mir verlaufene Mascara von den Wangen. »Geht es ihm gut?«

Eine kurze Pause. »Ich denke schon. Gina sagt, er sieht zerknirscht aus, aber nicht, als hätte er sich geprügelt. Scheint, als wärst du wirklich ein guter Einfluss auf ihn, Vanessa.«

Ich verzog leidend das Gesicht. Wie konnte ich das sein, wenn er vor mir davonlief? Aber das sprach ich nicht aus. Stattdessen wurde die Leitung still, als wir beide unseren Gedanken nachhingen.

»Kann ich ... vorbeikommen?«

Ich hielt den Atem an, während sie tief Luft holte. »Das muss er selbst entscheiden. Ich bin gleich da. Ich sage ihm, er soll dich anrufen, okay?«

Ich schluckte trocken, nickte schwach. »Ja ... danke. Und danke, dass du angerufen hast.«

»Das ist das Mindeste. Mach dir keine Gedanken, Vanessa. Und ...« Ich horchte hoffnungsvoll auf. »Gib ihn nicht auf.«

Ich nickte heftig, auch wenn sie das nicht sehen konnte. »Werde ich nicht.«

Wieder hörte ich sie lächeln. »Ich weiß.«

Dann legte sie auf. Aber ich hielt mir das Handy noch lange fest ans

Ohr in der Hoffnung, dass sich die Verbindung irgendwie noch mal aufbauen und ihn mir näher bringen würde.

Was nur dazu führte, dass ich fast einen Herzstillstand bekam, als es irgendwann später direkt neben meinem Kopf klingelte. War ich kurz eingeschlafen? Zwischen Schreck und Vorfreude nahm ich den Anruf halb blind an, bis mein kognitives Sehvermögen nachzog.

»Isabella?!«, las ich erstaunt den Namen auf dem Display.

»Oh, das ging ja schnell! Du hast noch nicht geschlafen, oder? Ich wollte nur ...« Sie schien etwas überrumpelt und musste sich kurz sammeln. »Happy Birthday, Vany! Sorry, dass ich erst jetzt anrufe, Sammy war bis eben noch da. Und noch viel mehr sorry wegen gestern! Ich hab keine Ahnung, was da passiert ist. Ich hab ihn noch nie so erlebt!«

Okay, das war ... überraschend! Isabella entschuldigte sich für etwas! Lag das tatsächlich an diesem Samuel? Oder daran, dass ich nicht mehr bei ihr wohnte? Ich wusste es nicht, aber ich stellte fest, dass ich mich darüber freute. »Danke! Es bedeutet mir viel, dass du anrufst.« Ich überlegte kurz, fragte dann: »Hat er denn noch was gesagt?« Einen Versuch war es schließlich wert.

»Nein, gar nicht! Und Sandro?«

Ich schluckte schwer. Aber ich wollte Isabella nichts erzählen, weder von dem, was er gesagt hatte, noch von allem, was wir seitdem nicht mehr gesagt hatten, und erst recht nicht von allem, was Jamie gesagt hatte. Deswegen verneinte ich schlicht.

»Okay, also, wegen deinen Sachen«, wechselte sie jetzt das Thema. »Wenn du willst, könnt ihr sie morgen holen kommen. Kein Stress, versprochen! Sammy geht gleich mit ein paar Jungs zu irgendeinem Sportwettevent in der Nähe und macht wahrscheinlich die Nacht durch, und ich bin morgen den ganzen Tag zum Lernen verabredet. Ich leg dir 'nen Schlüssel unter die Fußmatte, okay? Und wenn du willst, können wir ja irgendwann noch mal ... also, ich würde mich echt freuen, wenn wir vielleicht noch mal 'nen Kaffee trinken oder so? – ... – Bist du noch da? Vany?!«

Erst als ich meinen Namen hörte, reagierte ich wieder.

Ein Sportevent? Mit Wetten? Mein Blick zuckte zur Uhrzeit auf meinem Handy. Schon kurz nach elf!

»Ich muss auflegen!«

»Bist du bescheu–?«

Aber ich kümmerte mich nicht um Isabellas Wutausbruch, sondern wählte sofort Charlies Nummer. Es klingelte. Lange. Dann sprang ihre Mailbox an. Oh Gott!

Hastig sprang ich auf und lief ins Bad, während ich im »CJ« anrief. Mit dem Handy am Ohr rieb ich mir mit einem Kosmetiktuch die verlaufene Schminke aus dem Gesicht, um nicht allzu sehr auszusehen wie Zombie-Disco-Barbie.

Während ich gerade einen Müsliriegel aus dem Schrank zog, um auf dem Weg nicht vor Hunger in Ohnmacht zu fallen, ging endlich eine Frauenstimme dran, die sehr viel jünger und höher klang als Charlies.

»Hi, ist Charlie schon da?«, platzte ich mit der Tür ins Haus.

»Nee, erst in zehn Minuten, schätze ich. Kann ich was ausrichten?«

Ich massierte mir die Schläfen. Kurz erwog ich, Sandro ans Telefon zu holen und ihm von meinem Verdacht zu erzählen, aber das würde vermutlich nur noch eine viel größere Katastrophe heraufbeschwören. Zumal es ja nur ein Verdacht war. »Hast du 'ne Gästeliste oder so?«

Sie lachte. »Gästeliste?! Schätzchen, das hier ist kein Bling-Bling-Club, sondern –«

»Dann eben eine verdammte Liste der Kämpfer, oder was auch immer ihr da führt!«

»Gott, entspann dich!« Papierrascheln. »Was brauchst du?«

»Samuel Richter?«

Stille, in der Papier raschelte und mein Herz beinahe aus meiner Brust sprang. »Negativ.«

»Simon?«

»Auch Richter?«

»Ja!«

Wieder Papierrascheln, während mir einfiel, dass der ja im Gefängnis saß. Oder?

»Nope. Kein Richter: Nur Radonjic, Schmitz, Schubert, Stavaros, Theis, Vitello – haha.« Sie lachte.

»Was?!«, keuchte ich.

»Hier gibt's ernsthaft 'nen Typen, der Sam Winchester heißt!«

Ich erstarrte. Dann zog ich völlig unpassenderweise Sneakers zu meinem Kleid an, schnappte meinen Schlüssel vom Brett und eilte aus der Wohnung.

Sandro

»Sieh einer an!«

Ich ignorierte Marcs Blick und Worte, während ich weiter am Boden Liegestützen zählte – allein in der Umkleide, weil vorne schon der erste Kampf stattfand und alles voller Zuschauer und Gastkämpfer war. Santiago machte den Auftakt, und was ich vorhin gesehen hatte, hatte mich in grimmiger Zufriedenheit nicken lassen. Ich erwartete heute viele Siege für uns, ärgerte mich aber, dass keiner vom *Alpha Gym* aus meiner Gewichtsklasse dabei war. Bei denen machte es nicht so viel aus, wenn ich ein bisschen dreckiger kämpfte als üblich, und weniger Punkte als die mit ihrer schlampigen Ausführung konnte ich trotzdem nicht machen.

Wenigstens war der Kampfstil von Yannick, meinem Gegner vom *25hours*, technisch sauber, und ich hatte Charlie nach Absprache mit ihm überredet, statt dem Punktekampf im zähen Semikontakt einen Leichtkontakt-Showkampf einzubauen. Das war auch deutlich spannender für Zuschauer und brachte vielleicht sogar mehr Tipp-Gelder, weil nicht nach jedem Schlag unterbrochen, sondern durchgekämpft wurde. Das wiederum erforderte nicht nur Technik, sondern vor allem extrem viel Ausdauer und Konzentration. Also genau das, was ich jetzt brauchte, und ich war so was von bereit. Yannick war ein paar Zentimeter kleiner und eineinhalb Kilo leichter als ich, aber seine Arme waren lang und seine Schläge ziemlich rasant. Ich konnte es kaum erwarten.

»Willst du mir erzählen, wo du warst?«

Nein, das wollte ich nicht. Da gab es nämlich nichts zu erzählen. Ich war spazieren gegangen, wie ich es Vanessa versprochen hatte. Dann war ich nach Hause gefahren, hatte meine Sportsachen geholt, und war hierhergekommen. Ende der Geschichte.

Ich wollte Vanessas Geburtstag vielleicht nicht mit meiner Anwesenheit belasten, aber ich wollte ihn auf keinen Fall zerstören, indem ich ihr das Herz brach. Oder mir die Knochen.

»Wie sieht das aus, hast du vor, die hundert vollzumachen oder redest du bald mal mit mir?«

»Dreißig«, zählte ich laut, als mein Sechzig-Sekunden-Intervalltimer piepte. Mit einem Satz kam ich auf die Füße und griff wieder nach dem Trainingsseil. Niemand machte hundert Liegestützen in sauberer Ausführung, schon gar nicht vor einem Kampf, und das wusste Marc auch. »Du kannst gerne reden, wenn du musst. Aber als dein Trainer würde ich dir sagen, spar dir lieber den Atem und fang an, dich aufzuwärmen.«

Dreißig Sekunden lang starrten wir uns nieder, während ich immer schneller und höher sprang, und ich sah deutlich, dass er an Vanessa und den frühen Abend dachte. Ich dachte schließlich auch permanent daran, und meine Seele zerbrach beinahe an dem Schmerz. Zumindest immer dann, wenn ich diesen Schmerz nicht gerade in meinen Körper zwang, indem ich meine Muskeln bis zur Erschöpfung trieb. Es war besser so. Dreißig Sekunden. Dann kapitulierte Marc, ließ die Sporttasche fallen und zog den Reißverschluss seiner Trainingsjacke auf.

»Du kämpfst gegen Yannick, oder?«

Ich nickte, weil mein Atem zu schnell für Konversation ging. »Du?«

»Tobias Bennau, nie gehört. Wie viele Minuten machst du schon?«, fragte er, als mein Timer piepte und ich mich auf den Rücken fallen ließ, um Sit-ups zu machen. »Neun?«, las er dann selbst, »Alter …!«

Ich nickte. Normalerweise machten wir fünf bis sieben Minuten Intervalle à dreißig Sekunden. Die beste Beschreibung von Intervalltraining hatte ich mal in einem YouTube-Video gehört: »Auf einer Intensitätsskala von eins bis zehn sollte man am Ende jeder Einheit bei ›Kurz vor Kotzen‹ stehen.« Und mein Körper war kurz vor dem Kollaps, aber es fühlte sich gut an. Lebendig.

»Wann?«, keuchte ich, und meinte damit Marcs Aufstellung, was er dankenswerterweise begriff.

»Kampf Nummer sechs. Du? Vier, oder?« Ich nickte gepresst, während ich mit zusammengebissenen Zähnen die Sekunden zählte. Marc sah durch ein imaginäres Fenster in das überfüllte Studio hinter der dicken Betonwand. »Tiago ist grad draußen. Sah ganz gut aus, ich glaube, er macht den Kampf. Er ist fokussierter, seit …«

Achtundzwanzig, neunundzwanzig, Scheiße, tat das weh!

Seit er mit meiner Freundin geschlafen hatte?

Fick dich, Tiago! Fick dich, Marc! Fick dich, Welt!

Der Timer piepte zum erlösenden zehnten Mal, und ich streckte alle viere von mir wie ein Gekreuzigter, blieb sechzig Sekunden lang auf dem Boden liegen und tat einfach gar nichts, außer den Entspannungsschmerz zu genießen, mit dem sich meine Muskeln wieder lockerten. Dann rollte ich mich auf die Seite und stand auf. Ich sah kurz Sterne, aber das war normal, und bei Kampfbeginn in vierzig Minuten würde ich voll da sein. Ich leerte meine dritte Wasserflasche, während Marc das Seil aufnahm und seinerseits zu springen begann.

»Geht's?«, keuchte er.

Ich nickte, leerte auch noch meinen Proteinshake und stand auf. »Ich geh mal gucken, was Tiag–«

Weiter kam ich nicht, denn in dem Augenblick flog die Tür der Umkleide so plötzlich auf, dass ich zusammenzuckte.

Charlie.

»Entschuldigen Sie mal, gute Frau«, gluckste Marc atemlos, »Das hier ist die Männer-Umkleide! Ein bisschen Privatsphäre, wenn ich bitten darf … Charlie?«

Seine Erheiterung verebbte genauso schnell wie meine, als wir ihren Gesichtsausdruck sahen. Sie sah aus, als würde sie gleich jemanden umbringen, und obwohl sie ihrem Zwillingsbruder überhaupt nicht ähnlich sah, war die unerbittliche Entschlossenheit in ihren Augen dieselbe, die ich seit einem Jahr so schmerzlich vermisste.

»Wer hat diese Typen in meinen Club gelassen?!« Ihre Stimme war ein Grollen, ein wölfisches Knurren, und es sah fast so aus, als würde sie dabei sogar die Zähne fletschen.

»Was?«, fragte Marc.

»Wen?«, fragte ich.

Statt einer Antwort begann ihr Blick zu flattern, sprang plötzlich hilflos umher, während sie beide Hände hob, wie um sich an zwei unsichtbaren Wänden abzustützen, und sich dann in die voluminös toupierten Haare griff.

Dann verlor sie die Beherrschung, fiel an Ort und Stelle auf die Knie und krümmte sich in lautlosem Schmerz. In demselben Schmerz, der seit über einem Jahr in meine Seele schnitt.

»Oh Gott, waruuum ...?!«, wimmerte sie. Plötzlich war ihre Stimme nicht mehr die einer Wölfin, sondern die eines sterbenden Rehs, und ich wusste, dass es nur drei Menschen auf der ganzen Welt gab, die diese Reaktion in ihr hervorrufen konnten. Die diese Reaktion in *mir* hervorrufen konnten.

»Charlie!« Marcs Stimme echote in meinem Kopf.

Ich setzte mich so schnell in Bewegung, dass meine Beine fast versagten. Aber er war schneller. Charlie wiegte sich auf dem Boden vor und zurück, beide Arme fest um den Körper geschlungen, und als er sie in die Arme nahm, krallte sie die Finger in seine nackten Schultern.

»Sag mir, wer dir oder den Mädchen wehgetan hat, damit wir *ihm* wehtun können«, sagte Marc leise.

Sie antwortete nicht sofort, aber ich konnte es mir schon denken. Und ich war bereits durch die Tür gestürmt, bevor sie den Namen hervorpresste wie ein Geschwür: »Samuel Richter.«

»SANDRO!!!«

Ich ignorierte Marcs Schrei, während ich eisern durch die Menge neben dem Ring pflügte, in dem nicht mehr Tiago kämpfte. Das war irgendwer anders, aber ich interessierte mich nicht dafür. Ich interessierte mich für gar nichts außer der hochgewachsenen Gestalt mit der beschissenen Modelfrisur.

Samuel sah mich von Weitem, als die Leute mir Platz machten. Vielleicht, weil sie vor meinem finsteren Gesichtsausdruck zurückwichen, aber wahrscheinlicher war, dass sie meinen nackten Oberkörper und meine Bandagen sahen und mich für einen der nächsten Kämpfer hielten.

»Das ging ja schneller als erwartet!«, rief Samuel, »Weißt du, ich wollte eigentlich gegen dich kämpfen, aber – was soll ich sagen? – du bist einfach zu leicht!«

Er breitete provozierend die Arme aus und ich gab einen Scheiß auf die Zuschauer, seine beiden Freunde und das Gesetz, sondern holte noch im Laufschritt aus – und kassierte fast eine Schulterzerrung, als ich brutal zur Seite gerissen wurde.

»Hast du sie noch alle?!«, zischte ich Marc an, während wir beide zurück auf die Beine kamen. Er stieß mir unwirsch gegen die Schulter, bis ich wieder ein paar Schritte von Samuel und seinen zwei Freunden wegstolperte.

»Spinnst du? Hast du dich mal umgeguckt? Du kannst vor hundert Leuten keine Schlägerei anfangen!«

»Wir sind in 'nem beschissenen Boxclub!!!«, hielt ich dagegen.

»Und du bist noch k. o. vom Training und hast keine Schutzausrüstung an!«, konterte er.

»Das letzte Mal, als ich nachgesehen hab, warst du noch Marc und nicht meine Mutter, also halt dich aus meinen Angelegenheiten raus!«

»Echt mal, lass ihn doch, wenn er –«

»Schnauze!«, blaffte Marc in Samuels Richtung.

»Marc hat recht, Sandro!« Das war Charlie. Ihre Augen waren hasserfüllt auf Samuel geheftet, aber ihr Gesicht war so verzerrt, dass es mir beinahe körperliche Schmerzen bereitete. »Du willst dich prügeln? Für was, für den Kick? Für Rache? Ich sag dir, was passieren wird! Du wirst ins Krankenhaus eingeliefert! Im wahrscheinlichsten Fall fällst du nur ins Koma, und deine Freundin kann dich 'nen Monat lang durch 'ne beschissene Scheibe auf der Intensivstation angucken! Und im schlimmsten Fall wirst du …« Ihr Gesicht verzog sich zu einer unkenntlichen Fratze, weil sie den Satz und den Gedanken genauso wenig beenden konnte wie ich. Stattdessen holte sie tief Luft. »Und im besten Fall gehst du ins Gefängnis, und davon hat auch niemand was!«

»Na ja, ich hätte davon schon was!«, entgegnete Samuel mit einer so selbstgefälligen Visage, dass ich gleich noch mal auf ihn losging und abermals gegen Marcs Schulter krachte.

»Dich fragt aber niemand, Arschloch!«, schrie Charlie, während auch Marc »Halt's Maul!« fauchte.

Charlie bebte vor Wut, hielt aber die Augen zusammengekniffen, bis sie sich genügend unter Kontrolle hatte, um zu sagen: »In zehn Minuten ist die Polizei hier und ich kenn den Einsatzleiter ziemlich gut, also sorgt ihr besser dafür, dass ihr bis dahin verschwunden seid, sonst fällt denen bestimmt ein Grund ein, euch gleich mitzunehmen! Und ich schwöre euch …«

Sie beendete den Satz aus juristischen Gründen nicht, obwohl Samuel interessiert den Kopf schief legte. Er wusste genau, was jedem Einzelnen von uns – und vor allem dem »CJ« – drohen konnte, wenn wir hier mit einem klaren Rachemotiv eine Schlägerei anfingen, und er legte es genau darauf an. Aber das war mir scheißegal.

»Ja, ich erinnere mich! Dein Bruder war auch Polizist, oder? Hat ihm ja nicht so viel –«

»SANDRO!«

Es war Marcs Bärengriff, der mich festhielt.

Aber es war Vanessas Stimme, die mich davon abhielt, etwas wirklich Dummes zu tun.

33 Mehr als die Summe unserer Fehler

Sandro

Wie in Zeitlupe drehte ich den Kopf. Ein Teil von mir hatte Angst, Vanessa anzusehen, sie hier in der Nähe zu wissen, aber ein anderer Teil sehnte sich danach. Und als mein Blick sie gefunden hatte, immer noch in ihrem goldenen Geburtstagskleid wie ein atemberaubender Engel in dieser schrecklichen Hölle, stellte mein Körper einfach alle Funktionen ein. Ich konnte nichts anderes tun, als in ihr unfassbar schönes Gesicht zu starren, während sie entsetzt zwischen Charlie, Samuel, Marc und mir hin und her sah.

Ich hörte mindestens ein halbes Dutzend Menschen scharf einatmen, und wer sich bisher nicht um uns gekümmert hatte, schenkte uns spätestens jetzt seine volle Aufmerksamkeit.

»Oh bitte!«, stöhnte Samuel, aber Marc schnauzte ihn abermals an, die Klappe zu halten. Ich blendete ihn komplett aus, weil mein Kopf vollends damit beschäftigt war, die Situation zu begreifen.

»Was ... tust du hier?« Ich zwang meinen Blick zur Uhr an der Wand. »Seit einer halben Stunde hat deine beste Freundin Geburtstag.«

»Ich weiß, aber es gibt gerade jemanden, der mir wichtiger ist. Und es gibt keinen Ort, an dem ich jetzt lieber wäre.«

Sie trat auf mich zu und Marcs Schraubstockgriff um meine Mitte lockerte sich, wurde abgelöst von ihren zarten Händen auf meiner Brust. Das Verlangen, meine Arme um ihre Taille zu legen, war plötzlich übermenschlich.

»Ich habe dich sitzen lassen …«, ächzte ich, »an deinem Geburtstag …«

Vanessa lächelte. »Nein, hast du nicht. Du hast lediglich gesagt, dass du kurz spazieren gehen musst. Aber selbst wenn du es getan hättest …« Sie nahm meine linke Hand, die gerade so nutzlos wie ein nasses Handtuch neben meinem Körper baumelte, und legte sie auf ihre Brust, dorthin, wo ihr Herz war. »Das ist nicht deine Entscheidung. Du hast mir etwas gestohlen, schon vergessen? Und dafür hast du deine Strafe noch nicht abgesessen.«

Ich vergaß, wie man atmet, als ich erkannte, dass sie meine eigenen Worte wiederholte. Und als sie sah, dass ich es erkannte, lächelte sie. »Ich liebe dich, Sandro, auch wenn du das nicht begreifen kannst. Du denkst, du wärst ein schlechter Mensch, dabei bist du der beste, den ich jemals getroffen habe. Du denkst, du hast unverzeihliche Fehler gemacht, aber genau das dachte ich von mir selbst, bis ich dich getroffen habe. Und weißt du was? Du hattest recht! Ein umwerfender Mensch hat mir mal gesagt, dass wir mehr sind als nur die Summe unserer Fehler.« Ich hielt inne, als mir auffiel, dass sie mich damit meinte, auch wenn das nicht ganz mein Wortlaut gewesen war. Vanessas feuchte Augen strahlten schmerzlich. »Deine Fehler haben dich zu dem gemacht, der du jetzt bist. Und das ist der Mann, den ich liebe! Du warst der erste Mensch, der jeden einzelnen meiner Fehler gesehen hat, meine Selbstzweifel, meine Unfähigkeit, Dinge zu beenden, meine Essstörung, sogar meine Untreue. Und du liebst mich trotzdem! Du bist der einzige Mensch, der mir das Gefühl gibt, wichtiger zu sein als alles andere. Und für mich bist *du* wichtiger als alles andere. Vergiss das niemals, egal was du tust.«

Ich war sprachlos. Überwältigt. Klappte den Mund auf, ohne etwas sagen zu können. Atmete ein, ohne Luft zu bekommen. Umfasste ihr Gesicht, einfach um sicherzugehen, dass sie da war, dass sie echt war. Und sah ihr so tief in die Augen, bis sich ihre mit Tränen füllten.

»Alter, müssen wir das jetzt ernsthaft noch länger ertragen?«, beanspruchte Samuel Richter wieder meine Aufmerksamkeit.

Charlie drehte sich halb weg und biss in ihre Faust, um nicht die Beherrschung zu verlieren oder etwas Dummes zu sagen, Marc hob abermals eingriffsbereit die Hände in meine Richtung.

Ich heftete meinen Blick auf Samuel und schob Vanessa behutsam zur Seite. Sie sagte gequält meinen Namen, aber ich drückte ihre Hand.

»Keine Sorge«, versicherte ich, ohne den Blick von Samuel zu nehmen.

Es kostete mich große Überwindung, alle Konzentration und jeden Funken Willenskraft, ihn nicht sofort mit einem Aufwärtshaken zu Boden zu schicken. Stattdessen trat ich dicht vor ihn. So dicht, dass die Chancen gefährlich gut standen, dass *er mir* gleich die Nase brechen oder einen Zahn ausschlagen würde.

»Hör zu, Arschloch«, sagte ich, leise genug, um meine todernsten Absichten deutlich zu machen, aber laut genug, dass es alle hören konnten. »Mord verjährt nicht. Und wenn dein Bruder in zehn Jahren rauskommt, dann werde *ich* auf der anderen Seite der Bank sitzen. Und dann werde ich dafür sorgen, dass er wieder reinkommt – und da bleibt.«

Samuel zog die Oberlippe so kräftig hoch, als würde er sich einen Dorn aus dem Gaumen saugen wollen – oder mir gleich ins Gesicht spucken. Jetzt war ich derjenige, der bereitwillig die Arme ausbreitete, jede Sekunde in Erwartung des Schlags, der mich sofort zu Boden schicken könnte, aber ihn ins Gefängnis.

Zu meinem Leidwesen hatte Samuel erstaunlich viel Körperbeherrschung – und Köpfchen. Statt mir eine zu verpassen, drehte er den Oberkörper mit einem Wutschrei zur Seite und boxte seinem linken Nachbarn gegen den Bizeps, sodass der fluchend zurückzuckte.

»Nicht, wenn du bis dahin tot bist, Stavaros!«

Ich konnte nicht leugnen, dass es höllisch beängstigend war, von einem vor Wut kochenden Zwei-Meter-Muskelmann den eigenen Tod mitten ins Gesicht gesagt zu bekommen. Aber der eisige Schauer auf meinem Rücken mischte sich mit grimmiger Freude in meinem Bauch. Ich lächelte finster und trat noch näher vor ihn, bis sich unsere Nasenspitzen fast berührten.

»Danke«, wisperte ich und musterte sein Gesicht, während ich sprach. Ich musterte die gezackte Braue, die Jamies Haken hinterlassen hatte, die kleinen Leberflecke und die vergrößerten Poren. »Du hast mir gerade vor Zeugen mit dem Tod gedroht, Arschloch! Alles, was mir jetzt passiert, wird Mord sein. Und dafür kriegst du dann auch ›lebenslänglich‹. Du sorgst also besser dafür, dass ich am Leben bleibe, sonst kann eure Mama euch beide besuchen kommen.«

Das war's. Samuels Rechte schnellte vor, kurz darauf die Linke. Ich wich aus, duckte mich und rammte mehr aus Reflex als allem anderen die Linke in seine Nierengegend. Sofort kam ich auf die Beine und wich drei schnelle Schritte zurück, hob beide Hände, um nicht-existenten Schiedsrichtern zu zeigen, dass kein Körperkontakt mehr bestand. Samuel richtete sich gerade mit Hilfe seiner beiden Kumpels wieder auf, als Marc vorsorglich zwischen uns trat und »Ihr geht jetzt besser« knurrte. Ich spürte Vanessas eisige Finger auf meiner Schulter und umschloss sie mit meinen, ohne den Blick von Samuel zu nehmen.

»Das war Körperverletzung«, zischte der.

»Das war Notwehr, und das hat jeder hier gesehen«, entgegnete Marc.

»Ach ja? Und kannst du das auch beweisen?«

»Ich kann das beweisen!«, sagte Vanessa jetzt laut und versetzte mir damit einen schlimmeren Schlag, als Samuel je vermocht hätte. Ich wollte auf keinen Fall, dass sie irgendwas damit zu tun bekam. Doch bevor ich sie festhalten oder auch nur ihren Namen sagen konnte, trat sie einen Schritt vor und hielt ihr Handy in die Höhe. »Wenn du willst, kann ich das auch jetzt gleich mit elftausend Instagram-Followern teilen.«

Ich sah den Schock in Samuels Augen, spürte den Ruck, der durch Marcs Körper ging, als wäre es mein eigener, und hörte dann Charlies Lachen. Es war nicht höhnisch, nicht hysterisch, aber auch nicht bitter. Es war einfach ein Lachen. Das Lachen der Zwillingsschwester meines toten besten Freundes. Und ob ich wollte oder nicht, es trieb mir ein Lächeln auf die Lippen.

Vanessa

Ich berührte immer noch Sandros Schulter, hatte nicht eine Sekunde lang den Kontakt zu seiner Haut unterbrochen, während die drei wohl oder übel den Rückzug antraten. Das Video speicherte ich.

»Hey, Winchester!«, rief ich ihm nach.

»Vanessa«, zischte Sandro sofort und umfasste meinen Arm.

Ich wehrte mich nicht, löste meinen Blick aber auch nicht von Samuel, bis er sich umdrehte und mich so finster ansah, dass ich unwillkürlich einen Schritt zurück machte, wo mich Sandros harte Brust auffing. Ich hob das Handy.

»Ich werde das Video behalten. Und wenn Isabella mich jemals heulend anruft und du der Grund dafür bist, dann werde ich es hochladen.«

Er starrte mich noch einen endlosen Moment lang nieder, dann schob er den Unterkiefer vor und ging. Die Polizei kam an, als die drei gerade die Bar passierten, aber Charlie kümmerte sich diskret darum, um das Turnier nicht zu unterbrechen. Ich weiß nicht, was sie ihnen erzählte, aber ich war zuversichtlich, dass die drei nie wieder einen Fuß ins »CJ« setzen würden.

Marc atmete als Erster auf und drehte sich zu uns. Ich sah Sandro an, der mir so versonnen ins Gesicht sah, als müsste er sichergehen, dass ich wirklich echt war. Als ich vorsichtig lächelte, regte sich auch in seinem Gesicht zum ersten Mal etwas: der einzelne linke Mundwinkel. Gebannt sah ich zu der darüberliegenden Augenbraue, und als mein Blick dort ankam, hob auch sie sich.

Mein Lächeln wurde zu einem Grinsen.

Sandro lächelte auch kurz, schüttelte dann den Kopf und hielt meine Hände auf, als ich sie um seine Mitte schlingen wollte. Nicht, um mich wegzustoßen, sondern um seine Finger mit meinen zu verschränken und mich festzuhalten.

»Warum …?«

Ich machte eine verständnislose Miene. »Hast du mir nicht zugehört?«

»Doch.« Ein leises Lächeln. »Jedes einzelne Wort. Ich kann nur nicht verstehen ... Ich kann nicht *glauben* ...« Er drehte den Kopf zur Seite und kniff die Augen zusammen, um den Sturm in sich zu bezwingen. Holte tief Luft, setzte zum Sprechen an. Einmal. Zweimal. »Hör zu, Vany ...«

»Nein! Schluss damit!« Er glaubte, er wäre ein schlechter Mensch und hätte kein Glück verdient, aber da täuschte er sich! Und wenn er das nicht kapieren wollte, dann würde ich es ihm eben zeigen!

»Aber ...«

»Kein aber! Wahrheit oder Pflicht, Sandro.«

»Was?« Seine Brauen zogen sich verständnislos zusammen, und seine Miene machte mehr als deutlich, dass er das jetzt nicht spielen wollte. Aber ich starrte ihn unerbittlich nieder, bis er die Schultern sinken ließ, ohne meine Finger loszulassen. »Pflicht«, wählte er erwartungsgemäß. Gut.

Ich zog an seinen mit meinen verschränkten Fingern, bis wir dicht voreinander standen, und sah ihm eindringlich in die Augen. »Hör auf, dich so fertigzumachen! Hör auf, dir die Schuld an Jamies Tod zu geben, und hör auf, unsere Beziehung infrage zu stellen!«

Seine Augen blickten störrisch und ich sah den Widerstand darin, noch bevor er mit dem Kopf schüttelte und stattdessen »Wahrheit« nahm. Auch gut!

»Liebst du mich?«

»Was?«

»Liebst du mich, Sandro?«

Jetzt löste sich seine Körperspannung. Er schüttelte geschlagen den Kopf, leckte sich über die Lippen, und ich sah an seinem halb unterdrückten Grinsen, dass er meine Finte wohlwollend anerkannte. Dann sah er mir tief in die Augen, als er seine Hände aus meinen löste und stattdessen auf meine Taille legte.

»Ja.«

Ich grinste ebenfalls, während ich die Arme um seinen Hals schlang. »Dann halt den Mund und küss mich.«

Und er küsste mich. Er küsste mich, bis seine Lippen wieder lächelten und mein Herz wieder mit seinem im Einklang schlug. Bis Charlie zurückkam und ich all meine Körperbeherrschung aufwenden musste, um ihn gehen zu lassen und quälende zwanzig Minuten lang im Ring zu bewundern. Dieser Kampf war anders als die bisherigen, die ich gesehen hatte. Er erinnerte mehr an das, was auf dieser Hinterhofparty passiert war, bloß kontrollierter und mit beruhigender Schutzausrüstung. Und so hatte ich nicht die geringste Angst um die Unversehrtheit meines Freundes, während ich ihm dabei zusah, wie er auswich und austeilte, boxte und blockte. Ich bewunderte abermals seine Schnelligkeit, seine Stärke und seine Ausdauer, und als ich sah, wie konzentriert die beiden kämpften und wie viel Spaß sie dabei hatten, verstand ich zum ersten Mal und freute mich darüber, dass es diesen Sport gab. Dass Charlie und Jamie diesen Club gegründet hatten, um verlorenen Jungs und verwundeten Kids wie ihm ein Ventil zu geben, ihre Wut auf die Welt rauszulassen, ohne dabei mit dem Gesetz in Konflikt zu kommen oder sich in Lebensgefahr zu bringen.

Und ich würde den beiden ein Leben lang dankbar sein. Wie jeder hier. Denn es war unsere Pflicht, jeden Tag ein besserer Mensch zu sein als gestern, und anderen Menschen zu helfen, mit ihren Dämonen fertigzuwerden, wenn sie kein solches Ventil hatten. Menschen wie Isabella. Oder Olivia.

34 Solange wir leben

❖

Sandro

»Oh Gott … Sandro … bitte …«

Vanessa stöhnte. Rhythmisch.

Und das machte es mir verdammt schwer, mich zu konzentrieren. Ich beobachtete ihren Körper, während wir uns im Gleichtakt bewegten. Die glänzende Haut ihres Dekolletés. Und ich vergaß beinahe die Zahl, die ich laut abzählte. »Tiefer«, befahl ich. Achtundsechzig, neunundsechzig. »Tiefer!«

Sie keuchte gequält, als ich den Unterarm auf ihren Brustkorb drückte, um sie weiter unten zu halten. »Ich sterbe!«

Einundsiebzig. Zweiundsiebzig. »Du stirbst nicht«, presste ich hervor. Dreiundsiebzig.

Sie kollabierte. Halb lachend, halb ächzend lag sie auf dem Rücken und streckte die Arme über den Kopf, um ihre gepeinigten Bauchmuskeln zu entspannen. Und das sah unfassbar sexy aus.

»Das war gut!« Ich grinste atemlos. Das war es wirklich, und ich war verdammt stolz auf sie. »Das waren zwar keine zweihundert …«

Ihre Faust flog schlaff gegen meinen Arm. »Ich wusste ja nicht, dass ich Sit-ups immer falsch gemacht habe, sonst hätte ich dich nie dazu herausgefordert!« Sie holte tief Luft, während ich mich auf einen Arm aufstützte und sie ansah.

»Keine Sorge, du bist mehr als die Summe deiner fehlerhaften Sit-ups«, zog ich sie auf.

»Hey!« Jetzt drehte sie den Kopf und sah mich an, wollte mich noch mal boxen, aber ich hielt ihre Hand fest und beugte mich vor, um sie zu küssen.

Als sie die Finger in meinen Haaren vergrub, legte ich mich auf sie, ohne den Kuss zu unterbrechen. Halb nackt, in Bikini und Badehose, um zehn Uhr morgens neben einem Pool auf Mallorca.

Das hier war das Ferienhaus, in dem sie mindestens einmal pro Jahr eine Woche mit ihrem Vater verbrachte. Ich war schon davon ausgegangen, dass es mehr Villa als Haus war, mit den terrakottafarbenen Bruchsteinfliesen um den Pool und der hoch umzäunten Toreinfahrt vor dem üppig blühenden Garten. Aber ich hatte nicht damit gerechnet, dass ihr Vater, ihre neue Stiefmutter und ihre beiden Stiefschwestern uns die zweistöckige Finca komplett allein überlassen würden. Platz genug für uns alle gäbe es hier allemal mit dem großen Wohnzimmer mit offenem Kamin, den drei Badezimmern und den vier Schlafzimmern, von denen eines permanent und unverkennbar in Vanessas Stil eingerichtet war.

Nein, das hier war tatsächlich *nur* das Ferienhaus. Der Vater meiner Freundin war nämlich nicht nur reich, sondern *stein*reich, und seine neue Familie wohnte – natürlich – in einer anderen Finca, die dieser hier in Bauart und Größe ähnlich war, aber höher gelegen und dadurch einen exklusiveren Ausblick genoss.

Ich brauchte keinen Ausblick, denn was ich vor mir sah, war mehr als genug. Meine Hände strichen begehrlich über ihre Seiten, fanden die Rundung ihrer Brüste und kamen vom Kurs ab.

»Wie teuer war der Bikini?«, raunte ich gegen ihre Lippen. Ich hatte nämlich erst kürzlich die Preise einiger Modelle ihrer Unterwäschemarke in einem Newsletter entdeckt – dreistellig! –, und da hatten wir erst mal eine ziemlich lange Diskussion über Wert und Geld und ... Sex geführt. Die am Ende zu Sex geführt hatte, woraufhin ich klein beigegeben hatte. Es war ja nicht so, als wäre ich der Leidtragende, wenn sie schöne Unterwäsche trug, egal wie viel oder wenig sie gekostet hatte.

Vanessa lächelte tadelnd. »Das sage ich dir nicht.«

Als Zeichen meiner Missbilligung ob dieser Antwort zog ich sie härter gegen mich, sodass ihr ein Keuchen entfuhr.

»Ich will nur wissen, wie vorsichtig ich damit sein muss.«

Sie ließ ihre Finger über meinen Hals gleiten, über meine Schultern, Arme, Brust, und hinterließ überall eine prickelnde Gänsehaut. »Sei vorsichtig«, sagte ihr Mund, während ihr sinnlicher Augenaufschlag das Gegenteil forderte.

Ich führte einen Arm unter ihren Rücken und drehte mich mit ihr, was sie fortführte, bis sie rittlings auf mir saß und meine Handgelenke auf die warmen Bruchsteinfliesen nagelte. Sie grinste, als sie in ihren Rücken griff und das mit Goldschnallen verzierte Bändchen löste. Und als das Oberteil neben uns auf dem Boden landete, hatte ich mich schon aufgesetzt und meinen nackten Oberkörper gegen ihren gepresst, meinen heißen Mund auf ihren gedrückt und meine Hände in ihren herrlichen Haaren vergraben.

Vanessa

Wir ignorierten das Handy, bis es aufhörte zu vibrieren. Oder bis mein Stöhnen so sehr anschwoll, dass ich es nicht mehr hörte. Was ich außerdem nicht mehr hörte, war Sandro, also zog ich seine Hand zwischen uns hervor und verschränkte meine Finger mit seinen, um sie daran zu hindern, noch einmal abzutauchen und mich zu streicheln. Stattdessen bog ich mich ihm entgegen, um ihn tiefer in mich aufzunehmen.

Ich kam nicht jedes Mal, aber das war egal. Denn es ging nicht um den Höhepunkt, es ging um alles andere. Es ging um uns, unsere Liebe, Nähe, Leidenschaft. Und ein bisschen ging es auch um die Herausforderung, um den Kick, der uns zeigte, dass wir noch lebten.

Und während ich seine Rechte auf meine Brust legte, zudrückte und ihm dabei herausfordernd in die Augen sah, deutete er ein überlegenes Kopfschütteln an, schob die Linke unter meinen Po und änderte seinen Rhythmus. Ich warf stöhnend den Kopf zurück und er küsste meinen Hals, direkt unter dem Ohr, wo ich am empfindsamsten war. Wo ich sein anschwellendes Stöhnen am deutlichsten hören konnte. Mein Nacken und Unterleib erschauderten gleichermaßen – während sein Handy zum zweiten Mal klingelte.

Ich klammerte mich fester an Sandro und er stieß härter zu, schneller, bis uns die Welle der Lust überspülte. Ich musste grinsen, lachen, jauchzen, während das Handy immer noch klingelte.

»Entschuldige«, raunte Sandro, noch bevor sich unser Herzschlag wieder normalisiert hatte, und tastete blind über die Liege neben uns. Ich hielt ihn fest, hielt ihn in mir, auch wenn ich mich schon einmal nach meiner Strandtasche umsah, während er das Gespräch atemlos annahm. »Ja?!«

Ich hörte Marcs irritierte Stimme bis hier. »Äh … stör ich?«

Sandros Blick streifte mich, seine Lippen grinsten, aber er war Gentleman genug, um es nicht zu sagen. »Was willst du?«

»Livi hat grad versucht, mich zu erreichen.«

»Was?«

Schlagartig stemmte er sich auf die Unterarme, und ich zog uns beide ein kleines Stück nach rechts, um meine Tasche zu erreichen. Sandro sah aus Reflex auf seine Armbanduhr, stellte fest, dass er sie gerade nicht trug, und fluchte leise. »Welcher Tag ist heute?«

»Nicht der Tag«, entgegnete Marc sofort. »Ich hab keine Ahnung, was los ist, aber ich dachte, vielleicht hat sie es bei dir auch versucht.«

Der entsetzte Ausdruck in seinen Augen ließ mein Herz kurz aussetzen. Wenn *sie* das erste Klingeln vorhin gewesen war und er nicht drangegangen war, weil er lieber Sex mit mir gehabt hatte, und ihr jetzt etwas passiert war, würde er sich das noch weniger verzeihen als Jamies Tod.

Beinahe zitternd schoben meine Finger die aufgerissene Kondompackung zur Seite, ertasteten die Taschentücher und zogen zwei Stück heraus. Sandro setzte sich auf. »Okay … danke! Ich meld mich!«

Und mit einem ohnmächtigen Fluch auf den Lippen beendete er das Gespräch und starrte auf seine Anrufhistorie. »Entschuldige«, sagte er noch mal in meine Richtung, aber ich schüttelte den Kopf, weil es absolut nichts zu entschuldigen gab. Sandro drückte mir einen Kuss gegen die Schläfe, griff nach seiner Badehose und stand auf, um das Kondom zu entsorgen, während er sich das Handy zwischen Ohr und Schulter klemmte. Und ich saß völlig nutzlos auf der warmen, schattigen Terrasse vor meinem Zimmer, starrte ihm mit ängstlichem Herzen und rasenden Gedanken nach. Dann zog ich meinen Bikini wieder an und sammelte den Müll ein. Wenig später trat Sandro zurück durch die Balkontür nach draußen, das Handy immer noch am Ohr. Er sprach mit jemandem. Mein Herz wagte aufzuatmen.

»Ich frag sie mal.« Er hielt sich das Handy an die nackte Brust und seine Augen sprachen Bände der erschöpften Erleichterung, als er wiederholte: »Sie steht im Supermarkt und fragt, ob es für dich okay wäre, Kuchen mit Ei zu essen. Sie will unbedingt diesen einen Kuchen backen, aber sie kriegt das Rezept nicht anders hin.«

Ich wusste nicht, ob ich vor Erleichterung weinen oder lachen sollte. Bei Sandros Anblick eher Ersteres. »Ich schätze, ein Ei wird mich nicht umbringen«, erklärte ich und verdrängte jeden Gedanken an sterbende Küken.

Er streckte die Hand nach meiner Taille aus und lehnte mich gegen sich – oder sich gegen mich –, während er die Worte für Olivia wiederholte.

»Ich hab's gehört, ich bin ja nicht taub«, war ihre Antwort, die mich unwillkürlich lachen ließ. Sie war einfach unverbesserlich. »Und? Ist das Wetter wenigstens gut?«

Sandro streichelte geistesabwesend meinen Rücken, während er gluckste. »Ich schick dir 'ne Postkarte.«

»Bloß nicht! Also, wir sehen uns übermorgen. Mach's gut. Und grüß Vanessa!«

»Mach ich.«

Dann beendete er das Gespräch, seufzte tief und ließ den Kopf auf meine Schulter sinken, während eine gefühlte Jahrhundertlast von ihm abfiel. Ich hielt ihn fest und streichelte sein Haar, küsste seine Schläfe.

Als er sich wieder aufrichtete und mich ansah, lächelte er. Er hob eine Hand und strich mir verirrte Haarsträhnen aus dem Gesicht.

»Danke ...«

Ich lächelte auch. »Nichts zu danken.«

Sandro

Einen Moment verharrten wir noch in dieser innigen Schwerelosigkeit, dann sah ich auf meine Armbanduhr, die jetzt wieder an ihrem Platz war.

»Frühstück und fertig machen?«, schlug ich vor. Heute wurde schließlich eine Hochzeit gefeiert.

Vanessa nickte. Ich sah die Vorfreude in ihren Augen, aber auch die Angst. Angst, dass sie nicht mehr die Nummer eins für ihren Vater sein würde und sich den Platz in seinem Herzen mit zwei anderen Töchtern teilen musste.

Aber ich hatte Michael, so hieß ihr Vater, kennengelernt. Zwar erst vor vier Tagen am Flughafen, aber ich hatte ihn kaum eine Sekunde aus den Augen gelassen, sowohl beim ersten Abendessen, das wir zu dritt ohne seine neue Familie verbracht hatten, als auch beim zweiten Abendessen mit seiner Familie und beim Frühstück am dritten Tag. Ich war mir nicht sicher, ob Vanessa es wahrnahm, aber ich erkannte den Blick, mit dem er seine Tochter betrachtete. Denn es war derselbe Blick, mit dem Charlie ihre Mädchen ansah. Oder Jamie mich angesehen hatte.

Er war vernarrt in seine Tochter, und er war unendlich stolz. Er hing förmlich an ihren Lippen, wenn sie sprach, und die Fragen, die er stellte, zeugten von ehrlichem Interesse. Er las ihr jeden Wunsch von den Augen ab, noch bevor ich ihn bemerkte. Und vor allem sah er weder Maria, seine zukünftige zweite Frau, noch deren Töchter Rosalie und Cristina so an.

Er hatte nur dasselbe Problem wie jeder Mensch mit Schuldgefühlen: Er hatte zu große Angst davor, sie einzugestehen, also verschanzte er sich dahinter und versuchte einen Schutzwall aus guten Taten zu errichten, um den Schandfleck zu überdecken. Aber mindestens die Hälfte davon entpuppten sich wie immer im Leben als schlechte Taten, was alles nur noch schlimmer machte. Das hatte ich vorgestern Abend erkannt, als die drei ungleichen Töchter kichernd im Obergeschoss verschwunden waren und die Braut in spe ins Bett gegangen war. Und ich hatte es ihm gesagt. Er hatte sein Glas Whiskey geschwenkt und mit demselben entrückten Blick auf das nächtliche Grillenzirpen gehorcht wie Vanessa, wenn sie tief in Gedanken versunken war. Sie hatte seine Augen geerbt. Und seine groß gewachsene, drahtige Statur mit den schlanken Gliedmaßen. Und die Halbmonde um die Mundwinkel, wenn sie lächelte, was mir erst durch ihn wirklich aufgefallen war.

Er umarmte mich wie einen Sohn, als er uns um zwölf abholte.

»Du siehst gut aus«, sagte er und strich über den festen Stoff meines Hemds. Satiniertes Leinen, hatte Vanessa gesagt. Ich mochte die feste Struktur, die sich trotzdem samtweich anfühlte. Und ich fand dieses helle Beigegrau – *Ecru* – ziemlich cool.

»Leider nicht mein Verdienst, aber danke«, antwortete ich und sah dabei zu, wie sein Blick wieder diese entrückte Tiefe bekam.

»Ja, mit Farben und Formen konnte sie schon immer gut. Das hat sie von ihrer Mutter.«

Ich lächelte leicht und musterte die Stoffe seines weißen Hemds und der rostroten Weste. Er trug kein Sakko, und bestimmt war das auch kein normaler Hochzeitsanzug. Aber er sah trotzdem aus wie dem Katalog eines Herrenausstatters entstiegen. Er hatte dasselbe Modelgesicht wie seine Tochter.

Doch bevor ich ihm sagen konnte, was vermutlich das Erste sein sollte, was man einem Bräutigam am Tag seiner Hochzeit sagt, wanderten seine rehbraunen Augen zu einem Punkt hinter mir, und ich drehte mich um – um gemeinsam mit ihm sprachlos die Schönheit seiner Tochter zu bewundern.

Vanessa trug ein bodenlanges Kleid, das genau die Farbe der hellen Flamingo-Tulpen hatte, die sie mir vor eineinhalb Monaten beschrieben hatte. Der luftige Rock in der helleren Farbe fiel in vielen halb durchsichtigen Lagen unterschiedlicher Länge nach außen ab, lief in ihrer Taille zu einem abgesetzten Bund zusammen und ging dann – nach einer Handbreit nackter Haut – in ein hochgeschlossenes, aber ebenfalls mit halb durchsichtigen Stickereien besetztes, ärmelloses Bruststück von etwas dunklerer Farbe über.

»Sind das zwei Teile oder eins?«

Das war ausgerechnet das Erste, was ich jetzt zu ihr sagte?!

Nicht, wie atemberaubend ihre sanft gelockten Haare über ihre Schultern fielen. Nicht, wie hinreißend ihre Augen geschminkt waren. Nicht, wie gut sie duftete oder wie schön ihr Lächeln war, als sie meinen Blick erwiderte und festhielt.

»Zwei«, antwortete sie beinahe schelmisch, was aus der der süßen Prinzessin schlagartig eine unabhängige junge Frau machte. Dann stand sie vor uns, schlug die Augen nieder und war wieder vollständig das kleine Mädchen, das sich nichts sehnlicher wünschte als die Liebe ihres Vaters, die sie längst besaß. »Hi, Daddy. Du siehst toll aus!«

Sie streckte die Hand aus, um über den Stoff seiner Weste zu streichen, und er zog sie unvermittelt so fest in ihre Arme, dass ihr ein kleiner überraschter Laut entfuhr.

»Oh, Vanessa!« Er wiegte sie eine kleine Ewigkeit, in der niemand ein Wort sprach, und hielt sie dann auf Armeslänge von sich. »Ich kann mich noch daran erinnern, wie winzig du am allerersten Tag in meinen Armen lagst, und jetzt sieh dich an, in diesem Traum aus ... rosa Tüll ... irgendwas.«

Er lachte unbeholfen und ich fühlte mit ihm, während Vanessa ihre feuchten Augen trocknete. »Rosé«, korrigierte sie und strich den halb durchsichtigen Rock glatt, »und das ist Organza, kein Tüll.«

»Heller Flamingo«, kommentierte ich und erntete einen gespielt tadelnden Blick, für den ich bis ans Ende der Welt gehen würde.

Michaels Augen wanderten indes von ihrem Rock zu dem dunkleren

Oberteil, dessen Stickereien so platziert waren, dass sie aussahen wie eine Korsage. »Und das ist … Lachs?«

»Uuuh, Daddy!«, rief Vanessa begeistert und hakte sich bei ihm unter, damit wir uns in Richtung Auto bewegen konnten. »Nicht schlecht! Aber eigentlich ist das eher *Peach*.«

Er lachte, während ich erneut kommentierte: »Dunkler Flamingo.«

Vanessa schlug mir ihre schmale Handtasche gegen die Brust, und wir lachten alle drei.

»Dass ich ausgerechnet in zwei solche Farbbanausen verliebt bin!«, rief sie, woraufhin Michael noch mal stehen blieb und entrückt den Kopf schüttelte.

»Es tut mir leid, mir fehlen wirklich die Worte! Ich bin einfach … Ich kann dir nicht sagen, wie stolz ich auf dich bin!« Er streichelte ihr Kinn, strich mit dem Daumen über ihre Wange. »Du weißt, dass ich dich sehr, sehr liebe, oder, Vanessa?«

35 Der beste Tag unseres Lebens

Vanessa

Ich hatte das Gefühl, meine Brust müsse gleich platzen vor Glück. Und vor Trauer, und Freude, und alles auf einmal. Ich wollte jubeln, wollte lachen, aber alles, was ich zustande brachte, war eine im Kampf gegen die Tränen zitternde Unterlippe und ein trauriges Kopfschütteln.

Dann liefen die Tränen über, als Daddy mich noch mal in den Arm nahm, über meinen Kopf strich und mich in seinen warmen, vertrauten Duft hüllte.

»Meine Kleine.« Seine Stimme war voller Bedauern, als er mich an seiner Schulter wiegte, »Wie hätte ich dir das mehr zeigen können als mit all den schönen Sachen, die du dir immer gewünscht hast? Mit deinen Kleidern und Spielsachen, mit dem Auto zu deinem achtzehnten Geburtstag …«

Ich schniefte, als er sich wieder von mir löste, ohne mich ganz loszulassen, und mich ehrlich betroffen ansah. »Du hättest es mir einfach sagen können …?«, schlug ich mit brüchiger Stimme vor. Ich musste mich räuspern, versuchte zu lächeln und konnte doch wieder nur weinen. »Ich brauchte das alles nie, und ich wollte das meiste davon auch gar nicht. Ich wollte nur …«, ich zuckte hilflos mit den Schultern, »… meinen Daddy. Du warst einfach immer mein Held.«

Wie er mich jetzt so ansah und die Schultern hängen ließ, hatte ich das Gefühl, sein Herz brechen zu hören. Oder mein eigenes.

»Und ich habe mich immer wie der schlechteste Vater der Welt gefühlt. Ich dachte immer, du musst mich doch hassen. Weil ich von Anfang an überfordert mit der Situation war, weil ich nie genug Zeit für dich hatte, und weil ich ...«, er hielt inne, hob kraftlos die Schultern, »... weil ich deine Mutter nie wirklich geliebt habe. Nicht so wie dich oder wie Maria.«

Er lächelte traurig, und ich weinte. Um sein Leben, das ihm meine Mutter verbaut hatte. Um die Jahre, die ich in dem egoistischen Versuch, sie wieder zusammenzubringen, verschwendet hatte. Aber vor allem um die verlorene Zeit, die wir nie wiedergutmachen konnten.

Jamie hatte so recht gehabt. Man durfte keinen einzigen Tag im Leben damit verschwenden, unglücklich zu sein. Von jetzt an würde ich nicht nur jedem Tag die Chance geben, der beste meines Lebens zu werden. Ich würde ihn aktiv dazu machen.

Und ich fing heute damit an, indem ich mich bei meinem Daddy und Sandro unterhakte und sie auf eine wundervolle Hochzeit begleitete. Aus Liebe, nicht aus Pflichtgefühl.

Dieses Hochgefühl brachte ich mit nach Hause, als wir am nächsten Tag in der letzten S-Bahn vom Flughafen zurück saßen. Außer uns waren nur ein jugendliches Paar und eine ältere Dame im Abteil, das leise ruckelnd durch die Nacht schoss. Mein Kopf lag auf Sandros Schulter und seine Wange auf meinem Scheitel, während wir beide unseren Gedanken nachhingen.

Und unwillkürlich musste ich lächeln.

Sandro regte sich. »Woran denkst du?«

Ich dachte kurz über die Antwort nach. Und sagte dann: »An Jamie.«

Jetzt hob er den Kopf, um mich anzusehen, und ich tat es ihm gleich. »Was?«, fragte er leise. Ungläubig. Neugierig.

Ich lächelte. »Er hatte einfach recht. Mit so vielem.« Ich erzählte ihm von meiner Erkenntnis bei meinem Vater, und Sandro legte den Arm um mich, als ich das Gesicht in seine Halsbeuge schmiegte, die wie für meinen Kopf gemacht schien. Ich schwieg noch einen Moment, dann fasste ich mir ein Herz und fragte: »Morgen ... ist der Tag, an dem er gestorben ist, oder?«

Sandros Körperspannung beantwortete meine Frage, noch bevor er nickte. Deswegen hatte er den Flug vorverlegt. Und deswegen wollte Olivia diesen speziellen Kuchen backen. Ich nickte auch.

»Dann sollte ich morgen nicht mit dabei sein«, sagte ich leise. »Das ist euer Tag.«

Wieder drehte Sandro den Kopf, um mich anzusehen. Lange. Überwältigt. Dankbar. Schließlich zuckten seine Mundwinkel zu einem kleinen Lächeln. Er nickte langsam und küsste meine Schläfe. Dann schüttelte er glucksend den Kopf.

»Was?«, fragte ich amüsiert.

»Ich dachte nur gerade ... Isabella hätte das vermutlich nicht einmal in zehn Jahren gesagt.«

Ich wurde still und bettete den Kopf wieder in seine Halsbeuge, legte die Hand an seinen Hals, spürte seinen Puls unter meinen Fingern.

»Ich glaube, ich verstehe mittlerweile, was passiert ist«, sagte ich vorsichtig. »Aber was ich nicht verstehe ... warum bist du mit Isabella zusammengekommen? Und geblieben?«

Er seufzte schwer, rutschte mit mir im Arm tiefer in den Sitz und stellte einen Fuß auf den Lüftungsschacht unter dem Fenster.

»Du kannst dir sicherlich schon denken, dass sie diejenige war, die ich an dem Tag im September geküsst habe.« Als ich nickte, schüttelte er den Kopf. »Direkt vor der Nase von Samuel und Lukas. Sie war so betrunken, dass sie überhaupt nichts mitgekriegt hat. Weder von dem Kuss noch von der Schlägerei.«

Ich seufzte. »Ich glaube, zu der Zeit war ich gerade auf Mallorca«, erzählte ich. Ich konnte mich nämlich nicht daran erinnern, dass sie von einem Doppeldate derart betrunken nach Hause gekommen war, und daran hätte ich mich erinnert, weil sie sich immer übergeben musste, wenn sie derart betrunken war. »Hast du dir das Schlüsselbein beim ersten oder zweiten Mal gebrochen?«

»Beim zweiten Mal. Aber der Arzt hat gesagt, es hätte gut sein können, dass es beim ersten Mal genauso angeknackst wurde wie Jamies Rippe. Einen Schlüsselbeinbruch wünsche ich übrigens niemandem außer den drei Typen vielleicht, denn das tut höllisch weh«, fügte er hinzu, und ich musste lächeln bei der Erinnerung an Jamies mitfühlend-aufziehende Worte, dass sie Sandro vermutlich kein Morphium verabreichten.

»Aber Tatsache ist«, sagte Sandro ernst, »ich bin am nächsten Morgen im Krankenhaus aufgewacht, und er nicht. Er lag fast drei Monate im Koma, bis Mitte Februar, und es war nicht klar, ob er überhaupt noch mal aufwachen würde.« Er hob machtlos die Schultern. »Ich bin ... durchgedreht. Ich bin einfach Amok gelaufen, hab jeden Tag ...« Er suchte eine Weile nach den richtigen Worten, gab es dann auf, aber ich wusste auch so, was er meinte. »Dann kam Neujahr. Und ich weiß nicht warum, aber ich dachte in einem der seltenen nüchternen Momente: Wenn Jamie mich so sehen würde, würde er mich richtig verprügeln.« Ich musste leise lachen und Sandro lachte auch. »Also hab ich den Rest der Flasche weggekippt, bin nach Hause duschen gegangen und hab den Kühlschrank komplett auf den Kopf gestellt. Es ist einfacher, seine Ernährung in Ordnung zu bringen als sein Leben. An dem Tag hab ich aufgehört, Alkohol zu trinken, angefangen, Kalorien zu zählen und so zu trainieren wie Jamie. Und als ich irgendwann beim Einkaufen zufällig das Mädchen aus dem Club gesehen hab, bin ich hingegangen. Hab sie auf 'nen Kaffee eingeladen. Und angefangen, sie zu daten.« Er drehte den Kopf zu mir, wich aber meinem Blick aus. »Ich schwöre dir, nenn es Zufall oder Schicksal oder verdammte göttliche Fügung. Aber eine Woche später ist Jamie aufgewacht. Und einen Tag nachdem wir zusammengekommen sind, hat er angefangen zu sprechen.«

Ich schluckte schwer gegen einen staubtrockenen Kloß in meiner Kehle an, als ich im Kopf mitrechnete. »Für drei Wochen ...«

Sandro seufzte tief. »Für drei Wochen. Die Organschäden waren einfach zu schlimm.« Er schwieg noch einen Moment wie im stillen Trauergebet, dann hob er wieder die Schultern. »Und ich dachte einfach ... ich müsste diese Beziehung jetzt durchziehen. Dass ich ihm das schuldig sei. Dass sonst irgendwie alles umsonst gewesen wäre. Tja, und als es dann immer schwieriger wurde, dachte ich einfach, das wäre meine Strafe. Dafür, dass ich noch lebte. Und Jamie tot war. Ich weiß, das ist dumm, aber ...«

»Das ist gar nicht dumm«, widersprach ich sanft. Das war sogar sehr verständlich. »Wir alle tun seltsame Dinge, wenn wir verzweifelt sind.«

Ich richtete mich auf, legte die Arme um seinen Hals und die Stirn gegen seine, schloss für einen Moment die Augen und genoss die Innigkeit. Dann hob Sandro das Gesicht und ich tat es ihm gleich, um zu sehen, wie er mir in die Augen blickte. Tief, beinahe wehmütig. Sandro legte eine Hand in meinen Nacken, um mich festzuhalten.

»Du bist das Beste, was mir jemals passiert ist, Vanessa.«

Ich lächelte, als seine Liebe meine Brust wärmte. »Und du bist das Beste in *meinem* Leben«, erwiderte ich und spürte, dass es so war. Ich dachte über unseren Weg seit Januar nach, der eigentlich so kurz war, aber so lang erschien, und ich musste wieder lächeln. »Und denk nur, ohne Isabella hättest du mich nie getroffen. Also war es doch nicht umsonst.«

Sandro blinzelte, als das Leben in seine Augen zurückkehrte. Er lächelte, fassungslos, ungläubig. Befreit. Dann verstärkte er seinen Griff in meinem Nacken und küsste mich.

Ich schlang die Arme um seinen Hals und erwiderte die Berührung seiner Lippen, legte all meine Liebe in diesen Kuss.

Dann löste ich die Lippen von seinen und sah ihn an. »Und jetzt steig aus und geh zu Livi, damit sie morgen nicht alleine aufwacht. Ich warte zu Hause auf dich.«

»Versprochen?«

Ich nickte. »Versprochen.« Dann kam mir ein Gedanke, und ich musste schmunzeln. »Und ich werde nichts essen, bis du wieder da bist. Also komm besser schnell zurück, denn sonst werde ich verhungert sein.«

Natürlich würde ich das nicht tun, und das wusste er auch, aber dennoch spielte er mit. Sandro lachte leise, und es war das schönste Geräusch auf der Welt.

»Ist das Erpressung?«

Ich grinste. »Kommt ganz drauf an. Wie lange kriege ich dafür?«

Er grinste auch, als er mich noch mal an sich zog. »Lebenslänglich.«

Damit konnte ich leben. Zufrieden schlang ich die Arme um seinen Hals. »Schuldig, Euer Ehren.«

Seine Augen sprühten vor Lebensfreude.

Und dann küsste er mich.

Küsste mich, bis die S-Bahn hielt.

Küsste mich, als er am übernächsten Morgen wiederkam.

Küsste mich, um jeden Tag zum besten meines Lebens zu machen.

Danksagung

Mein erster und innigster Dank geht an dich! Ich danke dir von Herzen, dass du dieses Buch gelesen hast. Ich hoffe, du hattest genauso schöne Stunden mit Vanessa und Sandro wie ich beim Schreiben, und ich wünsche dir, dass du genau wie die beiden nicht aufhörst, glücklich zu sein. Danke für deine Zeit, deine Liebe zum Lesen und danke für alle lieben Worte und Bilder, die mir täglich den Tag versüßen. Ich liebe dich, ich liebe euch alle!

Wow ... Das hier ist die dritte Geschichte von mir, die das Licht der Welt erblickt. Die, die ich in der kürzesten Zeit geschrieben habe, und gleichzeitig die, in der ich am meisten aufgegangen bin. Das liegt vor allem an ein paar ganz besonderen Menschen, die auf dieser kleinen Reise von Anfang an nicht von meiner Seite gewichen sind. Die zu jeder noch so abwegigen Tag- und Nachtzeit ein offenes Ohr, ein fühlendes Herz und einen hilfreichen Rat für mich hatten.

VANESSA S. – Ich weiß, ich wiederhole mich täglich. Aber ich kann einfach nicht in Worte fassen, wie dankbar ich dir bin. Für alles. #adlerauge #gif #love. Deine Zeit, deine Hingabe und deine Freundschaft sind nicht selbstverständlich, und ich bin umso dankbarer, dass ich ein kleines Stück davon haben darf. Ich werde es festhalten und ehren, solange ich kann und darf! <3

VIVIAN R. – Ach, Vivian ... Du bist nicht nur mit mir gegangen. Du hast mich *getragen*, wenn ich nicht mehr konnte! Das werde ich dir nie vergessen. Du hast mit mir, mit Vanessa und Sandro – und mit Jamie! – gerätselt, gelacht, geweint und gelitten. Du hast deinen inneren #Sherlock zu Höchstleistungen getrieben und mir jeden einzelnen Tag gerettet. Danke! Einfach. Nur. Danke!

SARAH – Schwesterherz, ich liebe dich. Ich bewundere dich. Und ich danke dir für deine ehrliche, kritische, begeisterte Meinung zu jedem einzelnen Abschnitt an jedem einzelnen Morgen.

Und THOMAS. Ich danke dir für deine Liebe, deine Geduld und für unsere kostbare gemeinsame Zeit, die du immer wieder für mich geopfert hast, damit ich stunden-, tage- und nächtelang einen anderen Mann anhimmeln konnte, der vermutlich weit mehr von dir geerbt hat als nur Verständnis, Disziplin, Sport- und Ernährungsgewohnheiten. Du und ich – und jede Jahreszeit!

Ich danke dem tollsten Juristen in spe PASCAL D. für Overnight-Jura-Lektionen (und weise darauf hin, dass alles im Roman Fiktion ist). Und ein riesiges Danke geht an alle meine Testleserinnen (und Niklas <3), an jedes Feedback und Fangirling, das mich immer wieder anspornt. An halb #Bookstagram und das ganze Team von Forever, allen voran meine Lektorin LOUISA PAGEL, für dein Vertrauen und Verständnis, deine klugen Worte und die großartige Zusammenarbeit! (Können wir an dieser Stelle alle mal kurz dieses wundervolle Cover und den schulterfreien Oversize-Pulli hypen?!)

So. Genug von mir. Jetzt geht da raus, verbreitet Liebe und macht jeden Tag zum besten Tag eures Lebens!

Eure Yvonne